财税人员增值税政策、实务、案例必读

金税三期管控下增值税
会计核算及纳税申报实务

JINSHUI SANQI GUANKONGXIA ZENGZHISHUI
KUAIJI HESUAN JI NASHUI SHENBAO SHIWU

（2019年版）

刘霞　袁正阳◎著

随书赠送
视频

立信会计 出版社
LIXIN ACCOUNTING PUBLISHING HOUSE

图书在版编目(CIP)数据

金税三期管控下增值税会计核算及纳税申报实务/
刘霞,袁正阳著. —上海:立信会计出版社,2019.2
ISBN 978－7－5429－6083－2

Ⅰ.①金… Ⅱ.①刘… ②袁… Ⅲ.①增值税－税收
会计－中国②增值税－纳税－税收管理－中国 Ⅳ.
①F812.42

中国版本图书馆 CIP 数据核字(2019)第 020395 号

策划编辑   张巧玲
责任编辑   张巧玲

金税三期管控下增值税会计核算及纳税申报实务

出版发行	立信会计出版社		
地　　址	上海市中山西路 2230 号	邮政编码	200235
电　　话	(021)64411389	传　真	(021)64411325
网　　址	www.lixinaph.com	电子邮箱	lixinaph2019@126.com
网上书店	http://lixin.jd.com		http://lxkjcbs.tmall.com
经　　销	各地新华书店		
印　　刷	固安华明印业有限公司		
开　　本	787 毫米×1092 毫米	1/16	
印　　张	22.5		
字　　数	479 千字		
版　　次	2019 年 2 月第 1 版		
印　　次	2019 年 6 月第 2 次		
书　　号	ISBN 978－7－5429－6083－2/F		
定　　价	79.00 元		

如有印订差错,请与本社联系调换

前　言

2016 年 5 月 1 日全行业营改增在全国正式试点运行,增值税已经成为从事生产经营的各行业纳税人都无法回避的税种。2016 年以来,增值税政策发生极大变化,同时增值税会计处理办法也相应做了调整。在这个大数据的时代,"互联网＋税务"迅速推进,金税三期于 2016 年开始在各省陆续上线,2017 年在全国国税地税系统全面运行,它强大的云计算与大数据评估功能,让税收征管效率呈几何级倍增!与此同时,2015 年起国家税务总局将原有的税控系统进行整合升级,推行增值税发票管理新系统,它覆盖所有的增值税纳税人、覆盖所有的增值税发票,实现票面信息全要素采集、通过互联网实时上传税务机关,生成增值税发票电子底账,作为纳税申报、发票数据查验以及数据分析的依据。

金税三期与增值税发票管理新系统的有机结合,更加彰显了以票控税的力度,2017 年全国有 100 多万家企业出现增值税发票问题,广东深圳地区税务机关就查处了 10 多万家企业涉及增值税发票抵扣、假发票问题。这些发票违法问题集中爆发,除了税务机关本身征管效率提高外,最主要的原因还在于大多数原来缴纳营业税的企业没有增值税管理经验,引发发票风险。我们根据财政部出台的营改增一系列新政策、《增值税会计处理规定》及当前发票管理的风险,出版了《金税三期管控下增值税会计核算及纳税申报实务》一书。

企业要依据购销业务中取得和开具的发票进行会计核算,并根据会计核算的数据填报增值税纳税申报表,税务机关在对纳税人报送的纳税申报表进行审核时,又会比对纳税人当期发票开具数据、扣税凭证认证(勾选确认或稽核比对)数据与申报表相关栏次数据。为此,做好增值税会计核算,不仅需要简单的"借贷必相等"知识,更需要的是对整个增值税与发票及纳税申报之间关系的深刻认识与准确把握。该书是您全面学习增值税会计处理和纳税申报的好帮手,也是您深度把握增值税发票管理的好帮手。

由于作者水平有限,书中难免存在纰漏与不当之处,恳请广大读者批评指正。

增值税视频介绍

为了帮助读者更直观、高效、深刻地了解本书的内容,我们录制了相关配套增值税课程,共计五段,近一个小时视频。

如需获得本视频,请刮开本书封面防伪标,扫描二维码进行注册,详细操作流程请见本书封底。

(下载APP可以得到本书视频)
具体操作流程见本书封底
(举报盗版电话: 010-57130724)

注:每本书配一个播放码,不可以重复使用,请注意保存您的播放码,注册后只可在注册手机中使用。

增值税视频共五段,二维码分别见本书 P58、P199、P226、P241、P337。

目　录

第*1*章
增值税基础知识

随着营改增试点的不断推进,增值税的征税范围不断扩大,全行业营改增后,增值税已经全面覆盖了货物、加工修理修配劳务、服务、无形资产、不动产的各流转环节。在我国境内销售货物、劳务、服务、无形资产、不动产以及视同销售货物、服务、无形资产、不动产和进口货物,均属于增值税的应税行为。可以说,缴纳增值税是任何从事生产经营的企业都无法回避的问题。那么,税务机关如何管理和计算增值税呢?

1.1 增值税纳税人的分类

无论单位还是个人,只要发生增值税应税行为,就会成为增值税的纳税人。增值税纳税人按照经营规模大小,划分为一般纳税人和小规模纳税人。一般纳税人与小规模纳税人有什么不同呢?

增值税一般纳税人和小规模纳税人在税收征管上有下列六点不同:

(1) 增值税专用发票(以下简称专用发票)的使用权利不同。增值税一般纳税人可以向税务机关领购使用专用发票;增值税小规模纳税人不能领购专用发票(小规模纳税人自开专用发票试点行业除外),如购买方索取确有需要的,可向主管税务机关申请代开。

(2) 应纳税额的计算方法不同。一般纳税人发生应税行为,只要国务院税务主管部门没有明确规定该行为可以选择简易计税方法,则必须采用一般计税方法计算应纳税额。其计算公式为:应纳税额＝当期销项税额－当期进项税额。因此,一般纳税人要密切关注进项税额,尽量取得合法的扣税凭证抵扣进项税额。而小规模纳税人只能采用简易计税方法计算应纳税额,即按照销售额和规定的征收率计算应纳税额。其计算公式为:应纳税额＝销售额×征收率。小规模纳税人不得抵扣进项税额。

(3) 含税的销售额换算公式不同。一般纳税人采用一般计税方法的含税销售额换算成不含税销售额,换算公式为:销售额＝含税销售额÷(1＋税率)。小规模纳税人的含税销售额换算为不含税销售额,换算公式为:销售额＝含税销售额÷(1＋征收率)。

(4) 享受税收优惠的待遇不同。只有作为增值税小规模纳税人的个体工商户才可能享受到增值税起征点的税收优惠,只有属于小规模纳税人的小微企业才可以享受月销售额 10 万元(季销售额 30 万元)以下免征增值税优惠,一般纳税人不可能适用起征点的优惠和小微企业免税优惠。

(5)纳税期限不同。小规模纳税人的纳税期限通常为一个季度,纳税人也可以选择按月纳税,而一般纳税人(除金融业外)纳税期限最长为 1 个月。

(6)会计核算的要求不同。一般纳税人会计核算必须健全,能够按照国家统一的会计制度规定设置账簿,根据合法、有效凭证核算,否则后果很严重,要按照销售额和增值税税率计算应纳税额,不得抵扣进项税额,也不得使用增值税专用发票。

那么,是不是纳税人想选择成为一般纳税人就可以成为一般纳税人,不想成为一般纳税人就可以选择小规模纳税人身份呢? 不是的。财政部、国家税务总局明确规定了各类行业小规模纳税人的标准,超过规定标准的纳税人,除另有规定外,应当向主管税务机关办理一般纳税人登记,否则,后果很严重。

1.1.1 小规模纳税人标准

不同行业的小规模纳税人的标准不同,2018 年 4 月 30 日前具体有下列三种情形:

(1)从事货物生产或者提供应税劳务的纳税人,以及以从事货物生产或者提供应税劳务为主,并兼营货物批发或者零售的纳税人,年应征增值税销售额(以下简称应税销售额)在 50 万元以下(含本数)的。

(2)从事货物批发、零售的纳税人,以及以从事货物批发零售为主,并兼营货物生产的纳税人,年应税销售额在 80 万元(含本数)以下的。

(3)营改增试点纳税人年应税销售额在 500 万元(含本数)以下的。

2018 年 5 月 1 日后,所有行业纳税人均为年应税销售额在 500 万元(含本数)以下的。

没有超过上述小规模纳税人标准的纳税人对自己的身份有选择权,他可以选择成为小规模纳税人,也可以选择成为一般纳税人,向税务机关办理一般纳税人登记,但是在办理一般纳税人登记时,必须声明会计核算健全。对于超过上述小规模纳税人标准的纳税人而言,其对自己的身份没有选择权,除非其属于不经常发生应税行为的单位和个体工商户才可选择按照小规模纳税人纳税。不经常发生应税行为是指偶然发生增值税应税行为。随着全行业营改增的试点,增值税全面覆盖了货物、劳务、服务、无形资产和不动产的所有流转环节,从事生产经营的企业都会经常发生增值税应税行为,自然没有身份选择权。简而言之,达不到一般纳税人标准想登记为一般纳税人很容易,达到一般纳税人标准想不登记为一般纳税人很难。

1.1.2 达到一般纳税人标准不办理一般纳税人登记的后果

有的企业根据自身购进项目金额占收入的比例以及购进业务取得增值税专用发票的难易程度,经测算得知自己按一般计税方法的税负将远远高于按简易计税方法的税负,不愿意办理一般纳税人登记。在经营规模超过小规模纳税人标准后,仍然不主动办理一般纳税人登记,经主管税务机关通知办理后仍不办理,这将承担很大的税收风险。《增值税暂行条例实施细则》第三十四条规定,有下列情形之一者,应当按照销售额和增值税税率计算应纳税额,不得抵扣进项税额,也不得使用增值税专用发票:①一般纳税人会计核算不健全,或者不能够提供准确税务资料的。②应当办理一般纳税人资格登记而未办理的。

超过小规模纳税人标准,不申请一般纳税人资格登记的,要按照销售额和税率计算应纳税额,是应纳税额而不是销项税额,进项税额不得抵扣。

1.1.3　一般纳税人登记程序与时限

《国务院关于取消和调整一批行政审批项目等事项的决定》(国发〔2015〕11 号)公布取消对增值税一般纳税人资格认定审批事项。为贯彻国务院文件精神,国家税务总局制定发布了《国家税务总局关于调整增值税一般纳税人管理有关事项的公告》(国家税务总局公告 2015 年第 18 号),明确一般纳税人由审批制改为登记制,自 2015 年 4 月 1 日起,增值税纳税人办理一般纳税人登记,只需携带税务登记证件,填写登记表格,经主管税务机关核对确认后,即可成为一般纳税人,取消了实地查验环节,对符合登记要求的,一般予以当场办结。

一、办理一般纳税人登记的两类纳税人

(一)超过小规模纳税人标准纳税人

增值税纳税人年应税销售额超过小规模纳税人标准的,除财政部、国家税务总局明确规定可选择按小规模纳税人纳税的情形(指不经常发生增值税应税行为)外,应当向主管税务机关办理一般纳税人登记。

(二)未超小规模纳税人标准及新开业纳税人

年应税销售额未超过小规模纳税人标准以及新开业的纳税人,会计核算健全,能够提供准确税务资料的,可以向主管税务机关办理一般纳税人登记,不作为小规模纳税人。"会计核算健全"的前置条件由纳税人在填表时进行勾选承诺。

二、办理一般纳税人资格登记的时限

纳税人年应税销售额超过规定标准的,在申报期结束后 15 日内按照规定办理一般纳税人登记或选择按小规模纳税人纳税(仅适用于不经常发生增值税应税行为的单位或个体工商户)的相关手续;未按规定时限办理的,主管税务机关应当在规定期限结束后 5 日内制作《税务事项通知书》,告知纳税人应当在 5 日内向主管税务机关办理相关手续,逾期仍不办理的,自通知时限期满的次月起将按《增值税暂行条例实施细则》第三十四条规定,按销售额依照增值税税率计算应纳税额,不得抵扣进项税额,也不得使用增值税专用发票,直至纳税人办理相关手续为止。

 **特别提醒**

年应税销售额中"年"不是自然年度,而是不超过 12 个月或 4 个季度的经营期,如果纳税人 3—6 月销售额超过规定标准,则 3—6 月这 4 个月就构成 1 年。"年"还是可以滚动的,比如 2018 年 1 季度登记成立的企业,2018 年 4 个季度销售额不超过 500 万元,2019 年第 1 季度过后,会把 2018 年第 2 季度、第 3 季度、第 4 季度和 2019 年第 1 季度又作为一"年",判定纳税人是否达到一般纳税人标准,依此类推。

应征增值税销售额,包括纳税申报销售额(包括免税销售额和税务机关代开发票销售额)、稽查查补销售额、纳税评估调整销售额。

1.1.4　一般纳税人转登记为小规模纳税人事宜

《增值税一般纳税人登记管理办法》规定,纳税人登记为一般纳税人后,不得转为小规模纳税人,国家税务总局另有规定的除外。国家税务总局在 2018 年前未做出过一般纳税人转为小规模纳税人的规定,但 2018 年 5 月 1 日起,财税〔2018〕33 号将所有行业一般纳税人的标准统一为年应税销售额超过 500 万元,在 2018 年 4 月 30 日以前,工业一般纳税人的标准只有 50 万元,商业一般纳税人的标准只有 80 万元。2018 年 5 月 1 日后工商业一般纳税人标准大幅提升,2018 年 4 月 30 日前按照原来的 50 万元或 80 万元标准登记的一般纳税人,年应税销售额在 500 万元以下的,在 2018 年 5 月 1 日后达不到一般纳税人标准了。因此,国家税务总局首次做出一般纳税人转登记为小规模纳税人的规定。2019 年财政部、税务总局又将小微企业免税销售额标准从 3 万元提高到 10 万元,部分年应税销售额不超过 120 万元的一般纳税人,如果转登记为小规模纳税人可以享受小微企业免税优惠。因此,税务总局第二次给予一般纳税人转登记为小规模纳税人的政策。

一、转登记的条件

转登记日前连续 12 个月(以 1 个月为 1 个纳税期)或者连续 4 个季度(以 1 个季度为 1 个纳税期)累计销售额未超过 500 万元的一般纳税人,在 2019 年 12 月 31 日前,可选择转登记为小规模纳税人。

 **特别提醒**

2019 年可转登记纳税人不再限于根据《增值税暂行条例》及细则有关规定登记为一般增值税纳税人的原增值税纳税人,营改增试点纳税人、甚至是 2018 年已经办理转登记的纳税

人又登记为一般纳税人的,满足销售额不超过 500 万元标准的,仍然可以办理转登记手续。

满足上述条件的纳税人是否由一般纳税人转为小规模纳税人,由其自主选择,符合条件的纳税人,仍可继续作为一般纳税人。

二、转登记的办理时限

符合转登记条件的一般纳税人可在 2019 年 12 月 31 日前转登记为小规模纳税人。

三、转登记纳税人进项留抵的处理

转登记纳税人尚未申报抵扣的进项税额以及转登记日当期的期末留抵税额,作进项税额转出处理,计入"应交税费——待抵扣进项税额"核算。

 **特别说明**

转登记纳税人未抵扣的进项税额不给予退税,也不能转入存货成本,只能暂时挂放在"应交税费——待抵扣进项税额"账户。

四、小规模纳税人身份的生效时间

一般纳税人转登记为小规模纳税人后,自转登记日的下期起,按照简易计税方法计算缴纳增值税;转登记日当期仍按照一般纳税人的有关规定计算缴纳增值税。

特别提醒

这里的"转登记日的下期起"具体分为两种情形:按季申报纳税人自下一季度开始,按月申报纳税人自下月开始。转登记日当期,仍按照一般纳税人的有关规定计税。

五、转登记后发票的使用

转登记纳税人可以继续使用现有税控设备开具增值税发票,不需要缴销税控设备和增值税发票。

转登记纳税人自转登记日的下期起,发生增值税应税销售行为,应当按照征收率开具增值税发票;转登记日前已作增值税专用发票票种核定的,继续通过增值税发票管理系统自行开具增值税专用发票;销售其取得的不动产,需要开具增值税专用发票的,应当按照有关规定向税务机关申请代开。

六、转登记前已发生事项的过渡

(一)转登记前销售业务在转登记后发生退回或折让

转登记纳税人在一般纳税人期间销售或者购进的货物、劳务、服务、无形资产、不动产,自转登记日的下期起发生销售折让、中止或者退回的,调整转登记日当期的销项税额、进项税额和应纳税额。

（1）调整后的应纳税额小于转登记日当期申报的应纳税额形成的多缴税款,从发生销售折让、中止或者退回当期的应纳税额中抵减;不足抵减的,结转下期继续抵减。

（2）调整后的应纳税额大于转登记日当期申报的应纳税额形成的少缴税款,从"应交税费——待抵扣进项税额"中抵减;抵减后仍有余额的,计入发生销售折让、中止或者退回当期的应纳税额一并申报缴纳。

销售折让、中止或者退回需要开具红字发票的,按照原蓝字发票记载的内容开具红字发票。

（二）转登记前销售业务未开具发票

转登记纳税人在一般纳税人期间发生的增值税应税销售行为,未开具增值税发票需要补开的,应当按照原适用税率或者征收率补开增值税发票;开票有误需要重新开具的,先按照原蓝字发票记载的内容开具红字发票后,再重新开具正确的蓝字发票。

转登记纳税人发生需要按照原适用税率开具增值税发票的,应当在互联网连接状态下开具。按照有关规定不使用网络办税的特定纳税人,可以通过离线方式开具增值税发票。

1.1.5　一般纳税人登记相关涉税问题

 纳税人经营规模没有超过小规模纳税人标准可以申请一般纳税人登记吗?

答: 根据《财政部　国家税务总局关于全面推开营业税改征增值税试点的通知》(财税〔2016〕36 号)第四条规定,年应税销售额未超过规定标准的纳税人,会计核算健全,能够提供准确税务资料的,可以向主管税务机关办理一般纳税人资格登记,成为一般纳税人。也就是说年应税销售额没有超过小规模纳税人标准的纳税人,在办理一般纳税人登记时需要具备一个附加条件,那就是会计核算健全,能够提供准确税务资料。《增值税一般纳税人资格认定管理办法》(国家税务总局令 2010 年第 22 号,现已废止)曾经明确,未超过小规模纳税人标准的纳税人,向主管税务机关申请一般纳税人资格认定,必须同时具备两个条件:一是有固定的生产经营场所;二是能够按照国家统一的会计制度规定设置账簿,根据合法、有效凭证核算,能够提供准确税务资料。但是《国家税务总局关于调整增值税一般纳税人管理有关事项的公告》(国家税务总局公告 2015 年第 18 号)将该条款暂停执行了。也就是说,自 2015 年 4 月 1 日起,年应税销售额未超过规定标准的小规模纳税人办理一般纳税人登记时,"有固定的生产经营场所"这个前置条件被取消了,只要小规模纳税人会计核算健全,能够提供准确税务资料的,就可以办理一般纳税人登记。会计核算健全,由纳税人在办理一般纳税人登记时勾选声明。

2 偶然发生转让不动产的营改增试点小规模纳税人,当年包含转让不动产销售额的年应税销售额超过 500 万元,不包含转让不动产销售额的年应税销售额不超过 500 万元,是否应办理一般纳税人登记?

答: 根据《增值税一般纳税人登记管理办法》(国家税务总局令第 43 号)规定,纳税人偶然发生的销售无形资产、转让不动产的销售额,不计入应税行为年应税销售额。因此,不包含偶然发生的转让不动产销售额的年应税销售额不超过 500 万元的纳税人,可以不办理一般纳税人登记。

3 适用差额销售额征税项目,按扣除前的销售额还是扣除后的销售额判定纳税人是否达到一般纳税人标准?

答: 根据《增值税一般纳税人登记管理办法》(国家税务总局令第 43 号)规定,销售服务、无形资产或者不动产(简称应税行为)有扣除项目的纳税人,其应税行为年应税销售额按未扣除之前的销售额计算。扣除差额前的年应税销售额超过小规模纳税人标准,应办理一般纳税人登记。

4 兼营货物销售与营改增应税行为的纳税人如何判定是否超过小规模纳税人标准?

答: 根据《国家税务总局关于增值税一般纳税人登记管理若干事项的公告》(国家税务总局公告 2018 年第 6 号)规定,纳税人兼有销售货物、提供加工修理修配劳务和销售服务、无形资产、不动产(简称应税行为)的,应税货物及劳务销售额与应税行为销售额分别计算,分别适用增值税一般纳税人登记标准,其中有一项销售额超过规定标准,就应当按照规定办理增值税一般纳税人登记相关手续。但是该规定被《国家税务总局关于统一小规模纳税人标准等若干增值税问题的公告》(国家税务总局公告 2018 年第 18 号)文件废止了,而按照《财政部 税务总局关于统一增值税小规模纳税人标准的通知》(财税〔2018〕33 号)规定,增值税小规模纳税人标准为年应征增值税销售额 500 万元及以下。各行业一般纳税人标准统一后,没有将销售货物、劳务销售额与销售服务、无形资产、不动产销售额分别核算,分别与一般纳税人标准比较的规定。因此,兼营货物销售与营改增应税行为的纳税人应将全部应税行为的销售额与 500 万元比较,判断其是否达到一般纳税人标准。

5 享受增值税免税优惠的纳税人免税销售额超过小规模纳税人标准的,是否必须办理增值税一般纳税人登记?

答: 根据《增值税一般纳税人登记管理办法》(国家税务总局令第 43 号)和《国家税务总局关于增值税一般纳税人登记管理若干事项的公告》(国家税务总局公告 2018 年第 6 号)规定,年应税销售额,是指纳税人在连续不超过 12 个月的经营期内累计应征增值税销售额,包括纳税申报销售额(包括税务机关代开发票销售额和免税销售额)、稽查查补销售额、纳税评估调整销售额。由于年应税销售额包括免税销售额,因此,享受增值税免税优惠的纳税人免税销售额超过小规模纳税人标准的,应当向主管税务机关办理一般纳税人登记。

6 超过小规模纳税人标准后,会自动转为一般纳税人吗? 不需要办理相关手续吗?

答: 超过标准小规模纳税人不能自动转为一般纳税人,小规模纳税人应在规定的时限内到税务机关办理一般纳税人登记手续。如果小规模纳税人没有在规定的时限内办理一般纳税人登记,税务机关将会责令其在 5 日内办理登记手续。

7 达到增值税一般纳税人标准的小规模纳税人,申请一般纳税人登记的具体时限是多长?

答: 根据《增值税一般纳税人登记管理办法》(国家税务总局令第 43 号)的规定,纳税人在年应税销售额超过规定标准的月份(或季度)的所属申报期结束后 15 日内按照规定办理相关手续;未按规定时限办理的,主管税务机关应当在规定时限结束后 5 日内制作《税务事项通知书》,告知纳税人应当在 5 日内向主管税务机关办理相关手续;逾期仍不办理的,次月起按销售额依照增值税税率计算应纳税额,不得抵扣进项税额,直至纳税人办理相关手续为止。需要说明的是,15 日不是 15 个工作日,期限的最后一日是法定休假日的,以休假日期满的次日为期限的最后一日;在期限内有连续 3 日以上(含 3 日)法定休假日的,按休假日天数顺延。

8 办理一般纳税人登记后,生效日期如何确定?

答: 根据《增值税一般纳税人登记管理办法》(国家税务总局令第 43 号)的规定,纳税人自一般纳税人生效之日起,按照增值税一般计税方法计算应纳税额,并可以按照规定领用增值税专用发票,财政部、国家税务总局另有规定的除外。生效之日,是指纳税人办理登记的当月 1 日或者次月 1 日,由纳税人在办理登记手续时自行选择。因此,一般纳税人生效之日是当月还是次月,决定权在纳税人,由纳税人在办理一般纳税人登记时勾选确定。

9 一般纳税人办理登记后,连续两年的年应税销售额均未达到一般纳税人标准,可以再转为小规模纳税人吗?

答: 根据《增值税一般纳税人登记管理办法》(国家税务总局令第 43 号)规定,纳税人登记为一般纳税人后,不得转为小规模纳税人,国家税务总局另有规定的除外。目前国家税务总局作出一般纳税人可以转为小规模纳税人的规定有两个文件:一是《关于统一增值税小规模纳税人标准的通知》(财税〔2018〕33 号),具体规定为:按照《增值税暂行条例实施细则》第二十八条已登记为增值税一般纳税人的单位和个人,在 2018 年 12 月 31 日前,可转登记为小规模纳税人,其未抵扣的进项税额作转出处理;二是《国家税务总局关于小规模纳税人免征增值税政策有关征管问题的公告》(国家税务总局公告 2019 年第 4 号),具体规定为:转登记日前连续 12 个月(以 1 个月为 1 个纳税期)或者连续 4 个季度(以 1 个季度为 1 个纳税期)累计销售额未超过 500 万元的一般纳税人,在 2019 年 12 月 31 日前,可选择转登记为小规模纳税人。需要说明的是实行辅导期管理的一般纳税人,辅导期内存在偷税、逃避追缴欠税、骗取出口退税、抗税或其他需要立案查处的税收违法行为,不得再转为小规模纳税人,只是辅导期满后重新实行辅导期管理。

10 一般纳税人转为小规模纳税人时,未抵扣的进项税额可否申请退税?

答: 根据《财政部 税务总局关于统一增值税小规模纳税人标准的通知》(财税〔2018〕
33 号)规定,按照《增值税暂行条例实施细则》第二十八条规定已登记为增值税一般纳税人
的单位和个人,在 2018 年 12 月 31 日前,可转登记为小规模纳税人,其未抵扣的进项税额作
转出处理。《国家税务总局关于统一小规模纳税人标准等若干增值税问题的公告》(总局公
告 2018 年第 18 号)进一步明确,转登记纳税人尚未申报抵扣的进项税额以及转登记日当期
的期末留抵税额,计入"应交税费——待抵扣进项税额"核算。因此,转登记纳税人作为一
般纳税人期前尚未抵扣的进项税额不能申请退税,只能作进项税额转出处理。

11 转登记纳税人在一般纳税人期间发生的销售行为在转登记为小规模纳税人后,发
生折让或退回,应如何处理?

答: 《国家税务总局关于统一小规模纳税人标准等若干增值税问题的公告》(总局公
告 2018 年第 18 号)规定,一般纳税人转登记为小规模纳税人后,自转登记日的下期起,
按照简易计税方法计算缴纳增值税;转登记纳税人在一般纳税人期间销售或者购进的货
物、劳务、服务、无形资产、不动产,自转登记日的下期起发生销售折让、中止或者退回的,
调整转登记日当期的销项税额、进项税额和应纳税额。(一)调整后的应纳税额小于转登
记日当期申报的应纳税额形成的多缴税款,从发生销售折让、中止或者退回当期的应纳
税额中抵减;不足抵减的,结转下期继续抵减。(二)调整后的应纳税额大于转登记日当
期申报的应纳税额形成的少缴税款,从"应交税费——待抵扣进项税额"中抵减;抵减后
仍有余额的,计入发生销售折让、中止或者退回当期的应纳税额一并申报缴纳。一般纳
税人期间的销售业务,当时已经按照一般计税方法申报纳税,转登记后发生销售退回或
折让也应按照一般计税方法进行调整。因此,18 号公告明确调整转登记日当期的销项税
额、进项税额和应纳税额,也就是调整作为一般纳税人最后一期的销项税额,进项税额和
应纳税额,而不是调整销售发生当期的销项税额、进项税额和应纳税额。

12 一般纳税人可以不设置账簿吗?

答: 不可以。一般纳税人会计核算必须健全,否则将承担非常不利的法律后果。《增
值税暂行条例实施细则》第三十四条规定,一般纳税人会计核算不健全,或者不能够提供
准确税务资料的,应当按照销售额和增值税税率计算应纳税额,不得抵扣进项税额,也不
得使用增值税专用发票。

1.1.6 一般纳税人登记涉税风险点

1 纳税人年应税销售额超过小规模纳税人标准,不愿意登记为一般纳税人,在接到税

务机关的《税务事项通知书》后,仍然没有按照规定的期限到税务机关办理一般纳税人登记。

根据《增值税暂行条例实施细则》第三十四条规定,有下列情形之一者,应当按照销售额和增值税税率计算应纳税额,不得抵扣进项税额,也不得使用增值税专用发票:①一般纳税人会计核算不健全,或者不能够提供准确税务资料的。②应当办理一般纳税人资格登记而未办理的。《财政部 国家税务总局关于全面推开营业税改征增值税试点的通知》(财税〔2016〕36 号)第三十三条规定,应当办理一般纳税人资格登记而未办理的,应按销售额依照增值税税率计算应纳税额,不得抵扣进项税额,也不得使用增值税专用发票。有的企业考虑到简易计税方法的税负比一般计税方法的税负低,在接到税务机关通知后不予理睬,继续按照小规模纳税人申报纳税。可能有的企业还在沾沾自喜,税务机关没有再次催促,蒙混过关逃过一劫,殊不知已经埋下了祸根。《增值税一般纳税人登记管理办法》(国家税务总局令第 43 号)规定,纳税人在年应税销售额超过规定标准的月份(或季度)的所属申报期结束后 15 日内办理一般纳税人登记手续,未按规定时限办理的,主管税务机关在规定时限结束后 5 日内制作《税务事项通知书》,告知纳税人应当在 5 日内向税务机关办理相关手续;逾期仍不办理的,自通知时限期满的次月起执行细则第三十四条。

❷ 不想成为一般纳税人的小规模纳税人,没有将年应税销售额控制在规定标准以内。

对于年应税销售额超出规定标准不多的纳税人,可以通过调整纳税义务发生时限或者分立,将经营规模控制在小规模纳税人标准以内。

❸ 不熟悉增值税政策,不经意间办理了一般纳税人登记手续。

企业在办理税务登记时,办税服务厅办税人员可能会询问企业是否要登记为一般纳税人,企业没有经过详细的论证与比较,不经意间要求税务人员办理一般纳税人登记。由于一般纳税人登记是当场即办事项,不再是税务审批事项,办理速度很快。企业成为一般纳税人后,发现自己的成本中人工成本占比很高,取得的进项税额扣税凭证较少,税负较高,但是已经不能再变回小规模纳税人了。

1.2 增值税的计税方法

增值税的计税方法,包括一般计税方法和简易计税方法。一般纳税人发生应税行为,除财政部和国家税务总局另有规定外,一律适用一般计税方法计税。小规模纳税人发生应税行为只能适用简易计税方法。简而言之,纳税人发生销售行为到底采用哪种计税方法,取决于销售方纳税人的身份(一般纳税人还是小规模纳税人),与开具的何种发票无关,与购买方身份也无关。也就是说,一般纳税人销售业务发生时开具增值税普通发票的,照样适用一般计税方法,购买方是小规模纳税人,照样适用一般计税方法;小规模纳税人销售业务发生后,即便申请税务机关代开增值税专用发票,照样适用简易计税方法。

 **特别提醒**

纳税人适用哪种计税方法,只取决于纳税人的身份。

1.2.1 一般计税方法和简易计税方法要点提示

一、一般计税方法要点提示

(1)一般计税方法应纳税额计算公式:

$$应纳税额＝当期销项税额－当期进项税额$$

(2)一般计税方法含税销售额转换为不含税销售额计算公式:

$$销售额＝含税销售额÷(1＋税率)$$

(3)一般纳税人当期销项税额小于当期进项税额不足抵扣时,其不足部分可以结转下期继续抵扣。结转期限没有限定,可以无限期向以后纳税期结转,直至得到抵扣。2019 年 4 月以后财政部、税务总局做出了适用所有行业的留抵退税规定。

(4)一般计税方法当期的销项税额和进项税额按照该一般纳税人全部项目汇总计算,而不是按照不同的经营项目分别核算(即征即退或先征后退项目除外)。

二、简易计税方法要点提示

(1)简易计税方法应纳税额计算公式:

$$应纳税额＝销售额×征收率$$

(2)简易计税方法含税销售额转换为不含税销售额计算公式:

$$销售额＝含税销售额÷(1＋征收率)$$

(3)简易计税方法不得抵扣进项税额。

(4)采用简易计税方法并不是小规模纳税人的专权。有些特殊的行业因为产品(服务)购进项目较少,不能取得合法的扣税凭证抵扣进项税额,如果按照一般计税方法计算纳税,税负畸高,如砂、土、石料、非学历教育服务、电影放映服务、仓储服务等,财政部和国家税务总局为了避免这些一般纳税人的税收负担过高,先后下发了一系列文件规定一般纳税人发生特定应税行为(具体范围见"2.7 一般纳税人简易计税方法项目"),可以选择适用简易计税方法计税。一般纳税人发生财政部和国家税务总局规定可以选择简易计税方法的项目时,也可以选择适用简易计税方法,但是要事先向税务机关备案,并且一经选择,36 个月内不得变更。

1.2.2　计税方法常见涉税问题

1　一般纳税人销售货物本期进项税额大于销项税额,应如何处理?

答:根据《增值税暂行条例》第四条规定,除本条例第十一条规定外,纳税人销售货物、劳务、服务、无形资产、不动产,应纳税额为当期销项税额抵扣当期进项税额后的余额。应纳税额计算公式:

$$应纳税额=当期销项税额-当期进项税额$$

当期销项税额小于当期进项税额不足抵扣时,其不足部分可以结转下期继续抵扣。满足一定条件的留抵税额可以办理退税,具体内容详见 2.6 留抵税额退税。

2　一般纳税人发生特定应税项目选择适用简易计税方法,需要办理什么手续?

答:一般纳税人发生财政部和国家税务总局明确规定可以选择简易计税方法征税的应税行为,如果选择简易计税方法,需要事先向税务机关备案。对于提供建筑服务的纳税人,只要某一工程项目选择简易计税方法,并向主管税务机关备案,36 个月内发生的其他简易计税项目,不需要再次备案。备案后税务机关为纳税人增加征收率品目,纳税人才能开出税率栏注明征收率的发票。在填写《增值税纳税申报表》时,将选择简易计税方法征税项目的销售额和应纳税额填写在主表和《附列资料(一)(本期销售情况明细)》的"简易计税方法计税"对应行次。

3　一般纳税人发生财政部和国家税务总局规定可以采用简易计税方法的项目,选择简易计税方法后多少时间不得变为一般计税方法?

答:《财政部　国家税务总局关于全面推开营业税改征增值税试点的通知》(财税〔2016〕36 号)第十八条规定,一般纳税人发生应税行为适用一般计税方法计税。一般纳税人发生财政部和国家税务总局规定的特定应税行为,可以选择适用简易计税方法计税,但一经选择,36 个月内不得变更。《财政部　国家税务总局关于部分货物适用增值税低税率和简易办法征收增值税政策的通知》(财税〔2009〕9 号)、《国家税务总局关于药品经营企业销售生物制品有关增值税问题的公告》(国家税务总局公告 2012 年第 20 号)等文件也都规定,纳税人一经选择简易计税方法,36 个月内不得变更。

4　一般纳税人发生财政部和国家税务总局规定可以采用简易计税方法的项目,没有选择适用简易计税方法,按照一般计税方法申报纳税,经营一段时间后,纳税人想对该项目选择简易计税方法,需要在采用一般计税方法达到 36 个月后才能改为简易计税方法吗?

答:《财政部　国家税务总局关于全面推开营业税改征增值税试点的通知》(财税

〔2016〕36 号）第十八条规定，一般纳税人发生应税行为适用一般计税方法计税。一般纳税人发生财政部和国家税务总局规定的特定应税行为，可以选择适用简易计税方法计税，但一经选择，36 个月内不得变更。一般纳税人发生特定应税行为，选择简易计税方法的，向税务机关备案后，36 个月内不得变更；未选择简易计税方法的，按一般计税方法计税，纳税人可以随时选择简易计税方法，没有时间限定。

1.3　增值税发票管理

近年来，我国投入大量的人力、物力对增值税发票税控系统进行完善与拓展，采用三步走的方略，实现增值税发票系统的"两个覆盖"，即覆盖所有的增值税纳税人、覆盖所有的增值税发票。

增值税实行以票控税，纳税人发生增值税征税范围内的应税行为，除使用定额发票、门票、客运发票、过路（桥）费发票以外，应通过增值税发票管理新系统开具增值税发票；在联网的状态下，纳税人开具发票的信息会实时上传到税务机关，形成增值税发票底账。发票底账的数据是税务机关预警和评估的重要数据来源。开票信息在月末汇总上传时，传入税务机关征管信息系统。纳税人在办理增值税纳税申报时，需在票表比对通过后才能成功。票表比对的项目包括纳税人申报销售额大于等于增值税发票上注明的销售额之和。另外，一般纳税人进项税额扣税凭证中的增值税专用发票和海关增值税专用缴款书只有在认证或稽核比对通过后，才能抵扣进项税额。而认证或稽核比对实际上是把购买方抵扣凭证上注明的信息与开具抵扣凭证的销售方或海关的开具信息进行比对，比对相符后，允许纳税人抵扣。可见，增值税发票的管理与纳税人的销项税额和进项税额都息息相关。

1.3.1　增值税发票种类

我国全面推开营改增以后，纳税人常用的增值税发票包括：增值税专用发票、机动车销售统一发票、增值税普通发票、增值税电子普通发票、门票、过路（过桥）费发票、定额发票、客运发票和二手车销售统一发票。增值税专用发票和增值税普通发票是企业经营中最常见的增值税发票。

增值税专用发票和普通发票区别如下：

（1）开具主体不同。增值税专用发票由增值税一般纳税人发生应税行为时开具。普通发票［含增值税普通发票、增值税电子普通发票、门票、过路（过桥）费发票、定额发票、客运发票和二手车销售统一发票］由增值税一般纳税人和小规模纳税人按规定开具。现阶段增值税小规模纳税人需要使用增值税专用发票，需到税务机关申请代开，目前税务总局在八个行业试行小规模纳税人自开专用发票试点，具体范围详见 1.3.5.2 小规模纳税人自行开具专票试点。

从发票开具来看,增值税一般纳税人可以自行开具增值税专用发票和增值税普通发票、增值税电子普通发票。增值税小规模纳税人只能自行开具增值税普通发票、增值税电子普通发票,若对方索取增值税专用发票,需要向税务机关申请代开。自然人只能申请税务机关代开增值税普通发票,有特殊规定的情形下,也可以申请代开增值税专用发票。

(2)受票主体不同。从受票方来说,增值税专用发票只能开具给除自然人外的增值税纳税人,而增值税普通发票可以开具给所有的受票对象。

(3)抵扣功能不同。增值税专用发票是使用一般计税办法的增值税一般纳税人抵扣进项税额的合法有效扣税凭证,可以通过发票认证、发票平台查询确认等方式进行进项确认。一般纳税人取得的增值税专用发票上注明的增值税税额,可以从增值税销项税额中抵扣。一般纳税人取得的普通发票上注明的增值税税额,除财政部、国家税务总局另有规定的外,不能从增值税销项税额中抵扣。目前,具有抵扣功能的普通发票有三种:一是农产品收购发票或销售发票;二是公路、桥(闸)通行费发票;三是旅客运输发票或客票。

(4)联次不同。增值税专用发票由基本联次或者基本联次附加其他联次构成。基本联次为三联:发票联、抵扣联和记账联。发票联,作为购买方核算采购成本和增值税进项税额的记账凭证;抵扣联,作为购买方报送主管税务机关认证和留存备查的凭证;记账联,作为销售方核算销售收入和增值税销项税额的记账凭证。增值税普通发票基本联次为发票联和记账联两联,比专用发票少了抵扣联。

1.3.2　发票的开具要求

《发票管理办法》及实施细则要求,开具发票应当按照规定的时限、顺序、栏目,全部联次一次性如实开具。具体而言,必须做到按照号码顺序填开,填写项目齐全,内容真实,字迹清楚,全部联次一次打印,内容完全一致,并在发票联和抵扣联加盖发票专用章。对于开票方而言,不符合上述开具要求开具增值税发票的,由税务机关责令改正,可以处1万元以下的罚款;对于受票方而言,不符合要求的发票,不得在企业所得税税前扣除,税务机关在检查时会要求企业作纳税调增处理,并予以处罚。

一、发票的开具范围

《发票管理办法》(国务院令2010年第587号)第十九条规定,销售商品、提供服务以及从事其他经营活动的单位和个人,对外发生经营业务收取款项,收款方应当向付款方开具发票;特殊情况下,由付款方向收款方开具发票。营改增后,销售商品、提供服务都属于增值税的征税范围,因此,凡是发生增值税征税范围内的应税行为,都属于开具发票的范围,包括免税项目。免税项目可以开具增值税普通发票,但是发生不征收增值税的项目,不能开具增值税发票,如:企业发生整体转让、存款业务、旧城改造时住户获得拆迁补偿等。

《国家税务总局关于发布〈企业所得税税前扣除凭证管理办法〉的公告》（国家税务总局公告 2018 年第 28 号）第九条规定，企业在境内发生的支出项目属于增值税应税项目（以下简称"应税项目"）的，对方为已办理税务登记的增值税纳税人，其支出以发票（包括按照规定由税务机关代开的发票）作为税前扣除凭证；对方为依法无需办理税务登记的单位或者从事小额零星经营业务的个人，其支出以税务机关代开的发票或者收款凭证及内部凭证作为税前扣除凭证，收款凭证应载明收款单位名称、个人姓名及身份证号、支出项目、收款金额等相关信息。小额零星经营业务的判断标准是个人从事应税项目经营业务的销售额不超过增值税相关政策规定的起征点。税务总局对应税项目开具发票另有规定的，以规定的发票或者票据作为税前扣除凭证。由此可见，发生不属于增值税征税范围内和行为，不需要开具发票（总局另有规定的 12 种情形除外），依法无需办理税务登记的单位或者个人从事未达起征点的小额零星经营业务，可以不开具发票。

特别提醒

我们要严格区分应税项目、免征增值税项目和不征增值税项目，应税项目和免税项目可以开具发票，不征增值税项目除另有规定外（具体项目见 1.3.2.1 不征税项目可以开具发票的特殊情形），不可以开具发票。

二、发票的打印要求

打印发票要字迹清楚，不得压线错格，不得将二维码或密码区与表样原有内容重叠，否则将影响发票的认证和使用；在开票前，应将纸质发票的号码与开票系统中的号码进行核对，以免造成"专用发票代码、号码认证不符"，影响购买方抵扣进项税额；在开具发票后发现信息错误，应将发票所有联次全部作废，重新开具。

三、发票的开票限额

增值税发票实行最高开票限额管理。最高开票限额，是指单份发票开具的销售额合计数不得达到的上限额度。专用发票最高开票限额是税务机关审批事项，自 2007 年 9 月 1 日起，审批权限下放至区县级税务机关。一般纳税人申请最高开票限额时，需填报《最高开票限额申请表》。一般纳税人申请专用发票最高开票限额不超过 10 万元的，主管税务机关不需事前进行实地查验，最高开票限额超过 10 万元的，除省级税务机关另有规定外，应进行实地核查。

普通发票也实行最高开票限额管理，但普通发票最高开票限额不是税务机关审批事项。

1.3.2.1　不征税项目可以开具发票的特殊情形

通常情况下，纳税人发生增值税应税行为，才能开具增值税发票，没有发生应税行为,不能开具发票。但是,有些特殊情形下,虽然没有发生增值税应税行为,但实务中需要收付款凭证进行会计核算,国家税务总局特别规定了不征税项目可以开具发票的情形,开具发票时,货物或服务名称栏要填写"未发生销售行为的不征税项目"编码,发票税率栏应填写"不征税",不得开具增值税专用发票。具体如表1-1所示。

表1-1 开具不征税发票的情形及释义

编码	开具不征税发票的情形	释义
6	未发生销售行为的不征税项目	指纳税人收取款项时虽未发生销售货物、应税劳务、服务、无形资产或不动产的应税行为,但可以开具发票的情形。
601	预付卡销售和充值	单用途卡和多用途卡的发卡企业或者售卡企业销售单用途卡和多用途卡,或者接受单用途卡和多用途卡持卡人充值取得的预收资金。
602	销售自行开发的房地产项目预收款	房地产开发企业收取预收款时纳税义务未发生,可以开具不征税发票,待不动产权属转移时,还可以正常开具增值税普通发票或专用发票。
603	已申报缴纳营业税未开发票补开发票	在税务机关已申报缴纳营业税未开具发票的,可以补开增值税普通发票。
604	代收印花税	非税务机关等其他单位为税务机关代收的印花税。
605	代收车船税	非税务机关等其他单位为税务机关代收的车船税。
606	融资性售后回租承租方出售资产	融资性售后回租业务是指承租方以融资为目的将资产出售给经批准从事融资租赁业务的企业后,又将该项资产从该融资租赁企业租回的行为。融资性售后回租业务中承租方出售资产时,资产所有权以及与资产所有权有关的全部报酬和风险并未完全转移,不征收增值税。
607	资产重组涉及的不动产	纳税人在资产重组过程中,通过合并、分立、出售、置换等方式,将全部或者部分实物资产以及与其相关联的债权、负债和劳动力一并转让给其他单位和个人,不属于增值税的征税范围,其中涉及的货物转让、不动产转让、土地使用权转让等,不征收增值税。
608	资产重组涉及的土地使用权	
609	代理进口免税货物货款	纳税人代理进口按规定免征进口增值税的货物,其销售额不包括向委托方收取并代为支付的货款。向委托方收取并代为支付的款项,不得开具增值税专用发票,可以开具增值税普通发票。
610	有奖发票奖金支付	未发生销售行为。
611	不征税自来水	原对城镇公共供水用水户在基本水价(自来水价格)外征收水资源费的试点省份,在水资源费改税试点期间,按照不增加城镇公共供水企业负担的原则,城镇公共供水企业缴纳的水资源税所对应的水费收入,不计征增值税,按"不征税自来水"项目开具增值税普通发票。
612	建筑服务预收款	收款预收款时纳税义务未发生,可以先开具不征税发票,待达到工程款结算时点纳税义务发生时,仍然可以正常开具增值税发票。

1.3.2.2 购买方信息填列要求

开具发票要求填写项目齐全,但购买方没有办理税务登记时,购买方信息栏无法填写齐全,这让部分会计人员无所适从。实际上,开票人员无需纠结,当购买方为已办理税务登记纳税人时,购买方信息栏内容应填写齐全,不得漏项;当购买方为未办理税务登记的行政事业单位时,应填写购方名称、地址,其他项目可不填;当购买方为其他个人时,应填写购买方名称,其他项目可不填;当购买方为企业时,应填写名称、纳税人识别号、地址等全部信息。

**特别
提醒**

《国家税务总局关于增值税发票开具有关问题的公告》(国家税务总局公告2017年第16号)规定,自2017年7月1日起,购买方为企业的,索取增值税普通发票时,应向销售方提供纳税人识别号或统一社会信用代码;销售方为其开具增值税普通发票时,应在"购买方纳税人识别号"栏填写购买方的纳税人识别号或统一社会信用代码。不符合规定的发票,不得作为税收凭证。

1.3.2.3 商品和服务税收分类编码的填写要求

根据总局2017年第45号公告规定,自2018年1月1日起,纳税人通过增值税发票管理新系统开具增值税发票(包括:增值税专用发票、增值税普通发票、增值税电子普通发票)时,商品和服务税收分类编码对应的简称会自动显示并打印在发票票面"货物或应税劳务、服务名称"或"项目"栏次中。自此,商品和服务税收分类编码会成为税务机关分析评估纳税人偷漏税款的一个重要抓手,商业企业某一商品和服务税收分类编码的货物购进数量大于同一商品和服务税收分类编码的货物销售数量,将会被作为疑点排查;生产企业购进货物的编码并不能直接生产其销售货物的编码,且无委托加工的,也会被排查。

1.3.2.4 发票备注栏有特别要求的发票

纳税人根据业务需要,开具发票时需要注明的信息,发票票面无相应栏次的,可在发票备注栏注明。增值税发票备注栏最大可容纳230个字符或115个汉字。备注栏不合规的发票,也属于不符合规定的发票,不能作为进项税额抵扣凭证,也不能在企业所得税税前扣除。

增值税发票备注栏有特殊要求的情形如下:

(1)提供建筑服务,纳税人自行开具或者税务机关代开增值税发票时,应在发票的备注栏注明建筑服务发生地县(市、区)名称及项目名称。

(2)销售不动产,纳税人自行开具或者税务机关代开增值税发票时,应在发票"货物或应税劳务、服务名称"栏填写不动产名称及房屋产权证书号码(无房屋产权证书的可不填写),"单位"栏填写面积单位,备注栏注明不动产的详细地址。

(3)纳税人销售其取得的不动产,实际成交价格明显偏低并无正当理由的,税务机关按照核定计税价格征税,"金额"栏填写不含税计税价格,备注栏注明"核定计税价格,实际成交含税金额××元"。

（4）出租不动产，纳税人自行开具或者税务机关代开增值税发票时，应在备注栏注明不动产的详细地址。

（5）税务机关为跨县（市、区）提供不动产经营租赁服务、建筑服务的小规模纳税人（不包括其他个人），代开增值税发票时，在发票备注栏中自动打印"YD"字样。

（6）增值税一般纳税人提供货物运输服务，使用增值税专用发票和增值税普通发票，开具发票时应将起运地、到达地、车种车号以及运输货物信息等内容填写在发票备注栏中，如内容较多可另附清单。

（7）个人出租住房适用优惠政策减按 1.5% 征收，纳税人自行开具或者税务机关代开增值税发票时，通过新系统中征收率减按 1.5% 征收开票功能，录入含税销售额，系统自动计算税额和不含税金额，发票开具不应与其他应税行为混开。税务机关代开增值税发票时，备注栏填写出租不动产纳税人的名称、纳税人识别号（或者组织机构代码）、不动产的详细地址。

（8）按照现行政策规定适用差额征税办法缴纳增值税，且不得全额开具增值税专用发票的（财政部、税务总局另有规定的除外），纳税人自行开具或者税务机关代开增值税专用发票时，通过新系统中差额征税开票功能，录入含税销售额（或含税评估额）和扣除额，系统自动计算税额和不含税金额，备注栏自动打印"差额征税"字样，发票开具不应与其他应税行为混开。可以全额开具增值税专用发票的差额征税项目，不使用差额征税开票功能，按照销售额全额开具增值税专用发票或普通发票。

（9）纳税人 2016 年 5 月 1 日前发生的营业税涉税业务，已缴纳营业税，但未开具发票，需要补开发票的，只能开具增值税普通发票。纳税人开具发票时，金额栏填写已缴营业税未开具发票的收入数额，税率栏填 0，在备注栏注明"已缴纳营业税，补开营业税发票"。

（10）税务机关代开增值税发票时，"销货单位"栏填写代开税务机关的统一代码和代开税务机关名称；"销售方开户行及账号"栏填写税收完税凭证号码或系统税票号码（免税代开增值税普通发票可不填写）。"备注"栏内注明增值税纳税人的名称和纳税人识别号。增值税纳税人应在代开专用发票的备注栏上，加盖本单位的财务专用章或发票专用章。

（11）营改增后，保险机构作为车船税扣缴义务人，在代收车船税并开具增值税发票时，应在增值税发票备注栏中注明代收车船税税款信息。具体包括：保险单号、税款所属期（详细至月）、代收车船税金额、滞纳金金额、金额合计等。该增值税发票可作为纳税人缴纳车船税及滞纳金的会计核算原始凭证。

（12）接受税务机关委托代征税款的保险企业，向个人保险代理人支付佣金费用后，可代个人保险代理人统一向主管税务机关申请汇总代开增值税普通发票或增值税专用发票。主管税务机关为个人保险代理人汇总代开增值税发票时，应在备注栏内注明"个人保险代理人汇总代开"字样。

1.3.2.5　增值税发票上税率栏有特别要求

一般纳税人自行开具增值税发票,税率栏一般注明 16%、10% 和 6% 三档税率,小规模纳税人自开增值税发票,税率栏一般注明 5%、3% 两档征收率,但下列情形税率栏注明的不是税率或征收率,而是"0%""＊＊＊""免税""不征税"等。

(1)按照现行政策规定适用差额征税办法缴纳增值税,且不得全额开具增值税专用发票的(财政部、税务总局另有规定的除外),纳税人自行开具或者税务机关代开增值税专用发票时,通过新系统中差额征税开票功能,录入含税销售额(或含税评估额)和扣除额,系统自动计算税额和不含税金额,备注栏自动打印"差额征税"字样,税率栏打出的是"＊＊＊",但是税额栏有数字。原因是税额栏和金额栏没有正常的税率和征收率的对应关系。

(2)个人出租住房适用优惠政策减按 1.5% 征收,纳税人自行开具或者税务机关代开增值税发票时,通过新系统中征收率减按 1.5% 征收开票功能,录入含税销售额,系统自动计算税额和不含税金额,税率栏打出的是"＊＊＊",但是税额栏有数字。原因是税额栏和金额栏没有正常的税率和征收率的对应关系。

(3)单用途卡(或多用途卡)发卡企业或者售卡企业销售单用途卡,或者接受单用途卡(或多用途卡)持卡人充值取得的预收资金,不缴纳增值税。发卡企业或售卡企业可按 601"预付卡销售和充值"品目向购卡人、充值人开具增值税普通发票,不得开具增值税专用发票。发票税率栏应填写"不征税"。

(4)房地产开发企业采取预收款方式销售自行开发的房地产项目,应在收到预收款时按照 3% 的预征率预缴增值税。收到预收款时可以按 602"销售自行开发的房地产项目预收款"品目开具增值税普通发票,发票税率栏应填写"不征税",不得开具增值税专用发票。

(5)纳税人 2016 年 5 月 1 日前发生的营业税涉税业务,已缴纳营业税,但未开具发票,需要补开发票的,只能开具增值税普通发票。纳税人开具发票时,按 603"已申报缴纳营业税未开票补开票"品目开具,金额栏填写已缴营业税未开具发票的收入数额,税率栏填 0,在备注栏注明"已缴纳营业税,补开营业税发票"。

1.3.2.6　发票的开具时限

《中华人民共和国发票管理办法实施细则》第二十六条规定,填开发票的单位和个人必须在发生经营业务确认营业收入时开具发票。未发生经营业务一律不准开具发票。《国家税务总局关于修订〈增值税专用发票使用规定〉的通知》(国税发〔2006〕156 号)第十一条明确,专用发票应按照增值税纳税义务的发生时间开具。

1.3.3　红字发票的开具

好多会计人员容易把作废发票与开具红字发票混淆。那么,什么时候应该作废发票,什么时候应该开具红字发票呢?原则是这样的:发票上记载的业务还有部分仍然有效时,只能开具红字发票把无效的部分红冲,如销货部分退回、销售折让;发票上记载的业务全部无效或开票有误时,符合作废发票条件的,先走作废发票程序,只有不符合作废发票条件的,才走开具红字发票程序。毕竟,开具红字发票程序比作废发票麻烦。

1.3.3.1 作废增值税专用发票范围、条件和程序

一、作废发票的范围

(1)销货全部退回(或服务中止)。

(2)开票有误。

(3)增值税专用发票发票联和抵扣联均无法认证。

二、作废发票的条件

作废增值税专用发票必须同时具备下列条件:

(1)收到退回的发票联、抵扣联时间未超过销售方开票当月。

(2)销售方未抄税并且未记账。

(3)购买方未认证或者认证结果为"纳税人识别号认证不符""专用发票代码、号码认证不符"。

三、作废发票的操作

收到退回的发票联、抵扣联后,在防伪税控系统中将相应的数据电文按"作废"处理,在纸质专用发票(含未打印的专用发票)各联次上注明"作废"字样,全联次留存。

1.3.3.2 开具红字增值税专用发票范围和程序

一、开具红字增值税专用发票的范围

下列情形应当开具红字发票:

(1)销货部分退回、发生销售折让。

(2)销货全部退回(或服务中止)、开票有误、增值税专用发票发票联和抵扣联均无法认证,但不符合发票作废条件的。

二、开具红字发票程序

(1)购买方取得专用发票已用于申报抵扣的,购买方可在增值税发票管理新系统中填开并上传《开具红字增值税专用发票信息表》(以下简称《信息表》),在填开《信息表》时不填写相对应的蓝字专用发票信息,应暂依《信息表》所列增值税税额从当期进项税额中转出,待取得销售方开具的红字专用发票后,与《信息表》一并作为记账凭证。

购买方取得专用发票未用于申报抵扣、但发票联或抵扣联无法退回的,购买方填开《信息表》时应填写相对应的蓝字专用发票信息。

销售方开具专用发票尚未交付购买方,以及购买方未用于申报抵扣并将发票联及抵扣联退回的,销售方可在新系统中填开并上传《信息表》。销售方填开《信息表》时应填写相对应的蓝字专用发票信息。

(2)主管税务机关通过网络接收纳税人上传的《信息表》,系统自动校验通过后,生成

带有"红字发票信息表编号"的《信息表》,并将信息同步至纳税人端系统中。

（3）销售方凭税务机关系统校验通过的《信息表》开具红字专用发票,在新系统中以销项负数开具。红字专用发票应与《信息表》一一对应。

（4）纳税人也可凭《信息表》电子信息或纸质资料到税务机关对《信息表》内容进行系统校验。

《国家税务总局关于红字增值税发票开具有关问题的公告》（国家税务总局公告 2016 年第 47 号）自 2016 年 8 月 1 日起施行,开具红字增值税专用发票的期限不再要求在认证期内。

三、未按规定开具红字专用发票的后果

《营业税改征增值税试点实施办法》（财税〔2016〕36 号）规定:纳税人发生应税行为,开具增值税专用发票后,发生开票有误或者销售折让、中止、退回等情形的,应当按照国家税务总局的规定开具红字增值税专用发票;未按照规定开具红字增值税专用发票的,不得扣减销项税额或者销售额。

1.3.3.3 开具红字增值税普通发票

纳税人需要开具红字增值税普通发票的,可以直接在新系统中开具,并且一份蓝字发票在所对应的金额范围内可以开具多份红字发票。

1.3.3.4 销售折扣的开票方式

一、商业折扣

商业折扣是为了促进商品销售给予购买方的一种价格优惠。纳税人销售业务发生时给予购买方商业折扣的,可以将价款和折扣额在同一张发票上分别注明,此时按折扣后的价款为销售额,计算缴纳增值税;如果将折扣额另外开具一张红字发票,则应以价款为销售额计算缴纳增值税,不得扣减折扣额。

二、现金折扣

现金折扣是在赊销模式下,为了鼓励购买方在规定的信用期内尽早付款给予购买方的一种折扣。纳税人在销售业务发生后给予购买方现金折扣的,直接将现金折扣计入"财务费用",无需开具红字发票,也无需向购买方索取发票。

三、累计购买数量多给予的折扣

《国家税务总局关于纳税人折扣折让行为开具红字增值税专用发票问题的通知》（国税函〔2006〕1279 号）明确,纳税人销售货物并向购买方开具增值税专用发票后,由于购货方在一定时期内累计购买货物达到一定数量,或者由于市场价格下降等原因,销货方给予购货方相应的价格优惠或补偿等折扣、折让行为,销货方可按现行《增值税专用发票使用规定》的有关规定开具红字增值税专用发票。

1.3.4 不得开具增值税专用发票的情形

《增值税暂行条例》第二十一条规定,纳税人发生应税行为,应当向索取增值税专用发票的购买方开具增值税专用发票。言外之意,纳税人销售应税货物、劳务、服务、不动产、无形资产向索取增值税专用发票的购买方开具专用发票是基本原则,只要财政部、国家税务总局没有明确规定不得开具增值税专用发票,均可以开具增值税专用发票。很多企业财务人员有这样的疑问:企业发生了财政部、国家税务总局规定可以选择适用简易计税方法的特定业务,企业已向税务机关备案选择了简易计税方法,是不是该项业务就不能开具增值税专用发票了? 如建筑企业选择适用简易计税方法的建筑服务老项目,是不是不能开具增值税专用发票? 答案仍然是:只要财政部、国家税务总局没有明确规定该项业务不得开具增值税专用发票,那么这项业务就可以开具增值税专用发票。财政部、国家税务总局没有规定选择适用简易计税方法的建筑服务老项目不得开具专用发票,那么建筑企业自然可以开具专用发票。因为企业选择适用简易计税方法的项目,自身不得抵扣进项税额,并不是说下游购买方不能抵扣进项税额,如果该项目不开具增值税专用发票,下游购买方如何抵扣进项税额? 要知道,企业自身和下游购买方是两个完全独立的增值税纳税主体。接下来,大家肯定要问:财政部和国家税务总局到底明确规定了哪些项目不得开具增值税专用发票呢? 作者为大家整理如下:

(1) 向消费者个人销售货物、劳务、服务、无形资产或者不动产。

(2) 适用免征增值税规定的应税行为。

(3) 商业企业一般纳税人零售的烟、酒、食品、服装、鞋帽(不包括劳保专用部分)、化妆品等消费品不得开具专用发票。

(4) 一般纳税人销售自己使用过的固定资产,凡根据《财政部 国家税务总局关于全国实施增值税转型改革若干问题的通知》(财税〔2008〕170号)和《财政部 国家税务总局关于部分货物适用增值税低税率和简易办法征收增值税政策的通知》(财税〔2009〕9号)等文件规定,适用按简易办法依3%征收率减按2%征收增值税政策的,应开具普通发票,不得开具增值税专用发票。放弃减税权的,可以开具增值税专用发票。

(5) 纳税人销售旧货,应开具普通发票,不得自行开具或者委托税务机关代开增值税专用发票。

(6) 属于增值税一般纳税人的单采血浆站销售非临床用人体血液,可以按照简易办法依照3%征收率计算应纳税额,但不得对外开具增值税专用发票;也可以按照销项税额抵扣进项税额的办法依照增值税适用税率计算应纳税额。

(7) 金融商品转让,不得开具增值税专用发票。

(8) 部分差额征税项目扣除项目金额不得开具增值税专用发票,如经纪代理服务、旅游服务、劳务派遣服务、有形动产融资性售后回租服务规定的可以从全部价款和价外费用中扣除的项目,不得开具专用发票。具体项目详见第 5 章。

特别说明

纳税人购进货物和服务等用于进项税额不得抵扣的用途,只要不属于上述不得开具增值税专用发票的范围,纳税人可以向销售方索取增值税专用发票,只不过进项税额不得抵扣。购进业务购买方取得增值税专用发票认证抵扣增值税款后,还要做进项税额转出处理,比较麻烦。所以,一般情况下,购买方会要求销售方开具增值税普通发票,如购进餐饮服务、贷款服务等。

1.3.5 增值税发票的代开

一、代开增值税专用发票

小规模纳税人发生应税行为,购买方(个人除外)索取增值税专用发票的,可以向主管税务机关申请代开增值税专用发票。税务机关代开增值税专用发票的范围:

(1)所辖范围内的已办理税务登记的小规模纳税人(包括个体经营者),但是代开专用发票的业务不能享受小微企业免税优惠,小微企业申请税务机关代开增值税专用发票时,也应先预缴税款再代开发票。增值税小规模纳税人月销售额不超过 10 万元(按季纳税 30 万元)的,当期因代开增值税专用发票(含货物运输业增值税专用发票)已经缴纳的税款,在专用发票全部联次追回或者按规定开具红字专用发票后,可以向主管税务机关申请退还。

(2)国家税务总局确定的其他可予代开增值税专用发票的纳税人(如销售或出租不动产的自然人)。

特别强调

税务机关只为小规模纳税人代开增值税专用发票,任何情况下都不为一般纳税人代开增值税专用发票。一般纳税人发生应税行为,无论是否超过经营范围,都只能自行开具增值税专用发票或普通发票。

二、代开普通发票

依法不需要办理税务登记的单位和个人,临时取得收入;需要开具发票的,主管税务机关可为其代开普通发票,不能代开专用发票。

享受小微企业免税优惠的小规模纳税人,可不推行增值税发票管理新系统,发生应税行为需要代开增值税普通发票的,税务机关可以为其代开。

1.3.5.1　代开增值税发票地点

通常情况下,纳税人申请税务机关代开发票应当向机构所在地主管税务机关申请代开,但下列三种特殊情形应当向服务发生地或不动产所在地主管税务机关申请代开增值税发票:

（1）小规模纳税人跨地级市提供建筑服务,不能自行开具增值税发票的,可向建筑服务发生地主管税务机关按照其取得的全部价款和价外费用申请代开增值税发票。

（2）小规模纳税人中的单位和个体工商户出租不动产,不能自行开具增值税发票的,可向不动产所在地主管税务机关申请代开增值税发票。其他个人出租不动产,可向不动产所在地主管税务机关申请代开增值税发票。

（3）小规模纳税人转让其取得的不动产,不能自行开具增值税发票的,可向不动产所在地主管税务机关申请代开。

1.3.5.2　小规模纳税人自行开具增值税专用发票试点

月销售额超过10万元(或季销售额超过30万元)的下列八个行业的小规模纳税人提供应税服务、销售货物或发生其他应税行为,需要开具增值税专用发票的,可以通过增值税发票管理新系统自行开具,主管税务机关不再为其代开。但是八个行业小规模纳税人销售其取得的不动产,需要开具增值税专用发票的,仍须向税务机关申请代开。

（1）住宿业。

（2）鉴证咨询业。

（3）建筑业。

（4）工业。

（5）信息传输、软件和信息技术服务业。

（6）租赁和商务服务业。

（7）科学研究和技术服务业。

（8）居民服务、修理和其他服务业。

月销售额未超过10万元(或季销售额未超过30万元)的八个行业的小规模纳税人没有纳入小规模纳税人自行开具增值税专用发票试点范围,发生应税行为需要开具增值税专用发票的,仍然按照现行规定申请税务机关代开。

1.3.5.3　自然人可以申请代开增值税专用发票的情形

营改增以前,税务机关只为所辖范围内的已办理税务登记的小规模纳税人代开增值税专用发票,其他个人(也就是自然人)未办理税务登记,临时发生应税行为,税务机关只为其代开普通发票,不能代开专用发票。全行业营改增后,自然人发生下列三项特殊业务可以申请税务机关代开增值税专用发票:

(1) 销售不动产。

(2) 出租不动产。

(3) 接受税务机关委托代征税款的保险企业,向个人保险代理人支付佣金费用后,可代个人保险代理人统一向主管税务机关申请汇总代开增值税普通发票或增值税专用发票。证券经纪人、信用卡和旅游等行业的个人代理人比照保险企业规定执行。

1.3.6 增值税专用发票认证或勾选确认

增值税专用发票认证是指通过增值税发票税控系统对增值税发票所包含的数据进行识别、确认。认证增值税专用发票是为了稽核比对专用发票做准备。稽核比对是将购买方抵扣联信息与销售方记账联信息进行比对,防范虚开的增值税专用发票抵扣进项税额。增值税专用发票在规定的认证期限内经认证相符或勾选确认后才能申请抵扣进项税额。认证相符或进行勾选确认的增值税专用发票,应在规定的期限内申报抵扣,逾期的其进项税额不予抵扣。增值税一般纳税人取得增值税普通发票,除农产品收购发票、农产品销售发票和公路、桥(闸)通行费发票、旅客运输服务发票或客票外,不得抵扣进项税额。

增值税小规模纳税人没有进项税额抵扣的概念,所以也不需要取得增值税专用发票和进行增值税专用发票认证工作。

1.3.6.1 增值税专用发票的抵扣时限

一、增值税专用发票认证或勾选确认期限

(一)增值税专用发票认证期限

2017 年 7 月 1 日以后开具的增值税专用发票,应自开具之日起 360 天内进行认证。未在规定期限内认证,不得作为有效的增值税扣税凭证,不得计算进项税额抵扣。这里的 360 天包含节假日,而且期限的最后一日是节假日的不顺延。

(二)增值税专用发票勾选确认期限

全部增值税一般纳税人取得销售方使用新系统开具的增值税发票(包括增值税专用发票、机动车销售统一发票),可以不再进行扫描认证,登录本省增值税发票查询平台,查询、选择用于申报抵扣或者出口退税的增值税发票信息,未查询到对应发票信息的,仍可进行扫描认证。增值税专用发票勾选确认的期限也是 360 日。

二、增值税专用发票申报抵扣期限

认证相符的增值税专用发票应在规定的纳税申报期内申报抵扣,逾期的其进项税额不予抵扣。勾选确认的增值税专用发票,在申报期内实际申报前勾选时可选择"上月"或"本月"抵扣;在申报期后勾选时只能选择"本月"。勾选确认的增值税专用发票必须在勾选选择的所属期申报抵扣,逾期的其进项税额不予抵扣。

【**例题1-1**】 天马企业(增值税一般纳税人)2019年5月取得一份增值税专用发票,发票上注明金额100元,税额6元,并于当月认证。该纳税人应于6月申报期内申报5月份增值税时,抵扣进项税额6元,如果6月未申报抵扣,则以后月份不得抵扣。

【**例题1-2**】 天马企业(增值税一般纳税人)2019年5月取得一份增值税专用发票,发票上注明金额100元,税额6元,并于当月在增值税发票查询平台对该发票进行了勾选确认。该纳税人应于6月申报期内申报5月份增值税时,抵扣进项税额6元,如果6月未申报抵扣,则以后月份不得抵扣。如果天马企业6月10日在增值税发票查询平台对该发票进行了勾选确认,则企业可以选择把该张发票放在5月份所属期抵扣,也可以选择把该张发票放在6月份所属期抵扣。如果企业选择了在5月份所属期抵扣,则在6月申报期内申报5月份增值税时应抵扣进项税额6元,如果6月未申报抵扣,则以后月份不得抵扣;如果企业选择了在6月份所属期抵扣,则在7月申报期内申报6月份增值税时应抵扣进项税额6元。

1.3.6.2　超期抵扣扣税凭证的处理

超期抵扣扣税凭证分为两种情形:一是纳税人取得的扣税凭证未在规定的期限内申请认证、勾选确认或稽核比对,俗称"逾期未认证";二是已经认证通过、勾选确认或稽核比对通过的扣税凭证未在规定的申报期内申报抵扣,俗称"逾期未申报抵扣"。

增值税一般纳税人发生真实交易但由于客观原因造成增值税扣税凭证(包括增值税专用发票、海关进口增值税专用缴款书和机动车销售统一发票)未能按照规定期限办理认证、勾选确认或者稽核比对的,经主管税务机关核实、逐级上报,由省国税局认证并稽核比对后,对比对相符的增值税扣税凭证,允许纳税人继续抵扣其进项税额。

增值税一般纳税人取得的增值税扣税凭证已认证或已采集上报信息但未按照规定期限申报抵扣,属于发生真实交易且符合规定的客观原因的,经主管税务机关审核,允许纳税人继续申报抵扣其进项税额。

 **特别
强调**

必须是客观原因导致扣税凭证逾期的,向税务机关提供相应的资料后,才能抵扣进项税额;由于纳税人的主观原因导致扣税凭证逾期的,一律不得抵扣进项税额。

一、逾期未认证扣税凭证的客观原因

(1) 因自然灾害、社会突发事件等不可抗力因素造成增值税扣税凭证逾期。

(2) 增值税扣税凭证被盗、抢,或者因邮寄丢失、误递导致逾期。

(3) 有关司法、行政机关在办理业务或者检查中,扣押增值税扣税凭证,纳税人不能

正常履行申报义务,或者税务机关信息系统、网络故障,未能及时处理纳税人网上认证数据等导致增值税扣税凭证逾期。

(4)买卖双方因经济纠纷,未能及时传递增值税扣税凭证,或者纳税人变更纳税地点,注销旧户和重新办理税务登记的时间过长,导致增值税扣税凭证逾期。

(5)由于企业办税人员伤亡、突发危重疾病或者擅自离职,未能办理交接手续,导致增值税扣税凭证逾期。

(6)国家税务总局规定的其他情形。

二、逾期未申报扣税凭证的客观原因

(1)因自然灾害、社会突发事件等不可抗力原因造成增值税扣税凭证未按期申报抵扣。

(2)有关司法、行政机关在办理业务或者检查中,扣押、封存纳税人账簿资料,导致纳税人未能按期办理申报手续。

(3)税务机关信息系统、网络故障,导致纳税人未能及时取得认证结果通知书或稽核结果通知书,未能及时办理申报抵扣。

(4)由于企业办税人员伤亡、突发危重疾病或者擅自离职,未能办理交接手续,导致未能按期申报抵扣。

(5)国家税务总局规定的其他情形。

1.3.6.3 增值税专用发票认证或勾选方式

增值税专用发票认证可以通过网上扫描认证、到办税服务厅扫描认证、增值税发票查询平台进行勾选确认等三种方式。

一、网上认证

网上认证是由纳税人自行扫描、识别专用发票抵扣联票面信息,生成电子数据,通过网络传输至税务机关,由税务机关完成解密和认证,并将认证结果信息返回纳税人的认证方式。该认证方式需要纳税人自行购买扫描仪等设备,对企业来说增加了一定负担。

二、上门认证

上门认证是指纳税人携带增值税专用发票抵扣联等资料,到税务机关申报征收窗口或者自助办税机(ARM 机)进行认证的方式。该认证方式,认证结果可以实时确认,但需要纳税人往返税务大厅,办税成本较高。同时随着经济发展,纳税人需要认证的发票越来越多,办税服务厅排队等候的时间也不断增长。

三、勾选确认

勾选确认是最新的一种认证方式,目前全部增值税一般纳税人通过特定的网址,查询升级版增值税开票系统开具给自己的增值税发票信息,然后通过勾选(支持同时勾选多份发票)和确认的操作方式。该方式实现"取消认证"功能,对纳税人来说简单便捷且不需要增加额外成本。

　　网上认证和上门认证的认证期是以自然月划分的,例如,天马企业在 2019 年 5 月份取得一张增值税发票,天马企业如果想把该张增值税专用发票在 5 月份所属期内抵扣,采用网上认证或上门认证方式就必须在 5 月 1 日至 31 日期间完成认证,而选择勾选确认的期限是 5 月份所属期和 6 月份纳税人实际申报前两天,最晚为申报期结束前两天。

1.3.6.4　增值税专用发票认证结果及处理规定

　　目前,防伪税控认证系统认证结果为"认证相符""无法认证""认证不符""密文有误""重复认证""认证时失控""认证后失控"和"纳税人识别号认证不符(发票所列购买方纳税人识别号与申报认证企业的纳税人识别号不符)"等类型。"认证相符"是指纳税人识别号无误,专用发票所列密文解译后与明文一致,认证相符的增值税专用发票用于抵扣增值税进项税额,并作为购买方的记账凭证,不得退还销售方。其他认证结果的发票为涉嫌违规发票,税务机关按下列方式处理。

　　一、税务机关退还原件的情形

　　经认证,属于"无法认证""纳税人识别号认证不符"和"认证不符"中的"发票代码号码认证不符(密文与明文相比较,发票代码或号码不符)"的发票,不得作为增值税进项税额的抵扣凭证。税务机关应将发票原件退还企业,企业可要求销售方重新开具。

　　(1)无法认证,是指由于污损、褶皱、揉搓等原因导致专用发票所列密文或者明文有一项或多项不能辨认,防伪税控认证子系统无法产生认证结果。

　　(2)纳税人识别号认证不符,是指专用发票所列购买方纳税人识别号有误。通常情况是发票所列购货方纳税人识别号与申报认证企业的纳税人识别号不符。

　　(3)专用发票代码、号码认证不符,是指专用发票所列密文解译后与明文的代码或者号码不一致。

　　二、税务机关扣留原件的情形

　　经认证,属于"重复认证""密文有误"和"认证不符(不包括发票代码号码认证不符)""认证时失控"和"认证后失控"的发票,暂不得作为增值税进项税额的抵扣凭证,税务机关扣留原件,移送稽查部门作为案源进行查处。经税务机关检查确认属于税务机关责任以及技术性错误造成的(如录入错误、已申报但漏采集、漏传递、错报为失控或作废发票等),允许作为增值税进项税额的抵扣凭证;不属于税务机关责任以及技术性错误造成的,不得作为增值税进项税额的抵扣凭证。属于税务机关责任的,由税务机关误操作的相关部门核实后,区县级税务机关出具书面证明;属于技术性错误的,由税务机关技术主管部门核实后,区县级税务机关出具书面证明。

　　(1)重复认证,是指已经认证相符的同一张专用发票再次认证。

（2）密文有误，是指专用发票所列密文无法解译。

（3）认证不符，是指纳税人识别号有误，或者专用发票所列密文解译后数据与同一增值税专用发票票面上的明文不一致。但纳税人识别号认证不符合专用发票代码号码认证不符，税务机关应退回原件，销售方在红冲后可以重新开具专用发票，税务机关无需扣留原件。

（4）列为失控专用发票，是指认证时或认证后的专用发票被登记为失控专用发票。

1.3.6.5 增值税专用发票稽核比对结果及处理规定

认证相符的增值税专用发票数据纳入增值税专用发票稽核系统，与发票存根联信息进行比对，比对结果有"比对相符""比对不符""缺联"和"作废"等类型。如发现涉嫌违规发票，暂不得作为增值税进项税额的抵扣凭证，由管理部门按照审核检查的有关规定进行核查，并按有关规定进行处理。经税务机关检查确认属于税务机关责任以及技术性错误造成的，允许作为增值税进项税额的抵扣凭证；不属于税务机关责任以及技术性错误造成的，不得作为增值税进项税额的抵扣凭证。属于税务机关责任的，由税务机关误操作的相关部门核实后，区县级税务机关出具书面证明；属于技术性错误的，由税务机关技术主管部门核实后，区县级税务机关出具书面证明。

（1）比对不符，是指发票抵扣联与发票存根联数据的开票日期，购货单位纳税人识别号、销货单位纳税人识别号、金额合计、税额合计五要素中存在不同。不符的优先级次序为：税额、金额、购货单位纳税人识别号、销货单位纳税人识别号、开票日期。

（2）缺联，是指系统内有抵扣联而无存根联，并且按法规不需留待下期继续比对的发票。

（3）作废，是指在与全国失控、作废发票库比对中发现属于作废发票的抵扣联。

1.3.6.6 失控发票

失控发票，指防伪税控企业丢失被盗金税盘或税控盘中未开具的发票以及被列为非正常户的防伪税控企业未向税务机关申报或未按规定缴纳税款的发票。国家税务总局于2004年10月15日开始正式推行增值税失控发票快速反应系统。增值税失控发票快速反应机制以日为单位进行失控发票数据采集和更新，形成全国失控发票数据库，通过认证发票数据与失控发票数据双向比对，及时发现属于失控发票的增值税专用发票抵扣联，并转稽查部门处理，达到快速反应、防范不法分子利用失控发票骗取抵扣税款的目的。具体实现方法是：通过认证环节将要认证的抵扣联数据与失控发票数据进行自动比对，发现属于失控发票的抵扣联（该类发票称为"认证时失控发票"）；通过每天新增的失控发票数据与前期已认证相符的抵扣联数据自动比对，发现属于失控发票的抵扣联（该类发票称为"认证后失控发票"）。

一、失控发票数据采集

新增失控发票数据由发票发售岗位依据征收管理部门提供的失控发票书面材料（包

括稽查部门案件查处中发现的走逃企业），通过防伪税控网络版发票发售子系统及时确认后进行采集。

二、失控发票的处理

"认证时失控"和"认证后失控"的发票，暂不得作为增值税进项税额的抵扣凭证，税务机关扣留原件，移送稽查部门作为案源进行查处。经税务机关检查确认属于税务机关责任以及技术性错误造成的（如录入错误、错报为失控或作废发票等），允许作为增值税进项税额的抵扣凭证；不属于税务机关责任以及技术性错误造成的，不得作为增值税进项税额的抵扣凭证。属于税务机关责任的，由税务机关误操作的相关部门核实后，区县级税务机关出具书面证明；属于技术性错误的，由税务机关技术主管部门核实后，区县级税务机关出具书面证明。认证系统发现的"认证时失控发票"和"认证后失控发票"经检查确属失控发票的，不得作为增值税扣税凭证。

在税务机关按非正常户登记失控增值税专用发票后，销售方又向税务机关申请防伪税控报税的，已申报并缴纳税款的，可由销售方主管税务机关出具书面证明，并通过协查系统回复购买方主管税务机关，该失控发票可作为购买方抵扣增值税进项税额的凭证。

1.3.7　异常增值税扣税凭证及通过非真实交易取得发票的情形

一、异常扣税凭证的认定及处理

（一）什么是异常增值税扣税凭证

税收风险分析评估中，主管税务机关发现增值税一般纳税人存在购进、销售货物（服务）品名明显背离，虚假填列纳税申报表特定项目以规避税务机关审核比对等异常情形的，应及时约谈纳税人。因电话、地址等税务登记信息虚假无法联系或两次约谈不到的，纳税人主动联系主管税务机关之前，主管税务机关可通过增值税发票系统升级版暂停该纳税人开具发票，并将其取得和开具的增值税发票列入异常增值税扣税凭证范围，录入增值税抵扣凭证审核检查系统。

（二）异常扣税凭证的处理

主管税务机关应对纳税人取得的异常扣税凭证进行调查核实。尚未申报抵扣的异常凭证，暂不允许抵扣，经主管税务机关核实后，符合现行增值税进项税抵扣规定的，应当允许纳税人继续申报抵扣。已经申报抵扣的异常凭证，经主管税务机关核实后，凡不符合现行增值税进项税抵扣规定的，一律作进项税转出。

二、走逃企业开具增值税专用发票认定处理

（一）走逃（失联）企业的判定

走逃（失联）企业，是指不履行税收义务并脱离税务机关监管的企业。

根据税务登记管理有关规定，税务机关通过实地调查、电话查询、涉税事项办理核查以及其他征管手段，仍对企业和企业相关人员查无下落的，或虽然可以联系到企业代理记账、报税人员等,但其并不知情也不能联系到企业实际控制人的,可以判定该企业为走逃(失联)企业。

（二）走逃(失联)企业开具增值税专用发票的处理

走逃(失联)企业存续经营期间发生下列情形之一的,所对应属期开具的增值税专用发票列入异常增值税扣税凭证范围。

（1）商贸企业购进、销售货物名称严重背离的;生产企业无实际生产加工能力且无委托加工,或生产能耗与销售情况严重不符,或购进货物并不能直接生产其销售的货物且无委托加工的。

（2）直接走逃失踪不纳税申报,或虽然申报但通过填列增值税纳税申报表相关栏次,规避税务机关审核比对,进行虚假申报的。

（三）受票方接受走逃(失联)企业开具增值税专用发票的处理

增值税一般纳税人取得异常扣税凭证,尚未申报抵扣或申报出口退税的,暂不允许抵扣或办理退税;已经申报抵扣的,一律先作进项税额转出;已经办理出口退税的,税务机关可按照异常凭证所涉及的退税额对该企业其他已审核通过的应退税款暂缓办理出口退税,无其他应退税款或应退税款小于涉及退税额的,可由出口企业提供差额部分的担保。经核实,符合现行增值税进项税额抵扣或出口退税相关规定的,企业可继续申报抵扣,或解除担保并继续办理出口退税。

 **特别说明**

失控发票与列为异常扣税凭证的发票处理不同,失控专用发票除非是税务机关误操作误将正常发票录为失控发票,或者已被列为非正常户的销售方又重新接受税务管理,缴纳增值税款了,否则受票方取得的失控专用发票不得抵扣进项税额,即便受票方已经支付货款了。列为异常扣税凭证的专用发票只是暂停抵扣进项税额,待税务机关核实受票方购进业务属实,发票如实开具,无论销售方是否走逃,均应该允许受票方抵扣进项税额。

【案例解析】

天马公司接到税务机关通知,上月已经认证抵扣的一张增值税专用发票异常,存在购进、销售货物的品名明显背离的异常情形,开票方主管税务机关已经将其认定为"异常扣税凭证",税务机关要求天马企业将该张发票注明的增值税额作进项税额转出处理。

解析: 前些年,存在一些通过出售虚开发票收取开票费的"皮包公司",他们根据买发票方要求的品名虚开增值税专用发票赚取开票费,同时,在没有真实购进业务的情形下买得他人虚开的扣税凭证,形成进项税额,抵减对外虚开增值税产生的销项税额,虚拟的购进与销售的品名经常是不相符的,导致这些"皮包公司"购进与销售货物逻辑关系不符;还有的"皮包公司"通过虚假纳税申报,在开具其他发票、未开具发票列次填写负数或在进项税额转出栏中填写负数,冲抵虚开发票产生的销项税额,甚至有的"皮包公司"虚开了大量的增值税专用发票后一走了之。实际上,随着金税三期的上线以及增值税发票管理系统的整合升级,购买虚开发票行为的风险与日俱增。根据《国家税务总局关于异常增值税扣税凭证抵扣问题的通知》(税总发〔2015〕148号)第二条规定,纳税人取得的异常凭证应接受主管税务机关的调查核实。尚未申报抵扣的异常凭证,暂不允许抵扣,经主管税务机关核实后,符合现行增值税进项税抵扣规定的,继续申报抵扣。已经申报抵扣的异常凭证,凡不符合现行增值税进项税抵扣规定的,一律作进项税转出处理。目前,很多地方的税务机关依托增值税发票电子底账系统,对增值税一般纳税人购销信息进行全面分析,准确识别购进、销售货物(服务)品名背离、交易与常规不符等异常情况,充分利用税务机关掌握的数据资源,及时识别异常扣税凭证并对存在异常的纳税人进行全面排查、约谈。"皮包公司"无处遁形,一旦东窗事发,"皮包公司"一定时限内开具的增值税专用发票会被录入"异常凭证核查系统",买发票方进项税额不得抵扣,严重的可能按"虚开增值税专用发票"认定及处罚。

1.3.8　虚开发票

《发票管理办法》第二十二条界定的虚开发票行为包括下列三种情形:
(1) 为他人、为自己开具与实际经营业务情况不符的发票。
(2) 让他人为自己开具与实际经营业务情况不符的发票。
(3) 介绍他人开具与实际经营业务情况不符的发票。

根据上述规定,虚开发票的行为主体有三方:开票方、受票方和中间人。开票方开具发票的票面信息与实际经营情况不符构成虚开发票行为,受票方主动让他人开具与实际经营情况不符的发票也构成虚开发票行为,介绍他人开具与实际情况不符的发票的中间人也构成虚开发票行为。开具发票的票面信息与实际经营情况不符包括票面上的销售方、购买方与实际销售方、购买方不符,票面上商品(服务)名称与实际不符,票面上金额、税额与实际不符等多种情形。

特别提醒

有的人认为虚开发票是只有开票方才会构成的违法行为,这是误解。受票方没有真实购进业务,却让开票方为自己开具发票的行为也构成虚开发票违法行为。因此,打算支付开票费买发票的企业应当注意了,这也是虚开发票行为,处罚力度很大。

1.3.8.1 虚开发票的手段类型

从虚开发票的"发票流"源头看,"链条断裂、空余额度"产生的"富余票";"票货分离、套取发票"产生的"套取票";"钻营政策、自开冒用"产生的"政策票"是虚开发票的三大主要来源。从虚开发票的手段看,目前常见的虚开发票手段包括暴力虚开、"票货分离式"虚开、多层洗票虚开、利用"富余票"虚开、利用海关进口增值税专用缴款书骗抵虚开和虚开农产品收购发票六种。

一、暴力虚开

暴力虚开,是指未取得合法的增值税进项发票或其他扣税凭证,通过一定的手段在不实际纳税的情况下对外虚开发票(见图 1-1)。这些手段常见有三种:一是为他人虚开发票后,不纳税申报即走逃(失联);二是为他人虚开发票后,在增值税纳税申报表上通过虚假填列相关栏次的手段,达到不缴或少缴应纳税额的目的,随即走逃(失联);三是为他人虚开发票后,进行真实的纳税申报,但未实际缴纳税款形成欠税,随即走逃(失联)。绝大多数暴力虚开发票行为借助不进行任何经营活动的"空壳企业",采取"短、平、快"的手法,短期存续领票开票后,迅速走逃或注销。相比"富余票"虚开,暴力虚开犯罪成本更低、作案手段更简单、可复制性更强,涉案金额越来越大,动辄上亿元甚至几十亿元。

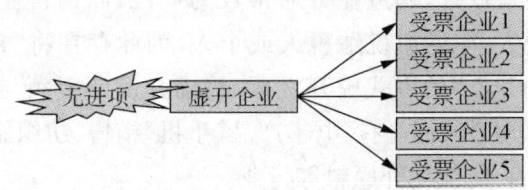

图 1-1 暴力虚开图示

动机:卖票牟利。

特征:空壳企业、即开即逃。

二、"票货分离式"虚开

社会上存在大量要货不要票和要票不要货的单位或个人,由此催生出一大批倒票牟利的职业"黄牛"。"黄牛"首先寻找到这两类单位或个人,对要货不要票的单位或个人,允诺可以较低价格购货;对要票不要货的单位,按开票金额收取开票手续费。双方达成一致后,"黄牛"要求要货不要票的单位或个人支付低价购货款,然后以要票不要货单位名义,去销售企业进货,"支付货款"并取得增值税专用发票,最后分离票货,达到虚开发票牟利的目的(见图 1-2)。这些"黄牛"遍布各行各业,其中涉及大型电商平台、百货零售企业、黄金经营企业、成品油、食品和药品经销企业。

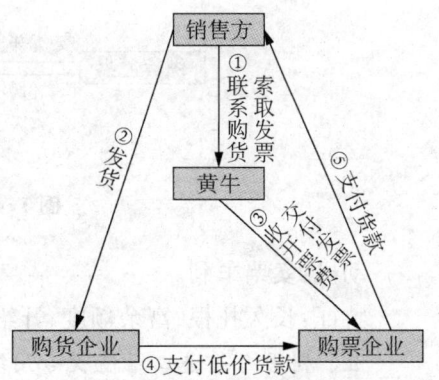

图 1-2 "票货分离式"虚开图示

三、多层洗票虚开

为保护下游买票企业,虚开发票违法犯罪分子成立洗票虚开公司,拉长虚开发票链条,取得虚开的增值税专用发票抵扣进项税额,然后在没有真实经营业务的情况下对外虚开增值税专用发票,通过洗票公司的多层隔离最终将发票虚开给受票企业(见图1-3)。这类企业取得的进项发票,大多是上游企业通过暴力虚开、"票货分离式"虚开、农产品收购发票虚开等方式虚开的增值税专用发票。

动机:卖票牟利。

特征:团伙作案、类聚成团、空壳企业、虚构交易、跨域虚开、中转洗票、变名虚开、多层掩护。

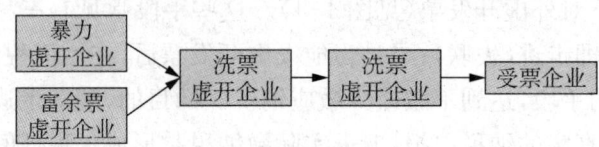

图1-3　多层洗票虚开图示

四、利用"富余票"虚开

这类企业有实际经营业务,购进业务通常较为规范,而销售业务面向大量不需要增值税发票的小规模纳税人、非增值税纳税人或个人,因此存在将"富余"发票对外虚开的"寻租"空间,通过"甲购开乙"的方式虚开发票,将虚开发票金额与未开票收入对等置换申报(见图1-4)。较为典型的行业有:电子产品(手机)销售、纺织服装、百货、消费品品牌代理、建材、钢材、成品油、纺织化纤原料等行业。

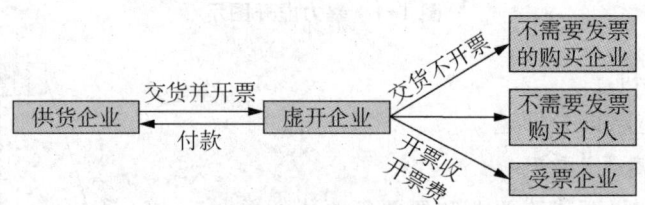

图1-4　利用"富余票"虚开图示

动机:卖票牟利。

特征:长久扎根、富余额度、开给他人。

五、利用海关进口增值税专用缴款书骗抵虚开

2017年2月国家税务总局发布《关于加强海关进口增值税抵扣管理的公告》(国家税务总局公告2017年第3号)前,不法分子利用海关进口增值税专用缴款书稽核比对环节存在的技术缺陷,冒用他人海关进口增值税专用缴款书信息骗抵税额及实施对外虚开发票违法活动。此外,还存在用票企业利用海关进口增值税专用缴款书"富余额度"虚构进口业务串通实际进口企业以他人名义取得海关缴款书骗抵税额虚开发票;货物进口后票

货分流、变造货物品名洗票、再对外虚开增值税发票;或以虚假委托进口企业名义嵌入"双抬头"海关进口增值税专用缴款书骗抵税额后对外虚开发票。

六、虚开农产品收购发票

这是当前存续时间最长的一种虚开手段。农产品收购发票自开自抵的制度设计和税源管理难度大,客观上给对外虚开发票企业提供了充足稳定的进项抵扣税额,很多虚开、骗税案件的虚开源头都是农产品收购、加工企业。常用手法是虚提收购价格,虚增购进数量,虚开多抵进项税额,调控企业税负,维持一定的收益和税负,逃避监管,或者直接虚构收购业务,进而对外虚开增值税专用发票。

1.3.8.2 虚开发票的企业类型

就全国税务机关近几年查办的虚开发票案件看,根据虚开发票的企业是否开具和取得虚开发票(或扣税凭证),虚开发票的企业有下列三种类型:

一、虚出不虚进型企业

虚出不虚进型企业仅为他人虚开发票,不为自己虚开发票或让他人为自己虚开发票的行为。虚出不虚进型企业按"票源"又可分为暴力型虚开企业和富余票型虚开企业。

二、虚进不虚出型企业

虚进不虚出型企业让他人为自己或自己为自己虚开发票,取得进项税额抵减销项税额达到少缴增值税或骗取出口退税的目的;同时虚增成本费用,在企业所得税税前扣除,从而偷逃企业所得税。

三、虚进又虚出型企业

按虚开企业是否有真实业务和虚开发票、虚抵发票金额占比,可分为完全虚进虚出型企业和部分虚进虚出型企业。

(一)完全虚进虚出型企业

以空壳企业为平台,无实际经营业务,通过虚构交易,让他人为自己虚开发票、自己为自己虚开发票取得进项税额后,又为他人虚开发票。这类企业虚开发票的动机是卖票牟利;特征是团伙作案、虚构交易、跨域虚开、中转洗票、多层掩护。

(二)部分虚进虚出型企业

部分虚进虚出型企业以部分真实经营业务掩盖部分虚假业务,通过为自己虚开发票、让他人为自己虚开发票后,为他人虚开发票;也有部分正常经营的企业,在虚开发票赚取开票费的诱惑下,被虚开发票团伙拉入虚开发票链条。这类企业虚开发票的动机是不缴或少缴税款以及卖票获利;特征是业务有真有假、有货无货兼有,查处难度大。

四、为达到特殊目而虚开发票的企业

有的企业为了虚增经营业绩或者为了上市、融资授信、取得地方财政返还、应对绩效考核等特殊目的,在没有真实经营业务情况下,利用关联公司循环虚开发票(通常称为"环开")、相互开具发票(通常称为"对开")或不将所开具发票相关联次交给受票方(见图

1-5 至图 1-7）。这类企业虚开发票的动机是实现特殊目的,而不是偷逃税款或牟取开票费;特征是在开具发票活动中未收取手续费,开具的发票金额已经申报并缴纳增值税。

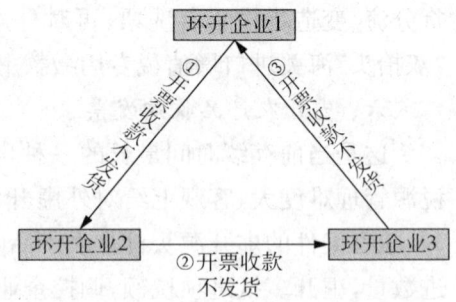

图 1-5　环开图示

1.3.8.3　虚开发票认定中的两个关键要素

一、实际经营业务的认定

实际经营业务要素的确定,税收法律法规没有规定,可以参照合同法的规定,一般包括以下内容:交易当事人的名称或者姓名和住所、标的、数量、质量、价款或者报酬、履行期限、地点和方式、违约责任以及解决争议的方法。而发票票面记载的主要交易要素包括购货与销货单位名称,货物或应税劳务、服务名称,数量,金额,税额等。如发票记载的要素中一项或多项要素与实际经营情况不符,一般应属于《发票管理办法》所称的"与实际经营业务情况不符"。

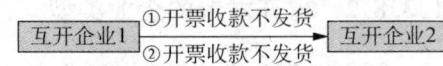

图 1-6　对开图示

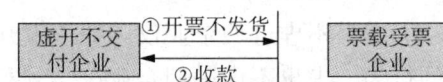

图 1-7　发票不给受票方图示

但要注意:一是最高人民法院司法解释中,对有货物购销而票面内容不一致的,仅包含数量或者金额不实,才能认定为虚开发票,而《发票管理办法》统称与实际经营业务不符,内容更广;二是未发生货物的移库、运输,并不完全等同于未发生销售行为,认定实际经营业务的本质必须综合双方言证、合同、资金流转等要素进行判断。

二、需要主观故意为前提

《发票管理办法》中所称的"为他人""为自己""让他人为自己""介绍他人"等表述都具有主观故意性,即行政相对人知晓或者应当知晓发票开具与实际经营业务情况不符的事实。

1.3.8.4　虚开发票认定中的几个重要观点

一、开票方与受票方可能存在不同的认定

（1）开票方已被认定虚开的,受票方不一定也是虚开。在开票方已定性"为他人虚开"的情形下,如果受票方有真实交易,且不存在"让他人为自己"的主观故意,则不能认定受票方有虚开行为,受票方属被动接受虚开发票。被动接受虚开发票也存在善意、恶意之分,如果没有证据表明购买方知道销售方提供的专用发票是以非法手段获得的,且货物交易行为真实、发票内容一致、资金结算相符则应归于善意取得。

（2）受票方已被认定接受虚开,开票方不一定是虚开。在受票方已被认定接受虚开发票,而开票方如果存在销售货物、提供应税劳务或服务,除销售对象外其他发票要素与实际交易要素均一致,且开票方对不一致的情况不存在"知道或应当知道"的故意情形的,不能认定开票方就是虚开发票。如当前查办的部分虚开发票案件中,常常存在中间人以虚开发票受票人的名义向销售方采购货物,但获取提货单后交给真实的购货人提货。这种虚开发票行为下,销售方并不能得知实际购货人并非受票方,不存在"为他人"虚开的主观故意,不能认定销售方虚开发票,而应当认定中间人是虚开发票犯罪的主体,除非有证据表明开票方相关人员具有"明知"或"放纵"(同一购买方多次购物而开具发票的购货单位不同)的主观故意,才可认定开票方相关人员涉嫌虚开发票违法。

二、接受发票存在虚开行为的,其对外开票不一定也是虚开

《国家税务总局关于纳税人对外开具增值税专用发票有关问题的公告》(国家税务总局公告 2014 年第 39 号)规定,纳税人通过虚增增值税进项税额偷逃税款,但对外开具增值税专用发票同时符合以下情形的,不属于对外虚开增值税专用发票:纳税人向受票方纳税人销售了货物,或者提供了增值税应税劳务、应税服务;纳税人向受票方纳税人收取了所销售货物、所提供应税劳务或者应税服务的款项,或者取得了索取销售款项的凭据;纳税人按规定向受票方纳税人开具的增值税专用发票相关内容,与所销售货物、所提供应税劳务或者应税服务相符,且该增值专用发票是纳税人合法取得、并以自己名义开具的。

特别提醒

无论企业购买环节是否存在瑕疵,只要企业销售环节同时满足向购买方交货(提供服务)、收款、开票(票面信息与实际经济业务相符),该笔销售业务开具的发票不认定为虚开发票,实际上,该笔业务的购买方无瑕疵,是善意的,其取得的专用发票可以抵扣进项税额。

39 号公告的核心内容之一是,认定开票单位对外虚开发票,不能以其接受发票是虚开的作为充分条件。在当前所立案检查的虚开发票案件中,对于走逃企业由于未能获取账册、凭证,通过提取其认证的进项发票以及申报的销项发票明细数据,并且对其上、下游企业外调取证后,可能发现其开票的商品并无对应品名的进项发票,这种情形也不能仅凭这一证据就定性其为虚开发票。因为开票方存在购进开具发票上列名的货物未取得进项发票的可能,要进行资金流等取证后才能认定。

三、代开发票不一定都是虚开发票

在发生实际购销业务的前提下,供货人让他人代自己向购货人开具发票;或者购货人因供货人不能提供发票,让他人为自己开具发票,是否属于虚开。

(1)供货人让他人代自己向购货人开具发票。该行为是否定性虚开,其关键要从法律关系上判断谁是销售方。如果购销合同是由开票方与受票方签订,付款也是受票方直接付给开票方,或开票方委托受票方付给上游供货人并且销售行为中权利义务由开票方

承担(开票方可将履约责任转嫁给上游供货人),开票方应构成法律意义上的销售方,其开具的发票不应定性为虚开发票。如果根据获取的证据表明,购销合同是供货人与受票方直接签订;或者没有开票方的委托付款协议,受票方直接付款给供货人;或者开票方供认其未发生实质经营,不负责所开具发票所对应销售行为的权利义务责任,开票方不构成该业务法律关系上的销售方,该发票则应认定为虚开发票。

《最高人民法院研究室〈关于如何认定以"挂靠"有关公司名义实施经营活动并让有关公司为自己虚开增值税专用发票行为的性质〉征求意见的复函》(法研〔2015〕58号)第2条规定:"行为人利用他人的名义从事经营活动,并以他人名义开具增值税专用发票的,即便行为人与该他人之间不存在挂靠关系,但如行为人进行了实际的经营活动,主观上并无骗取抵扣税款的故意,客观上也未造成国家增值税款损失的,不宜认定为刑法第二百零五条规定的虚开增值税专用发票;符合逃税罪等其他犯罪构成条件的,可以其他犯罪论处。"并且该文件也指出,1996年《最高人民法院关于适用〈全国人民代表大会常务委员会关于惩治虚开、伪造和非法出售增值税专用发票犯罪的决定〉的若干问题的解释》中关于"进行了实际经营活动,但让他人为自己代开增值税专用发票"也属于虚开发票的规定,与虚开增值税专用发票罪的规定不符,不应继续适用。

(2)购货人因供货人不能提供发票,让他人为自己开具发票。购货人与供货人达成的购销业务与开票方并无关联,供货人直接向购货人交付货物,购货人直接向供货人支付货款。在此情形下,购货人因供货人不能提供发票,让他人为自己开具发票,虽然开具发票的品名、金额与无票购入的货物相符,但其法律关系上是两次行为。一次是无票购入货物,一次是无货购票入账抵扣,其取得的增值税专用发票虽然表面看起来有货物对应,但实质并无关联,因此应定性受票方让他人为自己虚开。

四、虚开发票的主体不一定是发票上载明的开票方和受票方

虚开发票或接受虚开发票,可能是企业控制人行为,也可能是中间人行为。虚开发票行为必然存在一方为他人虚开,或者另一方让他人为自己虚开,但这两方不一定就是发票上载明的开票方和受票方。税务机关在实际的案件检查工作中,会出现经查实虚开发票或接受虚开发票的犯罪主体实际上是中间人而非开票受票企业的情况,对此种情况的处理,应该本着实事求是的原则,区分是企业行为还是个人行为。对并非虚开发票或接受虚开发票犯罪主体的开票受票企业,按照相关规定进行相应的行政处理;对实际上是虚开发票或接受虚开发票犯罪主体的中间人,按照相关规定移送司法机关追究刑事责任。

1.3.8.5 虚开发票的税务行政处理法律依据

一、发票管理办法的处罚

《发票管理办法》第三十七条规定,违反本办法第二十二条第二款的规定虚开发票的,由税务机关没收违法所得;虚开金额在1万元以下的,可以并处5万元以下的罚款;虚开金额超过1万元的,并处5万元以上50万元以下的罚款;构成犯罪的,依法追究刑事责任。

特别
提醒

虚开增值税专用发票的处罚力度是很大的,虚开金额在 1 万元以上的,注意是金额而不是税额,罚款金额为 5 万元以上 50 万元以下;虚开税额在 5 万元以上的,就达到了追究刑事责任的标准。虚开普通发票达到一定严重程度也要追究刑事责任。

二、虚开发票的增值税处理

《国家税务总局关于纳税人虚开增值税专用发票征补税款问题的公告》(国家税务总局公告 2012 年第 33 号)规定:自 2012 年 8 月 1 日起,纳税人虚开增值税专用发票,未就其虚开金额申报并缴纳增值税的,应按照其虚开金额补缴增值税;已就其虚开金额申报并缴纳增值税的,不再按照其虚开金额补缴增值税。税务机关对纳税人虚开增值税专用发票的行为,应按《税收征收管理法》及《发票管理办法》的有关规定给予处罚。纳税人取得虚开的增值税专用发票,不得作为增值税合法有效的扣税凭证抵扣其进项税额。

特别
提醒

33 号公告明确,无论虚开发票业务是否真实发生,虚开增值税专用发票金额必须缴纳增值税,当然纳税人已经缴纳了增值税,不用重纳。但 33 号公告没有要求虚开增值税专用发票,应按照其虚开金额缴纳企业所得税;同时,33 号公告也没明确虚开普通发票,应按虚开金额缴纳增值税。

三、虚开发票的企业所得税处理

对虚开发票受票方企业所得税的税务处理,国家税务总局出台的《企业所得税税前扣除凭证管理办法》(国家税务总局公告 2018 年第 28 号)对此作出了十分明确、详细的规定。在处理时应按照《企业所得税税前扣除凭证管理办法》第十二条至第十七条的规定执行。

第十二条规定,企业取得私自印制、伪造、变造、作废、开票方非法取得、虚开、填写不规范等不符合规定的发票(以下简称"不合规发票"),以及取得不符合国家法律、法规等相关规定的其他外部凭证(以下简称"不合规其他外部凭证"),不得作为税前扣除凭证。

第十三条规定,企业应当取得而未取得发票、其他外部凭证或者取得不合规发票、不合规其他外部凭证的,若支出真实且已实际发生,应当在当年度汇算清缴期结束前,要求对方补开、换开发票、其他外部凭证。补开、换开后的发票、其他外部凭证符合规定的,可以作为税前扣除凭证。

第十四条规定,企业在补开、换开发票、其他外部凭证过程中,因对方注销、撤销、依法被吊销营业执照、被税务机关认定为非正常户等特殊原因无法补开、换开发票、其他外

部凭证的,可凭以下资料证实支出真实性后,其支出允许税前扣除:

(1) 无法补开、换开发票、其他外部凭证原因的证明资料(包括工商注销、机构撤销、列入非正常经营户、破产公告等证明资料);

(2) 相关业务活动的合同或者协议;

(3) 采用非现金方式支付的付款凭证;

(4) 货物运输的证明资料;

(5) 货物入库、出库内部凭证;

(6) 企业会计核算记录以及其他资料。

前款第(1)项至第(2)项为必备资料。

第十五条规定,汇算清缴期结束后,税务机关发现企业应当取得而未取得发票、其他外部凭证或者取得不合规发票、不合规其他外部凭证并且告知企业的,企业应当自被告知之日起 60 日内补开、换开符合规定的发票、其他外部凭证。其中,因对方特殊原因无法补开、换开发票、其他外部凭证的,企业应当按照本办法第十四条的规定,自被告知之日起 60 日内提供可以证实其支出真实性的相关资料。

第十六条规定,企业在规定的期限未能补开、换开符合规定的发票、其他外部凭证,并且未能按照本办法第十四条的规定提供相关资料证实其支出真实性的,相应支出不得在发生年度税前扣除。

第十七条规定,除发生本办法第十五条规定的情形外,企业以前年度应当取得而未取得发票、其他外部凭证,且相应支出在该年度没有税前扣除的,在以后年度取得符合规定的发票、其他外部凭证或者按照本办法第十四条的规定提供可以证实其支出真实性的相关资料,相应支出可以追补至该支出发生年度税前扣除,但追补年限不得超过5年。

1.3.8.6 受票方恶意取得虚开增值税专用发票的处理

一、恶意取得虚开增值税专用发票的认定

在货物交易中,购货方从销售方取得第三方开具的专用发票(即购货方取得的增值税专用发票所注明的销售方名称、印章与其进行实际交易的销售方不符的),或者从销货地以外的地区取得专用发票(即购货方取得的增值税专用发票为销售方所在省、自治区、直辖市和计划单列市以外地区的),向税务机关申报抵扣税款或者申请出口退税的,无论购货方(受票方)与销售方是否进行了实际的交易,增值税专用发票所注明的数量、金额与实际交易是否相符,对购货方均应按偷税或者骗取出口退税处理。

二、恶意取得虚开增值税专用发票的处罚

受票方利用他人虚开的专用发票,向税务机关申报抵扣税款进行偷税的,应当依照《税收征收管理法》及有关法规追缴税款,处以偷税数额50%以上5倍以下的罚款;进项税金大于销项税金的,还应当调减其留抵的进项税额。利用虚开的专用发票进行骗取出口退税的,应当依法追缴税款,处以骗税数额 1 倍以上 5 倍以下的罚款。

1.3.8.7 受票方善意取得虚开增值税专用发票的处理

一、善意取得虚开增值税专用发票的认定

购货方与销售方存在真实的交易,销售方使用的是其所在省(自治区、直辖市和计划单列市)的专用发票,专用发票注明的销售方名称、印章、货物数量、金额及税额等全部内容与实际相符,且没有证据表明购货方知道销售方提供的专用发票是以非法手段获得的,属于购货方善意取得虚开的增值税专用发票。

 **特别提醒**

实际上,自《国家税务总局关于纳税人对外开具增值税专用发票有关问题的公告》(国家税务总局公告 2014 年第 39 号)文件生效后,满足上述善意取得虚开增值税专用发票条件的,一定满足 39 号公告列明的三个条件,已不属于虚开增值税专用发票了。

二、善意取得虚开增值税专用发票的处理

购货方善意取得虚开的增值税专用发票的,对购货方不以偷税或者骗取出口退税论处,但应按有关规定不予抵扣进项税款或者不予出口退税。购货方已经抵扣的进项税款或者取得的出口退税,应依法追缴,但不加收滞纳金。购货方能够重新从销售方取得防伪税控系统开出的合法、有效专用发票的,购货方所在地税务机关应依法准予抵扣进项税款或者出口退税。

特别提醒

实务中,有的会计人员认为:只要本企业确实发生了真实的购进业务,取得的增值税专用发票就一定可以放心大胆地抵扣。其实不然,企业真实发生的购进业务,必须保证将购货款支付给实际交易中的销售方并从销售方取得其自己开具的增值税专用发票,在发票查询平台查得电子信息与纸质发票票面信息相符,才能安心地抵扣。纳税人在取得发票时要提高防范意识,注意与供货方业务员联系时要确认业务员真实身份;注重开票单位与实际销售单位一致、汇款账户与销售单位账户一致(支付货款尽量不要用现金交易)、物流运输起运地与开票单位地址一致、票载内容与实际交易情况一致。通俗地讲,要做到三流一致:销售方、开票方(即发票上注明的销售方)、收款方一致。

有的会计人员还是心存顾虑:我作为购买方,已经做到了三流一致,没有瑕疵,但是销售方存在过错,或者销售方走逃了,购买方会不会受到牵连,代人受过。会计人员大可不必这么担忧,《国家税务总局关于纳税人对外开具增值税专用发票有关问题的公告》(国家税务总局公告 2014 年第 39 号)已经明确,同时满足三个条件的增值税专用发票不属于虚开的增值税专用发票:一是销售方确实向购买方销售货物或服务;二是销售方确实向购买方履行收款权利了;三是销售方确实以自己的名义向购买方开具了合法的发票,并且发票上注明的内容与实际交易完全相符。满足这三个条件的发票不属于虚开发票,受票方纳税人可以作为增值税扣税凭证抵扣进项税额。但是,如果销售方走逃,购买方还是有一定风险的:如果销售方在申报前走逃,未申报部分的发票形成"失控发票",购买方不能抵扣进项税额。简而言之,购买方虽然向销售方支付了含增值税的价款,但是销售方携款外逃,并没有把该业务对应的增值税额申报缴纳到税务机关,国家没有收到这部分增值税款,自然不能允许购买方抵扣这部分税款。如果销售方在办理纳税申报后走逃(包括申报后未实际缴纳税款,形成欠缴税款),该发票不再属于"失控发票",但有可能属于"异常增值税扣税凭证"。"异常增值税扣税凭证"经主管税务机关核实后,符合现行增值税进项税抵扣规定的,应当允许纳税人继续申报抵扣。

1.3.8.8 实务中虚开发票的处理建议

一、开票方的行政处理

(一)一般虚开发票情形的处理

《中华人民共和国增值税暂行条例》第一条规定:"在中华人民共和国境内销售货物或者加工、修理修配劳务(以下简称劳务),销售服务、无形资产、不动产以及进口货物的单位和个人,为增值税的纳税人,应当依照本条例缴纳增值税"。可见,增值税纳税义务的发生是以"销售货物或者加工、修理修配劳务(以下简称劳务),销售服务、无形资产、不动产以及进口货物"行为的发生为最基本的前提。在查处虚开发票案件中,大量以虚开发票牟取非法利益为目的,没有真实生产经营业务,本质上并没有增值税应税行为的发生,因此不产生相应的增值税纳税义务。对此类企业的行政处理,建议按照《中华人民共和国发票管理办法》第三十七条规定处理,并出具《已证实虚开通知单》附相关证据材料,发往下游受票企业所在地税务机关依法处理。涉嫌犯罪的,移送公安机关。

(二)特殊虚开发票情形的税务处理

对虚开发票不以卖票牟利为目的,而是以融资、上市等为目的的企业,在没有真实生产经营业务的情况下,开具的发票已申报纳税且未造成税款损失的对开、环开发票等行为,因违反了发票管理的相关规定,按照《中华人民共和国发票管理办法》第三十七条规定处理。涉嫌犯罪的,移送公安机关。

二、受票方的行政处理

(一)恶意接受虚开发票

如果受票方接受的虚开增值税专用发票是其主动联系开票方或中间人开具,或虽不是其主动联系,但有证据表明受票方知道或者应当知道发票是伪造、变造、非法取得而受让,则可以认定受票方属于恶意接受虚开发票。按取得发票的目的,区分四种情形依法处理。

(1)受票方取得虚开发票的目的是为了继续对外虚开发票牟利的,按照上述一般虚开发票情形进行处理。

（2）受票方取得虚开发票的目的是为了骗取出口退税的，按照《中华人民共和国税收征收管理法》第六十六条规定处理。涉嫌犯罪的，移送公安机关。

（3）受票方取得虚开发票的目的是为了偷税的，如果有证据表明受票方存在虚开发票所对应的真实业务，按照《中华人民共和国税收征收管理法》第六十三条规定处理，在追缴税款的同时从轻处罚；如果有证据表明受票方不存在虚开发票所对应的真实业务，在按照《中华人民共和国税收征收管理法》第六十三条规定追缴税款的同时从重处罚。涉嫌犯罪的，移送公安机关。

（4）受票方取得虚开发票的目的不属前三种情形的，则按照《中华人民共和国发票管理办法》第三十七条规定进行处理。涉嫌犯罪的，移送公安机关。

（二）善意接受虚开发票

如纳税人不知道或者不应当知道取得的发票是伪造、变造、非法取得而受让的，受票方既不存在"让他人为自己虚开"，也不存在偷税、骗税的主观故意，不能对其给予处罚。《国家税务总局关于纳税人善意取得虚开的增值税专用发票处理问题的通知》（国税发〔2000〕187 号）即是符合以上法理的相关具体文件规定，并且规定了相关补救措施，即纳税人善意取得虚开的增值税专用发票，如能重新取得合法、有效的专用发票，准许其抵扣进项税款或者出口退税。《国家税务总局关于纳税人善意取得虚开增值税专用发票已抵扣税款加收滞纳金问题的批复》（国税函〔2007〕1240 号）规定，纳税人善意取得虚开的增值税专用发票被依法追缴已抵扣税款，不加收滞纳金。

1.3.8.9　虚开发票涉嫌犯罪的标准

一、刑法的规定

《中华人民共和国刑法》第二百零五条规定："［虚开增值税专用发票、用于骗取出口退税、抵扣税款发票罪；虚开发票罪］虚开增值税专用发票或者虚开用于骗取出口退税、抵扣税款的其他发票的，处三年以下有期徒刑或者拘役，并处二万元以上二十万元以下罚金；虚开的税款数额较大或者有其他严重情节的，处三年以上十年以下有期徒刑，并处五万元以上五十万元以下罚金；虚开的税款数额巨大或者有其他特别严重情节的，处十年以上有期徒刑或者无期徒刑，并处五万元以上五十万元以下罚金或者没收财产。"

单位犯本条规定之罪的，对单位判处罚金，并对其直接负责的主管人员和其他直接责任人员，处 3 年以下有期徒刑或者拘役；虚开的税款数额较大或者有其他严重情节的，处 3 年以上 10 年以下有期徒刑；虚开的税款数额巨大或者有其他特别严重情节的，处 10 年以上有期徒刑或者无期徒刑。

虚开增值税专用发票或者虚开用于骗取出口退税、抵扣税款的其他发票，是指有为他人虚开、为自己虚开、让他人为自己虚开、介绍他人虚开行为之一的。

第二百零五条之一虚开本法第二百零五条规定以外的其他发票，情节严重的，处 2 年以下有期徒刑、拘役或者管制，并处罚金；情节特别严重的，处 2 年以上 7 年以下有期徒刑，并处罚金。

单位犯前款罪的,对单位判处罚金,并对其直接负责的主管人员和其他直接责任人员,依照前款的规定处罚。

二、2018 年 8 月 21 日前犯罪标准

《最高人民法院关于适用〈全国人民代表大会常务委员会关于惩治虚开、伪造和非法出售增值税专用发票犯罪的决定〉的若干问题的解释》(法发〔1996〕30 号)第一条第三款规定:"虚开税款数额 1 万元以上的或者虚开增值税专用发票致使国家税款被骗取 5 千元以上的,应当依法定罪处罚。"

三、2018 年 8 月 22 日后犯罪标准

《最高人民法院关于虚开增值税专用发票定罪量刑标准有关问题的通知》(法〔2018〕226 号)规定:"为正确适用刑法第二百零五条关于虚开增值税专用发票罪的有关规定,确保罪责刑相适应,现就有关问题通知如下:

(一)自本通知下发之日起,人民法院在审判工作中不再参照执行《最高人民法院关于适用〈全国人民代表大会常务委员会关于惩治虚开、伪造和非法出售增值税专用发票犯罪的决定〉的若干问题的解释》(法发〔1996〕30 号)第一条规定的虚开增值税专用发票罪的定罪量刑标准。

(二)在新的司法解释颁行前,对虚开增值税专用发票刑事案件定罪量刑的数额标准,可以参照《最高人民法院关于审理骗取出口退税刑事案件具体应用法律若干问题的解释》(法释〔2002〕30 号)第三条的执行规定执行,即虚开的税款数额在五万元以上的,以虚开增值税专用发票罪处三年以下有期徒刑或者拘役,并处二万元以上二十万元以下罚金;虚开的税款数额在五十万元以上的,认定为刑法第二百零五条规定的"数额较大";虚开的税款数额在二百五十万元以上的,认定为刑法第二百零五条规定的"数额巨大"。"

四、虚开其他发票的犯罪标准

《最高人民检察院公安部关于公安机关管辖的刑事案件立案追诉标准的规定(二)的补充规定》(公通字〔2011〕47 号)第二条规定:"虚开刑法第二百零五条规定以外的其他发票,涉嫌下列情形之一的,应予立案追诉:

(一)虚开发票一百份以上或者虚开金额累计在四十万元以上的;

(二)虽未达到上述数额标准,但五年内因虚开发票行为受过行政处罚次以上,又虚开发票的;

(三)其他情节严重的情形。"

1.3.9 发票常见涉税问题

 纳税人临时发生超出经营范围的出租不动产业务,可以自行开具发票吗?如果可以自行开具,开票系统中没有相应的税率可以选择,应该如何处理?

答:可以自行开具发票。《发票管理办法》第十九条规定,销售商品、提供服务以及从

事其他经营活动的单位和个人,对外发生经营业务收取款项,收款方应当向付款方开具发票;特殊情况下,由付款方向收款方开具发票。纳税人临时发生超出经营范围的出租不动产业务,属于提供不动产租赁服务,应当自行开具发票。如果纳税人开票系统中没有相应税率或者征收率品目可供选择,可以自行在开票系统中增加相应品目,自行开具增值税发票。企业如果经常发生该项经营业务,最好到工商部门变更经营范围。

2 月末增值税专用发票不够用,纳税人当月发生应税行为,可以在次月开票吗?

答:纳税人不可以次月开具发票。由于核定发票量不能满足业务需要时,按政策规定,纳税人可以向主管税务机关申请提高发票版面或增加发票供应量,不会出现发票不够开具情况。纳税人因个别月份业务突增,出现增值税发票量不够用,于次月开具发票行为是违反发票管理法规的。《发票管理办法实施细则》第二十六条规定,填开发票的单位和个人必须在发生经营业务确认营业收入时开具发票。《发票管理办法》第三十五条第一项规定,应当开具而未开具发票,或者未按照规定的时限、顺序、栏目,全部联次一次性开具发票,或者未加盖发票专用章的,由税务机关责令改正,可以处 1 万元以下的罚款;有违法所得的予以没收。

3 纳税人可否在一张增值税专用发票上开具两个不同税率的项目吗?

答:可以。《财政部 国家税务总局关于全面推开营业税改征增值税试点的通知》(财税〔2016〕36 号)第三十九条规定,纳税人兼营销售货物、劳务、服务、无形资产或者不动产,适用不同税率或者征收率的,应当分别核算适用不同税率或者征收率的销售额;未分别核算的,从高适用税率。一张增值税专用发票上最多可以开具七行,纳税人可以按照不同税率项目分两行在同一张增值税发票上开具,如:物业管理公司将不动产租赁服务(10%)和物业服务(6%)在一张增值税专用发票上分两行开具。

4 酒店业为旅客提供住宿和餐饮两项服务,住宿费和餐费如何开具发票?

答:由于住宿费可以抵扣进项税额,餐费不得抵扣进项税额,所以一般纳税人到酒店消费,如果既接受住宿服务又接受餐饮服务,住宿费和餐费需要分别开具。发票开具方式有三种:一是开具一张住宿费专用发票和一张餐费普通发票,此时住宿费专用发票申报抵扣进项税额;二是在一张增值税专用发票上分别注明住宿费和餐费,按专用发票上注明的全部增值税额申报抵进项额,当期再将餐费对应的增值税额作进项税额转出处理;三是在一张增值税普通发票上分别注明住宿费和餐费,此时住宿费也不能抵扣进项税额。

实务中,我们需要区分旅店提供住宿服务时免费提供早餐与上述酒店业提供住宿和餐饮服务,前者是一项销售行为,旅店为旅客开具一张住宿费的发票即可;后者是酒店提供的两项独立的服务,住宿服务和餐饮服务是单独计价,单独收费的,此时酒店兼营了两种应税行为,发票上应当分别注明不同服务项目的服务金额。

酒店提供会议服务,签订的会议服务合同中会议服务价格中包含了参会人员的住宿、餐饮、旅游服务,应如何开具增值税发票?

答:《财政部 国家税务总局关于全面推开营业税改征增值税试点的通知》(财税〔2016〕36号)文件中会议展览服务、餐饮住宿服务、旅游娱乐服务属于不同的应税服务项目。酒店提供会议服务的同时提供住宿、餐饮、旅游服务,属于兼营行为,应分别核算不同项目的销售额,因为这几项应税服务适用的增值税政策不同:接受餐饮服务进项税额不得抵扣,提供旅游服务可以采取差额征税方式。会议、住宿、餐饮、旅游四项服务虽然包含在同一个合同中,但是纳税人在开具增值税发票时不得将上述四项服务统一开具为"会议费",应按照《商品和服务税收分类与编码》规定的商品和服务编码,在同一张发票上据实分行填列,最好在备注栏中注明会议名称和参会人数。

 纳税人取得服务品名为住宿费的增值税专用发票,但住宿费是从个人账户支付的,这种情况能否抵扣进项税额? 住宿费必须以单位对公账户转账付款才允许抵扣吗?

答: 单位的业务人员因公出差支付给旅店业纳税人的住宿费,付款方式可能是现金、银行卡、银行转账等方式,通过银行卡支付住宿费可能通过私人账户也可能通过对公账户。只要单位能够取得购买方为本单位开具的增值税专用发票,并且业务人员是因公出差,其购买住宿服务的合法的增值税专用发票,都可以抵扣进项税额。业务人员最好要求旅店业纳税人在发票备注栏录入自己的姓名和身份证号码,以便与业务人员出差审批单据上注明的出差事由、时间、地点以及交通费发票相互印证,以证明业务人员是因公出差,住宿服务的购买方是单位而不是业务人员个人。也就是说,无论住宿费是个人账户支付,还是对公账户支付,只要个人是因公出差,住宿费专用发票均可以抵扣进项税额。

 购买方索取增值税专用发票时,销售方要求其提供营业执照复印件、税务登记证复印件、增值税一般纳税人登记表等证明材料,购买方是否应当提供? 如果不提供,销售方拒绝开具增值税专用发票怎么办?

答:《国家税务总局关于进一步优化营改增纳税服务工作的通知》(税总发〔2016〕75号)明确规定,增值税纳税人购买货物、劳务、服务、无形资产或不动产,索取增值税专用发票时,须向销售方提供购买方名称(不得为自然人)、纳税人识别号、地址、电话、开户行及账号信息,不需要提供营业执照、税务登记证、组织机构代码证、开户许可证、增值税一般纳税人登记表等相关证件或其他证明材料。因此,购买方只需要提供纳税人识别号、名称、地址、开户行及账号等信息,不需要提供相关证件的原件或复印件,建议企业制作一张附有上述信息的小卡片。如果销售方以购买方未能提供其要求的证件为由,拒绝开具增值税专用发票,购买方可以拨打12366热线、登录税务网站、微信平台向当地税务机关举报。

8 纳税人在购买货物和应税服务时,销售方不愿意提供发票应如何处理?

答:《发票管理办法》第三十五条规定,违反本办法的规定,应当开具而未开具发票,或者未按照规定的时限、顺序、栏目,全部联次一次性开具发票,由税务机关责令改正,可以处 1 万元以下的罚款;有违法所得的予以没收。《国家税务总局关于开展增值税发票使用管理情况专项检查的通知》(税总函〔2016〕455 号)规定,全面推开营改增试点以来,一些纳税人以各种理由拒绝开具发票、向受票方额外索要各种证件或证明材料、开具发票内容与实际经营业务情况不符等问题时有发生,影响了购买方及时取得合法有效的发票,损害了其合法权益。同时,个别税务机关还存在税收监管和服务不到位,影响了纳税人取得发票和正常使用发票等问题……税务机关要对发现不开票、开票难、错开票等行为及时纠正,并严格按照《中华人民共和国税收征收管理法》及其实施细则、《中华人民共和国发票管理办法》及其实施细则等法律法规规定,予以处理。同时,要将违法违规行为纳入纳税人信用记录,并按照《纳税信用评价指标和评价方式(试行)》的规定,在年度纳税信用评价时扣减纳税信用评价指标得分或直接判为 D 级;情节严重的按照《重大税收违法案件信息公布办法(试行)》的规定纳入税收黑名单。因此,购买方遇到销售方拒绝开具发票的情形,可以通过 12366 热线电话、税务机关网站或微信平台等渠道向税务机关举报。

9 纳税人销售自己使用过的固定资产,适用简易征收的优惠政策,是否可以放弃减税,开具增值税专用发票?

答:可以。根据《国家税务总局关于营业税改征增值税试点期间有关增值税问题的公告》(国家税务总局公告 2015 年第 90 号)规定,纳税人销售自己使用过的固定资产,适用简易办法依照 3% 征收率减按 2% 征收增值税政策的,可以放弃减税,按照简易办法依照 3% 征收率缴纳增值税,并可以开具增值税专用发票。

10 某商业企业是增值税一般纳税人,销售一箱白酒,是否可以开具增值税专用发票?

答:不可以。根据《国家税务总局关于修订〈增值税专用发票使用规定〉的通知》(国税发〔2006〕156 号)规定,一般纳税人销售货物或者提供应税劳务,应向购买方开具增值税专用发票。商业企业一般纳税人零售的烟、酒、食品、服装、鞋帽(不包括劳保专用部分)、化妆品等消费品不得开具增值税专用发票。因此,零售白酒不得开具增值税专用发票。

11 发票的记账联需盖章吗?

答:不需要。根据《发票管理办法实施细则》(国家税务总局令第 37 号)第二十八条规定,单位和个人在开具发票时,必须做到按照号码顺序填开,填写项目齐全,内容真实,字迹清楚,全部联次一次打印,内容完全一致,并在发票联和抵扣联加盖发票专用章。因此,发票的记账联无需盖章。

12 发票上的发票专用章盖反了,需要作废或红字冲销吗?

答:发票相关规范只规定开具发票应在发票联和抵扣联加盖发票专用章,并没有其他进一步的要求,开票人不小心把发票专用章盖反了(字朝下),发票仍然有效,不需要作废或者红字冲销。

13 税务机关代开的增值税发票都需要加盖"代开发票专用章"吗?

答:增值税专用发票不需要。根据《国家税务总局关于加强和规范税务机关代开普通发票工作的通知》(国税函〔2004〕1024号)规定,代开普通发票应指定专人负责,一般应使用计算机开具,并确保开票记录完整、准确、可靠存储,不可更改;暂无条件使用计算机开具的,也可手工填开。无论使用计算机开具还是手工填开,均须加盖税务机关代开发票专用章,否则无效。根据《国家税务总局关于印发〈税务机关代开增值税专用发票管理办法(试行)〉的通知》(国税发〔2004〕153号)规定,增值税纳税人应在代开专用发票的备注栏上,加盖本单位的发票专用章。因此,代开的增值税专用发票不需要加盖税务机关代开发票专用章,代开的普通发票需要加盖税务机关代开发票专用章。

14 企业开具增值税专用发票后,购买方因票面信息有误拒收,应如何处理?

答:属于开票有误的增值税专用发票,符合作废发票条件的,可以作废;不符合作废发票条件的,必须按照规定的程序开具红字增值税专用发票。作废发票必须同时满足下列三个条件:一是收到退回的发票联、抵扣联时间未超过销售方开票当月;二是销售方未抄税并且未记账;三是购买方未认证或者认证结果为"纳税人识别号认证不符""专用发票代码、号码认证不符"。如果开具有误的增值税专用发票不同时满足上述三个条件,应当开具红字增值税专用发票,销售方可在增值税发票管理新系统中填开并上传《开具红字增值税专用发票信息表》(以下简称《信息表》),在《信息表》中应填写相对应的蓝字专用发票信息。主管税务机关通过网络接收纳税人上传的《信息表》,系统自动校验通过后,生成带有"红字发票信息表编号"的《信息表》,并将信息同步至纳税人端系统中。销售方凭税务机关系统校验通过的《信息表》开具红字专用发票。

15 物业公司收取临时停车费,营改增后如何向停车人提供发票?

答:根据《国家税务总局关于全面推开营业税改征增值税试点有关税收征收管理事项的公告》(国家税务总局公告2016年第23号)规定,门票、过路(过桥)费发票、定额发票、客运发票和二手车销售统一发票继续使用。车辆停放服务应当按照不动产经营租赁服务缴纳增值税,物业公司可以向主管税务机关申请领用定额发票。

16 如何查询电子发票真伪?

答:取得增值税电子普通发票的单位和个人,既可以登录第三方电子发票服务平台查验电子发票真伪,也可以通过国家税务总局全国增值税发票查验平台进行查询。查询网址为:https://inv-veri.chinatax.gov.cn。

企业也可以登录发票发售地税务机关网站,进行发票流向查询,或者拨打 12366 热线查询。

 一般纳税人出租不在机构所在地的不动产,是在不动产所在地代开发票,还是由纳税人自行开具发票?

答:一般纳税人出租不在机构所在地的不动产,也应由纳税人自行开具增值税发票。一般纳税人全部经营项目均应自行开具发票,不得申请税务机关代开发票。即便纳税人发生的经营业务不在其营业执照登记的经营范围内,且税务机关没有在增值税发票管理新系统中增加该经营业务对应品目,一般纳税人也不能申请税务机关代开发票,只能申请税务机关在增值税发票管理新系统中增加相应品目后,自行开具发票。

18 小规模纳税人销售其取得的不动产,需要开具专用发票的,应向哪里的税务机关申请代开?

答:《财政部 国家税务总局关于全面推开营业税改征增值税试点的通知》(财税〔2016〕36 号)规定,营业税改征的增值税,由国家税务局负责征收。纳税人销售取得的不动产和其他个人出租不动产的增值税,国家税务局暂委托地方税务局代为征收。《国家税务总局关于公布〈纳税人转让不动产增值税征收管理暂行办法〉的公告》(国家税务总局公告 2016 年第 14 号)规定,纳税人销售取得的不动产应向不动产所在地的税务机关预缴增值税,小规模纳税人转让其取得的不动产,不能自行开具增值税专用发票的,需要代开增值税专用发票,也应申请不动产所在地的税务机关代开。国地税合并后,向不动产所在地税务机关申请代开。

19 享受小微企业免税优惠的小规模纳税人销售货物,可以向税务机关申请代开增值税专用发票吗?

答:可以。《国家税务总局关于增值税起征点调整后有关问题的批复》(国税函〔2003〕1396 号)曾经作出如下规定:《增值税暂行条例》第十八条规定销售额未达到起征点的纳税人免征增值税,第二十一条规定纳税人销售免税货物不得开具专用发票。对销售额未达到起征点的个体工商业户,税务机关不得为其代开专用发票。但是《国家税务总局关于小微企业免征增值税和营业税有关问题的公告》(国家税务总局公告 2014 年第 57 号)废止了国税函〔2003〕1396 号文件,《国家税务总局关于小规模纳税人免征增值税政策有关征管问题的公告》(国家税务总局公告 2019 年第 4 号)规定,小规模纳税人月销售额未超过 10 万元的,当期因开具增值税专用发票已经缴纳的税款,在增值税专用发票全部联次追回或者按规定开具红字专用发票后,可以向主管税务机关申请退还。由此可见,小微企业可以向税务机关申请代开增值税专用发票,但是必须按发票金额预缴税款。

也就是说,小微企业可以放弃购买方索取增值税专用发票的该笔销售业务的免税权(即只就部分业务放弃免税权),放弃免税权后,销售的就不是免税货物了,自然可以向税务机关申请代开增值税专用发票;同时企业可以不放弃未开具增值税专用发票的其他销售业务的免税权,继续享受未开具增值税专用发票销售业务的免税优惠。

20 **购买方将取得的增值税发票遗失,应如何处理?**

答:第一,遗失增值税专用发票的处理。

《发票管理办法》明确,丢失发票或者擅自损毁发票的,由税务机关责令改正,可以处1万元以下的罚款;情节严重的,处1万元以上3万元以下的罚款;有违法所得的予以没收。国家税务总局《关于被盗、丢失增值税专用发票有关问题的公告》(国家税务总局公告2016年第50号)明确,取消纳税人的增值税专用发票发生被盗、丢失时必须统一在《中国税务报》上刊登"遗失声明"的规定。也就是说,发生增值税专用发票被盗、丢失情形时,使用发票的单位和个人应当于发现被盗、丢失当日书面报告税务机关,仍然要登报声明作废,只是不再强制要求刊登在《中国税务报》。丢失增值税专用发票,经报告、刊登遗失声明后,还应接受税务机关处罚。报告、登报、接受处罚后,企业最关心的问题是,丢失的增值税专用发票上注明的税额能否作为增值税进项税额抵扣,注明的金额能否在企业所得税前扣除。

《国家税务总局关于简化增值税发票领用和使用程序有关问题的公告》(国家税务总局公告2014年第19号)明确,丢失的发票上注明的税额可以抵扣进项税额,金额也可以在企业所得税前扣除,具体程序为:购买方将已开具专用发票的发票联和抵扣联两联都遗失时,需取得销售方提供的相应专用发票记账联复印件及销售方主管税务机关出具的《丢失增值税专用发票已报税证明单》(以下简称《证明单》),作为增值税进项税额的抵扣凭证;如果丢失前未认证的,购买方需要凭记账联复印件进行认证。纳税人将记账联复印件和《证明单》留存备查后,即可自行抵扣进项税额,无需税务机关审核。一般纳税人丢失增值税专用发票发票联和抵扣联其中的一联,仍然还持有另一联,此时不影响认证,如果丢失前未认证的,凭持有的联次认证,并将其作为记账凭证,持有联次的复印件留存备查。

第二,遗失普通发票的处理。

遗失已开具的普通发票,不涉及抵扣增值税进项税额的问题,只涉及企业所得税前扣除问题。《关于印发〈会计基础工作规范〉的通知》(财会字〔1996〕19号)第五十五条第五款规定,从外单位取得的原始凭证如有遗失,应当取得原开出单位盖有公章的证明,并注明原来凭证的号码、金额和内容等,由经办单位会计机构负责人、会计主管人员和单位领导人批准后,才能代作原始凭证。

因此,购买方遗失发票,不应要求销售方重新开具发票。

 21 **一般纳税人企业取得的增值税专用发票都需要认证或勾选确认(以下简称认证)吗?**

答:并不是购买方取得的所有增值税专用发票均需认证。红字增值税专用发票不需要认证。纳税人初次购买增值税税控设备,根据财税〔2012〕15 号文件规定可以全额抵减应纳税额,因此购买方取得的购置税控专用设备的增值税专用发票也可以不进行认证。关键问题是:一般纳税人购进货物、劳务、服务、无形资产、不动产用于免税项目、简易征收项目和集体福利、个人消费等用途(以下称不得抵扣用途),取得的增值税专用发票需要认证吗? 目前,财政部和国家税务总局没有专门明确购进货物、服务、无形资产等用于不得抵扣用途不需要认证,也没有明确需要认证。但是,如果购买方不认证,将会形成滞留发票(滞留发票指购货方由于种种原因在规定认证期限内未将专用发票认证及抵扣的增值税专用发票),容易被税务机关的信息系统预警;同时,有的税务机关已构建滞留发票风险模型,对购货方取得的增值税专用发票未在认证期限内认证,且税额＞0 的纳税人进行纳税评估。总之,一句话:为了防范风险,企业取得的增值税专用发票除红字增值税专用发票外,都要认证。由于购进货物、服务、无形资产等用于不得抵扣用途,进项税额不得抵扣,购买方应在该项进项税额抵扣的当期,同时作进项税额转出处理。因此,企业购进货物、服务、无形资产等用于不得抵扣用途,最好不要索取增值税专用发票;如果销售方已经开具了增值税专用发票,也不必要求销售方开红字发票冲销,可以先认证抵扣,再作进项税额转出处理。

22 购买方取得增值税专用发票勾选认证或者远程认证不成功怎么办?

答: 纳税人取得增值税专用发票,通过增值税发票查询平台未查询到对应发票信息的,仍可进行远程扫描认证。如果纳税人没有远程认证设备,或者远程认证还是不成功,纳税人还是可以进行上门认证。

23 保险机构代收车船税开具增值税发票时,将车船税额填写在备注栏内,企业可以凭这张发票将保险费和车船税入账吗?

答: 可以。《国家税务总局关于保险机构代收车船税开具增值税发票问题的公告》(国家税务总局公告 2016 年第 51 号)规定:"保险机构作为车船税扣缴义务人,在代收车船税并开具增值税发票时,应在增值税发票备注栏中注明代收车船税税款信息。具体包括:保险单号、税款所属期(详细至月)、代收车船税金额、滞纳金金额、金额合计等。该增值税发票可作为纳税人缴纳车船税及滞纳金的会计核算原始凭证。"

因此,企业取得的该发票可以作如下会计处理:

借:管理费用　　保险费额
　　税金及附加　车船税额
　贷:银行存款等　总付款额

24 公司替员工购买商业保险,由公司支付相应的保险费给保险公司,保险公司是否可以给公司开具增值税专用发票?

答: 根据《财政部国家税务总局关于全面推开营业税改征增值税试点的通知》(财税

〔2016〕36 号）的规定,保险公司开办的 1 年期以上人身保险产品取得的保费收入免征增值税,免税收入不得开具增值税专用发票。除此之外,其他类型的保险费可以开具增值税专用发票。

25 企业购买货物或服务后要求销售方开具发票,但销售方声称已开始使用电子发票,仅提供了一个网络地址,让企业自行下载打印,企业自行下载打印的发票可以作为入账凭证吗? 可以直接使用 A4 纸打印电子发票吗?

答:可以。《国家税务总局关于推行通过增值税电子发票系统开具的增值税电子普通发票有关问题的公告》(国家税务总局公告 2015 年第 84 号)第三条规定,增值税电子普通发票的开票方和受票方需要纸质发票的,可以自行打印增值税电子普通发票的版式文件,其法律效力、基本用途、基本使用规定等与税务机关监制的增值税普通发票相同。因此,企业自行下载打印的电子发票(包括彩色或黑白)可以作为原始凭证,规范性文件对打印发票的纸张没有作出要求,使用 A4 纸打印的电子发票可以作为记账凭证。

26 电子发票打印出来没有加盖红色的发票专用章可以使用吗?

答:可以。电子发票票面上套印的发票专用章,直接打印出来就可以使用,不需要再加盖红色的发票专用章。

1.3.10 发票涉税风险点

1 企业购进货物、服务等取得的增值税普通发票上未注明其纳税人识别号。

《国家税务总局关于增值税发票开具有关问题的公告》(国家税务总局公告 2017 年第 16 号)规定,自 2017 年 7 月 1 日起,购买方为企业的,索取增值税普通发票时,应向销售方提供纳税人识别号或统一社会信用代码;销售方为其开具增值税普通发票时,应在"购买方纳税人识别号"栏填写购买方的纳税人识别号或统一社会信用代码。不符合规定的发票,不得作为税收凭证。因此,2017 年 7 月 1 日以后,企业取得的增值税普通发票上未注明其纳税人识别号的,属于不符合规定的发票,不得作为企业所得税成本费用扣除凭证。

2 企业购进货物、服务等取得的增值税发票上注明商品和服务税收分类编码与商品名称不匹配。

《国家税务总局关于增值税发票管理若干事项的公告》(国家税务总局公告 2017 年第 45 号)规定,自 2018 年 1 月 1 日起,纳税人通过增值税发票管理新系统开具增值税发票(包括:增值税专用发票、增值税普通发票、增值税电子普通发票)时,商品和服务税收分类编码对应的简称会自动显示并打印在发票票面"货物或应税劳务、服务名称"或"项目"栏次中。

例如:纳税人销售黄金项链,在开具增值税发票时输入的商品名称为"黄金项链",选择的商品和服务税收分类编码为"金银珠宝首饰"。该分类编码对应的简称为"珠宝首饰",则增值税发票票面上会显示并打印"＊珠宝首饰＊黄金项链"。如果纳税人错误选择其他分类编码,发票票面上将会出现类似"＊钢材＊黄金项链"或"＊电子计算机＊黄金项链"的明显错误。因此购买方应当仔细核对购进业务发生时取得的发票上税收分类编码简称与商品名称是否匹配,避免不能抵扣增值税进项税额和不能在所得税前扣除成本费用的风险。

❸ 购进业务取得的增值税专用发票未注明销售数量和单价等。

有的企业认为增值税专用发票上的计量单位、数量、单价等信息与增值税额的计算没有直接关系,不用填写,只要填写好销售额、税率、税额和价税合计价等关键行次就可以了。殊不知,购买方取得计量单位、数量、单价等填写不齐全的专用发票存在进项税额不得抵扣的风险。《增值税暂行条例》第九条规定,纳税人购进货物或者应税劳务,取得的增值税扣税凭证不符合法律、行政法规或者国务院税务主管部门有关规定的,其进项税额不得从销项税额中抵扣。《国家税务总局关于修订〈增值税专用发票使用规定〉的通知》(国税发〔2006〕156号)规定,专用发票应按下列要求开具:(一)项目齐全,与实际交易相符;(二)字迹清楚,不得压线、错格;(三)发票联和抵扣联加盖发票专用章;(四)按照增值税纳税义务的发生时间开具。对不符合上列要求的专用发票,购买方有权拒收。因此,项目填写不齐全的专用发票,属于不符合规定的发票,不得作为增值税进项税额的抵扣凭证,也不得作为企业所得税成本费用的扣除凭证。

特别是购买成品油取得的发票上,单位和数量栏必须有信息,否则该张增值税专用发票不得抵扣增值税进项税额,也不能在企业所得税前扣除成本费用,因为,《国家税务总局关于成品油消费税征收管理有关问题的公告》(国家税务总局公告2018年第1号)明确,开具成品油发票时,发票"单位"栏应选择"吨"或"升",蓝字发票的"数量"栏为必填项且不为"0"。

❹ 购进业务取得的发票未按规定加盖发票专用章。

《发票管理办法》(国务院令第587号)规定,开具发票应当按照规定的时限、顺序、栏目,全部联次一次性如实开具,并加盖发票专用章。《国家税务总局关于修订〈增值税专用发票使用规定〉的通知》(国税发〔2006〕156号)规定,专用发票应按下列要求开具:①项目齐全,与实际交易相符。②字迹清楚,不得压线、错格。③发票联和抵扣联加盖发票专用章。④按照增值税纳税义务的发生时间开具。对不符合上列要求的专用发票,购买方有权拒收。因此,发票联和抵扣联未加盖发票专用章的,属于不符合规定的发票,不得作为增值税进项税额的抵扣凭证,也不得作为企业所得税成本费用的扣除凭证。

❺ 购进用于不得抵扣用途的货物、劳务、服务取得的增值税专用发票未认证(或勾选)。

购进货物、劳务、服务、无形资产、不动产用于简易计税方法项目、免税项目、集体福利或个人消费，进项税额不得抵扣。如果纳税人购进货物（非固定资产）、劳务、服务用于上述税法规定的不允许抵扣进项税额的用途，尽量不要取得增值税专用发票；如果已经取得了增值税专用发票，最好先认证（或勾选，以下简称认证），并在认证抵扣的同时作进项税额转出处理。《国家税务总局关于调整增值税扣税凭证抵扣期限有关问题的通知》（国税函〔2009〕617号）规定，增值税一般纳税人取得2010年1月1日以后开具的增值税专用发票、公路内河货物运输业统一发票和机动车销售统一发票，应在开具之日起180日内到税务机关办理认证，并在认证通过的次月申报期内，向主管税务机关申报抵扣进项税额。增值税一般纳税人取得2010年1月1日以后开具的增值税专用发票、公路内河货物运输业统一发票、机动车销售统一发票以及海关缴款书，未在规定期限内到税务机关办理认证、申报抵扣或者申请稽核比对的，不得作为合法的增值税扣税凭证，不得计算进项税额抵扣。《国家税务总局关于进一步明确营改增有关征管问题的公告》（国家税务总局公告2017年第11号）规定，自2017年7月1日起，增值税一般纳税人取得的2017年7月1日及以后开具的增值税专用发票和机动车销售统一发票，应自开具之日起360日内认证或登录增值税发票选择确认平台进行确认，并在规定的纳税申报期内，向主管税务机关申报抵扣进项税额。上述政策均采用"应为"模式的条款，规定一般纳税人取得增值税专用发票应当在多长时限认证并抵扣进项税额。当然，进项税额不得抵扣时，当期同时还应作进项税额转出处理。

虽然，增值税制度只规定一般纳税人购进货物、服务等取得的增值税专用发票没有认证，不得抵扣进项税额，并没有规定不认证需要承担什么样的法律责任。购进项目用于简易计税方法项目、免税项目、集体福利或个人消费，进项税额本来就不得抵扣，不认证增值税专用发票不需要承担额外的责任，但是作者还是建议企业将增值税专用发票认证。因为，一般纳税人购进货物、服务等取得增值税专用发票，如果在规定的抵扣时限内未认证，在税控系统中会出现"滞留票"。购买方积累的"滞留票"较多时，会被税务机关的预警系统预警，带来不必要的税收风险。

⑥ 购进业务取得的增值税专用发票未在规定的认证期限内认证或勾选确认。

根据《国家税务总局关于调整增值税扣税凭证抵扣期限有关问题的通知》（国税函〔2009〕617号）第一条规定：增值税一般纳税人取得2010年1月1日以后开具的增值税专用发票、货物运输增值税专用发票和机动车销售统一发票，应在开具之日起180日内到税务机关办理认证，并在认证通过的次月申报期内，向主管税务机关申报抵扣进项税额。《国家税务总局关于进一步明确营改增有关征管问题的公告》（国家税务总局公告2017年第11号）规定，增值税一般纳税人取得的2017年7月1日及以后开具的增值税专用发票和机动车销售统一发票，应自开具之日起360日内认证或勾选确认。也就是说，2017年6月30日前开具的增值税专用发票，认证期限为180天；2017年7月1日以后开具的增值税专用发票，认证期限为360天。另外，自2016年3月1日起，税务总局陆续对全部增值税一般纳税人取消增值税发票认证；纳税人取得销售方使用增值税发票管理新系统开具的增值税发票(包括增值税专用发票、机动车销售统一发票),可以不再进行扫描认证,通过登录本省增值税发票查询平台,查询、选择用于申报抵扣的增值税发票信息。《国家税务总局关于调整增值税扣税凭证抵扣期限有关问题的通知》(国税函〔2009〕617号)规定,增值税一般纳税人取得2010年1月1日以后开具的增值税专用发票、机动车销售统一发票以及海关缴款书,未在规定期限内到税务机关办理认证的,不得作为合法的增值税扣税凭证,不得计算进项税额抵扣。因此,属于增值税扣税范围的增值税专用发票,未在规定期限内认证或勾选确认(除客观原因导致的逾期外),不得作为进项税额抵扣凭证。

特别提醒

180天或360天的认证期限,指开票之日到截止之日的期限,含节假日;认证期限最后一日是节假日的,也不能顺延。

【案例解析】

2018年3月,天马建筑公司因为更换财务人员办理交接手续不彻底,导致取得的7张增值税专用发票,注明的增值税额合计28万元,没有在180日内认证。天马建筑公司不能将这7张增值税专用发票按逾期扣税凭证抵扣的有关规定处理。

《国家税务总局关于逾期增值税扣税凭证抵扣问题的公告》(国家税务总局公告2011年第50号)作出如下规定:对增值税一般纳税人发生真实交易但由于客观原因造成增值税扣税凭证逾期的,经主管税务机关审核、逐级上报,由省级税务机关认证、稽核比对后,对比对相符的增值税扣税凭证,允许纳税人继续抵扣其进项税额。客观原因包括如下类型:①因自然灾害、社会突发事件等不可抗力因素造成增值税扣税凭证逾期。②增值税扣税凭证被盗、抢,或者因邮寄丢失、误递导致逾期。③有关司法、行政机关在办理业务或者检查中,扣押增值税扣税凭证,纳税人不能正常履行申报义务,或者税务机关信息系统、网络故障,未能及时处理纳税人网上认证数据等导致增值税扣税凭证逾期。④买卖双方因经济纠纷,未能及时传递增值税扣税凭证,或者纳税人变更纳税地点,注销旧户和重新办理税务登记的时间过长,导致增值税扣税凭证逾期。⑤由于企业办税人员伤亡、突发危重疾病或者擅自离职,未能办理交接手续,导致增值税扣税凭证逾期。⑥国家税务总局规定的其他情形。增值税一般纳税人由于除上述客观原因以外的其他原因造成增值税扣税凭证逾期的,仍应按照增值税扣税凭证抵扣期限有关规定执行。

天马建筑公司逾期的7张增值税专用发票,是由于财务交接手续不彻底,而不是"办税人员伤亡、突发危重疾病或者擅自离职"等客观原因导致的,不得抵扣进项税额。

❼ 认证相符或勾选确认的增值税专用发票,未在次月申报期内,申报抵扣进项税额。

《国家税务总局关于调整增值税扣税凭证抵扣期限有关问题的通知》(国税函〔2009〕617号)规定,增值税一般纳税人取得的增值税专用发票、机动车销售统一发票,应在认证通过的次月申报期内,向主管税务机关申报抵扣进项税额。增值税一般纳税人取得2010年1月1日以后开具的增值税专用发票、机动车销售统一发票以及海关缴款书,未在规定期限内申报抵扣或者申请稽核比对的,不得作为合法的增值税扣税凭证,不得计算进项税额抵扣。因此,认证相符或勾选确认的增值税专用发票,纳税人应在认证相符或勾选确认的次月纳税申报期内申报抵扣(按季纳税的金融企业除外),逾期的其进项税额不予抵扣(客观原因导致逾期的除外)。例如,天马公司(增值税一般纳税人,按月申报纳税)2019年7月取得一份增值税专用发票,发票上注明金额100元,税额6元,并于当月在增值税发票查询平台对该发票进行了勾选确认。该纳税人应于8月申报期内申报7月所属期应纳税额时抵扣进项税额6元,如8月未申报抵扣,则以后月份不得抵扣。

❽ 一般纳税人购进货物、服务等未将款项直接支付给销售方。

《国家税务总局关于加强增值税征收管理若干问题的通知》(国税发〔1995〕192号)纳税人购进货物或应税劳务,支付运输费用,所支付款项的单位,必须与开具抵扣凭证的销货单位、提供劳务的单位一致,才能够申报抵扣进项税额,否则不予抵扣。该条款比较拗口,具体意思是"纳税人购进货物、劳务、运输服务,支付款项时,收款方必须与实际销售方和开票方一致,否则取得的增值税专用发票不得作为进项税额的抵扣凭证"。

按照国税发〔1995〕192号要求,纳税人发生销售行为,销售方、开票方、收款方必须是同一主体(俗称"三流一致")购买方才能抵扣进项税额。销售方、收款方、开票方三者不一致的发票俗称"三方票"。"三方票"在实务中常见的有两种情形:一是销售方发生销售行为向购买方开具发票后,却委托其他方收款,此时,该项交易除购销双方外又出现了第三方——收款方。例如:天马公司从富华公司购入一批材料,如果应富华公司的要求,将货款支付给富华公司的债权人或富华公司委托的代理收款人,则天马公司购入材料取得的该张增值税专用发票就属于"所支付款项的单位与开具抵扣凭证的销货单位、提供劳务的单位不一致"。二是销售方发生销售行为收取款项后,却委托其他方开具发票,此时,该交易除购销双方外也出现了第三方——开票方。例如:天马公司从富华公司购入一批材料,但取得的增值税专用发票上注明的销售方却是华光公司,天马公司购入材料取得的该张增值税专用发票就属于"所支付款项的单位与开具抵扣凭证的销货单位不一致"。按照《国家税务总局关于加强增值税征收管理若干问题的通知》(国税发〔1995〕192号)的规定,取得"三方票"的购买方不得抵扣进项税额。目前,特殊规定"三方票"能够抵扣进项税额的,只有货物期货和项目运营两项业务。实际工作中,企业只要做到"三流一致"就不会出现"三方票",不能抵扣进项税额的风险。

一般纳税人购进货物、服务等,尽量通过银行账户将货款划拨到增值税专用发票上注明的"购买方银行账户"内。这样,一方面能够证实"三流一致",另一方面,纳税人可以再次对购进业务进行监督、审查,如果对方提供的银行账户与发票上注明的信息不符,就应当引起警惕,暂缓付款,先做进一步的审查。

⑨ 向享受"小微企业免税优惠"的小规模纳税人购进货物、服务等,未索取增值税专用发票。

有的纳税人认为小规模纳税人享受免税优惠了,不可能为购买方开具增值税专用发票。这种看法将使购买方失去索取增值税专用发票的机会,无法抵扣增值税进项税额。《国家税务总局关于小规模纳税人免征增值税政策有关征管问题的公告》(国家税务总局公告 2019 年第 4 号)文件规定,小规模纳税人发生增值税应税销售行为,合计月销售额未超过 10 万元(以 1 个季度为 1 个纳税期的,季度销售额未超过 30 万元)的,免征增值税。小规模纳税人月销售额未超过 10 万元的,当期因开具增值税专用发票已经缴纳的税款,在增值税专用发票全部联次追回或者按规定开具红字专用发票后,可以向主管税务机关申请退还。文件蕴含着这样的意思:小微企业在享受免税优惠的情况下,如果购买方索取增值税专用发票,可以申请税务机关代开,但是税务机关一定会先预征税款再代开专用发票。也就是说,代开专用发票的销售业务必须要缴纳税款的,因为适用免征增值税规定的项目不得开具增值税专用发票,小微企业只有在放弃该笔销售业务免税权时,才能申请税务机关代开增值税专用发票。

⑩ 购买预付卡用于职工福利或交际应酬。

《国家税务总局关于营改增试点若干征管问题的公告》(国家税务总局公告 2016 年第 53 号)第三条规定,单用途商业预付卡(以下简称"单用途卡")业务按照以下规定执行:

(1)单用途卡发卡企业或者售卡企业(以下统称"售卡方")销售单用途卡,或者接受单用途卡持卡人充值取得的预收资金,不缴纳增值税。售卡方可按照本公告第九条的规定,向购卡人、充值人开具增值税普通发票,不得开具增值税专用发票。

单用途卡,是指发卡企业按照国家有关规定发行的,仅限于在本企业、本企业所属集团或者同一品牌特许经营体系内兑付货物或者服务的预付凭证。

发卡企业,是指按照国家有关规定发行单用途卡的企业。售卡企业,是指集团发卡企业或者品牌发卡企业指定的,承担单用途卡销售、充值、挂失、换卡、退卡等相关业务的本集团或同一品牌特许经营体系内的企业。

(2)售卡方因发行或者销售单用途卡并办理相关资金收付结算业务取得的手续费、

结算费、服务费、管理费等收入,应按照现行规定缴纳增值税。

(3)持卡人使用单用途卡购买货物或服务时,货物或者服务的销售方应按照现行规定缴纳增值税,且不得向持卡人开具增值税发票。

(4)销售方与售卡方不是同一个纳税人的,销售方在收到售卡方结算的销售款时,应向售卡方开具增值税普通发票,并在备注栏注明"收到预付卡结算款",不得开具增值税专用发票。

售卡方从销售方取得的增值税普通发票,作为其销售单用途卡或接受单用途卡充值取得预收资金不缴纳增值税的凭证,留存备查。

第四条规定,支付机构预付卡(以下称"多用途卡")业务按照以下规定执行:

(1)支付机构销售多用途卡取得的等值人民币资金,或者接受多用途卡持卡人充值取得的充值资金,不缴纳增值税。支付机构可按照本公告第九条的规定,向购卡人、充值人开具增值税普通发票,不得开具增值税专用发票。

支付机构,是指取得中国人民银行核发的《支付业务许可证》,获准办理"预付卡发行与受理"业务的发卡机构和获准办理"预付卡受理"业务的受理机构。

多用途卡,是指发卡机构以特定载体和形式发行的,可在发卡机构之外购买货物或服务的预付价值。

(2)支付机构因发行或者受理多用途卡并办理相关资金收付结算业务取得的手续费、结算费、服务费、管理费等收入,应按照现行规定缴纳增值税。

(3)持卡人使用多用途卡,向与支付机构签署合作协议的特约商户购买货物或服务,特约商户应按照现行规定缴纳增值税,且不得向持卡人开具增值税发票。

(4)特约商户收到支付机构结算的销售款时,应向支付机构开具增值税普通发票,并在备注栏注明"收到预付卡结算款",不得开具增值税专用发票。

支付机构从特约商户取得的增值税普通发票,作为其销售多用途卡或接受多用途卡充值取得预收资金不缴纳增值税的凭证,留存备查。

从53号公告的规定来看,在购买预付卡的整个业务流程中,购买方都无法取得增值税专用发票,那就意味着购卡金额无法抵扣进项税额。

购买预付卡,只能取得增值税普通发票,项目名称为"预付卡销售和充值",发票税率栏填写"不征税"。因此,企业购卡后未使用的,不得在所得税前扣除;购卡后使用的,在使用时凭相应的证明资料才可以进行税前扣除。比如,用预付卡发放职工福利的,凭购卡发票复印件、职工领卡签名记录、代扣代缴个人所得税凭据等,按有关规定税前扣除;用预付卡发生业务招待的,凭购卡发票复印件、其他证明业务真实性的相关资料,按有关规定税前扣除。

增值税视频第一段

第2章
一般纳税人增值税的会计处理

为进一步规范增值税会计处理,财政部制定了《增值税会计处理规定》(财会〔2016〕22号),对原有的增值税会计处理进行了完善,新《增值税会计处理规定》能够更加系统、清晰地反映全面推开营改增试点后一般计税方法和简易计税方法两种不同计税方法的应纳增值税额的形成和缴纳过程。

2.1 一般纳税人账户设置及主要用途

2.1.1 一般纳税人明细账户的设置及用途

增值税一般纳税人可以在"应交税费"账户下设置十个明细账户,分别为:"应交增值税""未交增值税""预交增值税""待抵扣进项税额""待认证进项税额""增值税留抵税额""待转销项税额""转让金融商品应交增值税""简易计税""代扣代交增值税"。前九个明细账户核算一般纳税人增值税纳税义务的形成和履行情况,其中"应交增值税""未交增值税""预交增值税""待抵扣进项税额""待认证进项税额""增值税留抵税额""待转销项税额""转让金融商品应交增值税"八个明细账户核算纳税人采用一般计税方法项目增值税应纳税额的形成及缴纳过程;"简易计税"明细账户核算纳税人采用简易计税方法项目增值税应纳税额的形成及缴纳情况。"代扣代交增值税"明细账户核算纳税人增值税扣缴义务的形成及履行情况。具体如图2-1所示。

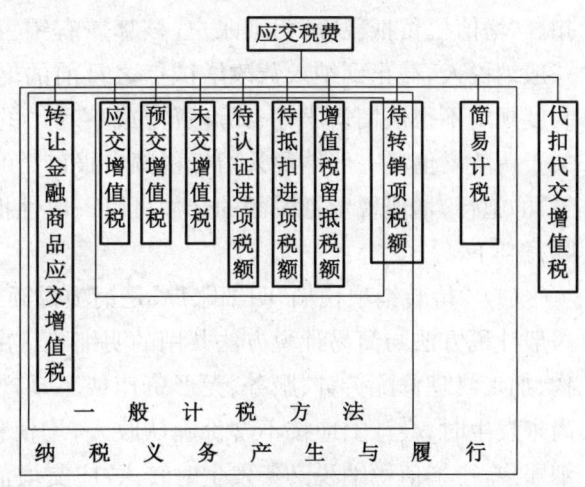

图 2-1 应交税费示意图

十个明细账户具体用途为：

（1）"应交增值税"明细账户是一般纳税人采用一般计税方法项目（除金融商品转让外）应纳增值税额的计算账户，下设十个专栏，具体列示销项税额、进项税额、进项税额转出、销项税额抵减、出口退税等项目的金额，从而可以清晰地反映出一般纳税人采用一般计税方法项目当期应纳增值税额的计算过程和差额征税项目购进业务抵减销项税额以及当期应纳税额在当期缴纳情况。期末应将计算出的未缴增值税或多缴增值税转入"未交增值税"明细账户。该明细账户期末余额在借方，表示期末留抵进项税额。

（2）"未交增值税"和"预交增值税"两个明细账户核算一般纳税人采用一般计税方法项目（除金融商品转让外）增值税缴纳情况。新规定增设"预交增值税"明细账户，可以明晰地反映异地提供建筑服务、异地提供不动产经营租赁服务、转让不动产以及房地产开发企业预收房款等需要预缴增值税项目（以下简称异地提供建筑服务等四项需要预缴增值税业务）已经预缴的增值税额和预缴税额结转到"未交增值税"明细账户抵减应纳税额的过程。该明细账户应根据不同的项目设置二级明细账。特别需要说明的是，房地产开发企业预收房款时预缴增值税记入"预交增值税"借方，为保证纳税申报与账务处理的一致性，该金额只能在本房地产项目纳税义务发生后，才能从"预交增值税"贷方转入"未交增值税"借方，从本房地产项目的应纳税额中抵减；在本房地产项目纳税义务发生前，预收房款预缴的增值税一直挂在"预交增值税"明细账户的借方。

（3）"待抵扣进项税额""待认证进项税额""增值税留抵税额"三个明细账户是进项税额在实际抵扣前暂时挂放的账户，进项税额实际抵扣时从这三个明细账户转入"应交增值税"明细账户的"进项税额"专栏。"待认证进项税额"明细账户，核算尚未认证增值税专用发票和已申请稽核但尚未取得稽核相符结果的海关缴款书对应的进项税额。"待抵扣进项税额"明细账户，核算已认证通过但由于政策原因需要在以后期间才能抵扣的进项税额，目前主要核算实行纳税辅导期管理的一般纳税人取得的扣税凭证实行"先比对后抵扣"政策，在尚未交叉稽核比对通过前增值税扣税凭证上注明的进项税额暂不能抵扣。"增值税留抵税额"明细账户，核算兼有销售服务、无形资产或者不动产的原增值税一般纳税人，截止到纳入营改增试点之日前的增值税期末留抵税额，按照转轨时增值税制度规定不得从销售服务、无形资产或不动产的销项税额中抵扣。随着《国家税务总局关于调整增值税一般纳税人留抵税额申报口径的公告》（国家税务总局公告2016年第75号）的施行，增值税留抵税额的余额可以一次性抵扣，"增值税留抵税额"明细账户没有实际意义了。

（4）"待转销项税额"明细账户，是销项税额或应纳税额形成前暂时挂放的账户，它是一般计税方法与简易计税方法共用的明细账。由于增值税是价外税，一般纳税人销售货物、加工修理修配劳务、服务、无形资产或不动产，会计上已确认收入但增值税纳税义务尚未发生时，会计上应按不含价确认收入，增值税额需要暂时挂放在"待转销项税额"明细账户，待增值税纳税义务发生时转入"应交增值税"的"销项税额"专栏或"简易计税"明细账。特别提醒：采用简易计税方法纳税项目会计确认收入早于增值税纳税义务发生时,也通过"待转销项税额"账户核算。

（5）"转让金融商品应交增值税"明细账户也是新规定增设的明细账户,因为金融商品转让卖出价减买入价的负差不得抵减其他应税项目的销售额,只能向以后期间结转,用以后期间金融商品转让卖出价减买入价的正差抵减,但是如果负差年末仍未得到抵减,不得结转下一年度抵减。为了防止金融商品转让的负差用其他应税项目的销售额抵减,新规定单独设置"转让金融商品应交增值税"明细账户,专门核算转让金融商品正差形成的增值税应纳税额、负差形成的可抵减增值税额和金融商品转让项目缴纳增值税以及年末可抵减增值税额的冲销情况。

金融商品买入时应按含税买入价记入金融资产类账户借方（假设不考虑相关费用）,转让时按含税卖出价记入"银行存款"（假设不考虑相关费用）,按含税买入价冲减金融资产,将含税卖出价与含税买入价的差额记入"投资收益"账户借方或贷方,此时"投资收益"账户反映的是含税价差。因为增值税是价外税,必须将含税价差调整为不含税价差,因此月末应合并计算当月所有金融商品转让业务含税价差,计算出转让金融商品业务对应的增值税额,调整"投资收益"账户金额,同时记入"转让金融商品应交增值税"明细账户的贷方或借方。也就是说,金融商品实际转让月末,如产生转让收益,应冲减"投资收益"账户贷方已确认的含税盈利,按应纳税额借记"投资收益"账户,贷记"转让金融商品应交增值税"明细账户;如产生转让损失,应冲减"投资收益"借方已确认的含税亏损,按可结转以后期间抵扣的增值税额,借记"转让金融商品应交增值税"明细账户,贷记"投资收益"账户。缴纳增值税时,应借记"转让金融商品应交增值税"明细账户,贷记"银行存款"账户。年末,"转让金融商品应交增值税"明细账户如有借方余额,反映年末转让金融商品未得到抵减的负差对应的增值税额,不得结转以后年度抵减,必须将负差计算的增值税额冲销,借记"投资收益"账户,贷记"转让金融商品应交增值税"明细账户。

（6）"简易计税"明细账户也是新规定增设的明细账户,作为一般纳税人采用简易计税方法项目专用账户,可以清晰地反映增值税的计提、扣减、预缴、缴纳情况,与一般计税方法项目增值税的核算完全分开。需要特别注意的是,简易计税方法项目增值税额的预缴也在"简易计税"明细账户核算,不通过"预交增值税"明细账户;采用简易计税方法差额征税项目因扣减销售额而抵减的增值税额也在"简易计税"明细账户核算,不通过"应交税费——应交增值税（销项税额抵减）"专栏。

（7）"代扣代交增值税"明细账户,核算纳税人购进在境内未设经营机构的境外单位或个人在境内发生的应税行为代扣代缴的增值税。

2.1.2 "应交增值税"明细账户专栏的设置及用途

增值税一般纳税人可以在"应交增值税"明细账内设置十个专栏,分别为:"进项税额""销项税额抵减""已交税金""转出未交增值税""减免税款""出口抵减内销产品应纳税额""销项税额""出口退税""进项税额转出""转出多交增值税"等专栏。其中:

（1）"进项税额"专栏，记录一般纳税人购进货物、加工修理修配劳务、服务、无形资产或不动产而支付或负担的、准予从当期销项税额中抵扣的增值税额，购进货物退回、折让或者接受服务中止应用红字在该栏反映。

（2）"销项税额抵减"专栏，记录一般纳税人按照现行增值税制度规定因扣减销售额而减少的销项税额。

（3）"已交税金"专栏，记录一般纳税人当月缴纳当月的应交增值税额。

（4）"转出未交增值税"和"转出多交增值税"专栏，分别记录一般纳税人月度终了转出当月应交未交或多交的增值税。

（5）"减免税款"专栏，记录一般纳税人按现行增值税制度规定准予减免的增值税额。

（6）"出口抵减内销产品应纳税额"专栏，记录实行"免、抵、退"办法的一般纳税人按规定计算的出口货物的进项税抵减内销产品的应纳税额。

（7）"销项税额"专栏，记录一般纳税人销售货物、加工修理修配劳务、服务、无形资产或不动产应收取的增值税额，销售货物退回、折让或者提供服务中止应用红字在该栏反映。

（8）"出口退税"专栏，记录一般纳税人出口货物、加工修理修配劳务、服务、无形资产按规定退回的增值税额。

（9）"进项税额转出"专栏，记录一般纳税人购进货物、加工修理修配劳务、服务、无形资产或不动产等发生非正常损失以及其他原因而不应从销项税额中抵扣、按规定应转出的进项税额。

2.1.3　增值税会计核算的主要特点

一、一般纳税人进项税额的抵扣有三种状态

一般纳税人进项税额的抵扣有三种状态，分别为：待认证进项税额、待抵扣进项税额、可抵扣进项税额。"应交增值税"的"进项税额"专栏仅反映当期可抵扣的增值税，保证了增值税的账务处理与纳税申报的一致性；暂时不能抵扣的增值税根据扣税凭证是否经过认证，分别在"待认证进项税额"和"待抵扣进项税额"暂时挂放。目前增值税的五种扣税凭证中只有增值税专用发票、通行费电子普通发票和海关进口增值税专用缴款书需要经过认证或稽核比对，其他三种扣税凭证包括农产品收购发票和销售发票、税收完税凭证、收费公路通行费非电子发票可直接申报抵扣，无需认证或比对。因此一般纳税人采用一般计税方法项目相关的购进业务取得增值税专用发票或海关进口增值税专用缴款书的，应进行价税分离，将不含税成本价记入固定资产、无形资产、存货类账户，扣税凭证上注明或计算的进项税额在扣税凭证尚未认证前记入"待认证进项税额"；已经认证通过但当期仍不得抵扣部分记入"待抵扣进项税额"；可以在当期抵扣的记入"应交增值税"的"进项税额"专栏。购进业务取得农产品收购发票和销售发票、税收完税凭证、收费公路通行费非电子发票的，一般可以直接按扣税凭证注明或计算的增值税额记入"应交增值税"的"进项税额"专栏。

二、一般纳税人纳税义务的形成有三条途径

新规定将纳税人的纳税义务与扣缴义务分别进行核算。其中，一般纳税人纳税义务的形成有三条途径：一般计税方法项目（金融商品转让除外）形成的应纳税额、金融商品转让形成的应纳税额、简易计税方法项目形成的应纳税额。一般计税方法项目（金融商品转让除外）增值税相关业务的账务处理通过"应交增值税""预交增值税""未交增值税""待认证进项税额""待抵扣进项税额""待转销项税额"明细账户核算。金融商品转让增值税相关的所有账务处理均通过"转让金融商品应交增值税"明细账户核算，包括税款的缴纳和差额征税项目抵减的增值税额。简易计税方法项目增值税相关的所有账务处理均通过"简易计税"明细账，包括应纳税额的形成、差额征税项目抵减的增值税额以及应纳增值税的预缴和缴纳。

三、一般纳税人一般计税方法项目缴纳增值税款有三种方式

一般纳税人一般计税方法项目缴纳增值税款有三种方式：预缴增值税、当期缴纳当期应纳增值税和当期缴纳前期应纳增值税。预缴的增值税通过"预交增值税"明细账户反映；当期缴纳当期应纳的增值税通过"应交增值税"的"已交税金"专栏反映；缴纳前期应纳的增值税通过"未交增值税"明细账户反映。实际上，"应交增值税"的"已交税金"专栏的用途比老规定下明显减少，只有特殊情形下当月缴纳当月增值税业务通过该专栏核算，如：辅导期管理的一般纳税人每月第二次以上领购增值税专用发票时预缴税款和以 1 日、3 日、5 日、10 日、15 日为纳税期限的纳税人纳税期满后 5 日内预缴税款等。异地提供建筑服务等四项需要预缴增值税业务，按规定应预缴的增值税不在"已交税金"专栏核算，而是通过"预交增值税"核算。"未交增值税"明细账户的用途比起老规定也有所减少，不再核算简易计税方法项目应纳增值税的形成和缴纳业务。

四、预交税款有三种情形

预交税款有三种情形：一般纳税人一般计税方法项目预交税款、一般纳税人简易计税方法项目预交税款、小规模纳税人预交税款。一般纳税人一般计税方法项目预交税款在"预交增值税"明细账户反映，预缴增值税时记入该明细账户借方，预缴税款抵减应纳税额时从"预交增值税"明细账户贷方转入"未交增值税"明细账户借方；一般纳税人简易计税方法项目预交税款，通过"简易计税"明细账户反映；小规模纳税人预交税款，通过"应交增值税"明细账户反映。一般纳税人简易计税方法项目预缴税款和小规模纳税人预缴税款抵减应纳税额时无须作账务处理，通过账户的借贷方冲抵完成。

五、差额征税项目有三种扣减情形

差额征税项目有三种扣减情形：一般纳税人一般计税方法差额征税项目扣减销售额、一般纳税人简易计税方法差额征税项目扣减销售额、小规模纳税人差额征税项目扣减销售额。三种扣减情形对于购进业务的处理是一致的，扣减销售额的处理则稍有区别。发生购进业务时，三种情形均按含税的购进金额直接计入成本费用，此时成本费用的金额虚增，应当在取得合规增值税扣除凭证且购进业务的金额允许从销售额中扣减时，将可以扣减的销售额对应的增值税额冲减成本费用，调整购入时虚增的成本费用。

如上所述,三种扣减情形在允许扣减销售额时,贷方均应冲减成本费用,借方处理稍有不同:一般纳税人一般计税方法差额征税项目扣减销售额对应的增值税额,记入"应交增值税"借方的"销项税额抵减"专栏;一般纳税人简易计税方法差额征税项目扣减销售额对应的增值税额,记入"简易计税"明细账户借方;小规模纳税人差额征税项目扣减销售额对应的增值税额,记入"应交增值税"明细账户借方。

六、可以清晰地反映会计收入确认时限与纳税义务发生时间不一致导致的税会差异

新规定增设"待转销项税额"明细账,核算纳税人会计上已确认收入或利得,但增值税纳税义务尚未发生的业务对应的增值税。会计按不含税价确认收入,将增值税额暂时挂放在"待转销项税额"贷方,纳税义务发生时转入"应交增值税"的"销项税额"专栏(采用一般计税方法项目)或"简易计税"明细账户(采用简易计税方法项目)的贷方。按照现行增值税制度规定,会计上已确认收入但增值税纳税义务尚未发生的业务主要有:采用赊销方式或分期收款方式销售商品或服务,会计确认收入的时限为商品所有权转移或服务完成的当天,而增值税纳税义务发生时间为合同约定的收款日期的当天。

2.2 购进业务

2.2.1 购进业务的增值税政策规定

一般纳税人购进项目能够产生进项税额,形成可以抵扣的进项税额,必须同时满足三个条件:一是抵扣范围,购进项目不能用于税法规定的进项税额不得抵扣的范围;二是扣税凭证,购进项目必须取得合法的扣税凭证;三是抵扣时限,取得的扣税凭证在规定的抵扣时限内经过了认证、申请稽核比对、申报扣除等程序。

2.2.1.1 增值税扣税凭证

目前,增值税扣税凭证有五种:增值税专用发票、海关进口增值税专用缴款书、农产品收购发票或销售发票、解缴税款的完税凭证、通行费发票和旅客运输发票或客票。纳税人取得的增值税扣税凭证不符合法律、行政法规或者国家税务总局有关规定的,其进项税额不得从销项税额中抵扣。根据购进项目来源不同,取得扣税凭证具体有下列三种情形:一是纳税人从境内购进货物、劳务、服务(公路内河通行服务除外)、无形资产和不动产应以增值税专用发票作为扣税凭证。其中,从境内购进农产品除增值税专用发票外还可以农产品收购发票或销售发票作为扣税凭证;从境内购进公路内河通行服务以通行费发票作为扣税凭证;从境内购进旅客运输服务以发票或客票作为扣税凭证。二是纳税人从境外购进货物应以海关进口增值税专用缴款书作为扣税凭证。三是纳税人从境外购进服务、无形资产和不动产应以代扣代缴税款的完税凭证作为扣税凭证。纳税人凭完

税凭证抵扣进项税额的,应当具备书面合同、付款证明和境外单位的对账单或者发票。资料不全的,其进项税额不得从销项税额中抵扣。

特别提醒

从境内购进货物、服务等通常情况下必须取得增值税专用发票才可以抵扣进项税额,但下列两种情形下,取得增值税普通发票即可以抵扣进项税额:一是从农业生产者购进农产品,可按照农产品收购发票或者销售发票上注明的农产品买价和扣除率计算抵扣进项税额;二是一般纳税人支付的道路、桥、闸通行费,暂凭取得的增值税电子普通发票上注明的税额和桥、闸通行费普通发票以及 5% 的扣除率计算可抵扣的进项税额。当然,增值税专用发票和普通发票都是企业所得税税前扣除的合法凭证,专用发票允许扣除的成本费用通常是不含税金额,普通发票允许扣除的通常是含税总额。

2.2.1.2 增值税抵扣时限

增值税实行的是购进扣税法,纳税人购进货物只要取得扣税凭证,无论该项交易是否付款、所购买的货物是否验收入库,也无论购进的货物是否领用,取得的扣税凭证均可以认证(免认证的纳税人应勾选确认,以下统称认证)、申请稽核比对并抵扣,一句话:见票即扣。但是,取得增值税专用发票和海关进口增值税专用缴款书后,迟迟不认证(申请稽核比对),超过规定时限后,则不允许抵扣进项税额。2017 年 6 月 30 日前开具的增值税专用发票、机动车销售统一发票和海关进口增值税专用缴款书,应在开具之日起 180 日内认证(申请稽核比对),并在认证(稽核比对)通过的次月申报期内,向主管税务机关申报抵扣进项税额。2017 年 7 月 1 日以后开具的增值税专用发票、机动车销售统一发票和海关进口增值税专用缴款书,认证时限(申请稽核比对时限)延长为 360 日。未在规定期限内办理认证(申请稽核比对)、申报抵扣,不得作为合法的增值税扣税凭证,不得抵扣进项税额,俗称"费票"。一般纳税人购进项目取得增值税专用发票和海关进口增值税专用缴款书后,一定要在规定时限内认证(申请稽核比对),避免主观原因导致扣税凭证逾期,不能抵扣进项税额,形成损失。

特别提醒

农产品收购发票或农产品销售发票、代扣代缴税款完税凭证和通行费非电子发票没有统一规定抵扣时限,不会逾期形成"费票"。

2.2.1.3 实务中增值税抵扣范围的误区

理论上讲,用于增值税应税项目的购进货物、劳务、服务等进项税额准予抵扣。但实务中,进项税额的抵扣范围采用了反向列举的方式,只有反向列举的进项税额不得抵扣的方向,进项税额才不得抵扣,用于其他方向的购进增值税应税项目进项税额均可抵扣。财税〔2016〕36号第二十七条规定,下列项目的进项税额不得从销项税额中抵扣:

(1)用于简易计税方法计税项目、免征增值税项目、集体福利或者个人消费的购进货物、加工修理修配劳务、服务、无形资产和不动产。其中涉及的固定资产、无形资产、不动产,仅指专用于上述项目的固定资产、无形资产(不包括其他权益性无形资产)、不动产。

纳税人的交际应酬消费属于个人消费。

(2)非正常损失的购进货物,以及相关的加工修理修配劳务和交通运输服务。

(3)非正常损失的在产品、产成品所耗用的购进货物(不包括固定资产)、加工修理修配劳务和交通运输服务。

(4)非正常损失的不动产,以及该不动产所耗用的购进货物、设计服务和建筑服务。

(5)非正常损失的不动产在建工程所耗用的购进货物、设计服务和建筑服务。

纳税人新建、改建、扩建、修缮、装饰不动产,均属于不动产在建工程。

(6)购进的贷款服务、餐饮服务、居民日常服务和娱乐服务。

(7)财政部和国家税务总局规定的其他情形。

上述第(4)项、第(5)项所称货物,是指构成不动产实体的材料和设备,包括建筑装饰材料和给排水、采暖、卫生、通风、照明、通讯、煤气、消防、中央空调、电梯、电气、智能化楼宇设备及配套设施。

纳税人接受贷款服务向贷款方支付的与该笔贷款直接相关的投融资顾问费、手续费、咨询费等费用,其进项税额不得从销项税额中抵扣。

自2018年1月1日起,纳税人租入固定资产、不动产,既用于一般计税方法计税项目,又用于简易计税方法计税项目、免征增值税项目、集体福利或者个人消费的,其进项税额准予从销项税额中全额抵扣。

特别提醒

只有被列入不得抵扣范围内的购进货物、劳务、服务等进项税额才不得抵扣,没有列入不得抵扣范围的进项税额可以抵扣。如:纳税人外购的办公用纸、笔、文件袋、打印机墨盒等办公耗材;沙发、会议桌等办公用低值易耗品;空调、数码相机、计算机、打印机、复印机、传真机等办公设备,均可抵扣进项税额。

纳税人发生为聘用的员工提供服务等非经营活动,为社会公众无偿提供服务或用于公益事业的服务等不征收增值税行为,虽然这些项目不会形成增值税销项税额,但是购进用于这些项目的货物、服务等进项税额可以抵扣。因为,用于这些项目的货物、服务等不属于反向列举的不得抵扣进项税额的范围。

2.2.1.4　抵扣进项税额如何计算

下列进项税额准予从销项税额中抵扣：

（1）从销售方取得的增值税专用发票（含税控机动车销售统一发票）上注明的增值税额。

（2）从海关取得的海关进口增值税专用缴款书上注明的增值税额。

（3）购进农产品，除取得增值税专用发票或者海关进口增值税专用缴款书外，按照农产品收购发票或者销售发票上注明的农产品买价和规定的扣除率计算的进项税额。

（4）从境外单位或者个人购进服务、无形资产或者不动产，自税务机关或者扣缴义务人取得的解缴税款的完税凭证上注明的增值税额。

（5）纳税人支付的道路通行费，按照收费公路通行费增值税电子普通发票上注明的增值税额。

（6）一般纳税人支付的桥、闸通行费，暂未取得收费公路通行费增值税电子普通发票的，可凭取得的通行费发票（不含财政票据）上注明的收费金额按照下列公式计算可抵扣的进项税额：桥、闸通行费可抵扣进项税额＝桥、闸通行费发票上注明的金额×5%÷（1＋5%）。一级公路、二级公路通行费非增值税电子普通发票自2019年1月1日后开具的，不可以抵扣进项税额。

从上述规定可以看出，抵扣进项税额的多少分为两种情形：一是按扣税凭证上注明的增值税额抵扣，扣税凭证上按13%、9%或6%的税率注明增值税额，则按13%、9%或6%抵扣，扣除凭证上按5%或3%的征收率注明增值税额，则按5%或3%抵扣，这类扣税凭证包括增值税专用发票、海关进口增值税专用缴款书、完税凭证通行费电子普通发票；二是按扣税凭证上注明的金额和扣除率计算抵扣，这类扣税凭证包括农产品收购发票或销售发票、通行费非电子普通发票。

**特别
提醒**

实务中，有些会计人员有一种担忧：销售业务适用的税率为9%（或6%），如果购进项目按13%（或9%）抵扣进项税额，将会形成低征高扣现象，税务机关能允许吗？如建筑企业提供建筑服务适用税率为9%，购进建材取得13%的增值税专用发票，按13%抵扣进项税额，会形成征9%抵13%的现象；再如餐饮企业提供饮食服务适用税率为6%，从农业生产者购进蔬菜、肉、蛋、海鲜等抵扣率为9%，会形成征6%抵9%的现象。这种担忧是多余的，进项税额究竟抵扣多少只与扣税凭证上注明或按抵扣率计算的增值税额有关，与销售方适用税率无关。因为，增值税是价外税，一般纳税人在购进货物时，已经按照货物的不含税价和增值税合计的含税价支付款项，也就负担了扣税凭证上注明的增值税额，自然可以按照扣税凭证上注明的增值税额抵扣进项税额。

2.2.2　购进业务的会计处理

2.2.2.1　购进货物

购进货物按照货物与发票到达企业的先后顺序分为三种情况：单货同到，单到货未到，货到单未到。

2.2.2.1.1　单货同到

单货同到是购进货物时，发票与货物同时到达购买方。企业首先应判定是否取得可以抵扣进项税额的扣税凭证，如果取得了扣税凭证，应按不含税价作为成本记入存货类账户借方，增值税额作为当期或以后期间抵扣的进项税额；如果没有取得合法扣税凭证，应将价税合计价记入存货类账户借方。其次应判定取得的扣税凭证是否在当期认证或申请稽核比对，如果不准备在当期认证或申请稽核比对，应将增值税额记入"应交税费——待认证进项税额"账户，如果在当期认证或申请稽核比对且收到稽核结果通知书，应将增值税额记入"应交税费——应交增值税（进项税额）"账户。

【例题 2-1】　天马企业（一般纳税人）2019 年 5 月购入办公用品一批，取得增值税普通发票，注明的含税金额为 200 元，款项用现金支付。

借：库存商品　　　　　　　　　　　　　　　　　　200
　　贷：库存现金　　　　　　　　　　　　　　　　200

【例题 2-2】　天马企业（一般纳税人）2019 年 5 月购入不需安装的设备一台，取得的增值税专用发票上注明的价款为 30 000 元，增值税为 3 900 元，设备款项未支付。企业当月没有将该张增值税专用发票认证。

借：固定资产　　　　　　　　　　　　　　　　　30 000
　　应交税费——待认证进项税额　　　　　　　　3 900
　　贷：应付账款　　　　　　　　　　　　　　　33 900

【例题 2-3】　天马企业（一般纳税人）2019 年 5 月购入建筑材料一批，取得的增值税专用发票，注明的价款为 30 000 元，增值税额为 3 900 元，建筑材料已入库，款项尚未支付。企业当月将该张增值税专用发票认证抵扣。

借：原材料　　　　　　　　　　　　　　　　　　30 000
　　应交税费——应交增值税（进项税额）　　　　3 900
　　贷：应付账款　　　　　　　　　　　　　　　33 900

2.2.2.1.2　货到单未到

一般纳税人购进的货物已到达并验收入库，但尚未收到增值税发票并未付款的，平时不作账务处理，但在月末应按合同协议约定的价格暂估入账，但不需要将增值税的进项税额暂估入账。下月初,用红字冲销原暂估入账会计分录,待取得发票时按单货同到进行账务处理。

【例题 2-4】 天马企业(一般纳税人)2019 年 9 月购入建筑材料一批,合同约定的价款为 30 000 元,增值税额为 3 900 元。9 月 23 日收到建筑材料并验收入库,但直到月底仍未收到销售方开具的增值税专用发票,建筑材料款项尚未支付。10 月 12 日天马企业向销售方支付货款并取得增值税专用发票,注明金额为 30 000 元,增值税额为 3 900 元。企业当月将该张增值税专用发票认证抵扣。

(1)9 月 23 日收到建筑材料,不作账务处理,9 月 30 日发票账单未到,按协议价暂估入账:

借:原材料　　　　　　　　　　　　　　　　　　　　　　　33 900
　　贷:应付账款——暂估应付账款　　　　　　　　　　　　33 900

(2)10 月初,用红字冲回:

借:原材料　　　　　　　　　　　　　　　　　　　　　　　33 900
　　贷:应付账款——暂估应付账款　　　　　　　　　　　　33 900

(3)10 月 12 日收到发票时:

借:原材料　　　　　　　　　　　　　　　　　　　　　　　30 000
　　应交税费——应交增值税(进项税额)　　　　　　　　　　3 900
　　贷:银行存款　　　　　　　　　　　　　　　　　　　　33 900

2.2.2.1.3　单到货未到

收到发票时,按货物不含税价记入"在途物资"或"材料采购"账户,增值税额记入"应交税费——应交增值税(进项税额)""应交税费——待认证进项税额"等账户,待货物到达验收合格入库后,将货物成本从"在途物资"或"材料采购"转入"原材料"等账户。如果取得发票时尚未认证,增值税记入"应交税费——待认证进项税额"账户,在增值税专用发票认证时,将增值税额转入"应交税费——应交增值税(进项税额)"专栏。

【例题 2-5】 天马企业(一般纳税人)2019 年 9 月购入建筑材料一批,9 月 26 日取得的销售方开具的增值税专用发票,注明的价款为 30 000 元,增值税额为 3 900 元,但建筑材料尚未到达,企业当月未将该张增值税专用发票认证抵扣。10 月 3 日建筑材料运抵企业,验收合格后入库,并将增值税专用发票认证抵扣,款项尚未支付。

(1)9 月 26 日收到发票时:

借:在途物资　　　　　　　　　　　　　　　　　　　　　　30 000
　　应交税费——待认证进项税额　　　　　　　　　　　　　3 900
　　贷:应付账款　　　　　　　　　　　　　　　　　　　　33 900

（2）10月3日货物验收入库时：

借：原材料   30 000

  贷：在途物资   30 000

（3）发票认证抵扣时：

借：应交税费——应交增值税（进项税额）   3 900

  贷：应交税费——待认证进项税额   3 900

2.2.2.2　购进劳务或服务

随着营改增的全面推进，增值税的征税范围已经覆盖了原来营业税所有行为。纳税人购进劳务或服务，能够取得扣税凭证且属于抵扣范围的，进项税额可以抵扣。购进劳务或服务取得增值税专用发票时，也应视专用发票是否在当期认证，判定增值税额记入"应交税费——应交增值税（进项税额）"账户还是"应交税费——待认证进项税额"账户。

【例题 2-6】　2019 年 9 月，天马公司（一般纳税人）支付传媒公司广告费 31 800 元，取得的增值税专用发票，注明的价款为 30 000 元，增值税额为 1 800 元，款项通过银行转账支付，发票在当月认证。

借：销售费用   30 000

  应交税费——应交增值税（进项税额）   1 800

  贷：银行存款   31 800

2.2.2.3　辅导期管理的一般纳税人购进货物

一、先看看税收政策

（一）实行辅导期管理的一般纳税人范围

《国家税务总局关于印发〈增值税一般纳税人纳税辅导期管理办法〉的通知》（国税发〔2010〕40 号）规定，主管税务机关可以在一定期限内对下列一般纳税人实行纳税辅导期管理：

（1）新登记为一般纳税人的未超过规定标准的小型商贸批发企业。

"小型商贸批发企业"，是指注册资金在 80 万元（含 80 万元）以下、职工人数在 10 人（含 10 人）以下的批发企业。只从事出口贸易，不需要使用增值税专用发票的企业除外。

（2）国家税务总局规定的其他一般纳税人。

"其他一般纳税人"，是指具有下列情形之一的一般纳税人：

① 增值税偷税数额占应纳税额的 10% 以上并且偷税数额在 10 万元以上的。

② 骗取出口退税的。

③ 虚开增值税扣税凭证的。

④ 国家税务总局规定的其他情形。

（二）辅导期管理的特殊政策

（1）进项税额先比对，后抵扣。辅导期纳税人取得的增值税专用发票抵扣联、海关进口增值税专用缴款书应当在交叉稽核比对无误后，方可抵扣进项税额。

（2）辅导期纳税人专用发票的领购实行按次限量控制。主管税务机关可根据纳税人的经营情况核定每次专用发票的供应数量，但每次发售专用发票数量不得超过 25 份。辅导期纳税人领购的专用发票未使用完，而再次领购的，主管税务机关发售专用发票的份数不得超过核定的每次领购专用发票份数与未使用完的专用发票份数的差额。

（3）增购专用发票时需要预缴税款。辅导期纳税人 1 个月内多次领购专用发票的，应从当月第二次领购专用发票起，按照上一次已领购并开具的专用发票销售额的 3％ 预缴增值税，未预缴增值税的，主管税务机关不得向其发售专用发票。预缴增值税时，纳税人应提供已领购并开具的专用发票记账联，主管税务机关根据其提供的专用发票记账联计算应预缴的增值税。

辅导期纳税人按规定预缴的增值税可在本期增值税应纳税额中抵减，抵减后预缴增值税仍有余额的，可抵减下期再次领购专用发票时应当预缴的增值税。纳税辅导期结束后，纳税人因增购专用发票发生的预缴增值税有余额的，主管税务机关应在纳税辅导期结束后的第一个月内，一次性退还纳税人。

二、会计处理思路

实行辅导期管理的一般纳税人，购进业务取得的扣税凭证实行"先比对后抵扣"管理办法，其取得的增值税专用发票注明的增值税额在认证前记入"应交税费——待认证进项税额"账户，在认证通过，暂时未取得税务机关比对相符通知书前，记入"应交税费——待抵扣进项税额"账户，只有在收到税务机关稽核比对相符通知书后，才能在当期抵扣，记入"应交税费——应交增值税（进项税额）"账户；取得的海关进口增值税专用缴款书应申请交叉稽核比对，未收到交叉稽核比对结果前，暂时不得抵扣，海关缴款书注明的增值税额记入"应交税费——待认证进项税额"账户，收到税务机关下发的《稽核结果通知书》时，根据比对结果相符的海关缴款书注明的增值税额，记入"应交税费——应交增值税（进项税额）"账户。

三、例题

【例题 2-7】 天马小型商贸批发企业（辅导期管理的一般纳税人）2019 年 9 月购入日用消费品一批，取得的增值税专用发票上注明的价款为 30 000 元，增值税额为 3 900 元，商品款项已通过银行存款支付。企业当月将该张增值税专用发票认证，但在 2019 年 10 月 10 日才收到税务机关下发的比对相符通知书。

（1）2019 年 9 月购入商品时：

借：库存商品   30 000

  应交税费——待抵扣进项税额   3 900

   贷：银行存款   33 900

（2）2019 年 10 月 10 日收到比对相符通知书时：

借：应交税费——应交增值税（进项税额）　　　　　　　　3 900

　　贷：应交税费——待抵扣进项税额　　　　　　　　　　　　3 900

2.2.2.4　购进进项税额不得抵扣的货物、服务、无形资产

一、会计处理思路

购入货物、服务、无形资产用于免税项目、简易计税方法项目、集体福利和个人消费的，进项税额不得抵扣，实际处理时分为以下两种情形：

（1）购入时即能认定其用于免税项目、简易计税方法项目、集体福利和个人消费的，进项税额不能抵扣，其专用发票上注明的增值税额，计入购入货物、服务、无形资产、不动产的成本，不计提增值税进项税额。

（2）购入时不能确定其具体用途，可以将进项税额先行抵扣，按照增值税专用发票上注明的增值税额，记入"应交税费——应交增值税（进项税额）""应交税费——待认证进项税额"等账户；如果这部分购入货物、服务、无形资产以后用于免税项目、简易计税方法项目、集体福利和个人消费的，应将原已计入进项税额的增值税额转入相关成本费用账户。

二、例题

【例题 2-8】　天马企业（一般纳税人）2019 年 9 月购入花生油 200 桶，准备中秋节发放给一线生产工人用作职工福利，增值税专用发票注明金额 30 000 元，增值税额2 700 元。

借：生产成本　　　　　　　　　　　　　　　　　　　　　32 700

　　贷：银行存款　　　　　　　　　　　　　　　　　　　　　32 700

【例题 2-9】　天马糕点厂（一般纳税人）2019 年 9 月购入白糖 300 公斤，准备用于糕点生产，增值税专用发票注明金额 1 000 元，增值税额 130 元，增值税发票在当月认证抵扣，款项用现金支付。中秋节将至，企业将库存的当月购入的白糖全部发放给一线生产工人用作职工福利。

（1）购入白糖时：

借：原材料　　　　　　　　　　　　　　　　　　　　　　　1 000

　　应交税费——应交增值税（进项税额）　　　　　　　　　　130

　　贷：库存现金　　　　　　　　　　　　　　　　　　　　　1 130

（2）将白糖发放职工福利时：

借：应付职工薪酬　　　　　　　　　　　　　　　　　　　　1 130

　　贷：原材料　　　　　　　　　　　　　　　　　　　　　　1 000

　　　应交税费——应交增值税（进项税额转出）　　　　　　　　130

2.2.2.5　未实行农产品核定扣除办法企业购进农产品

一、先看看税收政策

自 2017 年 7 月 1 日起,增值税税率由四档减至三档,13% 税率取消,原适用 13% 税率的全部货物,税率均由 13% 降至 11%。2018 年 5 月 1 日起,原适用 11% 税率的,税率调整为 10%。自 2019 年 4 月 1 日起,原适用 10% 的税率调整为 9%。

(一)纳税人购进农产品抵扣进项税额的计算

未实行农产品核定扣除办法纳税人购进农产品,按照取得的扣税凭证上注明或计算的增值税额作为进项税额抵扣,进项税额计算具体如表 2-1 所示。

表 2-1　　　　　　　　　　　　进项税额计算

扣税凭证 ＼ 用途		用于生产销售(或委托加工)货物、作为提供加工劳务时代垫辅助材料、提供服务		直接销售
		13% 税率的货物	9% 税率的货物、提供 9% 或 6% 的服务	
增值税专用发票	一般纳税人开具	金额×10%	金额×9%	金额×9%
	小规模纳税人代开	金额×10%	金额×9%	金额×9%
海关完税凭证		金额×10%	金额×9%	金额×9%
销售发票(仅限农业生产者销售自产农产品)		买价×10%	买价×9%	买价×9%
收购发票		买价×10%	买价×9%	买价×9%

从表 2-1 中可以看出:一般纳税人购进农产品用于生产货物(包括自产和委托加工)、提供应税服务或者直接销售,如果该一般纳税人销售实现时适用的税率为 13%,则购进农产品的抵扣率为 10%;如果该一般纳税人销售实现时适用的税率为 9% 或 6%(包括用农产品生产的最终货物税率为 9%、用农产品提供适用税率为 9% 或 6% 的应税服务和直接销售农产品),则购进农产品的抵扣率为 9%,避免产生购销倒挂的现象。

特别提醒

一般纳税人购进农产品适用的扣除率有 10% 和 9% 两档,具体适用 10% 的扣除率还是 9% 的扣除率,只与本纳税人销售实现时计算销项税额的税率相关,与购进农产品时取得的扣税凭证种类无关。

(二)纳税人购进农产品抵扣进项税额的扣税凭证

(1)从生产环节购进农产品。农业生产者销售自产的农产品免征增值税,免税货物不得开具增值税专用发票。因此,如果农业生产者是税务登记户,销售农产品时应当向购买方开具农产品销售发票;如果农业生产者是农民个人,销售农产品时应由购买方向农民个人开具农产品收购发票;如果购买方到外县市收购农民个人的农产品,不能携带空白的收购发票到收购地开具,可以在收购农产品后回机构所在地开具农产品收购发票邮寄给农民个人,也可以由农民个人到税务机关代开普通发票。为了鼓励农业生产,虽然农业生产者销售自产农产品享受免税优惠,但购买方可凭农产品销售发票或收购发票作为扣税凭证抵扣进项税额。根据《财政部 国家税务总局关于农民专业合作社有关税收政策的通知》(财税〔2008〕81 号),对农民专业合作社销售本社成员生产的农业产品,视同农业生产者销售自产农业产品免征增值税。因此,农民专业合作社销售免税农产品开具的农产品销售发票,可以按规定计算抵扣进项税额。

(2)从批发、零售环节购进享受免税优惠的农产品。根据《财政部 国家税务总局关于免征蔬菜流通环节增值税有关问题的通知》(财税〔2011〕137 号)和《财政部 国家税务总局关于免征部分鲜活肉蛋产品流通环节增值税政策的通知》(财税〔2012〕75 号)规定,批发或零售蔬菜、部分鲜活肉蛋产品享受免税优惠。因此,批发或零售蔬菜、部分鲜活肉蛋不得开具增值税专用发票,只能开具增值税普通发票。财税〔2017〕37 号文件规定,一般纳税人从批发、零售环节购进适用免征增值税政策的蔬菜、部分鲜活肉蛋而取得的普通发票,不得作为计算抵扣进项税额的凭证。由此可见,一般纳税人从批发、零售环节购进蔬菜、部分鲜活肉蛋等免税农产品,不可能取得合法的扣税凭证,不能抵扣进项税额。

(3)从批发、零售环节购进应税农产品。批发、零售环节销售除蔬菜、部分鲜活肉蛋以外的农产品应当缴纳增值税。如果批发、零售商是增值税一般纳税人,可以自行开具增值税专用发票;如果批发、零售商是小规模纳税人,可以自行开具增值税普通发票也可以申请税务机关代开增值税专用发票。财税〔2017〕37 号文件明确,农产品销售发票是指农业生产者销售自产农产品适用免征增值税政策而开具的普通发票。因此,批发、零售环节的小规模纳税人,销售农产品开具的普通发票不属于农产品销售发票,不得作为扣税凭证。

一般纳税人从批发、零售环节购进农产品,必须以销售方自行或申请税务机关代开的增值税专用发票作为扣税凭证,自行开具的增值税普通发票不能作为扣税凭证。

(4)进口农产品。纳税人进口农产品应以海关进口增值税专用缴款书作为扣税凭证。

二、会计处理思路

农产品购入时,取得增值税专用发票、海关进口增值税专用缴款书、农产品收购发票或销售发票均按 9% 的税率(或扣除率)抵扣进项额税,根据支付的全部价款减去进项税额,倒挤出农产品成本;月末,根据当月生产领用的农产品计算当月可加计扣除的进项税额。

加计扣除农产品进项税额=当期生产领用农产品已按 9% 税率(或扣除率)抵扣税

额÷9%×(10%－9%)。

购进农产品时，按9%扣除率计算的进项税额，借记"应交税费——应交增值税(进项税额)"或"应交税费——待认证进项税额"账户，按买价减去按规定计算的进项税额后的差额，记入"原材料""库存商品"等存货成本。期末，根据企业销售业务适用的增值税税率确定是否可以享受加计扣除：如果企业销售业务的适用税率为13%，按当期生产领用农产品已经抵扣的进项税额为依据，计算1%的加计扣除的进项税额，将加计扣除的进项税额冲减当期成本；如果企业销售业务适用的税率为9%或6%，不能享受加计扣除，月末不需要再进行加计扣除的账务处理。

三、例题

【例题 2-10】 某面包厂(增值税一般纳税人)购进小麦加工成面包对外销售。2019年9月面包厂购进小麦，取得一般纳税人开具的增值税专用发票，注明金额100元，税率9%，税额9元，款项用银行存款支付；取得小规模纳税人申请税务机关代开的增值税专用发票，注明金额200元，税率3%，税额6元，款项用银行存款支付；收购农业生产者小麦，支付现金300元，给农业生产者开具收购发票。购进的小麦当月全部生产领用，面包厂会计处理如下：

(1) 面包的适用税率为13%，所以购进小麦按10%的扣除率抵扣进项税额，从一般纳税人购进小麦进项税额为：100×10%＝10(元)。增值税专用发票上注明的增值税额为9元，但纳税人可以抵扣10元进项税额，根据《国家税务总局关于调整增值税纳税申报有关事项的公告》(国家税务总局公告2017年第19号)规定，9元在购入当期抵扣，1元在小麦生产领用时加计扣除。

借：原材料   100

  应交税费——应交增值税(进项税额)   9

  贷：银行存款   109

(2) 从小规模纳税人购进小麦进项税额为：200×10%＝20(元)。增值税专用发票上注明的增值税额为6元，但纳税人可以抵扣20元进项税额，18元(200×9%)在购入当期抵扣，2元在小麦生产领用时加计扣除。

借：原材料   188

  应交税费——应交增值税(进项税额)   18

  贷：银行存款   206

(3) 从农业生产者购进小麦进项税额为：300×10%＝30(元)，其中27元(300×9%)在购入当期抵扣，3元在小麦生产领用时加计扣除。

借：原材料   273

  应交税费——应交增值税(进项税额)   27

  贷：库存现金   300

(4) 月末，计提当月可加计扣除的进项税额。加计扣除农产品进项税额＝当期生产领用农产品已按9%税率(扣除率)抵扣税额÷9%×(10%−9%)=(9+18+27)÷9%×(10%−9%)=6(元)。

借:应交税费——应交增值税(进项税额) 6

　贷:生产成本(或主营业务成本) 6

(5)增值税纳税申报:填列附列资料(二)第1栏、第2栏、第6栏和第8a栏。如表2-2所示。

表2-2　　　　　　　　　　　　增值税纳税申报表　　　　　　　　　单位:元

一、申报抵扣的进项税额				
项　目	栏次	份数	金额	税额
(一)认证相符的增值税专用发票	1=2+3	1	100	9
其中:本期认证相符且本期申报抵扣	2	1	100	9
前期认证相符且本期申报抵扣	3			
(二)其他扣税凭证	4=5+6+7+8			
其中:海关进口增值税专用缴款书	5			
农产品收购发票或者销售发票	6	2	500	45
代扣代缴税收缴款凭证	7			
加计扣除农产品进项税额	8a			6
……				

注:从小规模纳税人购进小麦取得的增值税专用发票对应的金额和税额应填列在第6栏"农产品收购发票或者销售发票"栏次。

【例题2-11】 某挂面厂(增值税一般纳税人)购进小麦加工成挂面对外销售。2019年9月挂面厂购进小麦,取得一般纳税人开具的增值税专用发票,注明金额100元,税率10%,税额9元,款项用银行存款支付;取得小规模纳税人申请税务机关代开的增值税专用发票,注明金额200元,税率3%,税额6元,款项用银行存款支付;收购农业生产者小麦,支付现金300元,给农业生产者开具收购发票。购进的小麦当月全部生产领用,挂面厂会计处理如下:

(1)纳税人购进用于生产销售9%税率货物的农产品扣除率为9%。挂面的适用税率为9%,所以购进小麦扣除率为9%。从一般纳税人购进小麦进项税额为:100×9%=9(元)。增值税专用发票上注明的增值税额为9元,可以抵扣的进项税额也为9元。

借:原材料 100

　应交税费——应交增值税(进项税额) 9

　贷:银行存款 109

(2)从小规模纳税人购进小麦增值税专用发票上注明的增值税额为6元,但纳税人可以抵扣18元进项税额,进项税额为:200×9%=18(元)。

借：原材料   188

    应交税费——应交增值税(进项税额)   18

    贷：银行存款   206

(3) 从农业生产者购进小麦进项税额为：300×9％＝27(元)。

借：原材料   273

    应交税费——应交增值税(进项税额)   27

    贷：库存现金   300

(4) 增值税纳税申报：填列附列资料(二)第1栏、第2栏和第6栏。如表2-3所示。

表 2-3   增值税纳税申报表   单位：元

一、申报抵扣的进项税额				
项　　目	栏次	份数	金额	税额
(一)认证相符的增值税专用发票	1＝2＋3	1	100	9
其中：本期认证相符且本期申报抵扣	2	1	100	9
前期认证相符且本期申报抵扣	3			
(二)其他扣税凭证	4＝5＋6＋7＋8			
其中：海关进口增值税专用缴款书	5			
农产品收购发票或者销售发票	6	2	500	45
代扣代缴税收缴款凭证	7			
加计扣除农产品进项税额	8a			
⋯⋯				

注：从小规模纳税人购进小麦取得的增值税专用发票对应的金额和税额应填列在第6栏"农产品收购发票或者销售发票"栏次。

2.2.2.6　实行农产品核定扣除办法企业购进农产品

一、先看看税收政策

对财政部、国家税务总局和省级税务机关规定纳入农产品核定扣除试点范围的增值税一般纳税人(以下称试点纳税人)购进农产品，不再凭增值税扣税凭证抵扣农产品增值税进项税额，而是按税务机关确定的方法和审定的扣除标准计算当期允许抵扣的农产品增值税进项税额。

(一)农产品增值税进项税额核定方法

(1) 试点纳税人以购进农产品为原料生产货物的，农产品增值税进项税额可按照以下方法核定：

① 投入产出法：是以当期销售产品数量和单位产品耗用外购农产品的数量计算当期销售产品耗用的农产品数量，然后依据当期农产品耗用数量、农产品平均购买单价和农

产品增值税进项税额扣除率计算当期抵扣的农产品进项税额。

$$\begin{array}{l}\text{当期允许抵扣农产品}\\ \text{增值税进项税额}\end{array} = \begin{array}{l}\text{当期农产品}\\ \text{耗用数量}\end{array} \times \begin{array}{l}\text{农产品平均}\\ \text{购买单价}\end{array} \times 扣除率 \div (1 + 扣除率)$$

$$当期农产品耗用数量 = 当期销售货物数量 \times 农产品单耗数量$$

扣除率为销售货物的适用税率。

② 成本法：依据试点纳税人年度会计核算资料，计算确定耗用农产品的外购金额占生产成本的比例，即农产品耗用率，然后依据当期主营业务成本、农产品耗用率以及扣除率计算当期允许抵扣农产品增值税进项税额。

$$\begin{array}{l}\text{当期允许抵扣农产品}\\ \text{增值税进项税额}\end{array} = 当期主营业务成本 \times 农产品耗用率 \times 扣除率 \div (1 + 扣除率)$$

$$农产品耗用率 = 上年投入生产的农产品外购金额 \div 上年生产成本$$

扣除率为销售货物的适用税率。

由于成本法确定农产品耗用率是按照上年指标计算出来的，年度终了，主管税务机关应根据试点纳税人本年实际对当年已抵扣的农产品增值税进项税额进行纳税调整，重新核定当年的农产品耗用率，并作为下一年度的农产品耗用率。

③ 参照法：新办的试点纳税人或者试点纳税人新增产品的，试点纳税人可参照所属行业或者生产结构相近的其他试点纳税人确定农产品单耗数量或者农产品耗用率。次年，试点纳税人向主管税务机关申请核定当期的农产品单耗数量或者农产品耗用率，并据此计算确定当年允许抵扣的农产品增值税进项税额，同时对上一年增值税进项税额进行调整。核定的进项税额超过实际抵扣增值税进项税额的，其差额部分可以结转下期继续抵扣；核定的进项税额低于实际抵扣增值税进项税额的，其差额部分应按现行增值税的有关规定将进项税额作转出处理。

（2）试点纳税人购进农产品直接销售。试点纳税人购进农产品直接销售的，农产品增值税进项税额按照以下方法核定扣除：

$$\begin{array}{l}\text{当期允许抵扣农产品}\\ \text{增值税进项税额}\end{array} = \begin{array}{l}\text{当期销售}\\ \text{农产品数量}\end{array} \div (1 - 损耗率) \times \begin{array}{l}\text{农产品平均}\\ \text{购买单价}\end{array} \times 9\% \div (1 + 9\%)$$

$$损耗率 = 损耗数量 \div 购进数量$$

（3）试点纳税人购进农产品用于生产经营且不构成货物实体。试点纳税人购进农产品用于生产经营且不构成货物实体的（包括包装物、辅助材料、燃料、低值易耗品等），增值税进项税额按照以下方法核定扣除：

$$\begin{array}{l}\text{当期允许抵扣农产品}\\ \text{增值税进项税额}\end{array} = \begin{array}{l}\text{当期耗用}\\ \text{农产品数量}\end{array} \times \begin{array}{l}\text{农产品平均}\\ \text{购买单价}\end{array} \times 扣除率 \div (1 + 扣除率)$$

2019 年 4 月 1 日起，生产销售货物的税率为 13% 的，扣除率为 10%；生产销售货物的税率为 9% 的，扣除率为 9%。

（二）适用农产品核定扣除办法纳税人适用的扣除率

实行农产品增值税进项税额核定扣除试点的纳税人，购进农产品继续实行进项税额核定扣除办法，扣除率如表 2-4 所示。

表 2-4　　　　　　　纳税人适用农产品核定扣除办法的扣除率

购进农产品用途	以购进农产品为原料生产货物的	购进农产品直接销售的	购进农产品用于生产经营且不构成货物实体的（包装物、辅助材料、燃料、低值易耗品）	
			最终货物税率为 13%	最终货物税率为 9%
扣除率	与销售货物的适用税率一致	9%	10%	9%

二、会计处理思路

试点纳税人购进农产品时无论取得何种扣税凭证，购进时均不计提增值税进项税额，按照含税价计入成本，月末根据当期已销产品数量或成本计算可在当期抵扣的农产品增值税进项税额，并同时冲减销售成本。也就是说，试点纳税人购进农产品取得的农产品增值税专用发票和海关进口增值税专用缴款书，按照注明的金额及增值税额一并记入成本账户；自行开具的农产品收购发票和取得的农产品销售发票，按照注明的买价直接计入成本。月末，试点纳税人应当按照规定准确计算当期允许抵扣农产品增值税进项税额，并从相关成本账户转入"应交税费——应交增值税（进项税额）"账户。

三、例题

【例题 2-12】　天马公司（一般纳税人）2019 年 9 月 1 日至 9 月 30 日开具农产品收购凭证购进原乳 2 500 吨，买价 1 000 万元，原乳平均购买单价为 4 000 元/吨；销售 10 000 吨巴氏杀菌羊乳，取得不含税销售额 4 200 万元。已知原乳单耗数量为 1.06 吨。天马公司按照投入产出法核定农产品进项税额。

（1）购进原乳：

借：原材料——原乳　　　　　　　　　　　　　　　　　　　　10 000 000
　　贷：银行存款　　　　　　　　　　　　　　　　　　　　　　　10 000 000

（2）销售巴氏杀菌乳：

借：银行存款等　　　　　　　　　　　　　　　　　　　　　　46 200 000
　　贷：主营业务收入　　　　　　　　　　　　　　　　　　　　　42 000 000
　　　　应交税费——应交增值税（销项税额）　　　　　　　　　　4 200 000

结转成本会计分录略。

（3）月末核定当月可抵扣农产品进项税额：

当期允许抵扣农产品增值税进项税额＝当期农产品耗用数量×农产品平均购买单价×扣除率÷（1＋扣除率）＝10 000×1.06×4 000×9%÷（1＋9%）＝3 500 917.43（元）

借：应交税费——应交增值税(进项税额)   3 500 917.43

  贷：主营业务成本   3 500 917.43

【例题 2-13】 天马公司(一般纳税人)2019 年 9 月 1 日至 9 月 30 日销售 10 000 吨巴氏杀菌羊乳,其主营业务成本为 6 000 万元,农产品耗用率为 70%,原乳平均购买单价为 4 000 元/吨。天马公司按照成本法核定农产品进项税额。

$$按照成本法核定当期允许抵扣农产品增值税进项税额 = 当期主营业务成本 \times 农产品耗用率 \times 扣除率 \div (1 + 扣除率)$$

$$= 60\,000\,000 \times 70\% \times 9\% \div (1 + 9\%)$$

$$= 3\,467\,889.91(元)$$

借：应交税费——应交增值税(进项税额)   3 467 889.91

  贷：主营业务成本   3 467 889.91

2.2.2.7　境外购进货物

一、税务处理思路

纳税人从境外购进货物,在报关进口时应当缴纳进口增值税,从海关取得的海关进口增值税专用缴款书上注明的增值税额准予从销项税额中抵扣。从境外购进货物将不含税价支付给境外供货方,将进口增值税额支付给海关,支付的进口增值税就是纳税人在购进货物时支付或负担的进项税额,可以从销项税额中抵扣。

二、会计处理思路

企业从境外购进货物,购买货物支付的购买价款和相关税费计入存货成本;在报关进口环节需要缴纳进口增值税,取得的海关进口增值税专用缴款书,可以作为购进货物抵扣进项税额的扣税凭证,缴纳的进口增值税额记入"应交税费——待认证进项税额"账户或"应交税费——应交增值税(进项税额)"专栏。

三、例题

【例题 2-14】 天马企业(一般纳税人)2019 年 9 月从国外进口设备一台,关税完税价格为 280 000 元,缴纳关税为 20 000,缴纳进口增值税为 39 000 元,取得完税凭证,款项用银行存款支付。海关进口专用缴款书当月未向税务机关申请稽核比对。

借：固定资产   300 000

  应交税费——待认证进项税额   39 000

  贷：银行存款   339 000

2.2.2.8　境外购进服务或无形资产

一、先看看税收政策

《财政部　国家税务总局关于全面推开营业税改征增值税试点的通知》(财税〔2016〕

36 号)规定,在中华人民共和国境内(以下称境内)销售服务、无形资产或者不动产的单位和个人,为增值税纳税人,应当按照本办法缴纳增值税,不缴纳营业税。财税〔2016〕36 号接着进一步明确"在境内销售服务、无形资产或者不动产"的范围,具体为:①服务(租赁不动产除外)或者无形资产(自然资源使用权除外)的销售方或者购买方在境内。②所销售或者租赁的不动产在境内。③所销售自然资源使用权的自然资源在境内。④财政部和国家税务总局规定的其他情形。

从上述规定可以看出,销售服务和无形资产(自然资源使用权除外)是否发生在境内,执行"看人"原则,销售方或购买方在境内均属于在境内发生应税行为;销售不动产和自然资源使用权是否发生在境内,执行"看物"原则,不动产和自然资源坐落在境内均属于在境内发生应税行为。对于适用"看人"原则的服务和无形资产(自然资源使用权除外),销售方在境内的,自行申报纳税;销售方在境外但购买方在境内,属于发生在境内的销售服务或无形资产,应当缴纳增值税,纳税人是境外销售方,但境内购买方应作为扣缴义务人,并且境内购买方在履行扣缴义务后取得税务机关开具的完税凭证,可以作为从境外购进服务或无形资产抵扣进项税额的扣税凭证。

二、会计处理思路

我国境内企业从境外单位或个人购进服务或无形资产,增值税实行代扣代缴方式,境内购买方应将不含税价款支付给境外销售方,将增值税额代缴到主管税务机关,取得主管税务机关开具的完税凭证可以作为进项税额抵扣的凭证。境内购买方应将支付给境外销售方的不含税价款记入相关成本费用账户,将代扣的增值税记入"应交税费——代扣代交增值税"账户贷方,同时将增值税额记入"应交税费——应交增值税(进项税额)"专栏。

三、例题

【例题 2-15】 2019 年 9 月境外公司为天马企业(一般纳税人)提供咨询及培训服务,合同含税价款 106 万元,且该境外公司没有在境内设立经营机构,咨询费以银行存款支付。

(1)购入时:

境外公司在境内未设立经营机构,天马公司应当作为增值税和企业所得税扣缴义务人,应扣缴增值税额 = 1 060 000 ÷ (1 + 6%) × 6% = 6(万元);应扣缴企业所得税 = 1 060 000 ÷ (1 + 6%) × 10% = 10(万元)。

借:管理费用   1 000 000

    应交税费——应交增值税(进项税额)   60 000

  贷:银行存款   900 000

      应交税费——代扣代交增值税   60 000

      应交税费——应交所得税   100 000

(2)实际缴纳代扣代缴增值税、企业所得税时:

借：应交税费——代扣代交增值税	60 000	
应交税费——应交所得税	100 000	
贷：银行存款		160 000

2.2.2.9 购进货物运输途中发生损失

一、先看看税收政策

《财政部　国家税务总局关于全面推开营业税改征增值税试点的通知》（财税〔2016〕36号）规定，非正常损失的购进货物，以及相关的加工修理修配劳务和交通运输服务进项税额不得抵扣。非正常损失，是指因管理不善造成货物被盗、丢失、霉烂变质，以及因违反法律法规造成货物或者不动产被依法没收、销毁、拆除的情形。增值税制度的"非正常损失"与会计制度的"非正常损失"范围不同，前者范围小于后者，因为增值税制度对"非正常损失"作了限制性解释，将其范围限制在两类情形：一是管理不善导致的被盗、丢失、霉烂变质三个结果；二是违反法律法规导致的没收、销毁、拆除三个结果。运输途中发生的损失如果属于上述两类情形，则属于增值税制度的"非正常损失"，进项税额不得抵扣。

二、会计处理思路

购进货物运输途中发生损失，应区分不同情况分别处理：若货物短缺属于运输途中的合理损耗，其进项税额予以抵扣，由于入库数量减少，单位采购成本将上升；若货物短缺属于管理不善导致的被盗、丢失等非正常损失，其进行税额不得抵扣。

三、例题

【例题 2-16】 天马企业（增值税一般纳税人）2019 年 9 月从外地采购一批原材料，增值税专用发票上注明的数量为 100 吨，单价为每吨 3 000 元，金额为 30 万元，税额为 3.9 万元。款项以银行存款支付，增值税专用发票在当月认证抵扣。货物验收入库时发现短缺 0.5 吨，属定额内正常损耗。

借：原材料	300 000	
应交税费——应交增值税（进项税额）	39 000	
贷：银行存款		339 000

货物入库数量为 99.5 吨，每吨单价为 3 015.08 元（300 000÷99.5）。

【例题 2-17】 天马企业（增值税一般纳税人）2019 年 9 月从外地采购一批原材料，增值税专用发票上注明的数量为 100 吨，单价为每吨 3 000 元，金额为 30 万元，税额为 3.9万元。款项以银行存款支付，增值税专用发票在当月认证抵扣。货物在运输途中发生交通事故，部分被群众哄抢，验收入库时发现短缺 10 吨。

（1）取得销售方开具的增值税专用发票时：

借：在途材料	300 000	
应交税费——应交增值税（进项税额）	39 000	
贷：银行存款		339 000

（2）运输途中发生交通事故，认定损失时：

借：待处理财产损溢　　　　　　　　　　　　　　　　33 900

　　贷：在途材料　　　　　　　　　　　　　　　　　　30 000

　　　　应交税费——应交增值税（进项税额转出）　　　3 900

借：营业外支出　　　　　　　　　　　　　　　　　　33 900

　　贷：待处理财产损溢　　　　　　　　　　　　　　　33 900

（3）剩余货物入库：

借：原材料　　　　　　　　　　　　　　　　　　　270 000

　　贷：在途材料　　　　　　　　　　　　　　　　　270 000

2.2.2.10　购进旅客运输服务

一、先看看税收政策

自 2019 年 4 月 1 日起，纳税人购进国内旅客运输服务，其进项税额允许从销项税额中抵扣。

（一）纳税人取得增值税专用发票的，按照发票上注明的税额抵扣进项税额。

（二）纳税人未取得增值税专用发票的，暂按照以下规定确定进项税额：

1. 取得增值税电子普通发票的，为发票上注明的税额；

2. 取得注明旅客身份信息的航空运输电子客票行程单的，为按照下列公式计算进项税额：

$$航空旅客运输进项税额 = （票价 + 燃油附加费）÷（1 + 9\%）× 9\%$$

3. 取得注明旅客身份信息的铁路车票的，为按照下列公式计算的进项税额：

$$铁路旅客运输进项税额 = 票面金额 ÷（1 + 9\%）× 9\%$$

4. 取得注明旅客身份信息的公路、水路等其他客票的，按照下列公式计算进项税额：

$$公路、水路等其他旅客运输进项税额 = 票面金额 ÷（1 + 3\%）× 3\%$$

二、会计处理思路

购进旅客运输服务时，取得增值税专用发票和增值税电子普通发票的，按照发票上注明的金额记入"管理费用""销售费用"等科目，按照发票上注明的税额记入"应交税费——应交增值税（进项税额）"或"应交税费——待认证进项税额"账户等科目，按照价税合计金额记入"库存现金""银行存款"等科目。购进旅客运输服务取得飞机票、火车票等注明旅客身份信息的客票的，按照 9% 或 3% 的扣除率计算可以抵扣的进项额税，根据支付的全部价款减去进项税额，倒挤出应记入费用的差旅费支出，按 9% 或 3% 扣除率计算的进项税额，借记"应交税费——应交增值税（进项税额）"，按买价减去按规定计算的进项税额后的差额，记入"管理费用""销售费用"等账户。

三、例题

【例题 2-18】 天马轮胎厂(一般纳税人)销售人员张某到北京参加展销会。2019 年 9 月 8 日乘坐南方航空公司的航班从湛江飞往北京,取得航空运输电子客票行程单,注明的票价和燃油附加费合计 2 200 元,航空建设基金 180 元;2019 年 4 月 12 日乘坐北京至湛江的高铁返还湛江,铁路车票上注明票价为 961 元。

$$\text{天马轮胎厂可以抵扣进项税额} = 2\,200 \div (1 + 9\%) \times 9\% + 961 \div (1 + 9\%) \times 9\% = 261(\text{元})$$

$$\text{应计入费用的交通费} = 2\,200 + 180 + 961 - 261 = 3\,080(\text{元})$$

A 轮胎厂应做如下会计处理:

借:销售费用 3 080
　　应交税费——应交增值税(进项税额) 261
　　贷:库存现金等 3 341

2.2.2.11　购进不动产

一、先看看税收政策

《国家税务总局关于发布〈不动产进项税额分期抵扣暂行办法〉的公告》(国家税务总局公告 2016 年第 15 号)规定,增值税一般纳税人 2016 年 5 月 1 日后取得并在会计制度上按固定资产核算的不动产,以及 2016 年 5 月 1 日后发生的不动产在建工程,其进项税额应按照本办法有关规定分 2 年从销项税额中抵扣,第一年抵扣比例为 60%,第二年抵扣比例为 40%。60% 的部分于取得扣税凭证的当期从销项税额中抵扣;40% 的部分为待抵扣进项税额,于取得扣税凭证的当月起第 13 个月从销项税额中抵扣。自 2019 年 4 月 1 日起,纳税人取得不动产或者不动产在建工程的进项税额不再分 2 年抵扣。此前按照上述规定尚未抵扣完毕的待抵扣进项税额,可自 2019 年 4 月税款所属期起从销项税额中抵扣。

二、会计处理思路

2019 年 3 月 31 日前购进不动产,进项税额应分 2 年抵扣,购进当期抵扣 60%,购进的第 13 个月抵扣 40%。购进当期,按照专用发票上注明的增值税额的 60%,借记"应交税费——应交增值税(进项税额)"账户,专用发票上注明增值税额的 40%,借记"应交税费——待抵扣进项税额"账户。购进的第 13 个月,将增值税额的 40% 从"应交税费——待抵扣进项税额"账户转入"应交税费——应交增值税(进项税额)"账户。

三、例题

【例题 2-19】 天马企业(一般纳税人)2018 年 9 月购入厂房一座,取得的增值税专用发票上注明的价款为 3 000 万元,增值税额为 300 万元,款项已用银行存款支付,增值税专用发票在当月认证抵扣。

(1) 2018 年 9 月购入厂房时:

$$增值税额的 60\% = 300 \times 60\% = 180（万元）$$
$$增值税额的 40\% = 300 \times 40\% = 120（万元）$$

借：固定资产　　　　　　　　　　　　　　　　　　　　30 000 000

　　应交税费——应交增值税（进项税额）　　　　　　　　1 800 000

　　应交税费——待抵扣进项税额（厂房）　　　　　　　　1 200 000

　　贷：银行存款　　　　　　　　　　　　　　　　　　33 000 000

（2）2019 年 4 月将待抵扣的进项税额转入进项税额抵扣：

借：应交税费——应交增值税（进项税额）　　　　　　　　1 200 000

　　贷：应交税费——待抵扣进项税额（厂房）　　　　　　1 200 000

【例题 2-20】　天马企业（一般纳税人）2019 年 9 月购入厂房一座，取得的增值税专用发票上注明的价款为 3 000 万元，增值税额为 270 万元，款项已用银行存款支付，增值税专用发票在当月认证抵扣。

2019 年 9 月购入厂房时：

借：固定资产　　　　　　　　　　　　　　　　　　　　30 000 000

　　应交税费——应交增值税（进项税额）　　　　　　　　2 700 000

　　贷：银行存款　　　　　　　　　　　　　　　　　　32 700 000

2.2.2.12　购进贷款服务、餐饮服务、居民日常服务、娱乐服务

《财政部　国家税务总局关于全面推开营业税改征增值税试点的通知》（财税〔2016〕36 号）规定，一般纳税人购进的贷款服务、餐饮服务、居民日常服务和娱乐服务的进项税额不得从销项税额中抵扣。

一、购进的贷款服务

贷款服务是指将资金贷与他人使用而取得利息收入的业务活动。如：银行提供的贷款服务、金融商品持有期间利息收入、信用卡透支利息收入、买入返售金融商品利息收入、融资融券收取的利息收入，以及融资性售后回租、押汇、罚息、票据贴现、转贷等业务取得的利息及利息性质的收入。纳税人取得的贷款服务的进项税额不得抵扣。

【例题 2-21】　天马企业（一般纳税人）2019 年 8 月从银行取得流动资金贷款 100 万元，年利率为 6.36%，每月 20 日银行扣缴利息，天马企业 9 月 21 日取得银行扣缴利息的增值税普通发票。

$$月利息 = 1 000 000 \times 6.36\% \div 12 = 5 300（元）$$

借：账务费用　　　　　　　　　　　　　　　　　　　　　　5 300

　　贷：银行存款　　　　　　　　　　　　　　　　　　　　5 300

二、购进的餐饮服务

餐饮服务是指通过同时提供饮食和饮食场所的方式为消费者提供饮食消费服务的业务活动,纳税人取得的餐饮服务的进项税额不得抵扣。

【例题 2-22】 天马企业(一般纳税人)2019 年 9 月招待客户发生餐饮费支出 824 元,用现金支付,取得富华酒店开具的增值税普通发票。

借:管理费用——业务招待费 824
　　贷:库存现金 824

三、购进的居民日常服务

居民日常服务是指主要为满足居民个人及其家庭日常生活需求提供的服务,包括市容市政管理、家政、婚庆、养老、殡葬、照料和护理、救助救济、美容美发、按摩、桑拿、氧吧、足疗、沐浴、洗染、摄影扩印等服务。纳税人取得的居民日常服务的进项税额不得抵扣。

四、购进的娱乐服务

娱乐服务是指为娱乐活动同时提供场所和服务的业务。具体包括:歌厅、舞厅、夜总会、酒吧、台球、高尔夫球、保龄球、游艺(包括射击、狩猎、跑马、游戏机、蹦极、卡丁车、热气球、动力伞、射箭、飞镖)。纳税人取得的娱乐服务的进项税额不得抵扣。

2.2.2.13 委托加工货物

委托加工货物是由委托方发出原料及主要材料,受托方按照委托方的要求进行加工并且收取加工费的业务。委托方在加工过程中通过"委托加工物资"账户归集委托加工货物的成本:在发出原料及主要材料时将原料及主要材料成本记入"委托加工物资"账户借方;在支付运输途中运输保险费时将运输保险费记入"委托加工物资"账户借方;在向受托方结算加工费时将不含增值税加工费记入"委托加工物资"账户借方;运费、加工费对应的可抵扣的增值税额记入"应交税费——待认证进项税额"账户或"应交税费——应交增值税(进项税额)"账户。在委托加工货物完工收回入库时,将"委托加工物资"账户借方归集的全部成本转入"原材料"等存货类账户。

【例题 2-23】 2019 年 9 月,天马服装厂(一般纳税人)委托大华纺织厂将一批白布加工成花布,已知白布的实际成本为 10 000 元,用银行存款支付加工费 5 000 元,增值税税额 650 元,加工过程中发生运费,取得运输部门开具的增值税专用发票,注明不含税金额为 1 000 元,增值税额 90 元。货物加工完毕已验收入库,增值税专用发票已认证通过。

(1)发出材料时:

借:委托加工物资 10 000
　　贷:原材料——白布 10 000

(2)支付加工费时:

　　借：委托加工物资　　　　　　　　　　　　　　　　　　　5 000
　　　　应交税费——应交增值税（进项税额）　　　　　　　　　650
　　　　贷：银行存款　　　　　　　　　　　　　　　　　　　　5 650

（3）支付运费时：

　　借：委托加工物资　　　　　　　　　　　　　　　　　　　1 000
　　　　应交税费——应交增值税（进项税额）　　　　　　　　　　90
　　　　贷：银行存款　　　　　　　　　　　　　　　　　　　　1 090

（4）加工完毕收回花布入库时：

　　借：原材料——花布　　　　　　　　　　　　　　　　　　16 000
　　　　贷：委托加工物资　　　　　　　　　　　　　　　　　16 000

2.2.2.14　接受投资货物

一、先看看税收政策

　　企业采取以物易物、以货抵债、以物投资方式交易的，收货单位可以凭以物易物、以货抵债、以物投资书面合同以及与之相符的增值税专用发票抵扣进项税额。

二、会计处理思路

　　企业接受投资转入的物资，按投资各方确定的不含税价值，借记"原材料"等账户，按专用发票上注明的增值税额，借记"应交税费——待认证进项税额"或"应交税费——应交增值税（进项税额）"等账户，按投资方在注册资本中所占有的份额，贷记"实收资本"账户，按其差额，贷记"资本公积"账户。

三、例题

【例题 2-24】　天马企业（一般纳税人）2019 年 9 月接受乙企业投入的原材料一批。增值税专用发票上注明的价款为 100 万元，税款为 13 万元，材料验收入库，双方协商确定的投资者注册资本份额为 70 万元。增值税专用发票在当月认证抵扣。

　　借：原材料　　　　　　　　　　　　　　　　　　　　1 000 000
　　　　应交税费——应交增值税（进项税额）　　　　　　　　130 000
　　　　贷：实收资本　　　　　　　　　　　　　　　　　　　700 000
　　　　　　资本公积　　　　　　　　　　　　　　　　　　　430 000

2.2.2.15　接受捐赠货物

一、先看看税收政策

　　《财政部　国家税务总局关于全国实施增值税转型改革若干问题的通知》（财税〔2008〕170 号）规定，自 2009 年 1 月 1 日起，增值税一般纳税人购进（包括接受捐赠、实物投资）或者自制（包括改扩建、安装）固定资产发生的进项税额，可根据《增值税暂行条例》

和《增值税暂行条例实施细则》的有关规定,凭增值税专用发票、海关进口增值税专用缴款书和运输费用结算单据从销项税额中抵扣,其进项税额应当记入"应交税金——应交增值税(进项税额)"账户。

二、会计处理思路

企业接受捐赠的货物,虽然没有付出对价,但也要按公允价值入账,按照确认的捐赠货物的不含税价值,借记"原材料"等账户,按照专用发票上注明的增值税额,借记"应交税费——待认证进项税额"或"应交税费——应交增值税(进项税额)"等账户,按照货物含税价值,贷记"营业外收入"或"资本公积"账户。

三、例题

【例题 2-25】 天马企业(一般纳税人)2019 年 9 月接受乙企业捐赠的原材料一批。增值税专用发票上注明的价款为 400 000 元,税款为 52 000 元,材料已验收入库,增值税专用发票在当月认证抵扣。

借:原材料 400 000
　　应交税费——应交增值税(进项税额) 52 000
　　贷:营业外收入 452 000

2.2.2.16 购进高速公路、公路等通行服务

一、先看看税收政策

根据《财政部 税务总局关于租入固定资产进项税额抵扣等增值税政策的通知》(财税〔2017〕90 号)规定,自 2018 年 1 月 1 日起,纳税人支付的道路、桥、闸通行费,按照以下规定抵扣进项税额:

(1)纳税人支付的道路通行费,按照收费公路通行费增值税电子普通发票上注明的增值税额抵扣进项税额。

(2)纳税人支付的桥、闸通行费,暂凭取得的通行费发票上注明的收费金额按照下列公式计算可抵扣的进项税额:

$$\frac{\text{桥、闸通行费}}{\text{可抵扣进项税额}} = \frac{\text{桥、闸通行费}}{\text{发票上注明的金额}} \div (1+5\%) \times 5\%$$

特别提醒

由于道路、桥、闸通行费收费口大部分在郊外,收费点较多,目前尚不具备使用增值税发票管理新系统开具增值税专用发票的条件,暂时允许接受通行服务的一般纳税人使用普通发票抵扣进项税额。但是对于还贷公路收取的通行费,作为行政性收费全额上缴,不征收增值税,收费方只能开具财政票据或不征税发票,此种财政票据或不征税发票不得作为抵扣进项税额的扣税凭证。

二、会计处理思路

一般纳税人支付的道路通行费,取得的收费公路通行费增值税电子普通发票应当在360日内在增值税发票选择确认平台勾选确认,将通行费电子普通发票上注明的税额记入"应交税费——应交增值税(进项税额)"或"应交税费——待认证进项税额"等,将金额记入"管理费用""主营业务成本"等科目。取得道路通行费非增值税电子普通发票,按发票上注明的价税合计金额计入成本费用账户。一般纳税人支付的桥、闸通行费,取得通行费普通发票时,按发票上注明的金额和5%的扣除率计算可以抵扣的进项税额,记入"应交税费——应交增值税(进项税额)"账户,发票上注明的金额扣除进项税额后的余额记入成本费用账户。取得道路通行费增值税电子普通发票,按发票上注明的税额;记入进项税额,按发票上注明的金额计入成本费用账户。

三、例题

【例题 2-26】 天马运输企业 2019 年 9 月 150 辆运输车辆提供运输服务过程中,共支付高速公司通行费 28 840 元,取得增值税电子普通发票,注明金额 28 000 元,增值税额 840 元;支付桥、闸通行费 500 元,均取得通行费普通发票;支付一级、二级公路通行费 200 元,取得普通发票。

天马运输企业 2019 年 9 月通行费用可以抵扣进项税额＝840＋500÷(1＋5%)×5%＝840＋23.81＝863.81(元)

借:主营业务成本 28 676.19
　　应交税费——应交增值税(进项税额) 863.81
　　贷:库存现金 29 540.00

2.2.2.17 购货退回

一、先看看税收政策

《增值税暂行条例》规定,纳税人适用一般计税方法计税的,因销售折让、中止或者退回而退还给购买方的增值税额,应当从当期的销项税额中扣减;因销售折让、中止或者退回而收回的增值税额,应当从当期的进项税额中扣减。

二、会计处理思路

企业购进货物退回,应将原确认的货物成本冲减"原材料"等存货类账户,将原确认的增值税进项税额冲减"应交税费——待认证进项税额"或"应交税费——应交增值税(进项税额)"等账户,按可收回的含税价值增加"应收账款"或"银行存款"等。值得注意的是,"应交税费——应交增值税(进项税额)"专栏设置在"应交税费——应交增值税"账户借方,冲减进项税额应用红字登记"应交税费——应交增值税(进项税额)"专栏。

三、例题

【例题 2-27】 天马企业 2019 年 9 月 23 日从乙企业购进货物一批,增值税专用发票上注明的价款为 100 000 元,税款为 13 000 元,增值税专用发票已认证抵扣,货款已付。

10月5日验货时,发现货物规格与合同约定不符,天马企业向乙方要求退货,同时向主管税务机关填报了"申请开具红字增值税专用发票信息表"。10月8日收到乙企业开具的红字专用发票。

（1）9月23日,付款时:

借:原材料　　　　　　　　　　　　　　　　　　　　　100 000
　　应交税费——应交增值税（进项税额）　　　　　　　　13 000
　　贷:银行存款　　　　　　　　　　　　　　　　　　　　113 000

（2）10月5日,退货时:

借:应收账款　　　　　　　　　　　　　　　　　　　　113 000
　　应交税费——应交增值税（进项税额）　　　　　　　　13 000
　　贷:原材料　　　　　　　　　　　　　　　　　　　　100 000

2.2.3　购进业务常见涉税问题

 购买方取得增值税专用发票后不慎丢失,还能抵扣进项税额吗?

答:能。根据《国家税务总局关于简化增值税发票领用和使用程序有关问题的公告》（国家税务总局公告2014年第19号）规定,一般纳税人丢失已开具专用发票的发票联和抵扣联,如果丢失前已认证相符的,购买方可凭销售方提供的相应专用发票记账联复印件及销售方主管税务机关出具的《丢失增值税专用发票已报税证明单》（以下简称《证明单》）,作为增值税进项税额的抵扣凭证;如果丢失前未认证的,购买方凭销售方提供的相应专用发票记账联复印件进行认证,认证相符的可凭专用发票记账联复印件及销售方主管税务机关出具的《证明单》,作为增值税进项税额的抵扣凭证。专用发票记账联复印件和《证明单》留存备查。根据《国家税务总局关于调整增值税扣税凭证抵扣期限有关问题的通知》（国税函〔2009〕617号）规定,增值税一般纳税人丢失已开具的增值税专用发票,应在开具之日起180日内,按照丢失已开具增值税专用发票的相关规定办理。自2017年7月1日起,增值税专用发票的认证时限延长到360日,因此,企业丢失已开具的专用发票可以抵扣,但是必须在360日内办理。

2 **一般纳税人进口货物,取得海关进口增值税专用缴纳书后不慎丢失,还能抵扣进项税额吗?**

答:能。根据《国家税务总局关于调整增值税扣税凭证抵扣期限有关问题的通知》（国税函〔2009〕第617号）规定,自2010年1月1日起,增值税一般纳税人丢失海关缴款书,应在开具之日起180日内,凭报关地海关出具的相关已完税证明,向主管税务机关提出抵扣申请。主管税务机关受理申请后,应当进行审核,并将纳税人提供的海关缴款书电子数据纳入稽核系统进行比对。稽核比对无误后,方可允许计算进项税额抵扣。自2017 年 7 月 1 日起,海关增值税专用缴款书申请稽核比对时限延长到 360 日,因此,企业丢失已开具的海关缴款书可以抵扣,但是必须在 360 日内办理。

3 **公司的车辆统一办理了速通卡(ETC),充值时取得的电子普通发票能否抵扣进项税额?**

答:通行费电子发票分为以下两种:一是左上角标识"通行费"字样,且税率栏次显示适用税率或征收率的通行费电子发票,即征税发票;二是左上角无"通行费"字样,且税率栏次显示"不征税"的通行费电子发票,即不征税发票。根据《财政部 税务总局关于租入固定资产进项税额抵扣等增值税政策的通知》(财税〔2017〕90 号)规定,纳税人支付的道路通行费,按照收费公路通行费增值税电子普通发票上注明的增值税额抵扣进项税额。也就是说,由于不征税发票上没有增值税额,不征税发票不得抵扣进项税额。

根据《交通运输部 国家税务总局关于收费公路通行费增值税电子普通发票开具等有关事项的公告》(交通运输部 国家税务总局 2017 年第 66 号)规定,ETC 预付费客户可以自行选择在充值后索取发票或者实际发生通行费用后索取发票。在充值后索取发票的,在发票服务平台取得由 ETC 客户服务机构全额开具的不征税发票,实际发生通行费用后,ETC 客户服务机构和收费公路经营管理单位均不再向其开具发票。客户在充值后未索取不征税发票,在实际发生通行费用后索取发票的,通过经营性收费公路的部分,在发票服务平台取得由收费公路经营管理单位开具的征税发票;通过政府还贷性收费公路的部分,在发票服务平台取得暂由 ETC 客户服务机构开具的不征税发票。

特别提醒

一般纳税人 ETC 卡充值后索取发票的,只能收到不征税发票,其不能抵扣进项税额;而且充值时一旦索取了发票,实际发生通行费用后,无权索取发票。一般纳税人的该项支出,没能取得合法的增值税扣税凭证,不能抵扣进项税额,但是不征税发票可以作为记账凭证在企业所得税税前扣除。

4 **增值税一般纳税人支付道路、桥、闸通行费,取得的通行费发票相关的进项税额,应如何填报增值税纳税申报表?**

答:增值税一般纳税人取得符合规定的通行费电子发票后,应当自开具之日起 360日内登录本省(区、市)增值税发票选择确认平台,查询、选择用于申报抵扣的通行费电子发票信息。增值税一般纳税人申报抵扣的通行费电子发票进项税额,在纳税申报时应当填写在《增值税纳税申报表附列资料(二)》(本期进项税额明细)中"认证相符的增值税专用发票"相关栏次中。

纳税人支付的桥、闸通行费发票暂凭取得的通行费发票上注明的收费金额按规定计算可抵扣的进项税额。根据上述三类通行费发票计算的可抵扣进项税额,填入《增值税纳税申报表附列资料(二)》(本期进项税额明细)第8b栏"其他"。

⑤ 纳税人取得的2018年7月1日后开具的高速公路通行费发票(非电子普通发票)能否抵扣进项税额?

答:《财政部 税务总局关于租入固定资产进项税额抵扣等增值税政策的通知》(财税〔2017〕90号)规定,自2018年1月1日起,纳税人支付的道路通行费,按照收费公路通行费增值税电子普通发票上注明的增值税额抵扣进项税额。

2018年1月1日至6月30日,纳税人支付的高速公路通行费,如暂未能取得收费公路通行费增值税电子普通发票,可凭取得的通行费发票(不含财政票据,下同)上注明的收费金额按照下列公式计算可抵扣的进项税额:高速公路通行费可抵扣进项税额=高速公路通行费发票上注明的金额÷(1+3%)×3%。也就是说,2018年7月1日后高速公路通行费只能以增值税电子普通发票抵扣进项税额,非电子普通发票不得抵扣。

⑥ 纳税人取得的2019年1月1日后开具的一级公路、二级公路通行费发票(非电子普通发票)能否抵扣进项税额?

答:《财政部 税务总局关于租入固定资产进项税额抵扣等增值税政策的通知》(财税〔2017〕90号)规定,自2018年1月1日起,纳税人支付的道路通行费,按照收费公路通行费增值税电子普通发票上注明的增值税额抵扣进项税额。

2018年1月1日至12月31日,纳税人支付的一级、二级公路通行费,如暂未能取得收费公路通行费增值税电子普通发票,可凭取得的通行费发票上注明的收费金额按照下列公式计算可抵扣进项税额:一级、二级公路通行费可抵扣进项税额=一级、二级公路通行费发票上注明的金额÷(1+5%)×5%。也就是说,2019年1月1日后一级、二级公路通行费只能以增值税电子普通发票抵扣进项税额,非电子普通发票不得抵扣。

⑦ 本期认证(含勾选)相符的增值税专用发票可以不抵扣吗?

答:不可以。根据《国家税务总局关于调整增值税扣税凭证抵扣期限有关问题的通知》(国税函〔2009〕617号)规定:"增值税一般纳税人取得2010年1月1日以后开具的增值税专用发票和机动车销售统一发票,应在开具之日起180日内到税务机关办理认证,并在认证通过的次月申报期内,向主管税务机关申报抵扣进项税额。增值税一般纳税人取得2010年1月1日以后开具的增值税专用发票、机动车销售统一发票以及海关缴款书,未在规定期限内到税务机关办理认证、申报抵扣或者申请稽核比对的,不得作为合法的增值税扣税凭证,不得计算进项税额抵扣。"自2017年7月1日起,增值税专用发票的认证时限延长到360日,因此,本期认证(含勾选)相符的增值税专用发票必须在规定的申报期内申报抵扣,否则,不得抵扣进项税额。

⑧ 企业承租不动产，预付 1 年租金时，取得增值税专用发票，认证通过后，进项税额能否一次性抵扣，还是分摊到各月平均抵扣？

答：增值税进项税额实行"外购扣税法"，企业购进货物、劳务、服务、无形资产、不动产，只要取得扣税凭证就可以抵扣进项税额，无论购买款项是否支付，也无论购买的货物是否入库、购买的劳务服务是否接受。企业预付租金取得的增值税专用发票认证通过后，可以一次性抵扣。

⑨ 某单位取得的长途客运手撕客票能否抵扣进项税额？

答：按照《财政部 税务总局 海关总署关于深化增值税改革有关政策的公告》（财政部 税务总局 海关总署公告 2019 年第 39 号）规定，一般纳税人购进国内旅客运输服务，除取得增值税专用发票和增值税电子普通发票外，需凭注明旅客身份信息的航空运输电子客票行程单、铁路车票以及公路、水路等其他客票抵扣进项税额，未注明旅客身份信息的其他票证（手写无效），暂不允许作为扣税凭证。因此纳税人不能凭长途客运手撕票抵扣进项税额。

⑩ 2019 年 4 月 1 日后，纳税人购进国内旅客运输服务，取得增值税普通发票（非增值税电子普通发票）的，进项税额是否允许从销项税额中抵扣？

答：按照《财政部 税务总局 海关总署关于深化增值税改革有关政策的公告》（财政部 税务总局 海关总署公告 2019 年第 39 号）规定，允许抵扣进项税额的国内旅客运输服务凭证，除增值税专用发票外，只限于增值税电子普通发票，和注明旅客身份信息的航空运输电子客票行程单、铁路车票、公路、水路等其他客票。不包括增值税普通发票。

⑪ 提供餐饮服务纳税人购入农产品的进项税额如何进行抵扣？

答：餐饮企业增值税一般纳税人购进农产品，按以下规定计算抵扣进项税额：

（1）向从事批发零售的增值税一般纳税人购进应税农产品，应向对方索取增值税专用发票，按增值税专用发票上注明的税额抵扣进项税额。

（2）向从事批发零售的小规模纳税人购进应税农产品（包括销售方享受小微企业免税优惠政策），应向对方索取增值税专用发票，取得对方主管税务机关代开的增值税专用发票，并按照增值税专用发票上注明的金额和 9% 的扣除率计算进项税额。

（3）向从事批发零售蔬菜、鲜活肉蛋产品并享受免税优惠纳税人购进蔬菜、鲜活肉蛋产品，取得对方开具的增值税普通发票不得抵扣进项税额。

（4）按照国家税务总局公告 2016 年第 26 号，餐饮行业增值税一般纳税人购进农业生产者自产农产品，可以使用税务机关监制的农产品收购发票，按照现行规定计算抵扣进项税额。餐饮企业向农业生产者个人购进自产农产品，餐饮企业可自行开具农产品收购发票，并按照收购发票上注明的农产品买价和 9% 的扣除率计算进项税额。

（5）向农业生产单位购进自产农产品，应向对方索取增值税普通发票，并按照增值税普通发票上注明的农产品买价和9％的扣除率计算进项税额。该增值税普通发票"税额栏"数据为"免税"或"＊"。购买方为了证实该张增值税普通发票所载明的销售业务是"农业生产者销售自产农产品"，最好要求销售方在备注栏注明"自产农产品"。

从批发、零售环节购进初级农产品，取得的增值税普通发票不能作为增值税进项税额的扣税凭证，不得抵扣进项税额。那么，如何区分农业生产者开具的普通发票与批发、零售商开具的普通发票呢？看普通发票的"税额"栏。如果普通发票的"税额"栏有数据，说明其是批发、零售商开具的，不得抵扣进项税额；如果普通发票的"税额"栏数据为"0"或"＊"，有两种可能，其一是农业生产者开具的，其二是蔬菜、鲜活肉蛋产品等享受免税优惠的批发、零售商开具的，农业生产者开具的，可以计算抵扣进项税额，蔬菜、鲜活肉蛋的批零商开具的，不得抵扣进项税额。

 纳税人从流通环节购进免税蔬菜、鲜活肉蛋产品，取得的普通发票是否可以抵扣进项税额？

答：一般纳税人从流通环节购进的免税蔬菜、鲜活肉蛋，取得的普通发票不能据以计算抵扣进项税额，只有取得专用发票才能凭票抵扣。

 一般纳税人向小规模纳税人购买货物、服务等，如何取得增值税专用发票？取得的专用发票抵扣税率是多少？

答：增值税实行"以票扣税"，任何一般纳税人抵扣进项税额，都必须取得合法有效扣税凭证。销售方小规模纳税人可申请税务机关代开增值税专用发票，税务机关代开增值税专用发票时，税率栏注明货物和服务对应的增值税征收率，一般为3％，税额栏是根据不含税金额与征收率相乘计算出来的。

购买方一般纳税人取得税务机关代开的增值税专用发票按照发票上注明的增值税额抵扣进项税额（购进农产品除外）。

 既用于增值税应税项目又用于免税项目的购进固定资产进项税额，可否从销项税额中抵扣？

答：根据《增值税暂行条例》及其实施细则的规定，用于非增值税应税项目、免征增值税项目、集体福利或者个人消费的购进货物或者应税劳务项目的进项税额不得从销项税额中抵扣。不得从销项税额中抵扣进项税额的购进货物，不包括既用于增值税应税项目也用于非增值税应税项目、免征增值税项目、集体福利或者个人消费的固定资产。因此，既用于增值税应税项目又用于免税项目的购进固定资产可以抵扣进项税额。

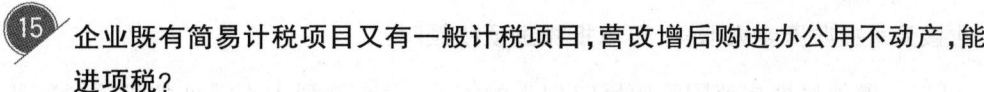 **企业既有简易计税项目又有一般计税项目，营改增后购进办公用不动产，能否抵扣进项税？**

答：可以全额抵扣进项税额，但是要分 2 年抵扣。根据《财政部 国家税务总局关于全面推开营业税改征增值税试点的通知》（财税〔2016〕36 号）规定，用于简易计税方法计税项目、免征增值税项目、集体福利或者个人消费的购进货物、加工修理修配劳务、服务、无形资产和不动产的进项税额不得从销项税额中抵扣。其中涉及的固定资产、无形资产、不动产，仅指专用于上述项目的固定资产、无形资产（不包括其他权益性无形资产）、不动产。因此，纳税人营改增后购进办公用不动产，能够取得增值税专用发票，并且不是专用于简易计税办法计税项目的，按照规定可以抵扣进项税额。

16 购进管理部门使用的办公用品及小汽车，取得增值税专用发票，进项税额能抵扣吗？

答：根据《财政部 国家税务总局关于全面推开营业税改征增值税试点的通知》（财税〔2016〕36 号）规定，下列项目的进项税额不得从销项税额中抵扣：①用于简易计税方法计税项目、免征增值税项目、集体福利或者个人消费的购进货物、加工修理修配劳务、服务、无形资产和不动产。②非正常损失的购进货物，以及相关的加工修理修配劳务和交通运输服务。③非正常损失的在产品、产成品所耗用的购进货物（不包括固定资产）、加工修理修配劳务和交通运输服务。④非正常损失的不动产，以及该不动产所耗用的购进货物、设计服务和建筑服务。⑤非正常损失的不动产在建工程所耗用的购进货物、设计服务和建筑服务。⑥购进的贷款服务、餐饮服务、居民日常服务和娱乐服务。⑦财政部和国家税务总局规定的其他情形。购进小汽车、办公用品不属于上述不得抵扣的范围，取得的扣税凭证可以抵扣进项税额。

17 加油站生产经营用的车辆所耗用汽油、供水供电企业办公耗用水电应作进项税额转出处理，还是按视同销售货物处理？企业能给自己开具增值税专用发票并申报抵扣进项税额吗？

答：加油站生产经营用车辆所耗用的汽油、供电供水企业办公耗用水电属于外购货物自用。根据《增值税暂行条例》及其实施细则的规定，不属于视同销售的行为，企业不需给自己开具增值税专用发票；其购进的货物用于生产经营或管理部门，属于用于增值税应税项目，耗用货物取得的专用发票可以申报抵扣进项税额，企业不需作进项税额转出处理。

18 单位接受贷款服务向贷款方支付的咨询费能否抵扣进项税额？

答：根据《财政部、国家税务总局关于全面推开营业税改征增值税试点的通知》（财税〔2016〕36 号）规定，纳税人接受贷款服务向贷款方支付的与该笔贷款直接相关的投融资顾问费、手续费、咨询费等费用，其进项税额不得从销项税额中抵扣。

企业接受直接收费金融服务,可以抵扣进项税额吗?

答:可以。增值税抵扣范围采用反向列举的方式,没有被列入不得抵扣进项税额范围的购进业务,取得扣税凭证后可以按规定抵扣。《财政部 国家税务总局关于全面推开营业税改征增值税试点的通知》(财税〔2016〕36号)规定了贷款服务和接受贷款服务向贷款方支付的与该笔贷款直接相关的投融资顾问费、手续费、咨询费等费用,其进项税额不得从销项税额中抵扣;没有规定直接收费金融服务不得抵扣进项税额。因此,增值税一般纳税人接受直接收费金融服务,只要不是与贷款服务直接相关,如账户函证费、账户管理、信用证、承兑手续费、财务担保等服务(与贷款服务无关),不属于上述不得抵扣的范围,取得的扣税凭证可以抵扣进项税额。

 工厂车间、酒店等购进的保洁服务能抵扣进项税额吗?

答:可以。增值税抵扣范围采用反向列举的方式,没有被列入不得抵扣进项税额范围的购进业务,取得扣税凭证后可以按规定抵扣。《财政部 国家税务总局关于全面推开营业税改征增值税试点的通知》(财税〔2016〕36号)规定了居民日常服务进项税额不得从销项税额中抵扣,没有规定其他生活服务不得抵扣进项税额。增值税一般纳税人接受保洁服务属于其他生活服务,不属于上述不得抵扣的范围,取得的扣税凭证可以抵扣进项税额。

 企业支付给文印店的打印、复印费能够抵扣进项税额吗?

答:可以。增值税抵扣范围采用反向列举的方式,没有被列入不得抵扣进项税额范围的购进业务,取得扣税凭证后可以按规定抵扣。《财政部 国家税务总局关于全面推开营业税改征增值税试点的通知》(财税〔2016〕36号)规定了居民日常服务进项税额不得从销项税额中抵扣,没有规定其他生活服务不得抵扣进项税额。增值税一般纳税人支付给文印店的打印、复印费属于其他生活服务,不属于上述不得抵扣的范围,取得的扣税凭证可以抵扣进项税额。

 公司因工作需要拍了一批工作照,从照相馆取得的增值税专用发票能否抵扣进项税额?

答:不可以。根据《营业税改征增值税试点实施办法》(财税〔2016〕36号附件1)以及第二十七条第(六)款规定,"销售服务、无形资产、不动产注释"中明确"摄影扩印"属于"居民日常服务",购进的旅客运输服务、贷款服务、餐饮服务、居民日常服务和娱乐服务的进项税额不得从销项税额中抵扣。

因此,公司取得的照相馆开具的增值税专用发票对应的进项税不得从销项税额中抵扣。

23 一般纳税人接受住宿服务,能够抵扣进项税额吗?

答:增值税抵扣范围采用反向列举的方式,没有被列入不得抵扣进项税额范围的购进业务,取得扣税凭证后可以按规定抵扣。《财政部 国家税务总局关于全面推开营业税改征增值税试点的通知》(财税〔2016〕36 号)规定了餐饮服务进项税额不得从销项税额中抵扣,没有规定住宿服务不得抵扣进项税额。增值税一般纳税人购买的住宿服务,不属于上述不得抵扣的范围,取得的扣税凭证可以抵扣进项税额。

24 **公司在酒店举办会议、培训期间,取得的住宿费、餐饮费增值税专用发票,是否可以抵扣进项税额?**

答:酒店应分别核算举办会议、培训期间的会议费、住宿费、餐饮费,并在发票上分别注明不同项目的销售额。一般纳税人取得住宿费专用发票,可以按规定抵扣进项税额;购进餐饮服务,进项税额不得从销项税额中抵扣。

25 **一般纳税人接受物业管理服务,取得的物业费增值税专用发票能够抵扣进项税额吗?**

答:增值税抵扣范围采用反向列举的方式,没有被列入不得抵扣进项税额范围的购进业务,取得扣税凭证后可以按规定抵扣。《财政部 国家税务总局关于全面推开营业税改征增值税试点的通知》(财税〔2016〕36 号)没有规定物业管理服务不得抵扣进项税额。增值税一般纳税人从物业公司所取得的物业费增值税专用发票,符合抵扣规定的,可以抵扣。

26 **职工教育经费产生的进项税额是否能抵扣进项税额?**

答:增值税抵扣范围采用反向列举的方式,没有被列入不得抵扣进项税额范围的购进业务,取得扣税凭证后可以按规定抵扣。《财政部 国家税务总局关于全面推开营业税改征增值税试点的通知》(财税〔2016〕36 号)规定了集体福利和个人消费进项税额不得从销项税额中抵扣,但职工教育经费与集体福利和个人消费是不同的用途。增值税一般纳税人发生职工教育经费产生的进项税额,不属于不得抵扣的范围,取得的扣税凭证可以抵扣进项税额。

27 **企业取得劳保用品进项发票,能否按规定抵扣进项税额?**

答:增值税抵扣范围采用反向列举的方式,没有被列入不得抵扣进项税额范围的购进业务,取得扣税凭证后可以按规定抵扣。《财政部 国家税务总局关于全面推开营业税改征增值税试点的通知》(财税〔2016〕36 号)规定了集体福利和个人消费进项税额不得从销项税额中抵扣,劳动保护用品不属于集体福利和个人消费。增值税一般纳税人购买劳保用品产生的进项税额,不属于不得抵扣的范围,取得的扣税凭证可以抵扣进项税额。

28 **企业的差旅费实行限额报销制度,员工因公出差发生的超过限额的差旅费对应的进项税额能否抵扣?**

答:不能。《增值税暂行条例》和《财政部 国家税务总局关于全面推开营业税改征增值税试点的通知》(财税〔2016〕36 号)规定,进项税额,是指纳税人购进货物、加工修理修配劳务、服务、无形资产或者不动产,支付或者负担的增值税额。只有纳税人购进的项目,才能形成纳税人的进项税额,员工超过报销限额自行负担的住宿费部分,是由员工购进的应税服务,而不是纳税人购进的应税服务,纳税人不得抵扣进项税额。

【例题 2-28】 天马企业规定住宿费报销限额为 318 元,销售人员出差取得住宿费增值税专用发票注明的金额为 400 元,增值税额为 24 元,天马企业实际报销住宿费 318 元,销售人员个人负担 106 元。此项业务,天马企业应该根据取得的住宿费专用发票认证抵扣 24 元进项税额后,当期同时作进项税额转出 6 元,具体会计分录为:

借:销售费用   300
      应交税费——应交增值税(进项税额)   24
  贷:库存现金   318
      应交税费——应交增值税(进项税额转出)   6

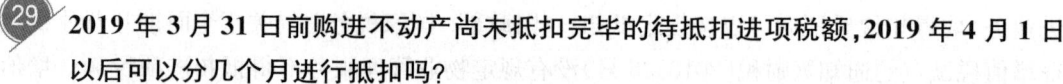 **29** **2019 年 3 月 31 日前购进不动产尚未抵扣完毕的待抵扣进项税额,2019 年 4 月 1 日以后可以分几个月进行抵扣吗?**

答:不可以。按照《财政部 税务总局 海关总署关于深化增值税改革有关政策的公告》(财政部 税务总局 海关总署公告 2019 年第 39 号)规定,纳税人在 2019 年 3 月 31 日前尚未抵扣的不动产进项税额的 40% 部分,自 2019 年 4 月所属期起,只能一次性转入进项税额抵扣。即便是纳税人不同时点购入的两处以上不动产,截至 2019 年 4 月 1 日均有待抵扣的进项税额,也只能一次性转入进项税额抵扣,而不能将不同日期购入的不动产待抵扣进项税额转入不同属期抵扣。

30 **2019 年 4 月后对原有厂房进行修缮改造,增加不动产原值超过 50%,为修缮购进的材料、设备、中央空调等货物的进项税额,还需要分两年抵扣吗?**

答:不需要。《财政部 税务总局 海关总署关于深化增值税改革有关政策的公告》(财政部 税务总局 海关总署公告 2019 年第 39 号)明确,自 2019 年 4 月 1 日起,增值税一般纳税人取得不动产的进项税额不再分两年抵扣,纳税人新建、改建、扩建、装修不动产的进项税额均可以一次抵扣。

31 **2019 年 1 月购入写字楼取得增值税专用发票,2019 年 4 月 1 日待抵扣的不动产进项税额,能否在 2019 年 8 月所属期申报抵扣。**

答:可以。《财政部 税务总局 海关总署关于深化增值税改革有关政策的公告》(财政部 税务总局 海关总署公告 2019 年第 39 号)明确,尚未抵扣完毕的待抵扣进项税额,可自 2019 年 4 月税款所属期起,增值税一般纳税人自行选择申报月份从销项税额中抵扣。

 **特别提醒**

纳税人取得不动产尚未抵扣完毕的待抵扣进项税额,可自 2019 年 4 月税款所属期起从销项税额中抵扣。适用加计抵减政策的纳税人,该部分进项税额可在转入抵扣时计入"当期可抵扣进项税额",计提加计抵减额;判定能否适用增量留抵税额退税时,该部分进项税额在当期形成留抵税额的,可用于计算增量留抵税额,如果符合留抵退税条件的,可以向主管税务机关申请退还增量留抵税额。

32 纳税人购进国内旅客运输服务取得增值税电子普通发票,以及注明旅客身份信息的航空运输电子客票行程单、铁路车票、公路、水路等其他客票,其抵扣期限是多长?

答:自 2019 年 4 月 1 日起,纳税人购进国内旅客运输服务的进项税额允许抵扣。现行政策未对除增值税专用发票以外的国内旅客运输服务凭证设定抵扣期限。

33 增值税进项税额是否有留抵期限?

答:根据《增值税暂行条例》的规定,增值税一般纳税人销售货物、劳务、服务、无形资产、不动产,应纳税额为当期销项税额抵扣当期进项税额后的余额,当期销项税额小于当期进项税额不足抵扣时,其不足部分可以结转下期继续抵扣。因此,对于留抵税额的抵扣并无时间上的限制。

34 一般纳税人兼有适用税率不同的项目,所对应的进项税额可以混抵吗? 还是必须分别抵扣?

答:一般纳税人兼有适用税率不同的项目,如物业公司(一般纳税人)同时提供适用税率为 6% 的物业服务和适用税率为 9% 的不动产租赁服务,应分别核算不同项目的销售额,未分别核算的,从高适用税率。但是进项税额应当合并计算。

进项税额,是指纳税人购进货物、加工修理修配劳务、服务、无形资产或者不动产,支付或者负担的增值税额。一般计税方法的应纳税额,是指当期销项税额抵扣当期进项税额后的余额。应纳税额计算公式为:

$$应纳税额 = 当期销项税额 - 当期进项税额$$

当期销项税额小于当期进项税额不足抵扣时,其不足部分可以结转下期继续抵扣。上述规定可以看出进项税额是一个整体的概念,各项目应该合并一起计算进项税额。

35 购进增值税应税货物、服务等未取得发票,就一定不能在企业所得税前扣除成本费用吗?

答:《国家税务总局关于发布〈企业所得税税前扣除凭证管理办法〉的公告》(总局

公告 2018 年第 28 号)第八条规定,税前扣除凭证按照来源分为内部凭证和外部凭证。内部凭证是指企业自制用于成本、费用、损失和其他支出核算的会计原始凭证。内部凭证的填制和使用应当符合国家会计法律、法规等相关规定。外部凭证是指企业发生经营活动和其他事项时,从其他单位、个人取得的用于证明其支出发生的凭证,包括但不限于发票(包括纸质发票和电子发票)、财政票据、完税凭证、收款凭证、分割单等。

第九条规定,企业在境内发生的支出项目属于增值税应税项目(以下简称"应税项目")的,对方为已办理税务登记的增值税纳税人,其支出以发票(包括按照规定由税务机关代开的发票)作为税前扣除凭证;对方为依法无需办理税务登记的单位或者从事小额零星经营业务的个人,其支出以税务机关代开的发票或者收款凭证及内部凭证作为税前扣除凭证,收款凭证应载明收款单位名称、个人姓名及身份证号、支出项目、收款金额等相关信息。小额零星经营业务的判断标准是个人从事应税项目经营业务的销售额不超过增值税相关政策规定的起征点。可见,从依法无需办理税务登记的单位或者从事小额零星经营业务的个人处购进增值税应税货物、服务等可以凭内部收款凭证在企业所得税前扣除,不需要发票。

2.2.4 购进业务涉税风险点

① 一般纳税人通过支付开票费方式购买虚开的增值税专用发票抵扣增值税进项税额,并在企业所得税前扣除成本费用。

一些纳税人认为"虚开发票"是开票方才会构成的违法行为,购买方不可能构成此种违法行为。在增值税负有些偏高的月份,通过购买虚开的增值税专用发票抵扣进项税额,从而降低税负;有的一般纳税人在购进业务发生时,无法从销售方取得增值税专用发票,为了抵扣增值税进项税额,也为了在企业所得税前扣除成本费用,购买虚开的增值税专用发票。殊不知,让他人为自己虚开发票的行为也会构成"虚开发票"违法行为,并且虚开发票违法行为的处罚是非常严厉的。《发票管理办法》(国务院令第 587 号)第二十二条第二款规定,任何单位和个人不得有下列虚开发票行为:①为他人、为自己开具与实际经营业务情况不符的发票。②让他人为自己开具与实际经营业务情况不符的发票。③介绍他人开具与实际经营业务情况不符的发票。第三十七条第一款规定,违反该办法第二十二条第二款的规定虚开发票的,由税务机关没收违法所得;虚开金额在 1 万元以下的,可以并处 5 万元以下的罚款;虚开金额超过 1 万元的,并处 5 万元以上 50 万元以下的罚款;构成犯罪的,依法追究刑事责任。

【案例解析】

未发生真实交易购买他人虚开的增值税专用发票案。

案情

1. 2006 年 8 月至 2008 年 10 月期间,大连保税区东立机械有限公司(以下简称"东立公司")及其法定代表人被告人杜松在与大连金刚铁业有限公司(以下简称"金刚公司")、大连金汇铸铁有限公司(以下简称"金汇公司")没有真实货物购销的情况下,让金刚公司、金汇公司为本公司开具了品名为圆钢的增值税专用发票 40 份,税额累计 843 699.42 元,并已全部抵扣。

2. 2011 年 5 月至 2014 年 12 月期间,东立公司及其法定代表人被告人杜松在没有接受大连鹏程劳务有限公司(以下简称"鹏程公司")真实应税劳务的情况下,让鹏程公司为本公司虚开劳务普通发票 44 份,发票金额累计 2 994 209 元。

另查,案发后被告单位东立公司共补缴税款本金及滞纳金人民币 812 943.83 元。

一审判决

大连经济技术开发区人民法院经审理认为,被告单位东立公司及其法定代表人被告人杜松在没有实际货物购销的情况下,让金刚公司、金汇公司为本公司虚开增值税专用发票,虚开的税款数额巨大,已构成虚开增值税专用发票罪;在未发生应税劳务的情况下,让鹏程公司为本公司虚开发票,情节严重,又构成虚开发票罪。被告单位东立公司及被告人杜松系一人犯数罪,予以数罪并罚。被告人杜松能够如实供述虚开发票罪的犯罪事实,对虚开发票犯罪予以从轻处罚。案发后,被告单位主动补缴税款,予以从轻处罚。综上,依据《中华人民共和国刑法》第二百零五条、第二百零五条之一、第六十九条、第六十七条之规定,判决如下:

1. 被告单位大连保税区东立机械有限公司犯虚开增值税专用发票罪,判处罚金人民币 20 万元;犯虚开发票罪,判处罚金人民币 30 万元,二罪并罚,决定执行罚金人民币 50 万元。

2. 被告人杜松犯虚开增值税专用发票罪,判处有期徒刑 10 年 6 个月,并处罚金人民币 20 万元;犯虚开发票罪,判处有期徒刑 1 年,并处罚金人民币 5 万元,二罪并罚,决定执行有期徒刑 11 年,并处罚金人民币 25 万元。

二审判决

东立公司不服一审判决,向辽宁省大连市中级人民法院提起上诉,中级人民法院作出二审判决如下:

1. 上诉单位大连保税区东立机械有限公司犯虚开增值税专用发票罪,判处罚金人民币 18 万元(应由已缴罚款折抵);犯虚开发票罪,判处罚金人民币 30 万元,二罪并罚,决定执行罚金人民币 48 万元(应由已缴罚款折抵 18 万元);

2. 上诉人杜松犯虚开增值税专用发票罪,判处有期徒刑 3 年 6 个月;犯虚开发票罪,判处有期徒刑 1 年,并处罚金人民币 5 万元,二罪并罚,决定执行有期徒刑 4 年,并处罚金人民币 5 万元。

解析

东立公司在没有真实交易的情况下,让他人为自己开具增值税专用发票和普通发票,数额较大,构成"虚开增值税专用发票罪"和"虚开发票罪",不仅要补缴少缴的税款,还要承担滞纳金和 48 万元罚金,更为严重的是法定代表人还要承受四年的牢狱之灾,可谓赔了夫人又折兵。

❷ 一般纳税人购进货物、服务等取得他人代开的增值税专用发票。

一些纳税人在购买货物时,认为只要销售方交付货物、交付发票了,就可以付款,并可以凭发票抵扣税款。不关心货物的来源、不关心发票的来源、更不关心货款的去向,这是不负责任的。思想上的麻痹,很可能给虚开发票提供可乘之机。一旦取得虚开发票,受损失的当然是自己。因此,纳税人在购进货物时,一定要提高防范意识,从思想上要重视虚开发票问题,积极主动地采取一些必要措施,有意识地审查取得发票的性质。对于取得的存在疑点的发票,应当暂缓抵扣进项税额,防止因为取得虚开增值税专用发票抵扣税款形成偷税,而承担补缴税款、滞纳金、罚款的不利后果。

【案例解析】

取得他人代开增值税专用发票补税、罚款案。

案情

2009 年 4 月 30 日,王辉个体经营的广州市增城智搏制衣厂(以下简称智搏制衣厂)与康妮雅公司就其拖欠货款 531 352 元达成付款协议,协议约定:

1. 乙方(王辉)同意甲方(康妮雅公司)以分期付款的方式支付货款,于 2009 年 5 月开始,按计划每月 5 万元支付,直至结清为止;

2. 乙方收取次月货款的同时应向甲方提供上月货款的增值税发票,乙方收取最后一次货款的同时应向甲方提供当月以及上月货款的增值税发票。乙方未能提供增值税发票的,甲方有权延迟支付货款,直至乙方提供增值税发票或补足提供的增值税发票金额为止。

之后,王辉于 2009 年 6 月 22 日给康妮雅公司出具委托书一份,委托书内容为:现广州市增城智搏制衣厂委托上海易决网络科技有限公司代收中山市康妮雅服饰有限公司五款服装订货合同的定金与货款,并开出 17% 增值税发票。智搏制衣厂和上海易决公司均在此份委托书上加盖了企业印鉴。之后,康妮雅公司陆续向王辉支付拖欠的货款,王辉亦向康妮雅公司提供由上海易决公司开具的与货款等额的增值税发票。

税务处理决定

2014 年 4 月 10 日,中山市国家税务局稽查局作出中山国税稽〔2014〕30 号税务处理决定书,该决定书记载的内容如下:中山市国家税务局稽查局对康妮雅公司 2009 年 1 月 1 日至 2012 年 12 月 31 日的纳税情况进行检查,认定该公司存在下列违法事实:2009 年 1 月至 2012 年 12 月期间取得盖有"上海易决网络科技有限公司"发票专用章的增值税专用发票 108 份,发票代码、号码分别为……,金额合计 888 176.58 元,税额合计 150 989.92元。康妮雅公司取得的上述 108 份增值税专用发票已按照发票票面的内容登记入会计账并在相应月份向税务机关申报抵扣税款合计 150 989.92 元,其中……,并已结转产品销售成本。合同书和进仓单、法院调解书及相关档案资料证实康妮雅公司与上海易决公司没有真实业务往来,上述货物是从智博制衣厂和广州市增城红天制衣厂(以下简称红天制衣厂)购进。处理决定:

1. 根据《中华人民共和国增值税暂行条例》第九条规定,对康妮雅公司取得不符合规定的增值税专用发票的进项税额不予抵扣,已抵扣的税款 150 989.92 元全额追补入库;

2. 根据《中华人民共和国税收征收管理法》第十九条规定,对康妮雅公司购进货物未按规定取得合法、有效的凭证,在计算企业应纳税所得额时,不得作为成本费用扣除,调增康妮雅公司 2009 年的应纳税所得额 196 581.20 元,补缴企业所得税 49 145.30 元(196 581.20×25%),调增康妮雅公司 2010 年的应纳税所得额 354 684.83 元,补缴企业所得税 88 671.21 元(354 684.83×25%),调增康妮雅公司 2011 年的应纳税所得额 242 883.45 元,补缴企业所得税 60 720.86 元(242 883.45×25%),调增康妮雅公司 2012 年的应纳税所得额 94 017.10 元,弥补当年亏损 94 017.10 元,应纳税所得额为 0 元,应纳企业所得税额为 0 元;

3. 根据《中华人民共和国税收征收管理法》第三十条规定,对康妮雅公司未按规定期限缴纳税款的行为,从滞纳税款之日起,按日加收滞纳税款万分之五的滞纳金。康妮雅公司收到〔2014〕30 号税务处理决定书后,于 2014 年 4 月 24 日向税务部门缴纳了企业所得税 198 539.87 元及滞纳金 102 007.64 元、增值税 150 989.92 元及滞纳金 97 542.66 元,上述金额合计为 549 080.09 元。

康妮雅公司在生产经营活动中购进服装,由于不了解税法相关规定,接受了他人为销售方代开的增值税专用发票,没有取得任何经济利益,但却要承担下列不利的法律责任:非法代开的增值税专用发票不能抵扣增值税进项税额、不能作为企业所得税成本费用的扣除凭证,企业已经抵扣增值税进项税额和企业所得税成本费用形成的少缴增值税额和企业所得税额共计 349 529.79 元,需要全额补缴,还要承担滞纳金 199 550.3 元。实际上,税务机关体恤康妮雅公司确实存在真实的购货业务,也确实支付了购货款,对康妮雅公司网开一面,没有按照少缴税额处以 50% 以上 5 倍以下的罚款,也没有将康妮雅公司取得非法代开的发票按"虚开发票"处理。《发票管理办法》(国务院令第 587 号)第三十七条规定:违反本办法第二十二条第二款的规定虚开发票的,由税务机关没收违法所得;虚开金额在 1 万元以下的,可以并处 5 万元以下的罚款;虚开金额超过 1 万元的,并处 5 万元以上 50 万元以下的罚款;构成犯罪的,依法追究刑事责任。非法代开发票的,依照前款规定处罚。

---

❸ 一般纳税人购进货物、服务等取得增值税专用发票后,销售方走逃。

销售方发生销售业务开具发票后脱离税务机关监管,并且销售方购销发票上反映购进与销售货物逻辑不符,或纳税申报明显异常,税务机关会将其所属期开具的增值税专用发票列入异常增值税扣税凭证范围。异常增值税扣税凭证的处理见"1.3.7 异常增值税扣税凭证及通过非真实交易取得发票的情形"。

④ 一般纳税人购进货物、服务等取得增值税专用发票后,认证前或认证后该发票被列为失控专用发票。

失控发票指防伪税控企业丢失被盗金税卡中未开具的发票以及被列为非正常户的防伪税控企业未向税务机关申报或未按规定缴纳税款的发票。

属于"认证时失控"和"认证后失控"的发票,暂不得作为增值税进项税额的抵扣凭证,税务机关扣留原件,移送稽查部门作为案源进行查处。经税务机关检查确认属于税务机关责任以及技术性错误造成的,允许作为增值税进项税额的抵扣凭证;不属于税务机关责任以及技术性错误造成的,不得作为增值税进项税额的抵扣凭证。

⑤ 一般纳税人购进货物、服务等取得增值税专用发票后,销售方在月底前将该张增值税专用发票作废。

有的企业销售业务发生后,月末发现当期增值税税负偏高,或者是实行自开增值税专用发票试点的住宿业、咨询业、建筑业小规模纳税人,月末发现当月销售额超过 3 万元,可能会违规将当期开具的部分发票作废。目前增值税发票管理新系统还存在一定的缺陷,对购买方已经认证或勾选确认的增值税专用发票,销售方仍然可以作废。对于作废的增值税专用发票抵扣联,购买方不能抵扣增值税进项税额。一般纳税人在采购前,应当对供货单位作必要的考察,考察供货单位的经营范围、经营规模、经营时间长短、企业效益等,尽量规避与信誉差的企业进行经济往来。

⑥ 一般纳税人购进货物供应商不开具增值税专用发票,让其上家为企业开具专用发票。

根据《国家税务总局关于加强增值税征收管理若干问题的通知》(国税发〔1995〕192号)规定,纳税人购进货物或应税劳务,支付运输费用,所支付款项的单位,必须与开具抵扣凭证的销货单位、提供劳务的单位一致,才能够申报抵扣进项税额,否则不予抵扣。由于开具抵扣凭证的单位与收取货款的单位不一致,企业取得的这种专用发票,不能抵扣进项税额。严格地讲,这种专用发票属于"虚开的增值税专用发票",因为开票方根本没有与购买方企业发生购销业务,发票上注明的内容与实际经济业务不符。

⑦ ETC 卡充值时索取发票。

《交通运输部 国家税务总局关于收费公路通行费增值税电子普通发票开具等有关事项的公告》(交通运输部 国家税务总局 2017 年第 66 号)明确,ETC 预付费客户可以自行选择在充值后索取发票或者实际发生通行费用后索取发票。在充值后索取发票的,在发票服务平台取得由 ETC 客户服务机构全额开具的不征税发票,实际发生通行费用后,ETC 客户服务机构和收费公路经营管理单位均不再向其开具发票。客户在充值后未索取不征税发票,在实际发生通行费用后索取发票的,通过经营性收费公路的部分,在发票服务平台取得由收费公路经营管理单位开具的征税发票;通过政府还贷性收费公路的部分,在发票服务平台取得暂由 ETC 客户服务机构开具的不征税发票。

从上述规定可以看出,ETC 卡充值时索取发票,只能取得不征税的增值税普通发票,在实际发生通告费用后无权再索取发票了,这样,纳税人就没有进项税额的抵扣凭证了。

❽ 一般纳税人购进货物取得汇总填开的增值税专用发票,但是没有附有税控系统开具的清单。

有的企业经常会取得汇总填开的增值税专用发票,如品名栏注明"材料一批""办公用品""劳动保护用品""微机耗材"的发票,以及汇总运输发票,如果供应商没有通过防伪税控系统开具销售清单,该汇总填开的增值税专用发票是不能抵扣进项税额的。《国家税务总局关于修订〈增值税专用发票使用规定〉的通知》(国税发〔2006〕156 号)第十二条规定,一般纳税人销售货物或者提供应税劳务可汇总开具专用发票。汇总开具专用发票的,同时使用防伪税控系统开具《销售货物或者提供应税劳务清单》,并加盖财务专用章或者发票专用章。《增值税暂行条例》第九条规定,纳税人购进货物或者应税劳务,取得的增值税扣税凭证不符合法律、行政法规或者国务院税务主管部门有关规定的,其进项税额不得从销项税额中抵扣。汇总开具的增值税专用发票,应开具而未开具《销售货物或者提供应税劳务清单》,或自行打印《销售清单》的,属于不合法的扣税凭证,其进项税额不得从销项税额中抵扣。

自行打印销货清单的,属于未按规定开具发票,不得抵扣进项税额。

❾ 纳税人接受境外单位服务,未签订书面合同,或未取得境外单位的对账单或发票。

纳税人取得的增值税扣税凭证不符合法律、行政法规或者国家税务总局有关规定的,其进项税额不得从销项税额中抵扣。

纳税人凭完税凭证抵扣进项税额的,应当具备书面合同、付款证明和境外单位的对账单或者发票。资料不全的,其进项税额不得从销项税额中抵扣。

【案例解析】

天马企业为增值税一般纳税人,2019 年 9 月境外 B 企业向其提供咨询服务,双方约定咨询费为 106 000 元。天马企业在主管税务机关为 B 企业代扣代缴增值税 6 000 元,但天马企业不能够提供与该业务相关的境外单位的对账单或者发票。故该笔进项税额不得抵扣。会计处理如下：

借：管理费用等　　　　　　　　　　　　　　　　　　　106 000
　　贷：银行存款　　　　　　　　　　　　　　　　　　　　　106 000

　　解析：纳税人以完税凭证抵扣进项税额的，完税凭证不是充足的扣税凭证，必须"一托三"，即一个完税凭证，要加上三个附加证明，具体为合同、付款证明、发票（或对账单），因为，完税凭证目前不能比对，三个附加证明是为了证明业务的真实性。有的纳税人接受境外单位服务，未签订书面合同；有的纳税人未索取境外单位开具的发票（或对账单），其进项税额不得从销项税额中抵扣。

---

⑩ 一般纳税人购进固定资产、无形资产、不动产等长期资产用于进项税额不得抵扣的用途，未取得增值税专用发票，或取得增值税专用发票未认证抵扣。

　　一般纳税人购进固定资产、无形资产、不动产即使用于简易计税项目、免税项目、集体福利或个人消费等进项税额不得抵扣的用途，也应索取增值税专用发票，并在规定的期限内认证，抵扣进项税额的同时作进项税额转出的处理。因为，固定资产、无形资产、不动产的使用周期较长，在使用周期内很可能发生用途改变，改为用于进项税额可以抵扣的用途，此时可以根据改变用途时固定资产、无形资产、不动产的净值率计算可以抵扣的进项税额，但前提条件是，一般纳税人购进固定资产、无形资产、不动产时取得的扣税凭证且已按照规定的期限认证。《营业税改征增值税试点实施办法》（财税〔2016〕36号）具体规定如下：购进用于免税项目、简易计税项目、集体福利或个人消费等不得抵扣用途且未抵扣进项税额的固定资产、无形资产、不动产，发生用途改变，用于允许抵扣进项税额的应税项目，可在用途改变的次月按照下列公式计算可以抵扣的进项税额：可以抵扣的进项税额＝固定资产、无形资产、不动产净值÷（1＋适用税率）×适用税率。上述可以抵扣的进项税额应取得合法有效的增值税扣税凭证。《国家税务总局关于深化增值税改革有关事项的公告》（国家税务总局公告2019年第14号）规定，按照规定不得抵扣进项税额的不动产，发生用途改变，用于允许抵扣进项税额项目的，按照下列公式在改变用途的次月计算可抵扣进项税额。可抵扣进项税额＝增值税扣税凭证注明或计算的进项税额×不动产净值率。依照本条规定计算的可抵扣进项税额，应取得2016年5月1日后开具的合法有效的增值税扣税凭证。根据上述政策规定，固定资产、无形资产、不动产在转为应税项目时，按净值率计算抵扣相应的进项税额的前提条件是取得合法有效的增值税扣税凭证，在国内采购时，合法有效的增值税扣税凭证是已经认证相符的增值税专用发票。

特别提醒

　　企业取得固定资产、无形资产、不动产无论用于可以抵扣的用途还是用于不得抵扣的用途,一定都要索取增值税专用发票,并按规定的时限认证抵扣,当然用于不得抵扣用途时,当期同时需作进项税额转出处理。

⑪ **增值税一般纳税人购进国际旅客运输服务,计提并抵扣了进项税额。**

《财政部 税务总局 海关总署关于深化增值税改革有关政策的公告》(财政部 税务总局 海关总署公告 2019 年第 39 号)规定,纳税人购进国内旅客运输服务,其进项税额允许从销项税额中抵扣。现行增值税政策中,纳税人提供国际旅客运输服务,适用增值税零税率或免税政策,相应地,购买方购买国际旅客运输服务不能抵扣进项税额。

⑫ **购进货物用于集体福利或者个人消费,不得抵扣进项税额,未作进项税额转出。**

企业购进货物、加工修理修配劳务、服务、无形资产和不动产用于集体福利或者个人消费,进项税额不得抵扣,如职工食堂耗用的食用油和液化气等进项税额不得抵扣。企业需要特别关注有无将业务招待用食品、厨房设备、厂区公寓维修支出、职工食堂耗用的食用油和液化气等用于集体福利或者个人消费购进货物抵扣增值税进项税额。企业在实际处理时有两种选择:一是购进货物时已经明确货物将用于集体福利或个人消费,不索取增值税专用发票,按照增值税普通发票的价税合计金额入账;二是购进业务发生时先按增值税专用发票上注明的增值税额抵扣进项税,在货物实际用于集体福利或个人消费的当期作进项税额转出处理。

⑬ **将自然灾害损失的货物或过保质期报废的货物全部作为非正常损失,作进项税额转出处理。**

《营业税改征增值税试点实施办法》(财税〔2016〕106 号)规定:非正常损失的购进货物及相关的加工修理修配劳务和交通运输服务的进项税额不得从销项税额中抵扣;非正常损失的在产品、产成品所耗用的购进货物(不包括固定资产)、加工修理修配劳务或者交通运输业服务的进项税额不得从销项税额中抵扣。有的会计人员误认为,发生正常损耗以外的损失都属于非正常损失,均应该作进项税额转出处理。实际上,《营业税改征增值税试点实施办法》(财税〔2016〕106 号)采用限制型解释明确了增值税"非正常损失"的范围,具体为:非正常损失,是指因管理不善造成货物被盗、丢失、霉烂变质,以及因违反法律法规造成货物或者不动产被依法没收、销毁、拆除的情形。例如,工地上被盗窃的钢材、水泥,因仓库漏雨霉烂的小麦,被强令拆除的非法建筑,均属于增值税"非正常损失"的范围。如果您仔细比较,您会发现:增值税"非正常损失"的范围窄于会计制度"非正常损失"的范围。例如,自然灾害损失的货物,因为超过保质期而报废的食品,未达到预计使用年限提前报废的固定资产,虽然属于会计制度的"非正常损失"范围,但不属于增值税"非正常损失"的范围。企业发生增值税"非正常损失"的货物和不动产相关的进项税额应作进项税额转出处理,但不属于增值税"非正常损失"的货物和不动产,不要作进项税额转出处理。例如,火灾中烧毁的货物、百货商店滞销的超过保质期的食品,不应作进项税额转出处理。

⑭ 扩大农产品收购凭证的使用范围,多抵扣进项税额。

农产品收购发票仅限向农民个人收购其自产的农产品时开具,向非农业生产者或者向非个人购买农产品不得开具农产品收购发票,应由销售方自行开具增值税发票或者由销售方申请税务机关代开增值税发票。纳税人擅自扩大收购发票的使用范围,税务机关可以按照《发票管理办法》进行处罚,另外,不符合规定的收购发票不得作为进项税额抵扣凭证。

⑮ 从批发、零售环节小规模纳税人购进农产品没有索取增值税专用发票,没有扣税凭证,导致无法抵扣进项税额。

根据《增值税暂行条例》第八条第三款规定,购进农产品,除取得增值税专用发票或者海关进口增值税专用缴款书外,按照农产品收购发票或者销售发票上注明的农产品买价和规定的扣除率计算的进项税额。《财政部 国家税务总局关于简并增值税税率有关政策的通知》(财税〔2017〕37号)明确了农产品销售发票的范畴,即:《增值税暂行条例》第八条第二款第(三)项和本通知所称销售发票,是指农业生产者销售自产农产品适用免征增值税政策而开具的普通发票。也就是说,只有农业生产者销售自产农产品开具的普通发票才是农产品销售发票,从事批发(或零售)商贸企业开具的普通发票不属于农产品销售发票,不再是进项税额的抵扣凭证。纳税人从商贸企业一般纳税人购进农产品,应向其索取增值税专用发票抵扣进项税额;纳税人从商贸企业小规模纳税人购进农产品,也应向其索取增值税专用发票,凭借税务机关代开的增值税专用发票抵扣进项税额。如果纳税人从商贸企业小规模纳税人购进农产品,未取得税务机关代开的增值税专用发票,此时,由于该项购进业务未取得合法的抵扣凭证,不能抵扣进项税额。

⑯ 从批发(或零售)小规模纳税人购进农产品取得的增值税专用发票没有正确计算进项税额。

《财政部国家税务总局关于简并增值税税率有关政策的通知》(财税〔2017〕37号)和《财政部 税务总局 海关总署关于深化增值税改革有关政策的公告》(财政部 税务总局 海关总署公告2019年第39号)明确,从批发、零售环节小规模纳税人购进农产品取得税务机关代开的增值税专用发票,可以按照发票上注明的金额和10%(或9%)的扣除率计算抵扣进项税额。《国家税务总局关于调整增值税纳税申报有关事项的公告》(国家税务总局公告2017年第19号)明确,从批发、零售环节小规模纳税人购进农产品取得税务机关代开的增值税专用发票,可以按照发票上注明的金额和9%的扣除率计算的进项税额填入第6栏"农产品收购发票或者销售发票"。企业在进行增值税纳税申报时,如果按发票上注明的税额(3%征收率对应的增值税额)填列附列资料(二)第1栏和第2栏,必将导致少抵扣进项税额。

⑰ 购进农产品既用于生产销售或委托受托加工 13％税率货物又用于其他用途,不能分别核算。

《财政部 国家税务总局关于简并增值税税率有关政策的通知》(财税〔2017〕37 号)、《财政部 税务总局 海关总署关于深化增值税改革有关政策的公告》(财政部 税务总局 海关总署公告 2019 年第 39 号)、《国家税务总局关于调整增值税纳税申报有关事项的公告》(国家税务总局公告 2019 年第 15 号)等文件规定,纳税人购进农产品既用于生产销售或委托受托加工 13％税率货物又用于生产销售其他货物服务的,应当分别核算用于生产销售或委托受托加工 13％税率货物和其他货物服务的农产品进项税额。未分别核算的,企业必须统一以增值税专用发票或海关进口增值税专用缴款书上注明的增值税额为进项税额,或以农产品收购发票或销售发票上注明的农产品买价和 9％的扣除率计算进项税额。纳税人不能分别核算的,不但不能抵扣加计扣除 1％的农产品进项税额,而且从批发、零售环节小规模纳税人购进农产品取得税务机关代开的增值税专用发票,只能按照发票上注明的增值税额(3％征收率对应的增值税额)抵扣进项税额。

2.3 销售业务

有人认为:企业发生一项销售行为后,开具增值税专用发票会比开具普通发票缴纳的税款多。这种看法是错误的。纳税人销售货物或者提供加工、修理修配劳务、提供应税服务以及进口货物,适用的税率或征收率与纳税人提供的具体业务和纳税人类别有关,跟开具的发票种类无关。也就是说,纳税人开展增值税征税范围的业务,开具增值税普通发票与专用发票缴纳税额是一样的。

特殊情况下,小规模纳税人月销售不超过 10 万元(季度销售额不超过 30 万元),开普票免征增值税,开专票全额缴纳增值税;其他情况开普票和开专票缴的税一样多。

2.3.1 销售业务的会计处理

销售业务按照提供货物(或服务)与收取款项的顺序,可以分为现销方式销售货物(或服务)、预收款方式销售货物(或服务)、赊销方式销售货物(或服务)、分期收款方式销售货物(或服务)等。

2.3.1.1 直接收款、托收承付与委托收款方式销售货物或服务

一、先看看税收政策

《增值税暂行条例》及其实施细则规定,采取直接收款方式销售货物,不论货物是否发出,纳税义务发生时间均为收到销售款或者取得索取销售款凭据的当天;采取托收承

付和委托银行收款方式销售货物,纳税义务发生时间为发出货物并办妥托收手续的当天;但是先开具发票的,纳税义务发生时间为开具发票的当天。

二、会计处理思路

现销方式销售货物(或服务)包括直接收款方式销售货物(或服务)、托收承付方式销售货物(或服务)和委托收款方式销售货物(或服务)。正常情况下,提供货物(或服务)的同时收讫货款或取得收取货款的权利,此时会计上应确认收入,增值税的纳税义务也在此环节发生。现销方式销售货物(或服务),按实现的不含税收入,贷记"主营业务收入"等账户,按应纳的增值税额,贷记"应交税费——应交增值税(销项税额)"账户,按实现含税价款,借记"应收账款""银行存款"等账户。

三、例题

【例题2-29】 2019年9月,天马物流企业(一般纳税人),提供交通运输服务,取得不含税收入100万元,提供物流辅助服务,取得不含税收入100万元,按照适用税率,分别开具增值税专用发票,款项已收。

(1)取得运输收入时:

借:银行存款	1 090 000
贷:主营业务收入——运输	1 000 000
应交税费——应交增值税(销项税额)	90 000

(2)取得物流辅助收入时:

借:银行存款	1 060 000
贷:其他业务收入——物流	1 000 000
应交税费——应交增值税(销项税额)	60 000

结转成本会计分录略。

2.3.1.2 预收款方式销售货物或服务

一、先看看税收政策

按照现行增值税制度规定,采用预收款方式销售货物(或服务)纳税义务发生时间有三种情况:一是在收到预收款当天增值税纳税义务立即发生,如租赁服务;二是收到预收款时纳税义务尚未发生,但是需要按照规定预缴增值税,如建筑服务、销售自己开发的房地产项目;三是收到预收款时纳税义务没有发生,也不需要缴纳增值税。

(一)收到预收款时即发生纳税义务

目前,收到预收款时即发生增值税纳税义务的有下列两种情形:

(1)采取预收货款方式销售货物,为货物发出的当天,但生产销售生产工期超过12个月的大型机械设备、船舶、飞机等货物,为收到预收款或者书面合同约定的收款日期的当天。

(2)纳税人提供租赁服务采取预收款方式的,其纳税义务发生时间为收到预收款的当天。

（二）收到预收款时未发生纳税义务，但应预缴税款

《国家税务总局关于发布〈房地产开发企业销售自行开发的房地产项目增值税征收管理暂行办法〉的公告》（国家税务总局公告 2016 年第 18 号）和《财政部　国家税务总局关于建筑服务等营改增试点政策的通知》（财税〔2017〕58 号）明确了两种情形的预收款项，收到预收款项时纳税义务尚未发生，但应按预收款项和规定的预征率预缴增值税，分别为：

（1）纳税人采取预收款方式销售自行开发的房地产项目，应在收到预收款时按照 3% 的预征率预缴增值税。

（2）纳税人提供建筑服务取得预收款，应在收到预收款时，以取得的预收款扣除支付的分包款后的余额，按照 3% 或 2% 的预征率（一般计税方法预征率为 2%，简易计税方法预征率为 3%）预缴增值税。

二、会计处理思路

会计上，收到预收款时，货物的控制权并没有转移给购买方，或者服务并未提供，因此，收到预收款时不应确认收入，而应确认为负债。单独设置"预收账款"的企业，应将收到的预收款记入"预收账款"账户贷方；没有单独设置"预收账款"的企业，应将收到的预收款记入"应收账款"账户贷方。发出货物或提供服务时，借记"预收账款"账户或"应收账款"账户同时贷记收入。

2.3.1.2.1　预收款方式提供租赁服务、生产工期超过 12 个月的大型机器设备等

收到预收款时，会计不确认收入，但增值税纳税义务已经发生，借记"银行存款"账户，贷记"预收账款"账户，同时贷记"应交税费——应交增值税（销项税额）"专栏。等到交付机器设备或提供租赁服务时，只确认收入，不计提增值税销项税额。此时，"预收账款"账户借贷方均反映不含税价。

【例题 2-30】　天马公司（一般纳税人）将一幢沿街房租赁给个人从事餐饮经营。合同约定租期 2 年，含税租赁费每月 1.09 万元，每年累计 13.08 万元，2019 年 9 月交付房屋时一次性收取两年租金 261 600 元。天马公司对租赁房屋采用一般计税方法计算纳税。

（1）收到租金时：

采用预收款方式提供租赁服务，收到预收租金当日增值税纳税义务发生，增值税销项税额为：$261\ 600 \div (1 + 9\%) \times 9\% = 21\ 600$（元）

借：银行存款	261 600
贷：预收账款	240 000
应交税费——应交增值税（销项税额）	21 600

（2）租赁期内每月确认租金收入时：

借：预收账款	10 000
贷：其他业务收入	10 000

2.3.1.2.2　预收款方式提供建筑服务、销售房地产开发项目

收到预收款时,会计不确认收入,增值税纳税义务也未发生,但需要按照规定的预征率预缴增值税。收到预收款时,企业应按含税收入,借记"银行存款"账户,贷记"预收账款"账户;预缴增值税时,按预缴增值税额借记"应交税费——预交增值税"账户(一般计税方法)或"应交税费——简易计税"账户(简易计税方法),贷记"银行存款"账户;与建筑方结算建筑工程款或房地产企业转让房地产开发项目产权时,借记"预收账款"账户,贷方确认收入,同时计提增值税销项税额,同时还应将"应交税费——预交增值税"账户借方金额转入"应交税费——未交增值税"账户借方,以抵减当期应纳增值税额。简易计税方法预缴的增值税在"应交税费——简易计税"账户借贷方自然冲抵,无需结转。

【例题 2-31】　天马公司(一般纳税人)采用预收款方式销售清华苑小区商品房(采用一般计税方法),2019 年 5 月取得的预收款 5 450 万元。2019 年 9 月收齐尾款、办理交房手续、开具增值税普通发票,全房款为 16 350 万元,其中已预收 5 450 万元,补收房款10 900 万元。假设房地产开发项目进项税额为 850 万元,土地价款为 4 360 万元。

(1) 5 月收到预收款时应预缴增值税额为:

预缴税款=5 450÷(1+9%)×3%=150(万元)

会计处理:

借:银行存款		54 500 000
贷:预收账款		54 500 000

借:应交税费——预交增值税		1 500 000
贷:银行存款		1 500 000

(2) 9 月交房时:

应确认商品房收入=16 350÷(1+9%)=1 500(万元)

应纳增值税额=销项税额-进项税额=[(16 350-4 360)÷(1+9%)
×9%-850]=140(万元)

多缴增值税额=140-150=-10(万元)

补收房款并确认收入:

借:预收账款		54 500 000
银行存款		109 000 000
贷:主营业务收入		150 000 000
应交税费——应交增值税(销项税额)		13 500 000

结转成本处理略。

计算土地价款可以冲减的销项税额:4 360÷(1+9%)×9%=360(万元)

借：应交税费——应交增值税(销项税额抵减)　　　　　　　3 600 000
　　贷：主营业务成本　　　　　　　　　　　　　　　　　　　3 600 000

借：应交税费——应交增值税(转出未交增值税)　　　　　　1 400 000
　　贷：应交税费——未交增值税　　　　　　　　　　　　　　1 400 000

结转预收款时预缴的增值税：

借：应交税费——未交增值税　　　　　　　　　　　　　　　1 500 000
　　贷：应交税费——预交增值税　　　　　　　　　　　　　　1 500 000

2.3.1.2.3　预收款方式销售其他货物或服务

预收款方式销售其他货物或服务,收到预收款时,会计不确认收入,增值税纳税义务也没有发生。收到预收款时,借记"银行存款"账户,贷记"预收账款"账户,不需作增值税相关的会计处理。等到发出货物或提供服务时,需要确认收入并计提增值税销项税额。此时,"预收账款"账户借贷方均反映含税价款。

【例题 2-32】　天马服装厂(一般纳税人)2019 年 9 月 10 日收到市服装批发公司预付部分服装款 30 000 元,10 月 25 日天马服装厂发出服装,并开具增值税专用发票,注明价款 40 000 元,税款 5 200 元。

(1)企业收到预付款时：

借：银行存款　　　　　　　　　　　　　　　　　　　　　　30 000
　　贷：预收账款　　　　　　　　　　　　　　　　　　　　　30 000

(2)企业发出货物时：

借：预收账款　　　　　　　　　　　　　　　　　　　　　　45 200
　　贷：主营业务收入　　　　　　　　　　　　　　　　　　　40 000
　　　　应交税费——应交增值税(销项税额)　　　　　　　　　5 200

结转成本会计分录略。

(3)企业收到余款时：

借：银行存款　　　　　　　　　　　　　　　　　　　　　　15 200
　　贷：预收账款　　　　　　　　　　　　　　　　　　　　　15 200

2.3.1.3　赊销方式销售货物或服务

一、先看看税收政策

《增值税暂行条例》及其实施细则规定,采取赊销方式销售货物,纳税义务发生时间为书面合同约定的收款日期的当天;无书面合同的或者书面合同没有约定收款日期的,纳税义务发生时间为货物发出的当天;但是先开具发票的,为开具发票的当天。

二、会计处理思路

在赊销方式下,销售方先行提供货物(或服务),给予购买方一定时期的信用期,购买方在信用期内支付款项。只要货款很可能收回,会计上,在提供货物(或服务)时便确认收入,但增值税纳税义务发生时间为合同约定的收款日期的当天。也就是说,赊销方式提供货物(或服务)时,会计应确认收入,增值税纳税义务并未发生,增值税额暂时挂放在"应交税费——待转销项税额"账户贷方;待增值税纳税义务发生时,将挂放在"应交税费——待转销项税额"账户的增值税额转入"应交税费——应交增值税(销项税额)"专栏。

三、例题

【例题 2-33】 天马建材厂(一般纳税人)2019 年 9 月 1 日以赊销方式销售一批砌块,合同约定不含税销售额为 40 000 元,增值税额为 5 200 元;销售方在 9 月 1 日交货,购买方于 2019 年 10 月 1 日付款。9 月 1 日天马建材厂发出建材,10 月 1 日收到货款45 200元,并向购买方开具增值税专用发票。

(1) 9 月 1 日发出建材时:

借:应收账款　　　　　　　　　　　　　　　　　　　　45 200

　　贷:主营业务收入　　　　　　　　　　　　　　　　40 000

　　　　应交税费——待转销项税额　　　　　　　　　　5 200

结转成本会计分录略。

(2) 10 月 1 日收到款项时:

借:银行存款　　　　　　　　　　　　　　　　　　　　45 200

　　贷:应收账款　　　　　　　　　　　　　　　　　　45 200

借:应交税费——待转销项税额　　　　　　　　　　　　5 200

　　贷:应交税费——应交增值税(销项税额)　　　　　5 200

2.3.1.4　分期收款方式销售货物或服务

一、先看看税收政策

《增值税暂行条例》及其实施细则规定,采取分期收款方式销售货物,纳税义务发生时间为书面合同约定的收款日期的当天;无书面合同的或者书面合同没有约定收款日期的,纳税义务发生时间为货物发出的当天;但是先开具发票的,为开具发票的当天。

二、会计处理思路

分期收款方式销售商品(或服务),会计上,在发出商品并且所有权转移当期以该商品的公允价值确认商品销售收入,同时结转商品销售成本;合同价格与商品公允价值之间的差额确认为融资利息。增值税纳税义务发生时间为合同约定的收款日期。因此,在没有先开具发票的情形下,分期收款方式销售商品(或服务)当期,会计上全额确认商品(或服务)销售收入,此时增值税纳税义务并未发生,增值税额暂时挂放在"应交税费——

待转销项税额"账户贷方;等到合同约定的收款日期,无论款项是否收到,均应按合同约定的收款金额计算增值税销项税额,从"应交税费——待转销项税额"账户转入"应交税费——应交税值税(销项税额)"专栏。

三、例题

【例题 2-34】　天马机械公司(一般纳税人)2019 年 9 月 1 日采用分期收款方式销售一套设备给乙公司,合同约定不含税价 500 万元,平均分五次在每季季末收取货款。2019 年 9 月 30 日收到第一笔货款 113 万元。已知设备在 2019 年 9 月 1 日现销价为 420 万元。

(1) 2019 年 9 月 1 日销售实现时:

借:长期应收账款　　　　　　　　　　　　　　　　　5 650 000
　　贷:主营业务收入　　　　　　　　　　　　　　　　　4 200 000
　　　　未实现融资收益　　　　　　　　　　　　　　　　800 000
　　　　应交税费——待转销项税额　　　　　　　　　　　650 000

结转成本会计分录略。

(2) 2019 年 9 月 30 日收到第一笔货款时:

借:银行存款　　　　　　　　　　　　　　　　　　　1 130 000
　　贷:长期应收账款　　　　　　　　　　　　　　　　1 130 000

借:应交税费——待转销项税额　　　　　　　　　　　　130 000
　　贷:应交税费——应交增值税(销项税额)　　　　　　130 000

确认当期实现融资收益会计分录略。

(3) 后四次收取货款的会计分录同上。

2.3.1.5　销售时附加收取手续费、优质费等

一、先看看税收政策

《增值税暂行条例》及其实施细则规定,销售额为纳税人发生应税行为收取的全部价款和价外费用。价外费用包括价外向购买方收取的手续费、补贴、基金、集资费、返还利润、奖励费、违约金、滞纳金、延期付款利息、赔偿金、代收款项、代垫款项、包装费、包装物租金、储备费、优质费、运输装卸费以及其他各种性质的价外收费。但下列项目不包括在内:

(1) 受托加工应征消费税的消费品所代收代缴的消费税。

(2) 同时符合以下条件的代垫运输费用:

① 承运部门的运输费用发票开具给购买方的。

② 纳税人将该项发票转交给购买方的。

(3) 同时符合以下条件代为收取的政府性基金或者行政事业性收费:

① 由国务院或者财政部批准设立的政府性基金,由国务院或者省级人民政府及其财政、价格主管部门批准设立的行政事业性收费。

② 收取时开具省级以上财政部门印制的财政票据。

③ 所收款项全额上缴财政。

(4) 销售货物的同时代办保险等而向购买方收取的保险费,以及向购买方收取的代购买方缴纳的车辆购置税、车辆牌照费。

 **特别提醒**

增值税销售额不仅包括价款也要包括价外费用,价外费用包含价外收取的各种性质的费用,甚至包括不属于企业收入的代收款项和代垫款项,但是《增值税暂行条例实施细则》列明的四项代收或代垫款项除外。

二、会计处理思路

会计上通常会分别核算货物(或服务)收入与价外收取费用,将货物(或服务)的收入记入"主营业务收入"账户,将手续费、优质费等记入"其他业务收入"或"营业外收入"账户,但应按两项收入的合计数额计提增值税销项税额。

三、例题

【例题 2-35】 灯具厂(一般纳税人)2019 年 9 月销售一批灯具给某商场,专用发票上注明的销售额为 36 000 元,另开普通发票收取了包装费 560 元,优质费 300 元。请计算该笔销售行为的销项税额。

答:销项税额=[36 000+(560+300)÷1.13]×13%=4 778.94(元)

灯具厂的会计处理为:

借:银行存款等 41 540.00
    贷:主营业务收入 36 000.00
       其他业务收入(860÷1.13) 761.06
       应交税费——应交增值税(销项税额) 4 778.94

2.3.1.6 混合销售行为中销售货物和服务

一、先看看税收政策

《财政部 国家税务总局关于全面推开营业税改征增值税试点的通知》(财税〔2016〕36 号)规定,一项销售行为如果既涉及货物又涉及服务,为混合销售行为。从事货物的生产、批发或者零售的单位和个体工商户的混合销售行为,按照销售货物缴纳增值税;其他单位和个体工商户的混合销售行为,按照销售服务缴纳增值税。

 **特别提醒**

混合销售行为是指一项销售行为中既销售了货物,又销售了服务,两者不可分割,因

此,混合销售行为应当将货物的销售额和服务的销售额作为一个整体计算应纳增值税额。这个整体适用的税率由纳税人的经营的主业确定:主业是销售货物的纳税人,货物与服务销售额合计数按货物的适用税率征税;主业是提供服务的纳税人,货物与服务的销售额合计数按服务的税率征税。

二、会计处理思路

在一项交易中,货物和服务通常在会计上应当分别核算收入和成本费用,将主营业务的收入和费用记入"主营业务收入"和"主营业务成本",将附加业务的收入和费用记入"其他业务收入"和"其他业务成本",但应按两项收入的合计数额按货物(工商业纳税人)或服务(第三产业纳税人)的税率,计提增值税销项税额。

三、例题

【例题 2-36】 天马服装厂(增值税一般纳税人)2019 年 9 月销售服装给某服装店,开具的增值税专用发票上注明的价款是 50 000 元,税款 6 500 元。天马服装厂负责运输,收取含税运费 1 000 元,并开具增值税普通发票。上述货款均已收到。

借:银行存款 57 500
  贷:主营业务收入 50 000
    其他业务收入(1 000÷1.13) 884.96
    应交税费——应交增值税(销项税额)(1 000−884.96+6 500) 6 615.04

2.3.1.7 捆绑销售

捆绑销售也就是买一赠一方式组合销售商品,赠送的商品是否属于捐赠呢?企业所得税中规定,企业以买一赠一等方式组合销售本企业商品的,不属于捐赠,应将总的销售金额按各项商品的公允价值的比例来分摊确认各项销售收入;增值税中没有特别明确的规定。有的企业害怕赠品被税务机关按视同销售再征一道增值税,订做专门的包装盒,将卖品与赠品包装在一个盒子里,成套销售,按盒标注销售价格。作者认为,固定的卖品搭配固定的赠品销售,实际上是卖品与赠品一共取得购买方支付的交易价款,企业在会计上最好将实际收取的销售额作为卖品和赠品的销售额合计额,按照卖品和赠品的公允价值分摊计算卖品与赠品销售收入,而不要将实际收取的销售额均确认为卖品的收入,赠品的成本转入"销售费用",以防税务机关将记入"销售费用"的赠品按视同销售再征一道增值税。

【例题 2-37】 天马汽车经销商(一般纳税人)为促进汽车销售,实行买汽车送脚垫、防爆膜、内饰等汽车用品。2019 年 9 月销售一辆含税价值 22.6 万元的汽车,送价值 1 130 元的汽车用品。

汽车经销商实际收取的不含税销售额=22.6÷(1+13%)=20(万元)。

$$汽车销售额＝200\ 000\times\frac{200\ 000}{200\ 000+1\ 000}＝199\ 005（元）$$

$$汽车用品销售额＝200\ 000\times\frac{1\ 000}{200\ 000+1\ 000}＝995（元）$$

借：银行存款 226 000
  贷：主营业务收入 199 005
    其他业务收入 995
    应交税费——应交增值税（销项税额） 26 000

2.3.1.8 以旧换新

一、先看看税收政策

《国家税务总局关于印发〈增值税若干具体问题的规定〉的通知》（国税发〔1993〕154号）规定，纳税人采取以旧换新方式销售货物，应按新货物的同期销售价格确定销售额。

二、会计处理思路

企业以旧换新方式销售货物，应按新货物的同期售价确定销售收入，计算增值税的纳税义务，换回的旧货物相当于购入。

三、例题

【例题2-38】 天马手机经销商（一般纳税人）经销的某型号手机，每部不含税销售价格1 000元。为扩大销售，占领市场，天马手机经销商决定采用以旧换新方式销售该型号手机。任何品牌的旧手机都可以用来以旧换新，旧手机的收购价每部80元。2019年9月，天马手机经销商采用以旧换新方式销售该型号手机400部。

$$销项税额＝400\times1\ 000\times13\%＝52\ 000（元）$$

借：银行存款 420 000
  库存商品 32 000
  贷：主营业务收入 400 000
    应交税费——应交增值税（销项税额） 52 000

2.3.1.9 以物易物

一、先看看税收政策

《增值税暂行条例》在中华人民共和国境内销售货物或者提供加工、修理修配劳务以及进口货物的单位和个人，为增值税的纳税人，应当依照本条例缴纳增值税。销售货物是指有偿转让货物的所有权。有偿，是指从购买方取得货币、货物或者其他经济利益。也就是说，以物易物对于双方而言，均应分解为销售易出的货物和购入易入的货物，双方均应该作购销两方面的业务处理，购入易入的货物如果能够取得增值税专用发票，属于抵扣范围的，进项税额可以抵扣。

二、会计处理思路

以物易物在会计上按照非货币性资产交换准则处理，如果交换具有商业实质，且换出或换入货物公允价值能够可靠计量的，换出的货物应确认收入，同时结转成本；如果交换不具有商业实质，换入的货物按换出货物的原账面价值计量。

三、例题

【例题 2-39】 天马商场 2019 年 9 月以两台空调交换富华商场文具一批，双方将换入商品继续销售，两台空调含税价为 11 300 元，采购成本为 8 000 元，文具含税价为 11 300 元，采购成本为 7 000 元。假设无其他税费，且该交换具有商业实质，双方均为一般纳税人，互相开具增值税专用发票，且在当月认证。

天马商场会计处理：

借：库存商品——文具   10 000

  应交税费——应交增值税（进项税额）   1 300

 贷：主营业务收入   10 000

   应交税费——应交增值税（销项税额）   1 300

借：主营业务成本   8 000

 贷：库存商品——空调   8 000

2.3.1.10 以物抵债

一、先看看税收政策

"抵偿债务"会减少企业经济利益流出，属于取得"其他经济利益"，因此，抵偿债务的货物，在增值税方面，属于有偿转让货物的所有权，应界定为销售货物。

二、会计处理思路

以物抵债时，债权人没有对债务人作出让步，执行收入准则；债权人对债务人作出让步，执行债务重组准则。无论执行收入准则，还是债务重组准则，抵偿债务的货物均应按公允价值确认收入，同时结转成本。

三、例题

【例题 2-40】 天马商场（一般纳税人）2019 年 9 月以两台空调抵偿富华文具厂货款 11 300 元。两台空调含税价为 11 300 元，采购成本为 8 000 元，假设不考虑其他税费。天马商场为富华文具厂开具增值税专用发票。

天马商场会计处理：

借：应付账款——富华文具厂   11 300

 贷：主营业务收入   10 000

   应交税费——应交增值税（销项税额）   1 300

借：主营业务成本   8 000

 贷：库存商品——空调   8 000

2.3.1.11 销售时送积分、积分可抵现或获得礼品

企业为了促进商品销售,采取购物返积分(代金券)、积分(代金券)抵现金或积分送礼等促销方式。这类促销方式涉及的增值税的处理分为两种:一是积分送礼方式赠送的礼品应当作为视同销售,按同类货物的平均销售价格计提增值税销项税额,同时购进赠品取得的增值税专用发票可以申请抵扣进项税额;二是积分(代金券)在再次购买商品时抵现金,企业在运用这种促销策略时,如果处理不当可能产生税收风险:用积分(代金券)抵现金购买的商品,被税务机关要求按照同类商品的同期售价征收增值税。笔者建议:采用购物返积分(代金券),积分(代金券)抵现金促销方式的企业最好采用以下方式规避税收风险:销售商品送积分(代金券)按照折扣处理,在同一张发票上用正数注明正常销售额,用负数注明客户可以享受的积分(代金券)抵现金的金额;用积分(代金券)抵现金购买的商品,按照正常售价开具发票。这样,送积分(代金券)销售的商品,实际收取的款项为正常售价,但按照扣除积分(代金券)后的余额缴纳增值税;用积分(代金券)购买的商品,实际收取的款项为扣除积分(代金券)的差额,但按照正常售价缴纳增值税。

【例题 2-41】 天马百货商店(一般纳税人)在店庆时推出购物返券方式促销:购买指定商品满 1 000 元返 100 元购物券,购买指定商品满 3 000 元返 300 元购物券,购物券在购买指定商品时抵现金,有效期为 7 日。甲顾客购买一件西服,含税售价为 1 230 元,商店收讫 1 230 元现金后返给甲顾客 100 元购物券。甲顾客持该购物券购买了一件含税价为 113 元的内衣,商店实际收款 13 元。

(1) 销售西服时,商场收讫 1 230 元现金,但开具增值税发票金额栏注明销售额为 1 100 元,折扣额为 −100 元,合计金额为 1 000 元,增值税额为 130 元,价税合计金额为 1 130 元。同时将 100 元购物券交付甲顾客。

借:库存现金	1 230
贷:主营业务收入	1 000
应交税费——应交增值税(销项税额)	130
应付票据——购物券	100

结转成本会计分录略。

(2) 销售内衣时,商场收讫 13 元现金和 100 元购物券,开具增值税发票金额栏注明销售额为 100 元,增值税额为 13 元,价税合计金额为 113 元。

借:应付票据——购物券	100
库存现金	13
贷:主营业务收入	100
应交税费——应交增值税(销项税额)	13

结转成本会计分录略。

2.3.1.12　满额送礼或满额抽奖

企业为了促进商品销售,可能采取购物满额送礼或满额抽奖等促销方式。例如:某超市推出购物满 168 元以上送雨伞一把、购物满 298 元可抽奖一次等促销方案。

购物满额送礼方式下,销售货物的金额是不确定的(因为顾客实际购买金额超过送礼起点的多少不固定),销售哪种货物也不确定。其与捆绑销售有很大差异,通常将销售与送礼作为两个可明确区分的事项,分别进行税务处理:销售按实际收取的不含税价款确认销售额,计算增值税和企业所得税;送礼按照将货物无偿赠送他人,在增值税和企业所得税上均按视同销售处理。有的会计朋友可能感到奇怪,满额送礼方式需要顾客购买一定金额以上的货物,才能够得到礼品,礼品不是白送的,为什么属于无偿赠送呢? 笔者想强调的是:有偿与无偿的判定,关键看销售方交付货物时,购买方是否应当支付对价。如果购买方需要支付对价,则货物是有偿销售给购买方了;如果购买方不需要支付对价,则货物是无偿赠送给购买方了。满额送礼方式下赠送的礼品属于购买方满足一定条件后将礼品无偿赠送给顾客了,是一种附带一定前提条件的"无偿赠送"。有的省市税务机关明确规定"赠送的礼品应当按视同销售征收增值税",如《江西省国家税务局关于修改〈江西省百货零售企业增值税管理办法〉的公告》(江西省国家税务局公告 2013 年第 12 号)规定,以来店有礼、进店即送、积分送礼等非随同销售方式赠送的货物,一律按视同销售确定销售额。《四川省国家税务局关于买赠行为增值税处理问题的公告》(四川省国家税务局公告 2011 年第 6 号)规定,纳税人采取"来店有礼""积分送礼""积分抽奖"等方式赠送货物,应按无偿赠送的相关规定计算并申报缴纳增值税。贵州省国家税务局公告 2012 年第 12 号也作出了类似的规定。会计上,满额送礼的处理方式与税收略有差异,销售时也是按实际收取的不含税价款确认销售收入,送礼时则按礼品的成本记入"销售费用"账户。

在购物满额抽奖方式下,顾客中奖是不确定事项,因此,销售与向中奖顾客发放奖品应当分别作为两个单独事项来进行税务处理,顾客中奖的奖品应按视同销售处理。

【例题 2-42】　天马零售企业(一般纳税人)在国庆节期间为促进商品销售,推出购物满 168 元以上送价值 22.6 元雨伞一把的促销活动。某顾客购买挂烫机一台,含税售价为 339 元,凭购物小票获赠含税售价为 22.6 元雨伞一把,已知雨伞不含税成本价为 15 元。

(1) 挂烫机销售时:

借:库存现金　　　　　　　　　　　　　　　　　　　　　339
　贷:主营业务收入　　　　　　　　　　　　　　　　　　300
　　　应交税费——应交增值税(销项税额)　　　　　　　39

结转成本会计分录略。

(2) 赠送雨伞时:

雨伞按视同销售计提的增值税销项税额＝22.6÷(1+13%)×13%＝2.6(元)

借：销售费用	17.6
贷：库存商品——雨伞	15.0
应交税费——应交增值税（销项税额）	2.6

2.3.1.13　商业折扣与现金折扣

一、先看看税收政策

《财政部　国家税务总局关于全面推开营业税改征增值税试点的通知》（财税〔2016〕36 号）规定，纳税人发生应税行为，将价款和折扣额在同一张发票上分别注明的，以折扣后的价款为销售额；未在同一张发票上分别注明的，以价款为销售额，不得扣减折扣额。

折扣销售与销售折扣对销售方来说，都会减少交易收款的总金额，但是两种方式确定增值税销售额的规定却不同。折扣销售是先有折扣，后有销售，俗称"商业折扣"，其在销售实现时，购销双方已经就该项交易可以享受的具体折扣金额达成一致意见，可能在一张发票上分别注明销售额与折扣额，如果将价款和折扣额在同一张发票上分别注明的，以折扣后的价款为销售额；未在同一张发票上分别注明的，以价款为销售额，不得扣减折扣额。销售折扣是先有销售，后有折扣。也就是说，在销售实现时，购销双方只就折扣条件达成一致意见，但是该项交易是否可以享受折扣、可以享受的折扣是多少还是不确定的，折扣的多少要根据购买方付款的早晚具体确定，这种折扣方式就是我们俗称的"现金折扣"。销售折扣在销售实现时还没有发生，因此，不可能在同一张发票上分别注明销售额和折扣额，也就不能按折扣后的销售额作为计税依据。实际上，增值税销售额是现金折扣前的不含税销售额，现金折扣在实际发生时作为企业的一项财费用，不能扣减增值税的销售额。

二、会计处理思路

商业折扣采用净额法核算，销售实现时，直接按商业折扣后的净额确认收入，商业折扣在账面上不作反应；现金折扣采用总额法核算，销售实现时，按未扣除现金折扣前的总额确认收入，现金折扣在实际发生时确认为"财务费用"。

三、例题

【例题 2-43】　天马公司（一般纳税人）2019 年 9 月以折扣方式销售净水机，每台净水机不含税售价 5 000 元，如果购买方购买数量在 100 台以上，给予 5% 的商业折扣。富鑫房地产公司购买天马公司净水机 200 台，天马公司开具增值税专用发票，注明不含税价款 100 万元，折扣款 5 万元，增值税额合计 123 500 万元，收到款项 1 073 500 元存入银行。

借：银行存款	1 073 500
贷：主营业务收入	950 000
应交税费——应交增值税（销项税额）	123 500

结转成本会计分录略。

【例题 2-44】 天马公司在 2019 年 9 月 1 日向乙公司销售一批商品,开出的增值税专用发票上注明的销售价款为 20 000 元,增值税税额为 2 600 元。为及早收回货款,天马公司和乙公司约定的现金折扣条件为:2/10,1/20,n/30。假定计算现金折扣时不考虑增值税税额。请作出乙公司分别在 9 月 9 日、9 月 18 日、9 月 30 日付款的会计处理。

(1) 9 月 1 日销售实现时,按销售总价确认收入:

借:应收账款	22 600
贷:主营业务收入	20 000
应交税费——应交增值税(销项税额)	2 600

结转成本会计分录略。

(2) 如果乙公司在 9 月 9 日付清货款,则按销售总价 20 000 元的 2% 享受现金折扣 400 元(20 000×2%),实际付款 22 200 元(22 600−400)。

借:银行存款	22 200
财务费用	400
贷:应收账款	22 600

(3) 如果乙公司在 9 月 18 日付清货款,则按销售总价 20 000 元的 1% 享受现金折扣 200 元(20 000×1%),实际付款 22 400 元(22 600−200)。

借:银行存款	22 400
财务费用	200
贷:应收账款	22 600

(4) 如果乙公司在 9 月 30 日付清货款,则需按全额付款:

借:银行存款	22 600
贷:应收账款	22 600

2.3.1.14 销售折让

一、先看看税收政策

《财政部 国家税务总局关于全面推开营业税改征增值税试点的通知》(财税〔2016〕36 号)规定,纳税人适用一般计税方法计税的,因销售折让而退还给购买方的增值税额,应当从当期的销项税额中扣减。

纳税人发生应税行为,开具增值税专用发票后,发生开票有误或者销售折让的,应当按照国家税务总局的规定开具红字增值税专用发票;未按照规定开具红字增值税专用发票的,不得扣减销项税额。

销售折让是企业因售出商品的质量不合格、品种或规格不符合合同要求等原因而在售价上给予的减让。销售折让对销售方来说,会减少交易收款的总金额,但是销售折让想从当期增值税销售额中扣减的前提条件是销售折让必须开具红字发票,纳税人发生销售行为,开具增值税普通发票的,开具红字普通发票不需要税务机关审核,纳税人在增值税发票管理新系统中自行开具;纳税人发生销售行为,开具增值税专用发票的,开具红字专用发票的程序相对麻烦,纳税人必须按照国家税务总局规定的程序开具红字增值税专用发票,否则,折让额不得扣减销售额。

二、会计处理思路

销售折让是在销售已经实现后发生的,在销售实现时,企业已经全额确认了收入并结转了成本,在发生销售折让时,应冲减折让当期的销售收入(属于资产负债表日后事项的除外)。

【例题 2-45】 2019 年 9 月,天马公司(一般纳税人)销售给某商店的 A 产品一批,不含税销售额为 100 万元,该批产品成本为 40 万元,天马公司当月收讫销售款项并给购买方开具增值税专用发票。2019 年 10 月,商店发现所购 A 产品部分有质量问题,遂与天马企业协商,索取销售折让,最终双方达成一致意见:天马公司退还购买方销售折让56 500 元。天马公司开具转账支票,支付给商店 56 500 元折让款,根据带有编号的《开具红字增值税专用发票信息表》,开具红字增值税专用发票,注明金额 50 000 元,增值税额6 500 元。

(1) 9 月销售实现时:

借:银行存款　　　　　　　　　　　　　　　　　　　　　　　1 130 000
　　贷:主营业务收入　　　　　　　　　　　　　　　　　　　　1 000 000
　　　　应交税费——应交增值税(销项税额)　　　　　　　　　　130 000

同时:

借:主营业务成本　　　　　　　　　　　　　　　　　　　　　　400 000
　　贷:库存商品　　　　　　　　　　　　　　　　　　　　　　　400 000

(2) 10 月发生销售折让时:

借:主营业务收入　　　　　　　　　　　　　　　　　　　　　　　50 000
　　贷:银行存款　　　　　　　　　　　　　　　　　　　　　　　56 500
　　　　应交税费——应交增值税(销项税额)　　　　　　　　　　　6 500

2.3.1.15　销售退回或中止

一、先看看税收政策

《财政部　国家税务总局关于全面推开营业税改征增值税试点的通知》(财税〔2016〕36 号)规定,纳税人适用一般计税方法计税的,因销售中止或者退回而退还给购买方的增值税额,应当从当期的销项税额中扣减。

纳税人发生应税行为,开具增值税专用发票后,发生开票有误或者销售中止、退回等情形的,应当按照国家税务总局的规定开具红字增值税专用发票;未按照规定开具红字增值税专用发票的,不得扣减销项税额。

销售退回对销售方来说,已经实现的销售全部或部分发生退回,会减少交易收款的总金额,但是销售退回想从当期增值税销售额中扣减的前提条件是销售退回必须开具红字发票,纳税人发生销售行为,开具增值税普通发票的,开具红字普通发票不需要税务机关审核,纳税人在增值税发票管理新系统中自行开具;纳税人发生销售行为,开具增值税专用发票的,开具红字专用发票的程序相对麻烦,纳税人必须按照国家税务总局规定的程序开具红字增值税专用发票,否则,退回货物的金额不得冲减当期销售额。

二、会计处理思路

销售退回是在销售已经实现后发生全部或部分退回,在销售实现时,企业已经全额确认了收入并结转了成本,在发生销售退回时,应冲减退回当期的销售收入(属于资产负债表日后事项的除外),同时冲减退回货物的成本。属于资产负债表日后事项的销售退回,应当冲减报告期的收入和成本。

三、例题

【例题 2-46】 2019 年 9 月,天马公司(一般纳税人)上月销售给某商店的 A 产品因与合同约定不符全部退回。天马公司根据带有编号的《开具红字增值税专用发票信息表》开具红字增值税专用发票,注明金额 50 000 元,增值税额 6 500 元。该批产品成本为 40 000 元,上月 A 产品的销货款至退货发生时仍未收到。

借:主营业务收入   50 000
 贷:应收账款   56 500
  应交税费——应交增值税(销项税额)   6 500

同时:

借:库存商品   40 000
 贷:主营业务成本   40 000

2.3.1.16 包装物随同产品出售

一、先看看税收政策

包装物随同产品销售,无论是否单独计价,均应按所包装货物的适用税率计算缴纳增值税。

二、会计处理思路

包装物随同产品销售但不单独计价,按含有包装物的产品销售额贷记"主营业务收入"账户并计提销项税额;包装物随同产品销售且单独计价,包装物销售额记入"其他业务收入"账户贷方,并计提销项税额。

三、例题

【例题 2-47】 2019 年 9 月 1 日,天马企业(一般纳税人)销售丁产品时,合同约定含税销售额 2 260 000 元,货物成本为 1 500 000 元;随同产品出售包装物 1 000 件,包装物单位不含税售价 10 元,成本 8 元,总成本 8 000 元。丁产品增值税税率为 13%,货物发出后,收到购货方开来的银行承兑汇票一张,注明金额 2 271 300 元。

(1) 9 月 1 日,发出货物确认收入:

借:应收票据   2 271 300

  贷:主营业务收入   2 000 000

   其他业务收入   10 000

   应交税费——应交增值税(销项税额)   261 300

(2) 结转成本:

借:主营业务成本   1 500 000

  贷:库存商品——丁   1 500 000

借:其他业务成本   8 000

  贷:库存商品——包装物   8 000

2.3.1.17 包装物出租、出借收取与没收押金

一、先看看税收政策

《增值税暂行条例实施细则》、国家税务总局关于印发《增值税若干具体问题的规定》的通知(国税发〔1993〕154 号)等文件规定,包装物不随同产品出售,因出租而收取的租金属于价外费用,也应计入销售额计算缴纳增值税;纳税人为销售货物而出租出借包装物收取的押金,单独记账核算,不并入销售额征税。但对因逾期未收回包装物不再退还的押金,应按所包装货物的适用税率征收增值税。

包装物押金征税规定中"逾期"以 1 年为期限,对收取 1 年以上的押金,无论是否退还,均并入销售额征税。

从 1995 年 6 月 1 日起,对酒类产品生产企业销售酒类产品而收取的包装物押金,无论押金是否返还与会计上如何核算,均需并入酒类产品销售额中,依酒类产品的适用税率征收消费税。

对增值税一般纳税人(包括纳税人自己或代其他部门)向购买方收取的价外费用和逾期包装物押金,应视为含税收入,在征税时换算成不含税收入并入销售额计征增值税。

二、会计处理思路

包装物不随同产品销售,出租包装物是企业发生的一项辅助业务,收取的租金记入"其他业务收入"账户贷方,同时计提增值税销项税额;出租出借包装物收取的押金,具有保证金性质,属于一项暂收款项,记入"其他应付款"账户贷方,不计提增值税销项税额;逾期未退还包装物而没收的包装物押金,则属于企业的一项收入,记入"其他业务收入"账户贷方,并计提增值税销项税额。

三、例题

【例题 2-48】 2019 年 9 月 1 日,天马企业(一般纳税人)销售丁产品(增值税税率为 13%)时,随同产品出租包装物 1 000 件。包装物单位成本 8 元,总成本 8 000 元,采用分两次摊销法。出租包装物时,收取包装物押金 11 300 元,1 个月租金 452 元,交存银行。10 月 2 日,包装物按期退回 600 件,其余 400 件逾期未退,按规定没收押金。

(1) 9 月 1 日,出租包装物时:

借:包装物——出租包装物   8 000

 贷:包装物——库存未用包装物   8 000

同时,摊销 50% 成本:

借:其他业务成本   4 000

 贷:包装物——包装物摊销   4 000

(2) 收取押金及租金存入银行:

借:银行存款   11 300

 贷:其他应付款——存入保证金   11 300

借:银行存款   452

 贷:其他业务收入   400

  应交税费——应交增值税(销项税额)   52

(3) 10 月 2 日退回包装物 600 件:

借:包装物——库存已用包装物   4 800

 贷:包装物——出租包装物   4 800

同时,退回 600 件包装物的押金:

借:其他应付款——存入保证金   6 780

 贷:银行存款   6 780

(4) 没收逾期未退包装物押金并摊销成本:

借:其他应付款——存入保证金   4 520

 贷:其他业务收入   4 000

  应交税费——应交增值税(销项税额)   520

摊销成本:

借:其他业务成本   1 600

 包装物——包装物摊销   1 600

 贷:包装物——出租包装物   3 200

2.3.1.18 出售已使用过的固定资产

一、先看看税收政策

《财政部 国家税务总局关于全国实施增值税转型改革若干问题的通知》（财税〔2008〕170号）、《国家税务总局关于一般纳税人销售自己使用过的固定资产增值税有关问题的公告》（国家税务总局公告2012年第1号）、《财政部 国家税务总局关于简并增值税征收率政策的通知》（财税〔2014〕57号）等文件规定，销售自己使用过固定资产的征税方式。

自2009年1月1日起，纳税人销售自己使用过的固定资产（以下简称已使用过的固定资产），应区分不同情形征收增值税：

（1）销售自己使用过的2009年1月1日以后购进或者自制的固定资产，除另有规定外，按照适用税率征收增值税。

（2）一般纳税人销售自己使用过的属于《增值税暂行条例》第十条规定不得抵扣且未抵扣进项税额的固定资产，按照简易办法依照3%征收率减按2%征收增值税。

（3）纳税人购进或者自制固定资产时为小规模纳税人，认定为一般纳税人后销售该固定资产，按照简易办法依照3%征收率减按2%征收增值税。

（4）增值税一般纳税人发生按简易办法征收增值税应税行为，销售其按照规定不得抵扣且未抵扣进项税额的固定资产，按照简易办法依照3%征收率减按2%征收增值税。

（5）2008年12月31日以前未纳入扩大增值税抵扣范围试点的纳税人，销售自己使用过的2008年12月31日以前购进或者自制的固定资产，按照简易办法依照3%征收率减按2%征收增值税。

（6）营改增试点一般纳税人销售自己使用过的、纳入营改增试点之日前取得的固定资产，按照现行旧货相关增值税政策执行。

 特别提醒

纳税人销售自己使用过的固定资产到底是按照简易计税方法还是按照一般计税方法征收增值税，关键是看纳税人购进固定资产时，按当时的政策是否可以抵扣进项税额：如果购进固定资产时，该项固定资产按政策规定可以抵扣进项税额，则销售使用过的该项固定资产就应该采用一般计税方法；反之，如果购进固定资产时，该项固定资产按政策规定不得抵扣进项税额，则销售使用过的该项固定资产就可以采用简易计税方法。

二、会计处理思路

出售已使用过的固定资产，通过"固定资产清理"账户核算。企业销售已使用过的固定资产，应当将固定资产的净值转入"固定资产清理"账户借方；发生清理费用记入"固定资产清理"账户借方；取得固定资产销售收入时，按收取的含税金额，借记"银行存款""应

收账款"等账户,按不含税销售额贷记"固定资产清理"账户,按照增值税政策规定计算的增值税额贷记"应交税费——应交增值税(销项税额)"专栏(采用一般计税方法)或贷记"应交税费——简易计税"账户(采用简易计税方法)。固定资产清理完毕,需要将"固定资产清理"账户核算的净损益转入"资产处置损益","固定资产清理"账户无余额。

三、例题

【例题 2-49】 2019 年 9 月份天马公司(一般纳税人)销售一台生产用已使用过的固定资产,销售时已提折旧 10 万元,出售时收到价款 90.4 万元(含税),款项已经存入银行。已知该固定资产于 2015 年 9 月购买,取得增值税专用发票注明金额为 100 万元,增值税额 17 万元,企业已将 17 万元记入了"应交税费——应交增值税(进项税额)"账户,该固定资产未计提减值准备。

(1)购入固定资产时:

借:固定资产		1 000 000
应交税费——应交增值税(进项税额)		170 000
贷:银行存款		1 170 000

(2)计提折旧:

借:制造费用		100 000
贷:累计折旧		100 000

(3)出售时:

借:固定资产清理		900 000
累计折旧		100 000
贷:固定资产		1 000 000
借:银行存款		904 000
贷:固定资产清理		800 000
应交税费——应交增值税(销项税额)		104 000

(4)结转固定资产清理净损益:

借:资产处置损益		100 000
贷:固定资产清理		100 000

【例题 2-50】 2019 年 9 月份天马公司(一般纳税人)销售一台使用过的机器设备,含税售价为 30.9 万元。该设备系 2008 年 8 月购入,原价 150 万元,未抵扣进项税额,转让时已计提折旧 100 万元。

(1)购入固定资产时:

借:固定资产		1 500 000
贷:银行存款		1 500 000

（2）计提折旧：

借：制造费用   1 000 000

  贷：累计折旧   1 000 000

（3）出售时结转固定资产成本：

借：固定资产清理   500 000

  累计折旧   1 000 000

  贷：固定资产   1 500 000

（4）取得转让收入时：

该固定资产可按3%的征收率减按2%征收增值税，应纳增值税＝309 000÷1.03× 3%＝9 000（元）。

$$减征增值税额＝309 000÷1.03×（3\%－2\%）＝3 000（元）$$

借：银行存款   309 000

  贷：固定资产清理   300 000

    应交税费——简易计税   9 000

借：应交税费——简易计税   3 000

  贷：营业外收入   3 000

（5）结转固定资产转让净损失：

借：资产处置损益   200 000

  贷：固定资产清理   200 000

（6）缴税时：

借：应交税费——简易计税   6 000

  贷：银行存款   6 000

2.3.2　销售业务常见涉税问题

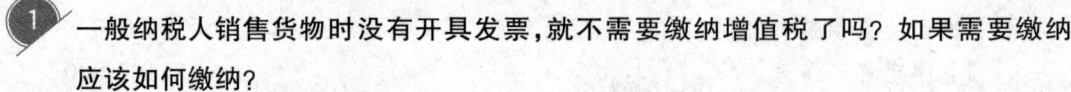

1 一般纳税人销售货物时没有开具发票，就不需要缴纳增值税了吗？如果需要缴纳应该如何缴纳？

答：根据《增值税暂行条例》第一条规定，在中华人民共和国境内销售货物或者加工、修理修配劳务，销售服务、无形资产、不动产以及进口货物的单位和个人，为增值税的纳税义务人，应当依照本条例缴纳增值税。销售货物属于增值税的征税范围，应当缴纳增值税。实务中，有人认为销售货物没有开具发票，就不需要缴税，这是一种错误的认识。是否缴纳增值税，取决于单位和个人是否发生增值税征税范围内的应税行为，与是否已经开具发票完全不相关。销售实现了，即使纳税人没有开具发票，纳税义务也已发生，也应该缴纳增值税。《发票管理办法》第十九条规定,销售商品、提供服务以及从事其他经营活动的单位和个人,对外发生经营业务收取款项,收款方应当向付款方开具发票;特殊情况下,由付款方向收款方开具发票。当然,向消费者个人零售小额商品或者提供零星服务的,由省税务机关确定是否可免予逐笔开具发票。只能说,销售货物(如果不属于省局明确的可免予逐笔开具发票范围)但不开具发票的行为是一种发票违法行为。毋庸讳言,已经开具发票的销售行为,纳税人如果当期不申报缴纳增值税,票表比对时,就会出现异常;没有开具发票的销售行为,纳税人如果当期不申报缴纳,税务机关很难及时发现,所以使人产生上述误解。

一般纳税人企业销售货物,无论购买方是个人还是单位,都应按适用税率计算缴纳增值税。销售行为采用一般计税方法还是简易计税方法征收增值税,由销售方的身份决定,与购买方无关。例如:天马纺织企业(一般纳税人)将自产纺织品销售给职工,直接收取现金,没有开具发票,也应按照一般计税方法计算缴纳增值税。

2 **一般纳税人企业将下脚料销售给客户,应如何缴纳增值税? 生产免税货物产生的下脚料是否缴纳增值税?**

答:一般纳税人企业将生产产品过程中产生的边角废料销售,也属于销售货物,根据《增值税暂行条例》的规定,一般纳税人发生应税行为(除另有规定外),应当采用一般计税方法,按照销售额和适用税率计算增值税销项税额,如果购买方索取增值税专用发票,应当开具增值税专用发票。

综上所述,一般纳税人销售下脚料取得的收入,应按下脚料的适用税率计算缴纳增值税;若下脚料属于增值税免税货物,则可免征增值税。也就是说,下脚料是否免税与企业销售的主货物是否免税无关,免税货物产生的下脚料,也要征收增值税,除非免税货物的下脚料也属于增值税免税货物。

3 **以不动产、无形资产投资入股是否要征收增值税?**

答:《财政部 国家税务总局关于全面推开营业税改征增值税试点的通知》(财税〔2016〕36号)明确规定了"销售"不动产和无形资产的概念,即有偿转让不动产和无形资产。有偿,包括从购买方取得货币、货物和其他经济利益。虽然营改增试点实施办法中没有直接明确将不动产和无形资产投资入股是否征收增值税,但"有偿"的概念实际上已经解决了以不动产和无形资产投资入股是否征税的问题。投资入股一定发生所有权转移,同时取得的股权就是取得了其他经济利益。因此,以不动产和无形资产投资入股应当征收增值税。

4 **营改增后,物业公司代收业主水电费,或租赁经营场所出租方代收租户水电费该如何处理? 应如何开具发票?**

答:这里首先需要明确的一个问题是:物业公司(出租方)收取业主(租户)的水电费

是否属于"代收"。只有当自来水公司、电业公司将水、电销售给业主(租户)了,委托物业公司(出租方)代为收取的情形下,物业公司(出租方)收取业主(租户)的水电费才属于"代收"。即便属于代收款项,根据《财政部 国家税务总局关于全面推开营业税改征增值税试点的通知》(财税〔2016〕36号)附件1第三十七条第(二)规定"以委托方名义开具发票代委托方收取的款项"的,可不计算增值税销售额。若水电费发票不是由自来水公司、电业公司直接开给业主(租户),不符合上述规定,物业公司(出租方)应当缴纳增值税。日常经营中比较常见的情况是,自来水公司、电业公司安装的水(电)表登记在物业公司(出租方)名下,自来水公司、电业公司实际上是向物业公司(出租方)收取水电费的,因此,本质上讲,物业公司(出租方)发生的业务不是"代收水电费",而将从自来水公司、电业公司买来的水、电转售给业主(租户)。转售水,执行《国家税务总局关于物业管理服务中收取的自来水水费增值税问题的公告》(总局2016年第54号公告)文件,提供物业服务的纳税人,向服务接受方收取的自来水水费,以扣除其对外支付的自来水水费后的余额为销售额,按简易计税依3%征收率计税。转售电,一般纳税人按13%的税率计算缴纳增值税,小规模纳税人按3%的税率计算缴纳增值税。

物业公司(出租方)可按以下方法开具发票:

(1)物业公司(出租方)转售水电的,可以自行开具或向国税部门申请代开发票给业主(租户)。

(2)纳税人发生应税行为,无论营业执照中是否有此经营范围,均可自行开具或申请代开发票。如属于经营范围中没有,但经常发生且可以变更经营范围的,应当办理变更登记。

⑤ **纳税人为同一客户提供的服务既有可以选择适用简易计税方法的,也有必须按照一般计税方法征税的,纳税人对这两类服务可否同时采用简易计税方法和一般计税方法?进项税额如何抵扣?**

答: 可以。纳税人不同的经营项目可以选择不同的计税方法,对于必须按照一般计税方法征税的项目,按照一般计税方法计税的同时,对可以选择适用简易计税方法的项目可以选择适用简易计税方法。纳税人兼营一般计税方法项目和简易计税方法项目,其购进混用的固定资产、无形资产、不动产进项税额可以抵扣;购进用于一般计税方法的货物和服务进项税额可以抵扣,购进用于简易计税方法的货物(固定资产除外)和服务进项税额不得抵扣,购进混用于一般计税方法和简易计税方法的货物(固定资产除外)和服务,进项税额按比例分摊。

【案例解析】

一家物业公司负责一幢办公楼的租赁和物业管理,另外还向客户收取复印费、停车费、水费、电费。如果租赁的办公楼和停车场,属于2016年4月30日以前取得的,则办公楼租赁费和停车费可以选择简易征收方法,依照5%的征收率缴纳增值税;收取自来水费,可以扣除其对外支付的自来水水费后的余额为销售额,按简易计税依 3% 征收率计税;物业管理费、复印费、电费采用一般计税方法,其中物业管理费和复印费适用税率为 6%,电费适用税率为 13%。这样,租金和停车费开具 5% 的发票;水费开具 3% 的发票;物业费、复印费开具 6% 的发票;电费开具 13% 的发票。

物业公司购进与提供物业管理服务、复印服务、销售电相关的购进项目符合条件的进项税额可以抵扣,如一些清洁用品的采购、电梯及空调的维修、复印机和复印纸的采购、电费,企业如果能够取得增值税专用发票,可以抵扣进项税额。

6　如果纳税人能够分别核算混合销售行为的销售额的,可以分别适用不同税率吗?

答: 按照《财政部　国家税务总局关于全面推开营业税改征增值税试点的通知》(财税〔2016〕36 号)、《国家税务总局关于进一步明确营改增有关征管问题的公告》(总局 2017 年第 11 号公告)等文件规定,混合销售是指既涉及服务又涉及货物的一项销售行为。从事货物的生产、批发或者零售的单位和个体工商户的混合销售行为,应按照销售货物缴纳增值税;其他单位和个体工商户的混合销售行为,按照销售服务缴纳增值税。纳税人销售活动板房、机器设备、钢结构件等自产货物的同时提供建筑、安装服务,不属于《营业税改征增值税试点实施办法》(财税〔2016〕36 号)第四十条规定的混合销售,应分别核算货物和建筑服务的销售额,分别适用不同的税率或者征收率。一般纳税人销售自产机器设备的同时提供安装服务,应分别核算机器设备和安装服务的销售额,安装服务可以按照甲供工程选择适用简易计税方法计税。一般纳税人销售外购机器设备的同时提供安装服务,如果已经按照兼营的有关规定,分别核算机器设备和安装服务的销售额,安装服务可以按照甲供工程选择适用简易计税方法计税。对一项混合销售行为,除销售活动板房、机器设备、钢结构件等并提供建筑、安装服务外,无论是否分开核算销售额,均应将货物销售额和服务销售额的合计额,按照货物税率(工商企业)或服务税率(第三产业)征收增值税,不能分别适用不同税率征税。

7　增值税一般纳税人开具红字增值税专用发票的金额可以小于《开具红字增值税专用发票信息表》上的金额吗?

答: 不可以。《国家税务总局关于红字增值税发票开具有关问题的公告》(国家税务总局公告 2016 年第 47 号)第一条第(三)规定,销售方凭税务机关系统校验通过的《开具红字增值税专用发票信息表》开具红字专用发票,在新系统中以销项负数开具。红字专用发票应与《信息表》一一对应。例如,增值税一般纳税人因商品质量问题,被购买方要求全额退货,由于该发票已认证抵扣,购买方按规定填开了《开具红字增值税专用发票信息表》,但后经协商最终确认为部分退货,不得依据购买方已按全额填开的《信息表》开具小于该《信息表》金额的红字增值税专用发票,销售方应要求购买方作废原《信息表》,并重新按照协商结果填开一张新的《信息表》。

8 经营不动产租赁,预收的租金是否可以按合同的租赁期限分月确认销售收入并申报纳税?

答:不可以。根据《财政部　国家税务总局关于全面推开营业税改征增值税试点的通知》(财税〔2016〕36 号)规定,纳税人提供租赁服务采取预收款方式的,其纳税义务发生时间为收到预收款的当天。预收的租金在会计上应该按照权责发生制将租金在受益期限分期确认收入,但在填写增值税纳税申报表时,必须将预收的租金在收取当期一次性计入销售额,申报纳税。

9 购买方超过认证期未认证的专用发票能退回销售方开具红字发票吗?

答:不可以。根据国税总局公告 2016 年第 47 号《国家税务总局关于红字增值税发票开具有关问题的公告》第一条规定:"增值税一般纳税人开具增值税专用发票后,发生销货退回、开票有误、应税服务中止等情形但不符合发票作废条件,或者因销货部分退回及发生销售折让,需要开具红字专用发票的,按以下方法处理:销售方开具专用发票尚未交付购买方,以及购买方未用于申报抵扣并将发票联及抵扣联退回的,销售方可在新系统中填开并上传《信息表》。销售方填开《信息表》时应填写相对应的蓝字专用发票信息。"虽然第 47 号公告没有强调开具红字专用发票必须在认证期内,但是列明了开具红字专用发票的三种情形,即销货退回(应税服务中止)、开票有误、销售折让。因超期未认证不符合以上红字发票开具范围,不允许开具红字专用发票。

2.3.3　销售业务涉税风险点

1 销售方没有收到货款,就不给购买方开具发票,也不申报纳税,收款时才开票确认收入并申报纳税。

《增值税暂行条例》《财政部　国家税务总局关于全面推开营业税改征增值税试点的通知》(财税〔2016〕36 号)明确,增值税纳税义务、扣缴义务发生时间为:纳税人发生应税行为并收讫销售款项或者取得索取销售款项凭据的当天;先开具发票的,为开具发票的当天。应该说,发生应税行为并开具发票了,纳税义务肯定发生了;但发生应税行为未开具发票的,纳税义务也有可能发生了,因为纳税人收讫销售款项或者取得索取销售款项凭证的当天,纳税义务也会发生。收讫销售款项,是指纳税人销售服务、无形资产、不动产过程中或者完成后收到款项。取得索取销售款项凭据的当天,是指书面合同确定的付款日期;未签订书面合同或者书面合同未确定付款日期的,为服务、无形资产转让完成的当天或者不动产权属变更的当天。收讫销售款时,增值税纳税义务发生了;没有收讫销售款,但取得索取销售款项凭据的当天,纳税义务也发生了。根据《增值税暂行条例实施细则》规定,按销售结算方式的不同,纳税时间具体为:

（1）采取直接收款方式销售货物，不论货物是否发出，均为收到销售款或者取得索取销售款凭据的当天。

（2）采取托收承付和委托银行收款方式销售货物，为发出货物并办妥托收手续的当天。

（3）采取赊销和分期收款方式销售货物，为书面合同约定的收款日期的当天，无书面合同的或者书面合同没有约定收款日期的，为货物发出的当天。

（4）采取预收货款方式销售货物，为货物发出的当天，但生产销售生产工期超过12个月的大型机械设备、船舶、飞机等货物，为收到预收款或者书面合同约定的收款日期的当天。

（5）委托其他纳税人代销货物，为收到代销单位的代销清单或者收到全部或者部分货款的当天。未收到代销清单及货款的，为发出代销货物满180天的当天。

《国家税务总局关于确认企业所得税收入若干问题的通知》（国税函〔2008〕875号），对企业销售产品和提供劳务确认收入时点进行了明确。除企业所得税法及实施条例另有规定外，企业销售收入的确认，必须遵循权责发生制原则和实质重于形式原则。而在现实中，很多企业不按规定确认收入，通过延期确认收入，滞后进行纳税申报。

【案例解析】

不按税法规定确认收入推迟缴纳税款。

天马物资供应公司（一般纳税人）于2019年6月销售一批货物给珍贝公司，含税价113万元。货物发出后天马物资供应公司当月委托银行收款，但是被珍贝公司拒付。后来经过多次催讨，珍贝公司一直到2019年9月才支付天马物资供应公司该笔货款。天马物资公司于9月给珍贝公司开具发票，并于当月申报缴纳增值税。

假定天马物资公司6月已经确认的销售收入计算的销项税额为26万元，进项税额为14万元，应纳增值税＝100×13％＋26－14＝25（万元），实纳增值税＝26－14＝12（万元）。企业所得税是按年计算的，天马物资供应公司在2019年确认了该批货物销售收入，不考虑企业所得税延期缴纳问题。另假定资金年利息率和机会收益率均为6％。

解析：《增值税暂行条例实施细则》第三十八条第一款第（二）项规定，采取托收承付和委托银行收款方式销售货物，纳税义务发生时间为发出货物并办妥托收手续的当天。天马物资供应公司采取委托收款方式销售货物，纳税义务发生时间为发出货物并办妥托收手续的6月份，虽然天马公司并未收到货款，但是增值税的纳税义务已经发生，应当申报缴纳增值税。

我们来算一笔账，详细分析延期申报纳税对企业的收益与风险：

（1）推迟3个月纳税的机会收益：

$$机会收益＝130\ 000×6\%÷12×3＝1\ 950（元）$$

（2）假定企业推延纳税问题被税务机关发现，则推迟3个月纳税应承担的滞纳金为：

$$滞纳金＝130\,000×0.05\%×90＝5\,850(元)$$

经过比较,我们发现企业取得的收益和承担的风险不匹配。对这种纳税风险,很多企业没有重视,不单企业管理者(或老板)没有重视,甚至财务人员也不重视。如果直至税务机关发现时企业仍未收到货款,未缴纳税款,纳税人的行为将被认定为"偷税",需要承担补缴税款50%以上5倍以下罚款及滞纳金,弄得不好,可能还会有刑事责任。

2 销售边角废料、废旧货物未缴纳增值税。

销售边角废料、废旧货物(如销售自己使用过的除固定资产以外的废旧包装物、废旧材料等)也属于销售货物的范围,应该缴纳增值税。依照《财政部 国家税务总局关于部分货物适用增值税低税率和简易办法征收增值税政策的通知》(财税〔2009〕9号)规定,应采用一般计税方法,按照13%的税率计算销项税额。企业发生的销售边角废料、废旧货物,不确认销售收入,不计提增值税销项税额的行为属于偷税。

3 销售自己使用过的固定资产,未计算缴纳增值税,或全部按照简易计税方法申报纳税。

销售自己使用过的固定资产,也属于销售货物的范围,应当缴纳增值税。根据《财政部 国家税务总局关于全国实施增值税转型改革若干问题的通知》(财税〔2008〕170号)、《财政部 国家税务总局关于部分货物适用增值税低税率和简易办法征收增值税政策的通知》(财税〔2009〕9号)等文件规定,企业销售自己使用过的固定资产,按照固定资产购进当期进项税额是否可以抵扣,采用不同的计税方法;只有购进时按政策规定进项税额不可以抵扣的固定资产,使用后再销售时才能采用简易计税方法。对于销售自己使用过的固定资产不申报纳税,或购进时已抵扣进项税额的固定资产,销售时采用简易计税方法申报纳税,都会导致纳税人不缴或少缴增值税,形成偷税行为。

4 价外收入不入账,私设小金库,不作纳税申报。

企业将价外收入或销售边角余料零星收入不入账,私设小金库,体外循环,隐匿收入。这种情况在很多企业都存在,因为价外收入和零星收入占营业收入的比重较小,这种手法不容易被发现。实事求是地讲,越是管理正规的企业存在这种现象的可能性越大,如国有企业和上市企业采取这手法的较多。相对而言,设置内外两套账的企业,私设小金库的需要和冲动较小。

5 日常业务中以油费抵运费、以商品抵餐费、以商品房抵工程款等,不开发票或只就差价部分开具发票,不确认或少确认收入。

以油费抵运费、以商品抵餐费、以商品房抵工程款等,实际上是购销双方相互提供货物或服务,双方均应该做购销两方面的业务处理。销售方面的处理涉及缴纳增值税、土地增值税、房产税、企业所得税等,购进方面的处理涉及增值税进项税额的抵扣和企业所得税成本费用的扣除。

【案例解析】

天马公司(一般纳税人)位于市区,将临街办公楼的一至三层出租给富华大酒店(一般纳税人)用于经营餐饮,年租金 100 万元。但每年因此缴纳增值税、房产税和企业所得税等近 40 万元的税收让天马公司觉得税负太重。双方采取订立真假两份合同的方法,真合同仍按实际租金额 100 万元签订,但天马公司仅收取现金 50 万元,其余 50 万元天马公司同意富华大酒店用餐饮消费额以及代天马公司办理的过节食品等抵算,抵算金额互不开票。天马公司仅按收取的 50 万元现金开具租金发票,富华大酒店不向天马公司开具餐饮发票。假合同的租金额则为 50 万元,用于应付双方的账务和税务局的检查。

2018 年天马公司在富华大酒店发生餐饮消费额 28 万元,请富华大酒店代办逢年过节发放给员工的食品等 22 万元。另外,天马公司按时收到了富华大酒店汇来的 50 万元房租,天马公司向富华大酒店开具了 50 万元的房租发票,可谓皆大欢喜。

2019 年 7 月,税务机关对天马公司 2018 年账务进行检查时发现,天马公司业务招待费不但未超支,而且比上年大幅下降了 70%多。同时,房屋出租收入也下降了 50%。经验丰富的检查人员马上意识到这两个事项之间可能存在一定的关联,即天马公司可能将其在富华大酒店的消费额与部分房屋租金直接抵销,双方均不开票、不确认收入,从而偷逃税款。

解析:天马公司少确认 50 万元的房租收入将会少缴纳下列税款:

(1) 采用一般计税方法少缴纳增值税＝500 000×10%＝50 000(元)

采用简易计税方法少缴纳增值税＝500 000×5%＝25 000(元)

(2) 增值税采用一般计税方法少缴纳城建税和教育费附加＝50 000×(7%＋3%)＝5 000(元)

增值税采用简易计税方法少缴纳城建税和教育费附加＝25 000×(7%＋3%)＝2 500(元)

(3) 少缴纳房产税＝500 000×12%＝60 000(元)

(4) 少缴纳印花税＝500 000×1‰＝500(元)

(5) 企业所得税少确认收入 500 000 元,少确认成本费用 500 000(280 000＋220 000)元,但是业务招待费和职工福利费是限额扣除项目,超过扣除限额的部分应作纳税调增处理。

富华大酒店未确认 50 万元餐饮服务销售额少缴纳下列税款:

(1) 少缴纳增值税＝500 000×6%＝30 000(元)

(2) 少缴纳印花税＝500 000×1‰＝500(元)

6 纳税人发生混合销售行为分别核算货物和服务的销售额,分别就各自的销售额按照各自的适用税率缴纳增值税。

《营改增试点实施办法》第四十条规定,一项销售行为如果既涉及服务又涉及货物,为混合销售。从事货物的生产、批发或者零售的单位和个体工商户的混合销售行为,按照销售货物缴纳增值税;其他单位和个体工商户的混合销售行为,按照销售服务缴纳增值税。本条所称从事货物的生产、批发或者零售的单位和个体工商户,包括以从事货物的生产、批发或者零售为主,并兼营销售服务的单位和个体工商户在内。

目前,可以将混合销售行为的销售额切分开来,分别按照销售货物和提供服务两项行为征税的只有:销售活动板房、机器设备、钢结构件等自产货物的同时提供建筑、安装服务,和销售自产或外购机器设备的同时提供安装服务。其他混合销售行为必须将货物和服务的销售额作为一个整体,适用一个税率征收增值税。

7 折扣额单独开具发票或仅在发票"备注"栏注明折扣额。

《国家税务总局关于印发〈增值税若干具体问题的规定〉的通知》(国税发〔1993〕154号)规定,纳税人采取折扣方式销售货物,如果销售额和折扣额在同一张发票上分别注明的,可按折扣后的销售额征收增值税;如果将折扣额另开发票,不论其在财务上如何处理,均不得从销售额中减除折扣额。对于如何判断"在同一张发票上分别注明",《国家税务总局关于折扣额抵减增值税应税销售额问题通知》(国税函〔2010〕56号)规定,销售额和折扣额在同一张发票上分别注明,指销售额和折扣额在同一张发票上的"金额"栏分别注明的,可按折扣后的销售额征收增值税。未在同一张发票"金额"栏注明折扣额,而仅在发票的"备注"栏注明折扣额的,折扣额不得从销售额中减除。

8 房地产企业采用预收款方式销售开发产品、建筑企业采用预收款方式提供建筑服务,收到预收款时,未预缴增值税。

《国家税务总局关于发布〈房地产开发企业销售自行开发的房地产项目增值税征收管理暂行办法〉的公告》(总局公告2016年第18号)规定,房地产开发企业采取预收款方式销售自行开发的房地产项目,应在收到预收款时按照3%的预征率预缴增值税。应预缴税款按照以下公式计算:应预缴税款＝预收款÷(1＋适用税率或征收率)×3%。

《财政部 税务总局关于建筑服务等营改增试点政策的通知》(财税〔2017〕58号)规定,纳税人提供建筑服务取得预收款,应在收到预收款时,以取得的预收款扣除支付的分包款后的余额,一般计税方法计税的项目按照2%的预征率,简易计税方法计税的项目按照3%的预征率预缴增值税。按照现行规定应在建筑服务发生地预缴增值税的项目,纳税人收到预收款时在建筑服务发生地预缴增值税。按照现行规定无需在建筑服务发生地预缴增值税的项目,纳税人收到预收款时在机构所在地预缴增值税。

9 提供固定资产租赁或不动产租赁服务的纳税人,预收的租金没有按规定履行纳税义务。

《营改增试点实施办法》第四十五条明确,纳税人提供租赁服务采取预收款方式的,其纳税义务发生时间为收到预收款的当天。实务中,纳税人提供租赁服务经常会一次性预收一定期间的租金,收到租金时,增值税纳税义务就发生了,增值税纳税义务发生时间类似于收付实现制。

10 收取预收款时直接给对方开具发票。

《增值税暂行条例》及《营改增试点实施办法》规定增值税纳税义务发生时间为:纳税人发生应税行为并收讫销售款项或者取得索取销售款项凭据的当天;先开具发票的,为开具发票的当天。收到预收款的当天即发生纳税义务的只有两种情形:一是采取预收货款方式生产销售生产工期超过 12 个月的大型机械设备、船舶、飞机等货物;二是纳税人采取预收款方式提供租赁服务。除提供租赁服务和销售生产工期超过 12 个月的货物外,纳税人取得预收款时,如果不开具发票,纳税义务并未发生;但是开具发票的,按照"先开具发票的,为开具发票的当天"的规定,则纳税义务发生了。例如,物业管理企业一次性收取全年物业费,开具发票的,需要在开具发票的当月全额缴纳增值税;如果购买方不需要发票,企业没开具发票,则可以分期确认收入,分期缴纳增值税。

2.4 视同销售业务

《增值税暂行条例实施细则》第四条规定,单位或者个体工商户的下列行为,视同销售货物:

(1) 将货物交付其他单位或者个人代销。

(2) 销售代销货物。

(3) 设有两个以上机构并实行统一核算的纳税人,将货物从一个机构移送其他机构用于销售,但相关机构设在同一县(市)的除外。

(4) 将自产或者委托加工的货物用于非增值税应税项目。

(5) 将自产、委托加工的货物用于集体福利或者个人消费。

(6) 将自产、委托加工或者购进的货物作为投资,提供给其他单位或者个体工商户。

(7) 将自产、委托加工或者购进的货物分配给股东或者投资者。

(8) 将自产、委托加工或者购进的货物无偿赠送其他单位或者个人。

随着全行业营改增的试点,非增值税应税项目已经不复存在,第(4)项"将自产或者委托加工的货物用于非增值税应税项目"也不存在了。

2.4.1　视同销售的税收及会计处理

2.4.1.1　无偿赠送

一、先看看税收政策

增值税：企业将自产、委托加工或购买的货物无偿赠送他人，属于视同销售货物；单位或者个体工商户向其他单位或者个人无偿提供服务（用于公益事业或者以社会公众为对象的除外），属于视同提供服务；单位或者个人向其他单位或者个人无偿转让无形资产或者不动产（用于公益事业或者以社会公众为对象的除外），属于视同销售无形资产或者不动产。上述三种视同销售行为，应按规定计算缴纳增值税。

企业所得税：企业发生非货币性资产交换，以及将货物、财产、劳务用于捐赠、偿债、赞助、集资、广告、样品、职工福利或者利润分配等用途的，应当视同销售货物、转让财产或者提供劳务，按规定计算缴纳企业所得税。

二、会计处理思路

企业将货物、服务等用于捐赠，会导致经济利益流出企业，但由于它是非日常活动发生的，应当确认为损失。企业应按同类货物的成本价和销项税额，借记"营业外支出"等账户，按货物的成本价，贷记"产成品"等账户，按同类货物的销售价格和规定的增值税税率计算的销项税额，贷记"应交税费——应交增值税（销项税额）"账户。

三、例题

【例题 2-51】　天马汽车制造厂（一般纳税人）小汽车的出厂价为每辆不含税价100 000元，成本价为80 000元。2019年9月单位将小汽车8辆捐赠给某协作单位，并开具了增值税专用发票。

$$增值税销项税额＝100\ 000×8×13\%＝104\ 000（元）$$

借：营业外支出	744 000
贷：库存商品	640 000
应交税费——应交增值税（销项税额）	104 000

2.4.1.2　以物投资

一、先看看税收政策

增值税：企业将自产、委托加工或者购进的货物作为投资，提供给其他单位或者个体工商户，属于视同销售货物，应按规定计算缴纳增值税。

企业将货物用于投资属于发生非货币性资产交换，在企业所得税上也应按视同销售处理。

二、会计处理思路

企业将货物用于投资属于发生非货币性资产交换。由于货物带来的经济利益流入企业的方式与投资带来的经济利益流入企业的方式显著不同,该项交换具有商业实质。会计上,应按照公允价值确认货物的收入,同时确认投资初始成本。另外,还需结转货物成本。

三、例题

【例题 2-52】 天马企业(一般纳税人)2019 年 9 月将生产的产品一批用于对子公司投资,该批产品账面成本为 50 000 元,公允价值为 60 000 元。

借:长期股权投资　　　　　　　　　　　　　　　　　　　67 800
　　贷:主营业务收入　　　　　　　　　　　　　　　　　60 000
　　　　应交税费——应交增值税(销项税额)　　　　　　 7 800
借:主营业务成本　　　　　　　　　　　　　　　　　　　50 000
　　贷:库存商品　　　　　　　　　　　　　　　　　　　50 000

2.4.1.3　分配实物福利

一、先看看税收政策

增值税:将自产、委托加工的货物用于集体福利或者个人消费,属于视同销售货物,应按规定计算缴纳增值税。

特别提醒

只有将自产、委托加工的货物用于集体福利或者个人消费才属于增值税的视同销售行为,将外购的货物用于集体福利或者个人消费,属于进项税额不得抵扣的行为。

分配实物福利属于将货物、财产用于职工福利,在企业所得税上也应按视同销售处理。

二、会计处理思路

企业将自产、委托加工的货物用于集体福利或个人消费等,会计上应确认收入,借记"应付职工薪酬"账户,贷记"主营业务收入"和"应交税费——应交增值税(销项税额)"账户;将外购的货物用于集体福利,不确认收入。

三、例题

【例题 2-53】 天马挂面厂(一般纳税人)2019 年 9 月将自产的 1 000 千克挂面用于发放一线生产人员个人福利,成本为 8 000 元,市场价格为 10 000 元。

(1)决定发放福利时:

借:生产成本　　　　　　　　　　　　　　　　　　　　　10 900
　　贷:应付职工薪酬　　　　　　　　　　　　　　　　　10 900

（2）发放福利时：

借：应付职工薪酬   10 900

  贷：主营业务收入   10 000

    应交税费——应交增值税（销项税额） 900

借：主营业务成本   8 000

  贷：库存商品   8 000

【例题 2-54】 天马企业（一般纳税人）将外购 1 000 千克挂面用于发放一线生产人员个人福利，转账支付挂面厂 10 900 元，取得增值税普通发票，注明销售额为 10 000 元，增值税额 900 元。

（1）决定发放福利时：

借：生产成本   10 900

  贷：应付职工薪酬   10 900

（2）发放福利时：

借：应付职工薪酬   10 900

  贷：银行存款   10 900

2.4.1.4 代销

委托代销分为实销额结算方式代销和手续费方式代销。实销额结算方式代销是指委托方按合同约定的价格将货物交付受托方，受托方将货物加价出售，与委托方按照代销合同约定的价格结算，通常情况下委托方不另外向受托方支付手续费。手续费方式代销是指委托方按合同约定的价格将货物交付受托方，受托方按合同约定的价格将货物出售，委托方另外向受托方支付手续费。

一、先看看税收政策

将货物交付其他单位或者个人代销，销售代销货物，均属于视同销售货物，应按规定计算缴纳增值税。也就是说，无论采用何种代销方式销售货物，委托方和受托方的行为均属于视同销售行为。

委托其他纳税人代销货物，纳税义务发生时间为收到代销单位的代销清单或者收到全部或者部分货款的当天，未收到代销清单及货款的，为发出代销货物满 180 天的当天。

二、会计处理思路

实销额和手续费两种方式代销货物，委托方的处理相同，受托方的处理差异较大。实销额结算方式下，受托方拥有商品的定价权，商品售出后，受托方应确认收入，结转成本，与销售自有货物的会计处理方式类似；手续费方式代销下，受托方不拥有定价权，代销的商品所有权并不是受托方的，因此，商品售出后，受托方不应确认收入，而应确认负债。

2.4.1.4.1　委托方的会计处理

无论是实销额结算方式代销还是手续费方式代销,只要受托方可以将没有代销出去的货物退回给委托方,委托方在发出货物时,与货物所有权相关的主要风险和报酬没有转移给受托方,不应确认收入,应将"库存商品"转入"委托代销商品"账户。委托方应在受托方销售货物后,收到受托方交来的代销清单时,确认收入并结转成本。

采取手续费方式代销货物的,委托方在与受托方结算货款时,还应向受托方支付手续费,应按手续费金额,借记"销售费用""经营费用"等账户,贷记"应收账款"等账户。

【例题 2-55】　天马公司为一般纳税人,采取手续费方式委托丙公司(一般纳税人)代销其产品,2019 年 9 月 3 日,发出产品 200 件,成本为 80 000 元,不含税售价 90 000 元。9 月 26 日收到丙公司报来代销清单,200 件产品已经全部售出,天马公司向丙公司开具增值税专用发票,注明价款 90 000 元,增值税额 11 700 元。按照合同约定,天马公司应付给丙公司 1 500 元代销费用。9 月 28 日天马公司收到丙公司扣除手续费后的货款和手续费发票。天马公司的会计处理为:

(1) 发出代销商品时:

借:委托代销商品　　　　　　　　　　　　　　　　　　　　　　　　80 000
　　贷:库存商品　　　　　　　　　　　　　　　　　　　　　　　　　　80 000

(2) 收到丙公司的代销清单,并向丙公司开具专用发票时:

借:应收账款——丙公司　　　　　　　　　　　　　　　　　　　　　101 700
　　贷:主营业务收入　　　　　　　　　　　　　　　　　　　　　　　　90 000
　　　　应交税费——应交增值税(销项税额)　　　　　　　　　　　　　11 700

借:主营业务成本　　　　　　　　　　　　　　　　　　　　　　　　80 000
　　贷:委托代销商品　　　　　　　　　　　　　　　　　　　　　　　　80 000

(3) 收到丙公司交来的手续费发票时:

借:销售费用　　　　　　　　　　　　　　　　　　　　　　　　　　 1 500
　　贷:应收账款——丙公司　　　　　　　　　　　　　　　　　　　　　1 500

(4) 收到丙公司划来款项时:

借:银行存款　　　　　　　　　　　　　　　　　　　　　　　　　　100 200
　　贷:应收账款——丙公司　　　　　　　　　　　　　　　　　　　　100 200

【例题 2-56】　天马公司为一般纳税人,采取实销额方式委托丙公司(一般纳税人)代销其产品,2019 年 9 月 3 日,发出产品 200 件,成本为 80 000 元,不含税售价 90 000 元,丙公司可以加价出售,天马公司不支付代销手续费。9 月 26 日,丙公司将 200 件商品全部售出,向购买方开出增值税专用发票,注明金额 100 000 元,税额 13 000 元,同日向天马公司开出代销清单。9 月 27 日,天马公司向丙公司开具增值税专用发票,注明价款

90 000 元,增值税额 11 700 元。9 月 28 日,天马公司收到丙公司全部代销货款。天马公司的会计处理为:

(1) 发出代销商品时:

借:委托代销商品   80 000
 贷:库存商品   80 000

(2) 收到丙公司的代销清单,并向丙公司开具专用发票时:

借:应收账款——丙公司   101 700
 贷:主营业务收入   90 000
  应交税费——应交增值税(销项税额)   11 700

借:主营业务成本   80 000
 贷:委托代销商品   80 000

(3) 收到丙公司划来款项时:

借:银行存款   101 700
 贷:应收账款——丙公司   101 700

2.4.1.4.2 受托方的会计处理

采用实销额结算方式代销货物,受托方在货物售出后应确认收入、结转成本。确认收入作正常的会计处理,结转成本时,借记"主营业务成本"账户,贷记"受托代销商品"账户,同时将"受托代销商品款"转入"应付账款";待收到委托方开来的增值税专用发票,确认当期可以抵扣进项税额,借记"应交税费——应交增值税(进项税额)"或"应交税费——待认证进项税额",贷记"应付账款"账户。

采用手续费方式代销货物,受托方在货物售出后不确认收入,货物含税销售款扣除手续费后余款应归还委托方。受托方在销售货物时,借记"银行存款"账户,贷记"应付账款"和"应交税费——应交增值税(销项税额)"账户;同时将"受托代销商品"和"代销商品款"账户对冲。待收到委托方开来的增值税专用发票,确认当期可以抵扣进项税额,借记"应交税费——应交增值税(进项税额)"或"应交税费——待认证进项税额"账户,贷记"应付账款"账户。

【例题 2-57】 天马公司为一般纳税人,采取手续费方式委托丙公司(一般纳税人)代销其产品,2019 年 9 月 3 日,发出产品 200 件,成本为 80 000 元,不含税售价 90 000 元。9 月 26 日收到丙公司报来代销清单,200 件产品已经全部售出,天马公司向丙公司开具增值税专用发票,注明价款 90 000 元,增值税额 11 700 元。按照合同约定,天马公司应付给丙公司 1 500 元代销费用。9 月 28 日天马公司收到丙公司扣除手续费后的货款和手续费发票。丙公司的会计处理为:

(1) 收到受托代销商品时,按协议作价:

借：受托代销商品   90 000

  贷：代销商品款   90 000

(2) 售出受托代销商品时：

借：银行存款   101 700

  贷：应付账款——天马公司   90 000

    应交税费——应交增值税(销项税额)   11 700

借：代销商品款   90 000

  贷：受托代销商品   90 000

(3) 计算应收取的代销手续费时：

借：应付账款——天马公司   1 500

  贷：其他业务收入   1 500

(4) 向委托方支付款项,并收到委托方开来的增值税专用发票：

借：应交税费——应交增值税(进项税额)   11 700

  贷：应付账款——天马公司   11 700

借：应付账款——天马公司   100 200

  贷：银行存款   100 200

【例题 2-58】 天马公司为一般纳税人,采取实销额方式委托丙公司(一般纳税人)代销其产品,2019 年 9 月 3 日,发出产品 200 件,成本为 80 000 元,不含税售价 90 000 元,丙公司可以加价出售,天马公司不支付代销手续费。9 月 26 日,丙公司将 200 件商品全部售出,向购买方开出增值税专用发票,注明金额 100 000 元,税额 13 000 元,同日向天马公司开出代销清单。9 月 27 日,天马公司向丙公司开具增值税专用发票,注明价款 90 000 元,增值税额 11 700 元。9 月 28 日,天马公司收到丙公司全部代销货款。丙公司的会计处理为：

(1) 收到受托代销商品时：

借：受托代销商品   90 000

  贷：代销商品款   90 000

(2) 售出受托代销商品时：

借：银行存款   113 000

  贷：主营业务收入   100 000

    应交税费——应交增值税(销项税额)   13 000

借：主营业务成本   90 000

  贷：受托代销商品   90 000

借：代销商品款   90 000
  贷：应付账款——天马公司   90 000

（3）交付代销清单并收到天马公司开具的专用发票时：

借：应交税费——应交增值税(进项税额) 11 700
  贷：应付账款——天马公司   11 700

（4）支付代销商品款时：

借：应付账款——天马公司   101 700
  贷：银行存款   101 700

2.4.2 视同销售业务涉税风险点

❶ 销售货物附带赠送赠品，事先未进行筹划，赠品被税务机关按视同销售处理。

企业为了促进商品销售，经常开展一些促销活动，"买一赠一"方式是很多企业采用过的推销策略。如汽车4S店在顾客买车时随车赠送一些装饰用品、防爆膜、真皮座套、地胶板、防盗报警器等，车子的档次越高，赠品价值也越高。企业对赠品本身没有收取任何对价，很容易被税务机关认定为"将自产、委托加工或外购货物无偿赠送他人"，要求按照视同销售缴纳增值税。

按照《国家税务总局关于确认企业所得税收入若干问题的通知》(国税函〔2008〕875号)第三款规定，企业以"买一赠一"等方式组合销售本企业商品的，在所得税方面不属于捐赠，应将总的销售金额按各项商品的公允价值的比例来分摊确认各项的销售收入；但增值税方面没有明确规定"买一赠一"方式不属于捐赠，存在一定的税收风险。

【案例解析】

某农用车经销商销售农用车时随车附赠可以与农用车配套使用的农具，这些农具是农用车生产厂家在销售农用车时附带赠送的。经销商将成套购进的农用车及农具也成套销售给农民，经销商开具的销售发票上注明农用车每台销售额20 000元，增值税额2 600元，随车附赠的农具在发票上未体现。经销商主管税务机关在对其进行税务检查时，认为赠送给农民的农具属于视同销售行为，经销商未按照同类产品的平均售价申报纳税，属于偷税行为。按照同类农具的平均销售价格核定，经销商1年赠送农具的销售额为20万元，要求经销商缴纳增值税款26 000元，滞纳金3 000元，并处以13 000元罚款。

解析："买一赠一"方式下，销售货物附带赠送的赠品按视同销售征收增值税，对纳税人来说，确实有点冤。在目前增值税政策没有具体规定的情况下，纳税人只能合理筹划，规避纳税风险。

规避方式一：将实物赠品转化为价格折扣开具发票。

企业可以在发票上分别开具销售货物数量、单价和金额，并在同一张发票上另起一行，按照赠品的价值开具折扣额，并将折扣额在金额栏内按负数开具，该张发票按照国税发〔1993〕154 号文件规定，可以按照折扣后的销售额纳税。企业另外再开具一张赠品的发票，也可以把赠品的数量、单价和金额在销售货物的发票上，再另起一行开具。

规避方式二：将总的销售额在货物和赠品间分摊，在发票上分别注明货物和赠品销售额。

企业可以按照货物和赠品的公允价值将全部销售额在货物和赠品之间进行分摊，在开具发票时，货物和赠送货物的数量、单价和金额（分摊后的金额）分两行开具。

2 未掌握视同销售行为相关政策规定，发生视同销售行为却未申报纳税。

按照税法规定，企业有很多行为要视为销售，有的企业不按政策处理，应该视同销售的项目不视同销售，不作纳税调整。出现这种情况，大多数是因为财务人员不了解税收法律政策所致，少量的是懂政策但故意违背。

由于不同税种的税收政策往往出于国家税务总局不同司室，相互之间没有协调，所以不同税种政策间往往会出现不一致，甚至自相矛盾。如企业以"买一赠一"等方式组合销售本企业商品的，在所得税方面不属于捐赠，增值税方面没有强调其不属于无偿赠送；再如根据国税函〔2008〕828 号《关于企业处置资产所得税处理问题的通知》规定，企业将资产在总机构及其分支机构之间转移，除将资产转移至境外以外，由于资产所有权属在形式和实质上均不发生改变，可作为内部处置资产，不视同销售确认收入，相关资产的计税基础延续计算。但根据《增值税暂行条例实施细则》第四条规定，设有两个以上机构并实行统一核算的纳税人，将货物从一个机构移送其他机构用于销售，除相关机构设在同一县（市）的，则须视同销售货物。

特别提醒

企业尤其要注意，将货物无偿赠送他人、将自产货物用于集体福利和个人消费属于视同销售货物，应当计算缴纳增值税和企业所得税。

2.5 进项税额转出

《财政部 国家税务总局关于全面推开营业税改征增值税试点的通知》（财税〔2016〕36 号）规定，下列项目的进项税额不得从销项税额中抵扣：

（1）用于简易计税方法计税项目、免征增值税项目、集体福利或者个人消费的购进货物、加工修理修配劳务、服务、无形资产和不动产。其中涉及的固定资产、无形资产、不动产，仅指专用于上述项目的固定资产、无形资产（不包括其他权益性无形资产）、不动产。

（2）非正常损失的购进货物，以及相关的加工修理修配劳务和交通运输服务。

（3）非正常损失的在产品、产成品所耗用的购进货物（不包括固定资产）、加工修理修配劳务和交通运输服务。

（4）非正常损失的不动产，以及该不动产所耗用的购进货物、设计服务和建筑服务。

（5）非正常损失的不动产在建工程所耗用的购进货物、设计服务和建筑服务。纳税人新建、改建、扩建、修缮、装饰不动产，均属于不动产在建工程。

（6）购进的贷款服务、餐饮服务、居民日常服务和娱乐服务。

（7）财政部和国家税务总局规定的其他情形。

若纳税人购进的固定资产、无形资产、不动产，同时用于一般计税方法项目和简易计税方法计税项目、免征增值税项目、集体福利或者个人消费的，取得的进项税额准予全额抵扣。

纳税人购进货物、劳务、服务、无形资产、不动产发生上述不得抵扣情形，如果购进时已经将进项税额申请抵扣了，则发生上述情形时，应将相应的进项税额转出。

2.5.1　进项税转出的税收与会计处理

2.5.1.1　用于免税项目

一、先看看税收政策

用于免征增值税项目的购进货物、加工修理修配劳务、服务、无形资产和不动产，进项税额不得抵扣。免征增值税是指财政部及国家税务总局规定的免征增值税的项目，如饲料、农膜、抗艾滋病药品、养老机构提供的养老服务、婚姻介绍服务、从事学历教育的学校提供的教育服务等。

二、会计处理思路

将外购的货物、劳务、服务用于免税项目，进项税额不得抵扣，如果纳税人在购进货物、劳务、服务时，便知道用于免税项目，不要计提进项税额；如果购进时已经抵扣进项税额了，则将其用于免税项目时，应将已经抵扣的进项税额转出。

三、例题

【例题 2-59】 天马药厂 2019 年 9 月药品销售收入 200 万元（不含税），其中免税药品销售收入为 100 万元，款项已存入银行。当月购入免税药品原材料，取得的增值税专用发票上注明的价款为 60 万元，税款为 7.8 万元，货物已验收入库并已付款；当月通过银行转账支付生产用电费 11 300 元，取得增值税专用发票注明税额为 1 300 元，增值税专用发票在当月认证。

（1）购进免税药品原材料，进项税额不得抵扣：

借：原材料　　　　　　　　　　　　　　　　　　　　　　678 000

　　贷：银行存款　　　　　　　　　　　　　　　　　　　　678 000

（2）购入生产用电无法准确划分不得抵扣的进项税额，应按公式分摊。

$$不得抵扣的进项税额＝1\ 300×100÷200＝650（元）$$

借：制造费用　　　　　　　　　　　　　　　　　　　　　10 000

　　应交税费——应交增值税（进项税额）　　　　　　　　　1 300

　　贷：银行存款　　　　　　　　　　　　　　　　　　　　11 300

借：制造费用　　　　　　　　　　　　　　　　　　　　　　650

　　贷：应交税费——应交增值税（进项税转出）　　　　　　　650

2.5.1.2　用于简易计税方法项目

一、先看看税收政策

一般纳税人发生财政部和国家税务总局规定的特定应税行为，可以选择适用简易计税方法计税，适用简易计税方法计税的一般纳税人，其取得的用于简易计税方法计税项目的进项税额不得抵扣。例如，房地产开发企业一般纳税人销售自行开发的房地产老项目、一般纳税人为建筑工程老项目提供的建筑服务等。

二、会计处理思路

简易计税方法计税项目和一般计税方法计税项目，都是企业经营的项目，同样要进行成本的归集与分配，收入的确认和已销成本的结转。不同的是简易计税方法项目所耗用的购进货物、服务等进项税额不得抵扣。企业购进时，便知道其用于简易计税项目，直接不要计提进项税额，按价税合计价记入成本；企业购进时，不知道其用于简易计税项目，已经将进项税额抵扣了，应作进项税额转出处理。

三、例题

【例题 2-60】　天马建筑企业为增值税一般纳税人，2019 年 9 月购买建筑材料，货款通过银行转账付讫，取得增值税专用发票注明金额 100 000 元，增值税额 13 000 元，该批建筑材料用于适用简易计税方法的老建筑项目，该笔进项税额不得抵扣，应直接计入成本。会计处理如下：

借：原材料　　　　　　　　　　　　　　　　　　　　　100 000

　　应交税费——应交增值税（进项税额）　　　　　　　　13 000

　　贷：银行存款　　　　　　　　　　　　　　　　　　　113 000

借：原材料　　　　　　　　　　　　　　　　　　　　　13 000

　　贷：应交税费——应交增值税（进项税额转出）　　　　　13 000

2.5.1.3 用于集体福利或个人消费

一、先看看税收政策

用于集体福利或个人消费的购进货物、加工修理修配劳务、服务、无形资产和不动产进项税额不得抵扣。

集体福利是指纳税人为内部职工提供的各种内设福利部门所发生的设备、设施等费用,包括职工食堂、职工浴室、理发室、医务所、托儿所、疗养院等集体福利部门的设备、设施及维修保养费用。个人消费是指纳税人内部职工个人消费的货物、劳务及服务等所发生的费用,包括纳税人的交际应酬消费、职工奖励等。

二、会计处理思路

企业将外购的货物、服务等用于集体福利或个人消费,进项税额不得抵扣,按价税合计价记入"应付职工薪酬——职工福利"账户;在分配职工福利时,按人员所在的岗位,根据受益对象记入相应的成本费用账户。

三、例题

【例题 2-61】 天马糕点厂(一般纳税人)2019 年 9 月购入白糖 300 千克,准备用于糕点生产,增值税专用发票注明金额 1 000 元,增值税额 130 元,增值税发票在当月认证抵扣,款项用现金支付。国庆节将至,企业将库存的当月购入的白糖全部发放给一线生产工人用作职工福利。

(1) 购入白糖时:

借:原材料   1 000
  应交税费——应交增值税(进项税额)   130
 贷:库存现金   1 130

(2) 将白糖发放职工福利时:

借:应付职工薪酬   1 130
 贷:原材料   1 000
  应交税费——应交增值税(进项税额转出) 130

(3) 计提福利费时:

借:生产成本   1 130
 贷:应付职工薪酬   1 130

2.5.1.4 非正常损失

一、先看看税收政策

(1) 非正常损失的购进货物,以及相关的加工修理修配劳务和交通运输服务进项税额不得抵扣。

（2）非正常损失的在产品、产成品所耗用的购进货物（不包括固定资产）、加工修理修配劳务和交通运输服务进项税额不得抵扣。

非正常损失的在产品、产成品成本包括直接材料、直接人工和间接制造费用，其中，直接人工没有抵扣过进项税额，自然作进项税额转出时，不能直接按照在产品（产成品）成本乘税率计算。

（3）非正常损失的不动产，以及该不动产所耗用的购进货物、设计服务和建筑服务进项税额不得抵扣。

（4）非正常损失的不动产在建工程所耗用的购进货物、设计服务和建筑服务。

非正常损失，是指因管理不善造成货物被盗、丢失、霉烂变质，以及因违反法律法规造成货物、不动产被依法没收、销毁、拆除的。

增值税制度中的"非正常损失"和会计上的"非正常损失"范围是不同的，增值税制度中的"非正常损失"的范围很窄，只有因管理不善造成货物被盗、丢失、霉烂变质，以及因违反法律法规造成货物或者不动产被依法没收、销毁、拆除的情形，不再包括自然灾害损失以及生产经营过程中其他非正常损耗。会计上，正常损耗以外的损失都属于非正常损失，范围较宽。

二、会计处理思路

一般纳税人发生非正常损失的外购货物、在产品（产成品）、不动产、不动产在建工程对应的进项税额不得抵扣。企业应将非正常损失的货物成本和不得抵扣的增值税转入"待处理财产损溢"借方，经批准后将损失转入"营业外支出""管理费用"等账户。

三、例题

【例题 2-62】 天马企业为增值税一般纳税人，2019 年 9 月因管理不善霉烂变质材料一批，该批材料购买时，取得增值税专用发票注明金额 100 000 元，进项税额 13 000 元，该笔进项税额已抵扣。假设无相关责任人赔偿。

（1）非正常损失发生时：

借：待处理财产损溢——待处理流动资产损溢　　　　　　　　　　113 000
　　贷：原材料　　　　　　　　　　　　　　　　　　　　　　　　　　100 000
　　　　应交税费——应交增值税（进项税额转出）　　　　　　　　　　13 000

（2）经管理部门审批后：

借：管理费用   113 000

 贷：待处理财产损溢——待处理流动资产损溢   113 000

【例题 2-63】 天马彩电生产企业（增值税一般纳税人）2019 年 9 月仓库被盗，丢失彩电 50 台，每台成本 800 元，其中每台彩电中外购货物成本比例为 50%，取得时税率为 13%。

        应转出进项税额＝50×800×50%×13%＝2 600（元）

借：待处理财产损溢   42 600

 贷：库存商品   40 000

  应交税费——应交增值税（进项税额转出）   2 600

2.5.1.5 从供货商取得返利

有的生产企业为了促进经销商（商业企业）扩大商品销售，采用销售返利的形式，即经销商销售商品金额达到一定额度后，生产企业给经销商一定比例的返利，返利比例通常有多档，经销商销售金额越大，返利比例越大。经销商为了取得更高比例的返利，必须提高销售额。为此，他们经常选择降低商品销售价格的方式，有的经销商以商品进货成本价格，甚至低于商品进货成本的价格将商品销售出去。经销企业这种特殊情形下，平价甚至低价销售商品，税收上称为平销行为。例如，汽车生产厂家为了鼓励汽车 4S 店多卖汽车，都会将返利与汽车 4S 店的销售额挂钩。4S 店以厂家制定的全国统一销售价格销售汽车后，厂家依据销售规模或销售数量给予汽车 4S 店奖励或返利。厂家返利名目繁多，一般包括实销奖、达标奖、广告费支援、促销费补助、建店补偿等，返回方式既有资金返利，也有实物返利。

据调查，在平销活动中，生产企业向商业企业返利的方式主要有以下几种：一是生产企业直接向商业企业返还资金，如有的对商业企业返还利润，有的向商业企业投资等。二是生产企业向商业企业赠送实物或进行实物投资。

一、先看看税收政策

凡增值税一般纳税人，无论是否有平销行为，因购买货物而从销售方取得的各种形式的返还资金，按照以下原则征收增值税：

（1）对商业企业向供货方收取的与商品销售量、销售额挂钩（如以一定比例、金额、数量计算）的各种返还收入，均应依所购货物的增值税税率计算应冲减的进项税金，并从其取得返还资金当期的进项税金中予以冲减。应冲减的进项税金计算公式如下：

$$\text{当期应冲减进项税金}＝\text{当期取得的返还资金}\div\left(1+\text{所购货物适用增值税税率}\right)\times\text{所购货物适用增值税税率}$$

（2）对商业企业向供货方收取的与商品销售量、销售额无必然联系，且商业企业向供货方提供一定劳务的收入，例如，进场费、广告促销费、上架费、展示费、管理费等,不属于平销返利,不冲减当期增值税进项税金,应按服务的适用税目税率征收增值税。

有的人会觉得奇怪:商业企业从供货商取得的返利,怎么做进项税额转出了呢? 商业企业按照正常的成本价格从供货企业购进商品后,因为销售量或销售额达到一定额度,又从供货商取得了返利,将这两笔交易合并,相当于商业企业按照成本价减返利后的金额取得了商品。也就是说,商业企业购进商品的最终价格不是成本价,而是成本价减去返利后的余额。商业企业在购进商品当期,已经按照成本价抵扣了进项税额,取得返利当期自然要作进项税额转出了。

二、会计处理思路

商业企业按照正常成本价从供货企业购进商品,做正常的购进业务处理,按不含税价记入成本,将增值税额记入"应交税费——应交增值税(进项税额)"或"应交税费——待认证进项税额",价税合计价记入"银行存款"或"应付账款"等账户。商业企业取得供货企业的返利时,相当于购进商品时已经确认的商品成本和进项税额高了,应该冲减成本和进项税额,借记"银行存款"或"应付账款"等账户,贷记"主营业务成本"和"应交税费——应交增值税(进项税额转出)"账户。

三、例题

【例题 2-64】 三联家电商场(一般纳税人)2019 年 9 月销售家电取得的不含税销售额为 65 000 元,销售款项全部以现金收讫。购进这些电视机时取得专用发票上注明的价款为 70 000 元,税款为 9 100 元,款项尚未支付。因三联家电商场 8 月份购进海信集团有限公司的家电产品金额达到 200 万元,本月还取得海信集团有限公司的 8 月份返还资金 5 400 元。

(1) 购进电视机时:

借:库存商品   70 000
　　应交税费——应交增值税(进项税额)   9 100
　　贷:应付账款   79 100

(2) 9 月销售电视机时:

借:库存现金   73 450
　　贷:主营业务收入   65 000
　　　　应交税费——应交增值税(销项税额)   8 450

借:主营业务成本   70 000
　　贷:库存商品   70 000

(3) 取得八月份返利时:

当期应冲减进项税金$=5\ 400÷(1+13\%)×13\%=621.24$(元)

借：应付账款　　　　　　　　　　　　　　　　　　　　　5 400.00
　　贷：主营业务成本　　　　　　　　　　　　　　　　　　　4 778.76
　　　　应交税费——应交增值税（进项税额转出）　　　　　621.24

2.5.1.6　购进固定资产、不动产改变用途

2.5.1.6.1　从可以抵扣进项税额的用途变为不可抵扣进项税额的用途

一、先看看税收政策

《国家税务总局关于发布〈不动产进项税额分期抵扣暂行办法〉的公告》（国家税务总局公告 2016 年第 15 号）规定，已抵扣进项税额的不动产，发生非正常损失，或者改变用途，转用于简易计税方法计税项目、免征增值税项目、集体福利或者个人消费的，按照下列公式计算不得抵扣的进项税额：

$$不得抵扣的进项税额＝已抵扣进项税额×不动产净值率$$

$$不动产净值率＝（不动产净值÷不动产原值）×100\%$$

不得抵扣的进项税额，应于该不动产改变用途的当期，从进项税额中扣减。

二、会计处理思路

一般纳税人购入固定资产、不动产用于进项税额可以抵扣的用途且已经将进项税额申报抵扣，使用一段时间后改变用途，用于进项税额不可以抵扣的用途，应在改变用途时，按改变用途时点固定资产、不动产的净值率计算不可以抵扣的进项税额，作进项税额转出处理。

三、例题

【例题 2-65】 天马公司（一般纳税人）2018 年 11 月购置厂房一幢，取得的增值税专用发票上注明的价款为 3 000 万元，增值税额为 300 万元，款项已用银行存款支付，增值税专用发票当月认证，厂房当月投入使用。如果该厂房预计使用年限 20 年，预计净残值为 0。2019 年 9 月天马公司将该厂房改造为员工食堂了。

（1）改造时厂房净值＝3 000－3 000÷20÷12×10＝2 875（万元）

不动产净值率＝（不动产净值÷不动产原值）×100％＝（2 875÷3 000）×100％＝95.83％

（2）2018 年 11 月厂房购置时，当期抵扣的进项税额 300×60％＝180 万元，计入待抵扣进项税额 300×40％＝120 万元。自 2019 年 4 月 1 日，纳税人取得不动产或者不动产在建工程的进项税额不再分 2 年抵扣，此前尚未抵扣完毕的待抵扣进项税额，可自 2019 年 4 月税款所属期起从销项税额中抵扣。因为该项厂房，2018 年 11 月已抵扣进项税额 180 万元，自 2019 年 4 月税款所属期起，待抵扣的进项税额 120 万元转入进项税额抵扣，该项厂房共抵扣进项税额 300 万元。

$$不得抵扣的进项税额＝已抵扣进项税额×不动产净值率＝300×95.83\%＝287.49（万元）$$

（3）2019 年 9 月厂房改造为食堂时：

借：固定资产 2 874 900

　　贷：应交税金——应交增值税（进项税额转出） 2 874 900

2.5.1.6.2　从不可抵扣进项税额的用途变为可以抵扣进项税额的用途

一、先看看税收政策

《国家税务总局关于发布〈不动产进项税额分期抵扣暂行办法〉的公告》（国家税务总局公告 2016 年第 15 号）规定，按照规定不得抵扣进项税额的不动产，发生用途改变，用于允许抵扣进项税额项目的，按照下列公式在改变用途的次月计算可抵扣进项税额。

可抵扣进项税额＝增值税扣税凭证注明或计算的进项税额×不动产净值率

依照上述规定计算的可抵扣进项税额，应取得 2016 年 5 月 1 日后开具的合法有效的增值税扣税凭证。

二、会计处理思路

一般纳税人购入固定资产、不动产用于进项税额不可抵扣的用途时，应按价税合计价计入固定资产原值。使用一段时间后改变用途，用于进项税额可以抵扣的用途，应按改变用途时点固定资产、不动产的净值率计算可以抵扣的进项税额。改变用途涉及不动产的，可以抵扣的进项税额在次月抵扣。

三、例题

【例题 2-66】 2018 年 9 月 5 日，天马公司购进办公楼一座含税价格 2 200 万元，取得增值税专用发票注明税额 200 万元（当月认证），当月投入使用，记入“固定资产”账户。假定该大楼专用于技术开发使用，取得的收入均为免税收入，预计使用年限为 10 年，无残值。2019 年 9 月，天马公司将该大楼改变用途，用于生产应税货物。

（1）不动产净值率＝[2 200－2 200÷（10×12）×12]÷2 200＝90%

（2）可抵扣进项税额＝增值税扣税凭证注明或计算的进项税额×不动产净值率＝200×90%＝180（万元）

（3）2019 年 10 月将可以抵扣的进项税额抵扣时：

借：应交税费——应交增值税（进项税额） 1 800 000

　　贷：固定资产 1 800 000

2.5.1.7　增值税留抵税额抵减欠税的会计处理

一、先看看税收政策

《国家税务总局关于增值税一般纳税人用进项留抵税额抵减增值税欠税问题的通知》（国税发〔2004〕112 号）规定，对纳税人因销项税额小于进项税额而产生期末留抵税额的，应以期末留抵税额抵减增值税欠税。当纳税人既有增值税留抵税额，又欠缴增值税而需要抵减的，应由县（含）以上税务机关填开《增值税进项留抵税额抵减增值税欠税通知书》(以下简称《通知书》)一式两份,纳税人、主管税务机关各一份。

抵减欠缴税款时,应按欠税发生时间逐笔抵扣,先发生的先抵。抵缴的欠税包含呆账税金及欠税滞纳金。确定实际抵减金额时,按填开《通知书》的日期作为截止期,计算欠缴税款的应缴未缴滞纳金金额,应缴未缴滞纳金余额加欠税余额为欠缴总额。若欠缴总额大于期末留抵税额,实际抵减金额应等于期末留抵税额,并按配比方法计算抵减的欠税和滞纳金;若欠缴总额小于期末留抵税额,实际抵减金额应等于欠缴总额。

二、会计处理思路

为了解决增值税一般纳税人既有欠缴增值税,又有增值税留抵的问题,对纳税人因销项税额小于进项税额而产生期末留抵税额的,可以期末留抵税额抵减增值税欠税。纳税人发生用进项留抵税额抵减增值税欠税时,按以下方法进行会计处理。

(1)增值税欠税税额大于期末留抵税额。

按期末留抵税额红字借记"应交税费——应交增值税(进项税额)"账户,将应该缴纳的滞纳金蓝字借记"营业外支出",红字贷记"应交税费——未交增值税"账户。

(2)若增值税欠税税额小于期末留抵税额。

按增值税欠税税额红字借记"应交税费——应交增值税(进项税额)"账户,将应该缴纳的滞纳金蓝字借记"营业外支出",红字贷记"应交税费——未交增值税"账户。

三、例题

【例题2-67】 天马企业(一般纳税人)为增值税一般纳税人,2019年6月16日欠缴增值税税额20万元,7月17日又欠缴增值税30万元,8月因生产转型需要大量购进原材料,月末出现进项留抵税额50万元。除上述情况天马企业没有其他欠税行为。9月15日,税务机关通知天马企业用留抵税额抵减欠税和滞纳金,抵减日欠税已经产生的滞纳金为1.835万元。

(1)   6月欠税滞纳天数＝15＋31＋31＋15＝92(天)
产生滞纳金＝200 000×0.05％×92＝9 200(元)

留抵税额抵减6月增值税欠税和滞纳金合计＝9 200＋200 000＝209 200(元)。

因为进项留抵税额500 000元＞企业6月增值税欠税和滞纳金209 200元,6月份欠税和滞纳金可以全部冲抵。

借:应交税费——应交增值税(进项税额) | 209 200 |

营业外支出   9 200

贷:应交税费——未交增值税 | 200 000 |

(2)   7月欠税滞纳天数＝15＋31＋15＝61(天)
产生滞纳金＝300 000×0.05％×61＝9 150(元)
7月增值税欠税和滞纳金合计＝300 000＋9 150＝309 150(元)
进项留抵税额余额＝500 000－209 200＝290 800(元)

因为进项留抵税额余额 290 800 元＜企业 7 月增值税欠税和滞纳金合计 309 150 元,所以可以抵减的欠税和滞纳金为 290 800 元。其中,欠税＝290 800×(300 000÷309 150)＝282 193(元);滞纳金＝290 800－282 193＝8 607(元)。

借:应交税费——应交增值税(进项税额) | 290 800
营业外支出 | 8 607
贷:应交税费——未交增值税 | 282 193

2.5.1.8 增值税留抵税额退税的会计处理

一、先看看税收政策

自 2019 年 4 月 1 日起,试行增值税期末留抵税额退税制度。

(一)同时符合以下条件的纳税人,可以向主管税务机关申请退还增量留抵税额(增量留抵税额,是指与 2019 年 3 月底相比新增加的期末留抵税额):

1. 自 2019 年 4 月税款所属期起,连续六个月(按季纳税的,连续两个季度)增量留抵税额均大于零,且第六个月增量留抵税额不低于 50 万元;

2. 纳税信用等级为 A 级或者 B 级;

3. 申请退税前 36 个月未发生骗取留抵退税、出口退税或虚开增值税专用发票情形的;

4. 申请退税前 36 个月未因偷税被税务机关处罚两次及以上的;

5. 自 2019 年 4 月 1 日起未享受即征即退、先征后返(退)政策的。

(二)纳税人当期允许退还的增量留抵税额,按照以下公式计算:

$$允许退还的增量留抵税额 = 增量留抵税额 \times 进项构成比例 \times 60\%$$

进项构成比例,为 2019 年 4 月至申请退税前一税款所属期内已抵扣的增值税专用发票(含税控机动车销售统一发票)、海关进口增值税专用缴款书、解缴税款完税凭证注明的增值税额占同期全部已抵扣进项税额的比重。

(三)纳税人应在增值税纳税申报期内,向主管税务机关申请退还留抵税额。

(四)纳税人出口货物劳务、发生跨境应税行为,适用免抵退税办法的,办理免抵退税后,仍符合本公告规定条件的,可以申请退还留抵税额;适用免退税办法的,相关进项税额不得用于退还留抵税额。

(五)按照规定再次满足退税条件的,可以继续向主管税务机关申请退还留抵税额,但连续期间,不得重复计算。

特别提醒

1. 增量留抵税额,不是各期末增值税留抵税额比上期末新增加的留抵税额,而是指各期末留抵税额与 2019 年 3 月底相比新增加的期末留抵税额。

$$各期增量留抵税额 = 当期末留抵税额 - 2019 年 3 月底留抵税额$$

也就是说,纳税人连续六个月增量留抵税额大于零,即采用一般计税方法项目连续六个月期末留抵税额均大于 2019 年 3 月底增值税留抵税额,并不要求连续六个月各期末留抵税额均比上期末增加;第六个月增量留抵税额不低于 50 万元,即第六个月末留抵税额比 3 月底留抵税额增加 50 万元以上,并不要求第六个月新形成的留抵税额超过 50 万元。

2. 各期进项税额有三个来源:一是,当期取得扣税凭证并在当期申报抵扣的税额;二是,以前期间取得扣税凭证但在当期认证或申请稽核比对并申报抵扣的税额;三是,因不动产分 2 年抵扣政策结存的尚未抵扣的待抵扣进项税额转入当期抵扣的税额。

3. 以虚增进项、虚假申报或其他欺骗手段,骗取留抵退税款的,由税务机关追缴其骗取的退税款,并按照《中华人民共和国税收征收管理法》等有关规定处理。

二、会计处理思路

纳税人取得退还的留抵税额后,应相应调减当期留抵税额。将按规定计算的"允许退还的增量留抵税额"冲减进项税额,红字借记"应交税费——应交增值税(进项税额)"账户,同时蓝字借记"其他应收款""银行存款"等账户。

三、例题

【例题 2-68】 天马企业(一般纳税人,纳税信用等级为 A 级)2019 年 3 月 31 日增值税期末留抵税额为 280 万元。4 月销项税额为 80 万元,当期认证抵扣的进项税额为 100 万元,不动产分两次抵扣政策结余尚未抵扣的待抵扣进项税额 200 万元全部转入 4 月进项税额。5 月至 9 月期间,各月销项税额均为 100 万元,进项税额均为 80 万元。假设天马企业没有发生过偷税、骗税及虚开增值税专用发票等违法行为,各月取得的增值税扣税凭证全部为增值税专用发票。天马企业可以申请增量留抵税额退税吗? 如果可以,退还的税额是多少?

解析:4 月应纳税额=销项税额-进项税额=80-(280+100+200)=-500(万元)

4 月增量留抵税额=4 月末留抵税额-3 月底留抵税额=500-280=220(万元)>0

5 月应纳税额=销项税额-进项税额=100-(500+80)=-480(万元)

5 月增量留抵税额=5 月末留抵税额-3 月底留抵税额=480-280=200(万元)>0

6 月应纳税额=销项税额-进项税额=100-(480+80)=-460(万元)

6 月增量留抵税额=6 月末留抵税额-3 月底留抵税额=460-280=180(万元)>0

7 月应纳税额=销项税额-进项税额=100-(460+80)=-440(万元)

7 月增量留抵税额=7 月末留抵税额-3 月底留抵税额=440-280=160(万元)>0

8 月应纳税额=销项税额-进项税额=100-(440+80)=-420(万元)

8 月增量留抵税额=8 月末留抵税额-3 月底留抵税额=420-280=140(万元)>0

9 月应纳税额=销项税额-进项税额=100-(420+80)=-400(万元)

9 月增量留抵税额＝9 月末留抵税额－3 月底留抵税额＝400－280＝120（万元）＞50 万元

经过计算发现，天马企业 4 月至 9 月各月的增量留抵税额均大于零，且第六个月（即 9 月）增量留抵税额大于 50 万元，满足留抵退税的五个条件，可以申请留抵退税。

允许退还的增量留抵税额＝增量留抵税额×进项构成比例×60％＝120×100％× 60％＝72（万元）

天马企业申请留抵税额退税时，会计处理如下：

借：其他应收款 720 000

　贷：应交税费——应交增值税（进项税额） 720 000

收到退税时：

借：银行存款 720 000

　贷：其他应收款 720 000

2.5.2　进项税额转出业务常见涉税问题

1 单位购买一批货物但在运输途中发生交通意外，货物全部被抢。请问这批货物的进项税额需要转出吗？

答：《增值税暂行条例》第十条第二项规定，非正常损失的购进货物及相关的应税劳务的进项税额不得从销项税额中抵扣，而依据《增值税暂行条例实施细则》第二十四条规定，非正常损失是指因管理不善造成被盗、丢失、霉烂变质的损失。交通意外导致的货物被抢损失属于因管理不善导致的被盗、丢失，属于非正常损失，需要作进项税额转出。

2 因市场需求萎缩，企业以低于进货价的价格销售存货，是否属于非正常损失，是否需要作进项税额转出处理？

答：根据《增值税暂行条例实施细则》的规定，非正常损失是指因管理不善造成被盗、丢失、霉烂变质的损失。因市场需求萎缩，以低于进货价销售货物，不属于非正常损失，不需作进项税额转出处理。

3 过期食品是否属于非正常损失，是否要作进项税额转出处理？

答：根据《增值税暂行条例实施细则》的规定，非正常损失是指因管理不善造成被盗、丢失、霉烂变质的损失。过期食品若不是因管理不善造成的，不属于非正常损失，不需作进项税额转出处理。

特别提醒

和这个问题类似的还有餐饮企业购进新鲜食材,还没用完就过期或变质了,超市销售的食品过了保质期还没有卖掉就销毁了,这些情况都不属于非正常损失所规定的管理不善导致的货物霉烂变质,不应作进项转出处理。

---

4 留抵退税还区分行业吗？是否所有行业都可以申请留抵退税？

答：按照《财政部　税务总局　海关总署关于深化增值税改革有关政策的公告》（财政部　税务总局　海关总署公告 2019 年第 39 号,以下简称"39 号公告"）规定,留抵退税不区分行业,各行业全面试行留抵退税制度,只要增值税一般纳税人符合规定的条件,都可以申请退还增值税增量留抵税额。

5 纳税信用等级为 M 级的新办增值税一般纳税人是否可以申请留抵退税？

答：不可以。按照 39 号公告规定,留抵税额退税要求的条件之一是纳税信用等级为A 级或者 B 级,纳税信用等级为 M 级的纳税人不符合规定的申请退还增量留抵税额的条件。

6 2019 年 4 月 1 日以后一次性转入进项税额抵扣的不动产待抵扣进项税额,可以作为增量留抵税额,在满足条件以后申请留抵退税吗？

答：可以。39 号公告规定,符合规定条件尚未抵扣完毕的待抵扣进项税额,可自2019 年 4 月税款所属期起从销项税额中抵扣。2019 年 4 月 1 日以后一次性转入的待抵扣部分的不动产进项税额,在当期形成留抵税额的,可用于计算增量留抵税额；符合留抵退税条件的,可以向主管税务机关申请退还增量留抵税额。

7 加计抵减额可以申请留抵退税吗？

答：不可以。按照 39 号公告规定,生产、生活性服务业纳税人按照当期可抵扣进项税额加计 10%,抵减应纳税额。但加计抵减额并不是纳税人的进项税额,纳税人应单独核算加计抵减额的计提、抵减、调减、结余等变动情况。从加计抵减额的形成机制来看,加计抵减不会形成留抵税额,因而也不能申请留抵退税。

8 增值税期末留抵退税涉及的城市维护建设税、教育费附加和地方教育附加如何计算？

答：39 号公告明确的深化增值税改革涉及增值税期末留抵退税也适用《财政部　税

务总局关于增值税期末留抵退税有关城市维护建设税 教育费附加和地方教育附加政策的通知》(财税〔2018〕80 号)规定,即对实行增值税期末留抵退税的纳税人,允许其从城市维护建设税、教育费附加和地方教育附加的计税(征)依据中扣除退还的增值税税额。

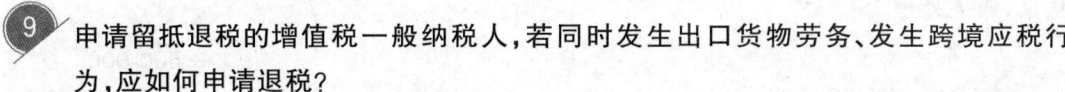 申请留抵退税的增值税一般纳税人,若同时发生出口货物劳务、发生跨境应税行为,应如何申请退税?

答: 增值税一般纳税人出口货物劳务、发生跨境应税行为,适用免抵退税办法的,办理免抵退税后,仍符合留抵退税规定条件的,可以申请退还留抵税额,也就是说要按照"先免抵退税,后留抵退税"的原则进行判断;同时,适用免退税办法的,相关进项税额不得用于退还留抵税额。

2.5.3 进项税额转出业务涉税风险点

1 过节"福利物品"当成办公用品列入"管理费用"。

【案例解析】

　　江苏省溧水县地税局税务人员对某公司 2009 年度纳税情况进行评估,对企业提供的财务报表和企业所得税申报表进行比对时发现,该公司 2009 年"管理费用"支出比 2008 年增加近 15 万元。税务人员对原始凭证进一步核实发现,有 3 份发票是同一商家开出,发票注明的品目为"办公用品",合计金额为 11.5 万元,未附详细的销售清单。办公用品是企业购买笔、墨、纸张等支出,企业一次性购买如此多的办公用品,值得怀疑,尤其是时值年底,很有可能将企业的福利费支出,要求销售方开具发票时变更品目,从而列作办公用品。经仔细询问该公司经理最终承认,所谓的"办公用品"其实是过节时员工的"福利物品",并拿出了当时发放物品的清单。

　　解析: 企业发生的福利费支出,在增值税上不得抵扣进项税额,在企业所得税上实行限额扣除,实际发生的福利费支出不超过工资薪金总额的 14% 可以据实扣除,超过部分不得扣除。企业将福利费支出变换名目,改为管理费支出,在增值税上可以抵扣进项税额,在企业所得税上可以全额据实扣除。该种做法会导致不缴或少缴增值税和企业所得税,属于偷税行为。

2 用于集体福利或个人消费的外购货物未作进项税额转出。

【案例解析】

　　某市税务机关对该市××钢管制造有限公司 2016 年度纳税情况实施检查。检查过程中,稽查人员运用观察法到车间、仓库及其他部门实地观察企业产、供、销、运各环节运行情况及企业内控情况。了解到该企业自设食堂及托儿所,稽查人员把"福利费"账户作为检查重点之一,运用直查法对其"应付职工薪酬"明细账进行分析检查,在审查"应付职工薪酬"账户发生额中,未发现物资领用记录。稽查人员抽查了 6 月份的材料分配记账凭证,账务处理为:

```
借：生产成本                                    3 500 000
    制造费用                                       60 000
    管理费用                                       68 000
    销售费用                                       23 000
  贷：原材料                                     3 651 000
```

最后,查实该企业在管理费用中列支的材料费用 68 000 元中,有食堂、托儿所领用8 700 元,企业将应由"应付职工薪酬"承担的材料费用记入了"管理费用"账户,未作增值税进项税额转出。

解析:企业购进货物时,不明确用途,或不是专门用于简易计税项目、免税项目、集体福利或个人消费等三个进项税额不得抵扣的用途,购进时已经将进项税额全额抵扣,在货物发出,用于进项税额不得抵扣的三个用途时,应作进项税额转出处理。本例中,食堂、托儿所领用的 8 700 元原材料,应按价税合计价记入"应付职工薪酬"账户。账务处理应为:

```
借：应付职工薪酬                                   10 179
  贷：原材料                                        8 700
      应交税费——应交增值税(进项税额转出)            1 479
```

❸ 企业兼营简易计税项目(或免税项目)和采用一般计税方法的应税项目,却没有进项税额转出。

企业兼营简易计税项目(或免税项目)和采用一般计税方法的应税项目,购进的固定资产、无形资产、不动产发生混用的,进项税额可以全额抵扣;但购进的材料、燃料、动力等流动资产发生混用的,无法划分的进项税额中与简易计税项目(或免税项目)相对应的部分,不得抵扣。《财政部 国家税务总局关于全面推开营业税改征增值税试点的通知》(财税〔2016〕36 号)规定,适用一般计税方法的纳税人,兼营简易计税方法计税项目、免征增值税项目而无法划分不得抵扣的进项税额,按照下列公式计算不得抵扣的进项税额:

$$\text{不得抵扣的进项税额} = \text{当期无法划分的全部进项税额} \times \left(\text{当期简易计税方法计税项目销售额} + \text{免征增值税项目销售额} \right) \div \text{当期全部销售额}$$

企业必定会有一些购进流动资产发生混用,且不能准确划分不得抵扣的进项税额,至少包括水、电、汽油、办公用品等,应按公式计算不得抵扣的进项税额,作进项税额转出处理。

【案例分析】

天马建筑企业兼营一般计税方法建筑项目和选择适用简易计税方法的甲供工程项目,税务机关在对其《增值税纳税申报表附列资料(二)(本期进项税额明细)》进行审核时发现,进项税额转出部分"简易计税方法征税项目用"栏次没有填写数据,于是对企业进行全面评估,最终查出天马建筑企业用于简易计税方法项目应转出进项税额68 320 元。

解析: 天马建筑企业购进货物(不包括固定资产)和服务,如果能够划分其实际用于一般计税方法项目,则进项税额可以全额抵扣;如果能够划分其实际用于简易计税方法项目,则进项税额全部不得抵扣;如果无法准确划分其实际用于哪个项目,或者是两个项目共用的,则应按财税〔2016〕36 号第二十九条规定的公式划分出与简易计税项目销售额对应的进项税额,作进项税额转出处理。天马建筑企业购进的办公用品、劳保用品、水电等项目,通常是混用于一般计税方法项目和简易计税方法项目,无法准确划分进项税额能否抵扣,应按公式计算不得抵扣的进项税额,作进项税额转出处理。

特别提醒

兼营一般计税方法项目与简易计税方法项目或免税项目的纳税人,增值税纳税申报表上"进项税额转出"栏次没有发生额,是不正常的,税务机关会将之作为疑点。

❹ 非正常损失的货物未按规定做进项税额转出,多抵扣税额。

非正常损失的存货盘亏,应作进项税额转出,并且盈亏的存货在计算进项税额转出时,不得与盘盈相抵。如果"待处理财产损溢"账户借方发生额对应关系为贷记"原材料""库存商品""低值易耗品""生产成本",同时贷记"应交税费——应交增值税(进项税额转出)",说明被查企业已作进项税额转出;如果上述对应关系账户中,贷方没有"应交税费——应交增值税(进项税额转出)",则说明企业未作进项税额转出,则应予调整。财务制度规定,企业应根据存货的具体特点,分别采用永续盘存制和实地盘存制来确定存货的结存数量,但在实际工作中,企业常会出现这些情况:

(1) 有的企业对应采用永续盘存制确定结存数量的存货却采用了实地盘存制,即根据材料的结存数量来确定领用或销售的材料数量,后果是以存挤销,将因管理不善等因素造成的材料短缺挤入正常发出数量、金额中,偷逃了增值税。

(2) 未按规定的程序和方法及时处理存货的盘盈和盘亏,造成盘亏材料相应的进项税额未转出,少缴增值税。

(3) 盈、亏相抵后作进项税额转出,少缴增值税。如果盘点表中分别注明盘亏及盘盈数量,但财务账上未分别处理,直接体现一笔盘盈或盘亏相抵后数额,则存在少作进项税额转出的情形。

(4)计算进项税额转出的依据不正确,直接按保险公司的赔偿款项作为计算进项转出的依据,或按扣除保险公司赔款或个人赔偿后的实际损失额作为计算进项转出的依据。

(5)计算损耗的商品成本与同类已销商品或库存商品的成本不一致,少计损耗商品成本,少作进项税额转出处理。

⑤ 发生退货或取得折让未按规定做进项税额转出,多抵扣税额。

《财政部　国家税务总局关于全面推开营业税改征增值税试点的通知》(财税〔2016〕36号)规定,纳税人适用一般计税方法计税的,因销售折让、中止或者退回而退还给购买方的增值税额,应当从当期的销项税额中扣减;因销售折让、中止或者退回而收回的增值税额,应当从当期的进项税额中扣减。有的购买方发生进货退回或折让,取得销售方开具的红字增值税专用发票,由于红字专用发票不需要认证,便不作进项税额转出处理。

2.6 进项税额加计抵减

2.6.1 加计抵减政策适用范围及抵减额的确定

一、先看看税收政策

自2019年4月1日至2021年12月31日,允许生产、生活性服务业纳税人按照当期可抵扣进项税额加计10%,抵减应纳税额(以下称加计抵减政策)。加计抵减政策执行到期后,纳税人不再计提加计抵减额,结余的加计抵减额停止抵减。骗取适用加计抵减政策或虚增加计抵减额的,按照《中华人民共和国税收征收管理法》等有关规定处理。

(一)适用对象:生产、生活性服务业纳税人。

生产、生活性服务业纳税人,是指提供邮政服务、电信服务、现代服务、生活服务(以下称四项服务)取得的销售额占全部销售额的比重超过50%的纳税人。

2019年3月31日前设立的纳税人,自2018年4月至2019年3月期间的销售额(经营期不满12个月的,按照实际经营期的销售额)符合上述规定条件的,自2019年4月1日起适用加计抵减政策。

2019年4月1日后设立的纳税人,自设立之日起3个月的销售额符合上述规定条件的,自登记为一般纳税人之日起适用加计抵减政策。

纳税人确定适用加计抵减政策后,当年内不再调整,以后年度是否适用,根据上年度销售额计算确定。

纳税人可计提但未计提的加计抵减额,可在确定适用加计抵减政策当期一并计提。

(二)当期可抵扣加计抵减额的计算。

纳税人应按照当期可抵扣进项税额的 10% 计提当期加计抵减额。按照现行规定不得从销项税额中抵扣的进项税额,不得计提加计抵减额;已计提加计抵减额的进项税额,按规定作进项税额转出的,应在进项税额转出当期,相应调减加计抵减额。计算公式如下:

$$当期计提加计抵减额 = 当期可抵扣进项税额 × 10\%$$

$$\begin{matrix}当期可抵减\\加计抵减额\end{matrix} = \begin{matrix}上期末加计\\抵减额余额\end{matrix} + \begin{matrix}当期计提加\\计抵减额\end{matrix} - \begin{matrix}当期调减加\\计抵减额\end{matrix}$$

(三)实际抵减加计抵减额的确定。

纳税人应按照现行规定计算一般计税方法下的应纳税额(以下称抵减前的应纳税额)后,区分以下情形加计抵减:

1. 抵减前的应纳税额等于零的,当期可抵减加计抵减额全部结转下期抵减;

2. 抵减前的应纳税额大于零,且大于当期可抵减加计抵减额的,当期可抵减加计抵减额全额从抵减前的应纳税额中抵减;

3. 抵减前的应纳税额大于零,且小于或等于当期可抵减加计抵减额的,以当期可抵减加计抵减额抵减应纳税额至零。未抵减完的当期可抵减加计抵减额,结转下期继续抵减。

(四)不得享受加计抵减政策的业务。

纳税人出口货物劳务、发生跨境应税行为不适用加计抵减政策,其对应的进项税额不得计提加计抵减额。

纳税人兼营出口货物劳务、发生跨境应税行为且无法划分不得计提加计抵减额的进项税额,按照以下公式计算:

$$\begin{matrix}不得计提加计抵\\减额的进项税额\end{matrix} = \begin{matrix}当期无法划分的\\全部进项税额\end{matrix} × \begin{matrix}当期出口货物劳务和发\\生跨境应税行为的销售额\end{matrix} ÷ \begin{matrix}当期全部\\销售额\end{matrix}$$

(五)加计抵减额的核算。

纳税人应单独核算加计抵减额的计提、抵减、调减、结余等变动情况。

特别提醒

1. 加计抵减政策是按年适用的,纳税人确定适用加计抵减政策后,当年内不再调整。2019 年 3 月 31 日前设立的纳税人,自 2018 年 4 月至 2019 年 3 月期间的销售额(经营期不满 12 个月的,按照实际经营期的销售额)符合规定比例的,自 2019 年 4 月 1 日至 2019 年 12 月 31 日适用加计抵减政策。2019 年 4 月 1 日后设立的纳税人,自设立之日起 3 个月的销售额符合规定条件的,自登记为一般纳税人之日起适用加计抵减政策。2020 年度和2021年度是否适用,根据上年度销售额计算确定。

2.加计抵减是一项由纳税人自主判断、自主申报、自主享受的优惠政策。需要享受政策的纳税人向税务机关提交《适用加计抵减政策的声明》。但是,税务机关并不要求纳税人在每年1月(2019年为2019年4月)提交声明,纳税人可以在以后月份补充提交,并且纳税人可计提但未计提的加计抵减额,并不会因为纳税人未在当期及时计提而失去加计抵减的权利,纳税人可在确定适用加计抵减政策的当期一并计提。但是,补提的加计抵减额不能往前追溯调整以前期的应纳税额,只能抵减计提当期和以后期的应纳税额。

3.加计抵减的进项税额应从适用一般计税方法的应纳税额中抵减,而不是直接从销项税额中抵减,也不能抵减简易计税方法的应纳税额。纳税人应先计算出不考虑加计抵减额情况下的应纳税额,即抵减前的应纳税额,然后将当期可抵减加计抵减额从抵减前的应纳税额中扣除。如果纳税人当期有充足的抵减前应纳税额(即抵减前应纳税额大于当期可抵减加计抵减额),当期加计抵减额可以全部在当期抵减,无余额;如果纳税人当期抵减前的应纳税额不充足,甚至为零(即抵减前应纳税额小于当期可抵减加计抵减额),只能将当期抵减前的应纳税额抵减到零,未抵减完的当期可抵减加计抵减额,可结转下期继续抵减。

二、会计处理思路

《财政部关于〈深化增值税改革有关政策的公告〉适用〈增值税会计处理规定〉有关问题的解读》明确,生产、生活性服务业纳税人取得资产或接受劳务时,应当按照《增值税会计处理规定》的相关规定对增值税相关业务进行会计处理;实际缴纳增值税时,按应纳税额借记"应交税费——未交增值税"等科目,按实际纳税金额贷记"银行存款"科目,按加计抵减的金额贷记"其他收益"科目。笔者认为财政部的解读,仅明确加计抵减额实际抵减应纳税额的会计处理,并没有完整地核算加计抵减的计提和调减,笔者建议:纳税人可以设置"应交税费——加计抵减进项税额"账户,将各期计提的加计抵减额记入借方,将因为进项税额转出而调减的加计抵减额记入贷方,将实际在各期抵减的加计抵减额记入贷方,那么,该账户的借方余额表示的就是加计抵减额的结余。

三、例题

【例题2-69】 天马设计院(一般纳税人)2018年4月至2019年3月取得的收入全部为设计服务收入。2019年4月和5月发生下列业务:

(1)4月购进办公用品、劳动保护用品、住宿服务、旅客运输服务等共取得20张合法的扣税凭证,注明或计算的进项税额合计为20万元;2019年3月购进房屋租赁服务,取得增值税专用发票一张,注明的增值税额为18万元,天马设计院将该张增值税专用发票在4月勾选认证并申报抵扣进项税额;2019年4月提供设计服务取得不含税销售额400万元,销项税额24万元。

(2)5月购进办公用品、住宿服务、旅客运输服务等共取得16张合法的扣税凭证,注明或计算的进项税额合计 10 万元;将 4 月购进的部分劳保用品发放职工福利,账面成本为 10 万元(适用税率为 13%);5 月提供设计服务取得不含税销售额 500 万元,销项税额 30 万元。

解析:(1) 4 月进项税额＝20＋18＝38(万元)。

(2) 4 月计提的加计抵减额＝当期可抵扣进项税额×10%＝38×10%＝3.8(万元)。

建议会计处理:

借:应交税费——加计抵减进项税额　　　　　　　　　　　　　　　38 000

　　贷:其他收益　　　　　　　　　　　　　　　　　　　　　　　　38 000

(3) 4 月加计抵减前的应纳税额＝销项税额－进项税额＝24－38＝－14(万元)<0。

因为 4 月应纳税额小于零,当期计提的加计抵减额 3.8 万元不得在当期抵减,全部向以后纳税期结转。

(4) 5 月进项税额为 10 万元,进项税额转出＝10×13%＝1.3(万元)。调减加计抵减额＝13 000×10%＝1 300(元)。

建议会计处理:

借:其他收益　　　　　　　　　　　　　　　　　　　　　　　　　1 300

　　贷:应交税费——加计抵减进项税额　　　　　　　　　　　　　　1 300

(5) 5 月可抵减加计抵减额＝上期末加计抵减额余额＋当期计提加计抵减额－当期调减加计抵减额＝3.8＋10×10%－1.3×10%＝4.67(万元)。

(6) 5 月加计抵减前的应纳税额＝销项税额－(期初留抵进项税额＋当期进项税额－进项税额转出)＝30－(14＋10－1.3)＝7.3(万元)>4.67 万元。

5 月加计抵减额小于加计抵减前的应纳税额,加计抵减额可全部在当期抵减,无余额。

建议会计处理:

借:应交税费——未交增值税　　　　　　　　　　　　　　　　　　46 700

　　贷:应交税费——加计抵减进项税额　　　　　　　　　　　　　　46 700

(7) 5 月加计抵减后的应纳税额＝加计抵减前的应纳税额－实际抵减的加计抵减额＝7.3－4.67＝2.63(万元)。

2.6.2　加计抵减常见涉税问题

 提供邮政服务、电信服务、现代服务、生活服务取得的销售额占全部销售额的比重超过 50% 的增值税小规模纳税人,可以享受增值税加计抵减政策吗?

答:不可以。按照《财政部　税务总局　海关总署关于深化增值税改革有关政策的公告》(财政部　税务总局　海关总署公告 2019 年第 39 号,以下简称“39 号公告”)规定,加计抵减政策是按照一般纳税人当期可抵扣的进项税额的 10% 计算的,只有增值税一般纳税人才可以享受增值税加计抵减政策。

2 增值税一般纳税人兼营一般计税方法应税项目和简易计税方法应税项目,其加计抵减额可以抵减简易计税方法的应纳税额吗?

答:不可以。加计抵减额不可以从增值税一般纳税人简易计税方法项目的应纳税额中抵减,加计抵减额只可以抵减一般计税方法项目的应纳税额。

3 纳税人在计算四项服务取得的销售额占全部销售额的比重时,是否应剔除出口销售额?

答:在计算销售额占比时,不能剔除出口销售额。例如某纳税人在计算销售额占比的时间段内,国内货物销售额为100万元,出口研发服务销售额为20万元,国内四项服务销售额90万元,应按照(20+90)÷(20+90+100)来计算销售额占比。因该纳税人四项服务销售额占全部销售额的比重超过50%,可以享受加计抵减政策。但需要说明的是,纳税人出口货物劳务、发生跨境应税行为不适用加计抵减政策,其对应的进项税额不得计提加计抵减额。

4 纳税人在计算四项服务取得的销售额占全部销售额的比重时,是否应剔除免税销售额?

答:在计算销售额占比时,不需要剔除免税销售额。一般纳税人四项服务销售额占全部销售额的比重超过50%,可以享受加计抵减政策。

5 纳税人在计算四项服务取得的销售额占全部销售额的比重时,是否应包括稽查查补销售额或纳税评估调整销售额?

答:一般纳税人四项服务销售额占全部销售额的比重超过50%的,可以享受加计抵减政策。在计算四项服务销售额占比时,销售额中包括申报销售额、稽查查补销售额、纳税评估销售额。

6 纳税人在计算四项服务取得的销售额占全部销售额的比重时,如果纳税人享受差额计税政策,纳税人应该以差额前的全部价款和价外费用参与计算,还是以差额后的销售额参与计算?

答:应按照差额后的销售额参与计算。例如,某纳税人提供服务,按照规定可以享受差额计税政策,以差额后的销售额计算缴纳增值税。该纳税人在计算销售额占比时,货物销售额为2万元,提供四项服务差额前的全部价款和价外费用共20万元,差额后的销售额为4万元。则应按照4÷(2+4)来计算销售额占比。因该纳税人四项服务销售额占全部销售额的比重超过50%,按照规定,可以享受加计抵减政策。

7 生产、生活性服务业纳税人提供四项服务取得的销售额占全部销售额的比重超过50%的纳税人,可享受加计抵减政策,请问这里50%含不含本数?

答:这里的"比重超过50%"不含本数。按照39号公告规定,四项服务取得的销售额占全部销售额的比重小于或者正好等于50%的纳税人,不属于生产、生活性服务业纳税人,不能享受加计抵减政策。

8 某纳税人于2019年5月10日新办并登记为一般纳税人,5~7月提供四项服务的销售额占全部销售额的比重未超过50%,但是6~8月的比重超过50%,能否适用加计抵减政策?

答:不可以。按照39号公告规定,2019年4月1日后设立的纳税人,自设立之日起3个月的销售额符合规定条件的,自登记为一般纳税人之日起适用加计抵减政策。该纳税人设立起3个月(5~7月)的四项服务销售额比重不符合公告条件,不能适用加计抵减政策。需要说明的是,加计抵减政策是按年适用的,该纳税人2019年内不能适用加计抵减政策;2020年可以根据2019年的销售额占比情况重新确认能否享受加计抵减政策。

9 某公司2019年适用加计抵减政策,且截至2019年底还有20万元的加计抵减额余额尚未抵减完。2020年该公司因经营业务调整不再适用加计抵减政策,那么这20万元的加计抵减额余额可以抵减2020年应纳税额吗?

答:可以。该公司2020年不再适用加计抵减政策,则2020年该公司不得再计提加计抵减额。但是,其2019年未抵减完的20万元,可以在2020年至2021年度继续抵减,2020年以后不得再继续抵减。

10 纳税人因前期购买不动产尚未抵扣完毕的待抵扣进项税额,在2019年4月1日以后转入抵扣时,是否可以计算加计抵减额?

答:可以。按照39号公告规定,纳税人取得不动产尚未抵扣完毕的待抵扣进项税额,可自2019年4月税款所属期起从销项税额中抵扣。对于这部分进项税额,适用加计抵减政策的纳税人,可在转入抵扣的当期,计算加计抵减额。

11 纳税人符合加计抵减政策条件,是否需要办理什么手续?

答:加计抵减政策是一项自主判断、自主申报、自主享受的优惠政策,按照《国家税务总局关于深化增值税改革有关事项的公告》(国家税务总局公告2019年第14号)规定,适用加计抵减政策的生产、生活服务业纳税人,应在年度首次确认适用加计抵减政策时,通过电子税务局(或前往办税服务厅)提交《适用加计抵减政策的声明》。

2.6.3　加计抵减涉税风险点

1 不符合享受加计抵减政策的条件，却自主申报享受了加计抵减政策。

　　加计抵减政策是一项自主判断、自主申报、自主享受的优惠政策，纳税人判定自身符合适用加计抵减政策的条件的，向税务机关提交《适用加计抵减政策的声明》后，便可自主享受。如果纳税人不符合适用加计抵减政策的条件，纳税人会因为申报享受了加计抵减政策而少缴纳增值税，39号公告规定，骗取适用加计抵减政策或虚增加计抵减额的，按照《中华人民共和国税收征收管理法》等有关规定处理。

2 符合享受加计抵减政策的条件，未及时备案享受加计抵减政策。

　　39号公告规定，纳税人可计提但未计提的加计抵减额，可在确定适用加计抵减政策当期一并计提。虽然纳税人可计提但未计提的加计抵减额，并不会因为纳税人未在当期及时计提而失去加计抵减的权利，纳税人可在确定适用加计抵减政策当期一并计提，但是，计提的加计抵减额不可以追溯到进项税额计提的当期抵减应纳税额，而只能在备案适用加计抵减政策当期抵减应纳税额，如果备案当期应纳税额不足，只能结转以后期限抵减，不能将以前期限因未享受加计抵减政策多缴纳的增值税申请退回。加计抵减政策是一项阶段性临时政策，执行期限是2019年4月1日至2021年12月31日，到期后，纳税人结余的加计抵减额停止抵减。符合享受加计抵减政策的纳税人，因未及时备案享受政策，计提的加计抵减额不能追溯抵减进项税额计提当期的应纳税额，只能向以后期间结转，最终直至2021年12月31日仍未抵减完的，停止抵减，将会给纳税人造成损失。

2.7　一般计税方法缴纳增值税的会计处理

　　财会〔2016〕22号文件生效后，一般纳税人缴纳增值税分为三种情形：预缴增值税、当期缴纳当期应纳增值税和当期缴纳前期应纳增值税。预缴的增值税通过"应交税费——预交增值税"明细账户反映；当期缴纳当期应纳的增值税通过"应交税费——应交增值税（已交税金）"专栏反映；缴纳前期应纳的增值税通过"应交税费——未交增值税"明细账户反映。纳税人缴纳增值税时，必须分清属于上述哪种情形，进而通过正确的明细账核算。

2.7.1　一般计税方法预缴税款

　　全行业营改增后，增值税纳税人预缴增值税分为两种类型：一种是纳税义务尚未发生，但国家为了保证税款的及时足额入库，规定纳税人在收到预收款时，先按照一定预征率向税务机关预缴增值税,待纳税义务发生时,再准确计算出应纳税额,抵减已经预缴的增值税后,补缴应补税额;另一种是纳税义务发生了,为了划分不同地方税源,在项目所在地按一定预征率预缴增值税,当期还需要向机构所在地主管税务机关进行纳税申报,申报的应纳税额减去项目所在地已预缴税额,余额在机构所在地补缴。

第一种类型的预缴增值税包括两项:一是房地产开发企业采用预收款方式销售开发产品,收到预收款时按 3% 预征率预缴税款;二是建筑企业提供建筑服务取得预收款,在收到预收款时,以取得的预收款扣除支付的分包款后的余额,按照 3% 或 2% 的预征率(一般计税方法预征率为 2%,简易计税方法预征率为 3%)预缴增值税。第二种类型的预缴增值税包括三项:一是跨地级市提供建筑服务;二是跨县(市)出租不动产;三是销售不动产。

第一种类型的预缴增值税比较容易理解,它是真正意义上的预缴增值税,但是第二种类型的预缴增值税,令很多朋友费解,为什么纳税人缴税要这么麻烦,需要跑两个税务机关呢?其实,目的只有一个,那就是划分不同地方的税源。在营业税制度下,建筑业的营业税是在施工项目所在地缴纳,不动产销售和租赁的营业税,在不动产所在地缴纳。营改增后,增值税的纳税主体和纳税地点是以机构作为界定的基点,以机构作为纳税主体,以机构所在地作为纳税申报地点,这可以称得上是增值税税制的"基本原理"。全行业营改增后,如何保证地方原有的税收利益不变,同时保持增值税制度的基本原理得到贯彻,是政策制定者不可回避的问题。为减少改革阻力,财政部和国家税务总局印发的《营业税改征增值税试点方案》(财税〔2011〕110 号文)指出,试点期间保持现行财政体制基本稳定。在此原则下,营改增政策明确,纳税人跨地级市提供建筑服务的,应在建筑服务发生地按照全部价款和价外费用减分包款后的余额依 2% 或 3% 的预征税预缴增值税税款(一般计税方法预征率为 2%,简易计征方法预征率为 3%),这样保证了项目所在地的地方财政利益不受损失;然后按规定的计税方法在机构所在地申报缴纳增值税,并抵减项目所在地预缴的增值税,这样保证了增值税制度的一贯性。另外,对跨省级行政区域预缴税款,在机构所在地申报纳税时,计算的应纳税额小于已预缴税额,且差额较大的,由国家税务总局通知建筑服务发生地或者不动产所在地省级税务机关,在一定时期内暂停预缴增值税,这样保护了纳税人的利益。

2.7.1.1 预收款方式销售自行开发房地产项目预缴税款

一、先看看税收政策

房地产开发企业采取预收款方式销售所开发的房地产项目,在收到预收款时按照 3% 的预征率预缴增值税。应预缴税款按照以下公式计算:

$$适用一般计税方法计税的应预缴税款=预收款\div(1+9\%)\times3\%$$

$$适用简易计税方法计税的应预缴税款=预收款\div(1+5\%)\times3\%$$

二、会计处理思路

一般纳税人采用预收款方式销售自行开发的房地产项目,按现行增值税制度规定应预缴增值税额。企业采用一般计税方法项目预缴增值税时,借记"应交税费——预交增值税"账户,贷记"银行存款"账户。房地产开发企业预收款预缴的增值税,应直至纳税义务发生时方可从"应交税费——预交增值税"账户结转至"应交税费——未交增值税"账户,预缴当月月末,不得将"预交增值税"明细账户余额转入"未交增值税"明细账户。企业采用简易计税方法项目预缴增值税时,借记"应交税费——简易计税"账户,贷记"银行存款"账户。

三、例题

【例题 2-70】　天马房地产公司(一般纳税人)2019 年 4 月开工建设金马家园小区(采用一般计税方法),从政府受让该宗土地直接支付土地价款为 1 000 万元。2019 年 9 月开发项目封顶,企业办理了《商品房预售许可证》,并开盘预售商品房。2019 年 9 月,天马房地产公司预售住房 20 套,总建筑面积为 2 400 平方米,共取得含税预收款 400 万元,存入银行。已知,税务机关为天马房地产公司核定的土地增值税预征率为 2%。

(1) 收到预收款时:

借:银行存款　　　　　　　　　　　　　　　　　　　4 000 000
　　贷:预收账款　　　　　　　　　　　　　　　　　　　4 000 000

(2) 预缴税款时:

收到预收款应预缴增值税税款=预收款÷(1+税率)×3%
　　　　　　　　　　　　　　=4 000 000÷(1+9%)×3%=110 091.74(元)

借:应交税费——预交增值税　　　　　　　　　　　　110 091.74
　　贷:银行存款　　　　　　　　　　　　　　　　　　　110 091.74

收到预收款应预缴土地增值税款=(预收款-应预缴增值税税款)×预征率
　　　　　　　　　　　　　　=(4 000 000-110 091.74)×2%=77 798.17(元)

借:应交税费——应交土地增值税　　　　　　　　　　77 798.17
　　贷:银行存款　　　　　　　　　　　　　　　　　　　77 798.17

2.7.1.2　采用预收款方式提供建筑服务

一、先看看税收政策

《财政部　税务总局关于建筑服务等营改增试点政策的通知》(财税〔2017〕58 号)规定,自 2017 年 7 月 1 日起,纳税人提供建筑服务取得预收款,应在收到预收款时,以取得的预收款扣除支付的分包款后的余额,预缴增值税,适用一般计税方法计税的项目预征率为 2%,适用简易计税方法计税的项目预征率为 3%。纳税人跨地级市提供建筑服务,应于收到预收款时在建筑服务发生地预缴增值税;纳税人在本地级市范围内提供建筑服务,应于收到预收款时在机构所在地预缴增值税。

施工企业收取的预收款,俗称"备料款",通常是建设方预付给施工企业采购工程所需建材或设备的款项。《财政部　国家税务总局关于全面推开营业税改征增值税试点的通知》(财税〔2016〕36 号)规定,采用预收款方式提供建筑服务,纳税义务发生时间为收到预收款的当天,财税〔2017〕58 号变更了预收款方式提供建筑服务的纳税义务发生时间,收到预收款时纳税义务没有发生,但是要按照规定的预征率预缴增值税。

二、会计处理思路

一般纳税人采用预收款方式提供建筑服务,按现行增值税制度规定应预缴增值税。采用一般计税方法项目预缴增值税时,借记"应交税费——预交增值税"账户,贷记"银行存款"账户。纳税义务发生后,企业应将"预交增值税"明细账户余额转入"未交增值税"明细账户,用于抵减应纳税额,借记"应交税费——未交增值税"账户,贷记"应交税费——预交增值税"账户。采用简易计税方法项目预缴增值税时,借记"应交税费——简易计税"账户,贷记"银行存款"账户。

三、例题

【**例题 2-71**】　2019 年 7 月,天马建筑公司通过招投标,承揽了本地市范围内一条省道建设工程(采用一般计税方法),工程总造价 109 万元。按合同约定,此工程采取包工包料方式,且在开工之前,建设方即政府先按工程总造价 30%,拨付工程启动资金 32.7 万元;工程完工进度达到 70%时,建设方与天马建筑公司结算 70%工程款(工程启动资金冲抵工程款);工程全部完工,建设方天马建筑公司结算 25%工程款,剩余 5%工程款作为质量保证金,在验收投入使用一年后无质量问题时支付。2019 年 9 月天马建筑公司收到了 32.7 万元工程启动资金。

(1) 收到预收款时:

借:银行存款　　　　　　　　　　　　　　　　　　　　　　　　　327 000

　　贷:预收账款　　　　　　　　　　　　　　　　　　　　　　　　　327 000

(2) 预缴税款时:

$$收到预收款应预缴增值税款 = 预收款 \div (1+税率) \times 2\%$$
$$= 327\,000 \div (1+9\%) \times 2\% = 6\,000(元)$$

借:应交税费——预交增值税　　　　　　　　　　　　　　　　　　6 000

　　贷:银行存款　　　　　　　　　　　　　　　　　　　　　　　　　6 000

(3) 完工进度达到 70%时,纳税义务发生结转预缴增值税:

借:应交税费——未交增值税　　　　　　　　　　　　　　　　　　6 000

　　贷:应交税费——预交增值税　　　　　　　　　　　　　　　　　　6 000

2.7.1.3　跨地级市提供建筑服务预缴税款

一、先看看税收政策

(1) 一般纳税人跨地级市提供建筑服务,适用一般计税方法计税的,应以取得的全部价款和价外费用为销售额计算销项税额。纳税人应以取得的全部价款和价外费用扣除支付的分包款后的余额,按照2%的预征率在建筑服务发生地预缴税款后,向机构所在地主管税务机关进行纳税申报。

(2) 一般纳税人跨地级市提供建筑服务,选择适用简易计税方法计税的,应以取得的全部价款和价外费用扣除支付的分包款后的余额为销售额,按照3%的征收率计算应纳税额。纳税人应按照上述计税方法在建筑服务发生地预缴税款后,向机构所在地主管税务机关进行纳税申报。

(3) 小规模纳税人跨地级市提供建筑服务,应以取得的全部价款和价外费用扣除支付的分包款后的余额为销售额,按照3%的征收率计算应纳税额。纳税人应按照上述计税方法在建筑服务发生地预缴税款后,向机构所在地主管税务机关进行纳税申报。

在纳税人本地级市范围内提供建筑服务,不需要预缴税款。

二、例题

【例题 2-72】 天马建筑公司(一般纳税人)2019 年 9 月跨地级市提供建筑服务(适用一般计税方法),在劳务发生地预缴增值税 1 200 元。

(1) 预交增值税时:

借:应交税费——预交增值税   1 200
    贷:银行存款   1 200

(2) 月末,结转预交的增值税:

借:应交税费——未交增值税   1 200
    贷:应交税费——预交增值税   1 200

【例题 2-73】 天马建筑公司(一般纳税人)2019 年 9 月跨地级市提供建筑服务(企业备案选择简易计税方法),在劳务发生地预缴增值税 1 200 元。

借:应交税费——简易计税   1 200
    贷:银行存款   1 200

2.7.1.4 异地提供不动产租赁服务

一、先看看税收政策

(1) 一般纳税人出租其 2016 年 4 月 30 日前取得的不动产(包括房地产开发企业出租自行开发的房地产老项目),可以选择适用简易计税方法,按照5%的征收率计算应纳税额。纳税人出租其 2016 年 4 月 30 日前取得的与机构所在地不在同一县(市)的不动产,应按照上述计税方法在不动产所在地预缴税款后,向机构所在地主管税务机关进行纳税申报。

(2) 一般纳税人出租其 2016 年 5 月 1 日后取得的、与机构所在地不在同一县(市)的不动产(包括房地产开发出租其 2016 年 5 月 1 日后自行开发的异地房地产项目),应按照

3%的预征率在不动产所在地预缴税款后,向机构所在地主管税务机关进行纳税申报。

（3）小规模纳税人（不含个人）出租其取得的不动产（包括房地产开发企业出租自行开发的房地产项目），应按照 5% 的征收率计算应纳税额。

纳税人出租与机构所在地不在同一县（市）的不动产,应按照上述计税方法在不动产所在地预缴税款后,向机构所在地主管税务机关进行纳税申报。

二、例题

【例题 2-74】 天马公司（一般纳税人）机构位于滨州市所辖县级市——邹平市,自 2014 年起将坐落于淄博市临淄区的一幢办公楼以经营租赁方式出租给富华公司,合同约定每月收取的租金为 10 万元。2016 年 5 月营改增后,天马公司与富华公司约定,每月租金保持不变,含税租金为 10 万元。2019 年 9 月天马公司以银行存款收讫当月租金 10 万元。

（1）如果天马公司选择一般计税方法,该项出租业务的销项税额 = $100\,000 \div (1 + 9\%) \times 9\% = 8\,258.88$（元）

在临淄区税务局预缴税款 $= 100\,000 \div (1 + 9\%) \times 3\% = 2\,752.29$（元）

① 收到租金时:

借:银行存款 100 000.00
　贷:其他业务收入 91 743.12
　　应交税费——应交增值税（销项税额） 8 258.88

② 在临淄区预缴增值税时:

借:应交税费——预交增值税 2 752.29
　贷:银行存款 2 752.29

③ 月末结转预交增值税:

借:应交税费——未交增值税 2 752.29
　贷:应交税费——预交增值税 2 752.29

（2）如果天马公司选择简易计税方法,该项出租业务应纳增值税 $= 100\,000 \div (1 + 5\%) \times 5\% = 4\,762$（元）。

在临淄区税务局预缴税款 $= 100\,000 \div (1 + 5\%) \times 5\% = 4\,762$（元）

① 收到租金时:

借:银行存款 100 000
　贷:其他业务收入 95 238
　　应交税费——简易计税 4 762

② 在临淄区预缴增值税时:

借:应交税费——简易计税 4 762
　贷:银行存款 4 762

2.7.1.5 销售不动产预缴税款

一、先看看税收政策

营改增后,纳税人销售其取得的不动产继续由税务机关受理申报缴税和代开增值税发票业务。销售取得的不动产,也就是销售二手房,无论房产坐落地与机构所在地是否跨县(市、区),均应在不动产所在地税务机关预缴增值税,然后向机构所在地税务机关申报纳税,预缴的税款可以从应纳税款中抵减。

(1)一般纳税人销售其 2016 年 4 月 30 日前取得的不动产,可以选择适用简易计税方法,其中,非自建的不动产按照取得的全部价款和价外费用减去该项不动产购置原价或者取得不动产时的作价后的余额为销售额,自建不动产按照取得的全部价款和价外费用为销售额,依 5% 的征收率计算应纳税额。纳税人应按照上述计税方法在不动产所在地税务机关预缴税款后,向机构所在地主管税务机关进行纳税申报。

(2)一般纳税人销售 2016 年 4 月 30 日后取得的不动产,应当适用一般计税方法计税,以取得的全部价款和价外费用为销售额计算销项税额。上述纳税人应在不动产所在地税务机关预缴税款,预缴税款的计算方法为:非自建的不动产以取得的全部价款和价外费用减去该项不动产购置原价或者取得不动产时的作价后的余额为销售额,自建不动产以取得的全部价款和价外费用为销售额,按照 5% 的预征率计算预缴税额。按照 5% 的预征率预缴税款后,向机构所在地主管税务机关进行纳税申报。

(3)小规模纳税人(不含个人)销售其取得的不动产,适用简易计税方法,非自建的不动产以取得的全部价款和价外费用减去该项不动产购置原价或者取得不动产时的作价后的余额为销售额,自建不动产以取得的全部价款和价外费用为销售额,按照 5% 的征收率计算应纳税额。纳税人应按照上述计税方法在不动产所在地税务机关预缴税款后,向机构所在地主管税务机关进行纳税申报。

二、例题

【例题 2-75】 天马公司(一般纳税人)机构位于滨州市所辖县级市——邹平市,2019 年 9 月销售坐落于淄博市临淄区的临街厂房一幢,取得含税销售额 1 000 万元,款项以银行转账收讫。该厂房是 2013 年购置的,购置原价为 800 万元,2019 年 9 月已计提折旧 280 万元,账面净值为 520 万元。

(1)如果天马公司选择一般计税方法,该项厂房销售业务的销项税额＝10 000 000÷(1+9%)×9%＝825 688.07(元)

在临淄区税务局预缴税款＝(10 000 000−8 000 000)÷(1+5%)×5%＝95 283.10(元)

① 销售厂房时:

借:固定资产清理		5 200 000
累计折旧		2 800 000
贷:固定资产		8 000 000

借：银行存款　　　　　　　　　　　　　　　　　　　　10 000 000

　　贷：固定资产清理　　　　　　　　　　　　　　　　　　9 174 311.93

　　　　应交税费——应交增值税（销项税额）　　　　　　　825 688.07

借：固定资产清理　　　　　　　　　　　　　　　　　　3 974 311.93

　　贷：资产处置损益　　　　　　　　　　　　　　　　　　3 974 311.93

② 在临淄区预缴增值税时：

借：应交税费——预交增值税　　　　　　　　　　　　　　95 283.10

　　贷：银行存款　　　　　　　　　　　　　　　　　　　　95 283.10

③ 月末结转预交增值税：

借：应交税费——未交增值税　　　　　　　　　　　　　　95 283.10

　　贷：应交税费——预交增值税　　　　　　　　　　　　　95 283.10

（2）如果天马公司选择简易计税方法，该项销售厂房业务应纳增值税＝（10 000 000 －8 000 000）÷（1＋5％）×5％＝95 283.10（元）

在临淄区税务局预缴税款＝（10 000 000－8 000 000）÷（1＋5％）×5％＝95 283.10 （元）

① 销售厂房时：

借：固定资产清理　　　　　　　　　　　　　　　　　　5 200 000

　　累计折旧　　　　　　　　　　　　　　　　　　　　2 800 000

　　贷：固定资产　　　　　　　　　　　　　　　　　　　　8 000 000

借：银行存款　　　　　　　　　　　　　　　　　　　　10 000 000

　　贷：固定资产清理　　　　　　　　　　　　　　　　　　9 904 716.90

　　　　应交税费——简易计税　　　　　　　　　　　　　　95 283.10

借：固定资产清理　　　　　　　　　　　　　　　　　　4 704 716.90

　　贷：资产处置损益　　　　　　　　　　　　　　　　　　4 704 716.90

② 在临淄区预缴增值税时：

借：应交税费——简易计税　　　　　　　　　　　　　　　95 283.10

　　贷：银行存款　　　　　　　　　　　　　　　　　　　　95 283.10

2.7.2　一般计税方法本月缴纳本月的应交增值税

一般纳税人转让不动产、提供不动产经营租赁服务、提供建筑服务三项业务，按现行增值税制度规定应预缴增值税，预缴的增值税属于本月缴纳本月应交的增值税，如前所述，该三种情形预缴的增值税在专门的明细账"应交税费——预交增值税"核算。在"应交税费——应交增值税(已交税金)"账户核算的本月缴纳本月应纳增值税的情形很少了。常见的有两种情形:一是实行辅导期管理的增值税一般纳税人增购专用发票时需要预缴的税款,二是以1日、3日、5日、10日、15日为纳税期限的纳税人,月度中间申报缴纳的增值税。

一、先看看税收政策

《国家税务总局关于印发〈增值税一般纳税人纳税辅导期管理办法〉的通知》(国税发〔2010〕40号)规定,辅导期纳税人1个月内多次领购专用发票的,应从当月第二次领购专用发票起,按照上一次已领购并开具的专用发票销售额的3‰预缴增值税,未预缴增值税的,主管税务机关不得向其发售专用发票。

《增值税暂行条例》规定,增值税的纳税期限分别为1日、3日、5日、10日、15日、1个月或者1个季度。纳税人的具体纳税期限,由主管税务机关根据纳税人应纳税额的大小分别核定。纳税人以1日、3日、5日、10日或者15日为1个纳税期的,自期满之日起5日内预缴税款,于次月1日起15日内申报纳税并结清上月应纳税款。

二、会计处理思路

本月预交本月的应交增值税,在"应交税费——应交增值税(已交税金)"专栏反映,借记"应交税费——应交增值税(已交税金)"账户,贷记"银行存款"账户。

三、例题

【例题2-76】 天马商贸公司(实行辅导期管理的一般纳税人)税务机关核定的增值税专用发票领购数量为25份。2019年9月首次领购的专用发票开具金额合计80 000元,9月15日增购专用发票时,应预缴增值税2 400元(80 000×3‰)。

借:应交税费——应交增值税(已交税金)   2 400

    贷:银行存款   2 400

2.7.3 一般计税方法期末结转未交增值税或多缴增值税

"应交税费——应交增值税"是一般计税方法增值税应纳税额的计算账户,通过十个专栏,具体反映企业当期发生的销项税额、进项税额、进项税额转出等金额,借贷方相抵后,就是企业当月应纳税额、进项留抵或多缴税额。应纳税额的缴纳或多缴税额的抵缴不在"应交税费——应交增值税"账户反映,它通过"应交税费——未交增值税"账户专门核算。

为了将"应交税费——应交增值税"计算的应纳增值税或多缴增值税转入"应交税费——未交增值税"账户,进一步核算应纳税额的缴纳或多缴税额的抵缴情况,企业应当在"应交税费——应交增值税"下设置"转出未交增值税"和"转出多交增值税"专栏,分别记录一般纳税企业月终转出未交或多交的增值税。

月份终了,企业应将当月发生的应交未交或多缴增值税自"应交税费——应交增值税"账户转入"应交税费——未交增值税"账户：转出应缴未缴增值税，借记"应交税费——应交增值税(转出未交增值税)"账户,贷记"应交税费——未交增值税"账户;转出多交的增值税,借记"应交税费——未交增值税"账户,贷记"应交税费——应交增值税(转出多交增值税)"账户。

"应交税费——未交增值税"账户的期末借方余额,反映多交的增值税;贷方余额,反映未交的增值税。

【例题 2-77】 天马商贸企业(实行辅导期管理的一般纳税人)2019 年 9 月份"应交税费——应交增值税"账户资料,如下所示:

借方金额(进项税额 2 550 元),贷方金额(销项税额 3 850 元),已交税金 1 200 元。

$$本期应交增值税＝3 850－2 550＝1 300(元)$$

应交增值税 1 300 元大于已交税金 1 200 元,所以应补交增值税 100 元。

借：应交税费——应交增值税(转出未交增值税)   100
     贷：应交税费——未交增值税   100

【例题 2-78】 天马商贸企业(实行辅导期管理的一般纳税人)2019 年 9 月份"应交税费——应交增值税"账户资料,如下所示:

借方金额(进项税额 2 550 元),贷方金额(销项税额 2 850 元),已交税金 1 200 元。

$$本期应交增值税＝2 850－2 550＝300(元)$$

应交增值税 300 元小于已交税金 1 200 元,所以应转出多交的税金 900 元。

借：应交税费——未交增值税   900
     贷：应交税费——应交增值税(转出多交增值税)   900

2.7.4 一般计税方法本月缴纳以前期间应交增值税

由于月末企业已经将"应交税费——应交增值税"账户计算的应纳税额转入"应交税费——未交增值税"账户,企业缴纳上期应交未交的增值税,借记"应交税费——未交增值税"账户,贷记"银行存款"账户。

【例题 2-79】 天马建筑企业(一般纳税人)2019 年 9 月份"应交税费——应交增值税"账户资料,如下所示:

借方金额：进项税额 2 550 元;贷方金额：销项税额 3 850 元。

$$本期实际应交增值税＝3 850－2 550＝1 300(元)$$

(1) 月末转出未交增值税:

借：应交税费——应交增值税(转出未交增值税)   1 300
     贷：应交税费——未交增值税   1 300

（2）次月申报期缴纳增值税：

借：应交税费——未交增值税   1 300

 贷：银行存款   1 300

2.8 一般纳税人简易计税方法项目

通常情况下，一般纳税人发生应税行为应当采用一般计税方法计算增值税应纳税额。但有些特殊业务，纳税人的进项税额较少甚至为零，采用一般计税方法会导致纳税人税负畸高。财政部和国家税务总局为了避免纳税人的税收负担过高，先后下发了一系列文件，正向列举了一般纳税人发生特定应税行为，可以选择适用简易计税方法计税，这些规定散落在不同的文件中，全面系统掌握它们有一定的难度，令很多读者头痛。作者整理了财政部和总局列举的可以采用简易计税方法的项目，共有28项，这28项可以分成四类，作者用"老、旧、少、过渡"五个字来概括。"老"，就是建筑业老项目、房地产老项目。这些老项目在营改增转轨节点已经开工了，部分甚至全部购进业务已经发生，无法取得业务相关的全部进项税额；"旧"，就是营改增转轨节点前取得的固定资产、不动产、土地使用权，营改增后将其销售或出租时没有对应的进项税额；"少"，就是一些进项税额极少的服务，如教育服务、清包工方式提供的建筑服务、仓储服务、电影放映服务等，这些项目要么成本主要由人工费构成，进项税额极少，要么一次性购置（建造）固定资产后可以提供若干年应税服务，后续提供服务的年度，进项税额极少；"过渡"，就是营业税制度下已经有的一些优惠政策，为保证纳税人税负不增加，需要过渡到增值税制度里来，如农村金融组织提供金融服务、劳务派遣服务等。一般纳税人选择简易办法计算缴纳增值税后，36个月内不得变更。

财政部和总局列举的可以采用简易计税方法的28个项目，具体如下：

（1）一般纳税人为建筑工程老项目提供的建筑服务，可以选择适用简易计税方法计税。

建筑工程老项目，是指：

① 《建筑工程施工许可证》注明的合同开工日期在2016年4月30日前的建筑工程项目；《建筑工程施工许可证》未注明合同开工日期，但建筑工程承包合同注明的开工日期在2016年4月30日前的建筑工程项目。

② 未取得《建筑工程施工许可证》的，建筑工程承包合同注明的开工日期在2016年4月30日前的建筑工程项目。

（2）房地产开发企业中的一般纳税人，销售自行开发的房地产老项目，可以选择适用简易计税方法，按照5%的征收率计税。

房地产老项目，是指：

① 《建筑工程施工许可证》注明的合同开工日期在2016年4月30日前的房地产

项目。

②《建筑工程施工许可证》未注明合同开工日期或者未取得《建筑工程施工许可证》但建筑工程承包合同注明的开工日期在 2016 年 4 月 30 日前的房地产项目。

（3）营改增试点一般纳税人销售自己使用过的、纳入营改增试点之日前取得的固定资产，按照现行旧货相关增值税政策执行。

（4）以纳入营改增试点之日前取得的有形动产为标的物提供的经营租赁服务。

（5）在纳入营改增试点之日前签订的尚未执行完毕的有形动产租赁合同。

（6）一般纳税人销售其 2016 年 4 月 30 日前取得（不含自建）的不动产，可以选择适用简易计税方法。非自建不动产以取得的全部价款和价外费用减去该项不动产购置原价或者取得不动产时的作价后的余额为销售额，按照 5% 的征收率计算应纳税额；自建的不动产，以取得的全部价款和价外费用为销售额，按照 5% 的征收率计算应纳税额。

（7）纳税人转让 2016 年 4 月 30 日前取得的土地使用权，可以选择适用简易计税方法，以取得的全部价款和价外费用减去取得该土地使用权的原价后的余额为销售额，按照 5% 的征收率计算缴纳增值税。

（8）一般纳税人出租其 2016 年 4 月 30 日前取得的不动产，可以选择适用简易计税方法，按照 5% 的征收率计算应纳税额。

一般纳税人以 2016 年 4 月 30 日前租入的不动产转租的，也可以选择适用简易计税方法，按照 5% 的征收率计算应纳税额。

房地产开发企业中的一般纳税人，出租自行开发的房地产老项目，可以选择适用简易计税方法，按照 5% 的征收率计算应纳税额。

（9）一般纳税人 2016 年 4 月 30 日前签订的不动产融资租赁合同，或以 2016 年 4 月 30 日前取得的不动产提供的融资租赁服务，可以选择适用简易计税方法，按照 5% 的征收率计算缴纳增值税。

（10）公路经营企业中的一般纳税人收取试点前开工的高速公路的车辆通行费，可以选择适用简易计税方法，减按 3% 的征收率计算应纳税额。

试点前开工的高速公路，是指相关施工许可证明上注明的合同开工日期在 2016 年 4 月 30 日前的高速公路。

（11）一般纳税人收取试点前开工的一级公路、二级公路、桥、闸通行费，可以选择适用简易计税方法，按照 5% 的征收率计算缴纳增值税。

试点前开工，是指相关施工许可证注明的合同开工日期在 2016 年 4 月 30 日前。

（12）一般纳税人以清包工方式提供的建筑服务，可以选择适用简易计税方法计税。

以清包工方式提供建筑服务，是指施工方不采购建筑工程所需的材料或只采购辅助材料，并收取人工费、管理费或者其他费用的建筑服务。

（13）一般纳税人为甲供工程提供的建筑服务，可以选择适用简易计税方法计税。

甲供工程，是指全部或部分设备、材料、动力由工程发包方自行采购的建筑工程。

工程发包方自行采购工程所需的部分设备、材料、动力建筑工程也是甲供工程。工程发包方自行采购的部分占工程总用料的比例多大,是 50% 以上,还是 20% 以上,甚至是 1% 以上,财政部和国家税务总局没有作出量的限定。只要工程发包方自行采购了工程所需的部分设备、材料、动力,无论多少,都可认定为甲供工程。为甲供工程提供的建筑服务可以选择适用简易计税方法计税,实际上是立法者为保证建筑施工方营改增后税负只减不增所作出的兜底安排。

(14) 建筑工程总承包单位为房屋建筑的地基与基础、主体结构提供工程服务,建设单位自行采购全部或部分钢材、混凝土、砌体材料、预制构件的,适用简易计税方法计税。

(15) 公共交通运输服务。公共交通运输服务,包括轮客渡、公交客运、地铁、城市轻轨、出租车、长途客运、班车。

班车,是指按固定路线、固定时间运营并在固定站点停靠的运送旅客的陆路运输服务。

(16) 经认定的动漫企业为开发动漫产品提供的动漫脚本编撰、形象设计、背景设计、动画设计、分镜、动画制作、摄制、描线、上色、画面合成、配音、配乐、音效合成、剪辑、字幕制作、压缩转码(面向网络动漫、手机动漫格式适配)服务,以及在境内转让动漫版权(包括动漫品牌、形象或者内容的授权及再授权)。

(17) 电影放映服务、仓储服务、装卸搬运服务、收派服务和文化体育服务。

(18) 一般纳税人提供非学历教育服务,可以选择适用简易计税方法按照 3% 征收率计算应纳税额。

(19) 一般纳税人提供教育辅助服务,可以选择简易计税方法按照 3% 征收率计算缴纳增值税。

(20) 非企业性单位中的一般纳税人提供的研发和技术服务、信息技术服务、鉴证咨询服务,以及销售技术、著作权等无形资产,可以选择简易计税方法按照 3% 征收率计算缴纳增值税。

非企业性单位中的一般纳税人提供技术转让、技术开发和与之相关的技术咨询、技术服务,可以参照上述规定,选择简易计税方法按照 3% 征收率计算缴纳增值税。

(21) 资管产品管理人运营资管产品过程中发生的增值税应税行为,暂适用简易计税方法,按照 3% 的征收率缴纳增值税。

(22) 农村信用社、村镇银行、农村资金互助社、由银行业机构全资发起设立的贷款公司、法人机构在县(县级市、区、旗)及县以下地区的农村合作银行和农村商业银行提供金融服务收入,可以选择适用简易计税方法按照 3% 的征收率计算缴纳增值税。

(23) 对中国农业银行纳入"三农金融事业部"改革试点的各省、自治区、直辖市、计划单列市分行下辖的县域支行和新疆生产建设兵团分行下辖的县域支行(也称县事业部),提供农户贷款、农村企业和农村各类组织贷款(具体贷款业务清单见附件)取得的利息收入,可以选择适用简易计税方法按照 3% 的征收率计算缴纳增值税。

(24)自 2018 年 7 月 1 日至 2020 年 12 月 31 日,对中国邮政储蓄银行纳入"三农金融事业部"改革的各省、自治区、直辖市、计划单列市分行下辖的县域支行,提供农户贷款、农村企业和农村各类组织贷款(具体贷款业务清单见附件)取得的利息收入,可以选择适用简易计税方法按照 3% 的征收率计算缴纳增值税。

农户,是指长期(一年以上)居住在乡镇(不包括城关镇)行政管理区域内的住户,还包括长期居住在城关镇所辖行政村范围内的住户和户口不在本地而在本地居住一年以上的住户,国有农场的职工和农村个体工商户。位于乡镇(不包括城关镇)行政管理区域内和在城关镇所辖行政村范围内的国有经济的机关、团体、学校、企事业单位的集体户;有本地户口,但举家外出谋生一年以上的住户,无论是否保留承包耕地均不属于农户。农户以户为统计单位,既可以从事农业生产经营,也可以从事非农业生产经营。农户贷款的判定应以贷款发放时的借款人是否属于农户为准。

农村企业和农村各类组织贷款,是指金融机构发放给注册在农村地区的企业及各类组织的贷款。

(25)一般纳税人提供劳务派遣服务,可以按照《财政部 国家税务总局关于全面推开营业税改征增值税试点的通知》(财税〔2016〕36 号)的有关规定,以取得的全部价款和价外费用为销售额,按照一般计税方法计算缴纳增值税;也可以选择差额纳税,以取得的全部价款和价外费用,扣除代用工单位支付给劳务派遣员工的工资、福利和为其办理社会保险及住房公积金后的余额为销售额,按照简易计税方法依 5% 的征收率计算缴纳增值税。

小规模纳税人提供劳务派遣服务,可以按照《财政部 国家税务总局关于全面推开营业税改征增值税试点的通知》(财税〔2016〕36 号)的有关规定,以取得的全部价款和价外费用为销售额,按照简易计税方法依 3% 的征收率计算缴纳增值税;也可以选择差额纳税,以取得的全部价款和价外费用,扣除代用工单位支付给劳务派遣员工的工资、福利和为其办理社会保险及住房公积金后的余额为销售额,按照简易计税方法依 5% 的征收率计算缴纳增值税。

选择差额纳税的纳税人,向用工单位收取用于支付给劳务派遣员工工资、福利和为其办理社会保险及住房公积金的费用,不得开具增值税专用发票,可以开具普通发票。

劳务派遣服务,是指劳务派遣公司为了满足用工单位对于各类灵活用工的需求,将员工派遣至用工单位,接受用工单位管理并为其工作的服务。

纳税人提供安全保护服务,比照劳务派遣服务政策执行。

(26)纳税人提供人力资源外包服务,按照经纪代理服务缴纳增值税,其销售额不包括受客户单位委托代为向客户单位员工发放的工资和代理缴纳的社会保险、住房公积金。向委托方收取并代为发放的工资和代理缴纳的社会保险、住房公积金,不得开具增值税专用发票,可以开具普通发票。

一般纳税人提供人力资源外包服务,可以选择适用简易计税方法,按照5%的征收率计算缴纳增值税。

(27) 提供物业管理服务的纳税人,向服务接受方收取的自来水水费,以扣除其对外支付的自来水水费后的余额为销售额,按照简易计税方法依3%的征收率计算缴纳增值税。

(28) 自2009年1月1日起,一般纳税人销售自产的下列货物,可选择按照简易办法依照3%征收率计算缴纳增值税,可自行开具增值税专用发票:

① 县级及县级以下小型水力发电单位生产的电力。小型水力发电单位,是指各类投资主体建设的装机容量为5万千瓦以下(含5万千瓦)的小型水力发电单位。

② 建筑用和生产建筑材料所用的砂、土、石料。

③ 以自己采掘的砂、土、石料或其他矿物连续生产的砖、瓦、石灰(不含黏土实心砖、瓦)。

④ 用微生物、微生物代谢产物、动物毒素、人或动物的血液或组织制成的生物制品。

⑤ 自来水。

⑥ 商品混凝土(仅限于以水泥为原料生产的水泥混凝土)。

2.8.1 一般纳税人简易计税方法项目的会计处理

一般纳税人采用简易计税方法发生增值税的计提、扣减、预缴、缴纳均通过"应交税费——简易计税"明细账户核算。

2.8.1.1 需要预缴的简易计税方法项目

一、先看看税收政策

销售取得不动产、异地提供不动产经营租赁服务、异地提供建筑服务,选择简易计税方法时,也需要在项目所在地或不动产所在地预缴增值税,而且应纳增值税额需要100%全额在项目所在地或不动产所在地预缴。

二、会计处理思路

纳税人发生应税行为,确认收入时,应计提该项目应纳增值税额,借记"银行存款""应收账款"等账户,贷记"主营业务收入"和"应交税费——简易计税"账户。在不动产所在地或建筑服务发生地预缴增值税时,借记"应交税费——简易计税"账户,贷记"银行存款"账户。

三、例题

【例题2-80】 天马建筑公司是增值税一般纳税人,2019年9月在外地市承揽一项清包工房地产外墙工程,天马建筑公司选择简易计税方法并向税务机关备案。当月该项目完工并验收合格,与建设方结算工程款103万元,向建设方开具增值税普通发票,注明含税金额为103万元,款项已经收讫。月末,天马建筑公司按规定向建筑服务发生地税务机关预缴增值税。

（1）收到工程款时：

借：银行存款　　　　　　　　　　　　　　　　　　　　　　　　1 030 000

　　贷：主营业务收入　　　　　　　　　　　　　　　　　　　　　1 000 000

　　　　应交税费——简易计税　　　　　　　　　　　　　　　　　　 30 000

（2）向建筑服务发生地税务机关预缴的增值税＝1 030 000÷（1＋3%）×3%＝
30 000（元）。

借：应交税费——简易计税　　　　　　　　　　　　　　　　　　　 30 000

　　贷：银行存款　　　　　　　　　　　　　　　　　　　　　　　　 30 000

（3）向主管税务机关申报纳税时，应纳税额为 30 000 元，预缴税额也为 30 000 元，不
需要补缴增值税。

2.8.1.2　不需要预缴的简易计税方法项目

简易计税方法按照销售额和增值税征收率计算应纳增值税额，在销售实现时，纳税
人确认收入的同时计提增值税税额，计提的增值税税额记入"应交税费——简易计税"账
户贷方，形成企业的负债；缴纳增值税时，记入"应交税费——简易计税"账户借方，负债
减少。

【例题 2-81】　天马公司（一般纳税人）主营钢材和商品混凝土业务，其自产商品混凝
土符合简易计税规定。2019 年 9 月销售钢材不含税销售额 800 万元，商品混凝土含税销
售收入 309 万元，期初进项税额留抵为 189 万元。

（1）确认钢材销售收入时：

借：应收账款　　　　　　　　　　　　　　　　　　　　　　　　　9 040 000

　　贷：主营业务收入——钢材　　　　　　　　　　　　　　　　　8 000 000

　　　　应交税费——应交增值税（销项税额）　　　　　　　　　　 1 040 000

（2）确认混凝土销售收入时：

$$不含税销售额＝3 090 000÷（1＋3\%）＝3 000 000（元）$$

借：应收账款　　　　　　　　　　　　　　　　　　　　　　　　　3 090 000

　　贷：主营业务收入——商品混凝土　　　　　　　　　　　　　　3 000 000

　　　　应交税费——简易计税　　　　　　　　　　　　　　　　　　 90 000

（3）缴纳增值税时：

借：应交税费——简易计税　　　　　　　　　　　　　　　　　　　　 90 000

　　贷：银行存款　　　　　　　　　　　　　　　　　　　　　　　　 90 000

一般计税方法期末留抵税额 85 000 元（1 890 000－1 040 000），不需进行账务处理。

2.8.2　一般纳税人简易计税方法项目常见涉税问题

① 企业出租营改增前取得的房屋,有多个承租方,针对不同的承租方,是否可以分别选择按照一般纳税方法和简易计税方法计税,开具不同税率或征收率的发票?

答：出租不同的房屋,给不同的承租方,可以根据经营需要,分别选择简易计税方法和一般计税方法,分别开具税率和征收率的发票;但是对同一幢房屋,不同的房间出租给不同的承租方,则必须按照一种计税方法计算纳税。

② 一般纳税人出租其 2016 年 4 月 30 日前取得不动产,在网上进行简易征收备案,如果有很多合同需要多次备案吗?

答：不需要,36 个月内只需要备案一次。

2.8.3　一般纳税人简易计税方法项目涉税风险点

① 简易计税项目耗用的购进材料,尤其是购进固定资产、无形资产、不动产未取得专用发票。

很多企业认为简易计税项目用的货物、服务、无形资产、不动产等即使取得增值税专用发票,也不能抵扣进项税额,所以没有必要取得增值税专票发票。实际上,简易计税项目用的材料,在项目结束后未使用完,可能用到一般计税方法的新项目,或者对外销售,如购买时没有取得专用发票,则不能抵扣进项税额。专用于简易计税项目的固定资产、无形资产、不动产,在使用过程中可能发生用途改变,改为专用于或混用于一般计税方法的应税项目,此时与净值对应的进项税额可以抵扣。如果纳税人购进时,没有取得增值税专用发票,则改变用途时也就没有进项税额可以抵扣了。

② 一般纳税人发生财政部和国家税务总局规定的可以选择简易计税方法的项目,没有进行充分的税负测算,就向税务机关备案选择简易计税方法。

一般纳税人发生可以选择简易计税方法的应税行为,选择简易计税方法后,在接下来的经营中取得大量的增值税进项税额扣税凭证,实际上,按照一般计税方法计算纳税税负更低。但是备案后,36 个月内不得变更。

【案例分析】

天马公交公司 2013 年 8 月 1 日被纳入营改增试点范围,财务人员得知公共交通运输服务可以选择简易计税方法非常高兴。因为在原来营业税制度下,营业税税负率为 3%,营改增后,由于增值税是价外税,选择简易计税方法,增值税征收率为 3%,但换算为含税收入后增值税税负率为 2.91%,比营业税时税负有所下降,于是决定选择简易计税方法,并向税务机关备案。2013 年和 2014 年财政安排了公共汽车更新补助资金,天马公交公司购置了 189 辆公共汽车,如果采用一般计税方法会产生大量的进项税额。财务人员按照正常的销售收入规模测算发现:如果企业采用一般计税方法,189 辆公共汽车的进项税额 3 年才能抵完。也就是说,天马公交公司如果选择一般计税方法,3 年内不需要缴纳 1 分钱的增值税。

有人认为增值税的税率一定高于征收率,因此,简易计税方法的税负率一定低于一般计税方法的税负率。这种观点是不正确的。不同纳税人不同项目的增值率不同,不同时期购进业务的规模也不同,尤其是购进固定资产及不动产的数量不同,导致一般计税方法的税负率差异非常大。笔者调查了一家知名的建筑企业,营改增后增值税税负率只有 1.8%,这正是因为该企业灵活地运用了简易计税方法和一般计税方法。因此,企业选择简易计税方法前一定要进行充分的税负测算;否则,后悔期需要 36 个月。

❸ 企业兼营采用一般计税方法项目和选择适用简易计税方法项目,购进的两类项目混用的不动产、固定资产、无形资产没有全额申报抵扣进项税额。

《财政部 国家税务总局关于全面推开营业税改征增值税试点的通知》(财税〔2016〕36 号)规定,用于简易计税方法计税项目、免征增值税项目、集体福利或者个人消费的购进货物、加工修理修配劳务、服务、无形资产和不动产的进项税额不得从销项税额中抵扣。其中涉及的固定资产、无形资产、不动产,仅指专用于上述项目的固定资产、无形资产(不包括其他权益性无形资产)、不动产。也就是说,只有专用于简易计税方法计税项目、免征增值税项目、集体福利或者个人消费的固定资产、无形资产、不动产的进项税额才不可以抵扣,混用于应税项目和简易计税方法计税项目、免征增值税项目、集体福利或者个人消费的固定资产、无形资产、不动产的进项税额可以抵扣。

 **特别提醒**

混用的固定资产、无形资产、不动产的全部进项税额都可以抵扣;混用的租入固定资产、不动产的全部进项税额也都可以抵扣。

2.9 一般纳税人的税收优惠

2.9.1 税收优惠的会计处理

为了支持某些行业、企业的发展,我国在增值税方面制定了一系列的优惠政策,对纳税人销售货物、劳务、服务、不动产或无形资产的应纳税额予以免征或减征。目前,增值税减免优惠的具体实施主要采取直接减征、直接免征、即征即退、先征后退四种形式。直接减征是按照一定金额或比例减征增值税,如购置增值税税控系统专用设备抵减增值税、已使用固定资产减征增值税、招录重点群体就业扣减增值税、企业招用退役士兵扣减增值税;直接免征是全额免征增值税,主要包括免税产品和免税服务,如农业生产资料免征增值税、有机肥免征增值税、饲料产品免征增值税、托儿所(幼儿园)提供的保育和教育服务免征增值税优惠、从事学历教育的学校提供的教育服务免征增值税、医疗机构提供的医疗服务免征增值税。即征即退增值税是征收增值税后给予的税收优惠,纳税人需要先按照税法规定全额缴纳增值税,当期再按照规定的比例或金额申请退还增值税,如有形动产融资租赁服务即征即退增值税、资源综合利用产品及劳务即征即退增值税、软件产品即征即退增值税、安置残疾人就业即征即退增值税。先征后退增值税也是征收增值税后给予的税收优惠,纳税人需要先按照税法规定全额缴纳增值税,以后期间再按照规定的比例或金额申请退还增值税,如宣传文化单位在出版环节或发行环节先征后退增值税。

2.9.1.1 纳税人享受增值税优惠政策需要注意的问题

纳税人享受增值税税收优惠政策必须注意以下几点:

(1)纳税人享受增值税税收优惠政策需要办理减免税报批或备案手续,并按照规定进行核算、纳税申报,否则,不能够享受增值税税收优惠政策。

减免税分为报批类减免税和备案类减免税。报批类减免税是指应由税务机关审批的减免税项目,纳税人享受报批类减免税,应提交相应资料,提出申请,经具有审批权限的税务机关审批确认后执行,未按规定申请或虽申请但未经有权税务机关审批确认的,纳税人不得享受减免税;备案类减免税是纳税人将享受减免税相关的资料提请备案,经税务机关登记备案后,自登记备案之日起享受减免税优惠,纳税人未按规定备案的,一律不得减免税。

(2)纳税人申请报批类减免税的,应当在政策规定的减免税期限内,向主管税务机关提出书面申请,并报送以下资料:

① 减免税申请报告,列明减免税理由、依据、范围、期限、数量、金额等。

② 财务会计报表、纳税申报表。

③ 有关部门出具的证明材料。

④ 税务机关要求提供的其他材料。

纳税人报送的材料应真实、准确、齐全。

(3)纳税人享受减免税的条例发生变化时,应及时向税务机关报告,经税务机关重新审查后办理减免税。纳税人享受减免税到期的,应当申报缴纳税款。

(4)纳税人兼营免税、减税项目的,应当分别核算免税、减税项目的销售额;未分别核算销售额的,不得免税、减税。

(5)纳税人依法可以享受减免税待遇,但未享受而多缴税款的,凡属于无明确规定需经税务机关审批或没有规定申请期限的,纳税人可以在《税收征收管理法》第五十一条规定的期限内申请减免税,要求退还多缴的税款,但不加算银行同期存款利息。

(6)纳税人已享受减免税的,应当纳入正常申报,进行减免税申报。在减免税期间无论当期是否有应交税费发生,都要对减免税情况予以申报。

(7)纳税人免税项目,一律不得开具增值税专用发票(国有粮食购销企业销售免税粮食除外)。放弃免税权的增值税一般纳税人,可以开具增值税专用发票。

(8)纳税人提供应税服务适用免税、减税规定的,可以放弃免税、减税,依照规定缴纳增值税。放弃免税、减税后,36个月内不得再申请免税、减税。

纳税人一经放弃免税权,其提供的全部应税服务均应按照适用税率征税,不得选择某一免税项目放弃免税权,也不得根据不同的对象选择部分项目放弃免税权。

纳税人要求放弃免税权,应当以书面形式提交放弃免税权声明,报主管税务机关备案。纳税人自提交备案资料的次月起,按照现行有关规定计算缴纳增值税。

2.9.1.2 增值税税控系统专用设备和技术维护费用抵减增值税税额的会计处理

一、先看看税收政策

《财政部 国家税务总局关于增值税税控系统专用设备和技术维护费用抵减增值税税额有关政策的通知》(财税〔2012〕15号)规定纳税人初次购买增值税税控系统专用设备费用和技术维护费可以抵减增值税应纳税额,具体政策为:

(1)增值税纳税人2011年12月1日以后初次购买增值税税控系统专用设备(包括分开票机)支付的费用,可凭购买增值税税控系统专用设备取得的增值税专用发票,在增值税应纳税额中全额抵减(抵减额为价税合计额),不足抵减的可结转下期继续抵减。增值税纳税人非初次购买增值税税控系统专用设备支付的费用,由其自行负担,不得在增值税应纳税额中抵减。

增值税税控系统专用设备包括金税盘和税控盘。

(2)增值税纳税人2011年12月1日以后缴纳的技术维护费(不含补缴的2011年11月30日以前的技术维护费),可凭技术维护服务单位开具的技术维护费发票,在增值税应纳税额中全额抵减,不足抵减的可结转下期继续抵减。技术维护费按照价格主管部门核定的标准执行。

(3)增值税一般纳税人支付的两项费用在增值税应纳税额中全额抵减的,其增值税专用发票不作为增值税抵扣凭证,其进项税额不得从销项税额中抵扣。

二、会计处理思路

企业首次购入增值税税控系统专用设备款和技术维护费,可以抵减增值税应纳税额,应按实际支付的金额,借记"固定资产"账户,贷记"银行存款"等账户。按规定抵减的增值税应纳税额,借记"应交税费——应交增值税(减免税款)"账户,贷记"递延收益"账户。按期计提折旧,借记"管理费用"等账户,贷记"累计折旧"账户;同时,借记"递延收益"账户,贷记"管理费用"等账户。

企业发生技术维护费,按实际支付的金额,借记"管理费用"等账户,贷记"银行存款"等账户。按规定抵减的增值税应纳税额,借记"应交税费——应交增值税(减免税款)"账户,贷记"管理费用"等账户。

三、例题

【例题 2-82】 2019 年 9 月,天马房地产公司(一般纳税人)首次购入增值税税控系统专用设备,支付价款 200 元,同时支付当年增值税税控系统专用设备技术维护费 280 元。当月两项合计抵减增值税应纳税额 480 元。

(1)首次购入增值税税控系统专用设备:

借:固定资产——税控设备 200
  贷:银行存款 200

抵减当月增值税应纳税额:

借:应交税费——应交增值税(减免税款) 200
  贷:递延收益 200

(2)由于专用设备价值较小,一次性计提折旧:

借:管理费用 200
  贷:累计折旧 200
借:递延收益 200
  贷:管理费用 200

(3)发生防伪税控系统专用设备技术维护费:

借:管理费用 280
  贷:银行存款 280

抵减当月增值税应纳税额:

借:应交税费——应交增值税(减免税款) 280
  贷:管理费用 280

销售自己使用过的固定资产的会计处理见 2.3.1.18 出售已使用过的固定资产。

2.9.1.3　免税项目的会计处理

一般纳税人购进货物、服务等用于免税项目,进项税额不得抵扣,按价税合计价计入成本费用;销售免税货物或服务,收取的全部款项为不含税价,按全部款项借记"银行存款"或"应收账款"等账户,同时贷记"主营业务收入"等账户。免税项目相关购销业务的会计处理都不涉及增值税的核算。

【例题 2-83】 天马制药厂为增值税一般纳税人,生产销售抗艾滋病药品,是国家列名的享受免税优惠的抗艾滋病药品生产企业。2019 年 9 月份发生以下经济业务:

(1) 购进抗艾滋病药品原材料一批,取得增值税普通发票注明的价款为 400 000 元,增值税额 52 000 元,材料未到,开具商业汇票。

(2) 从农业生产者手中收购药材 400 吨,收购凭证上注明,每吨收购价为 2 000 元,收购凭证注明收购价款 800 000 元,款项用现金付讫。

(3) 购进小轿车一辆,取得机动车销售统一发票注明的价款为 50 000 元,增值税额 6 500 元,开具银行转账支票,小轿车拨发给经理使用。

(4) 从小规模纳税人处购进包装材料一批,取得普通发票,注明含税金额 5 000 元,款项未付。

(5) 销售抗艾滋病药品给某药店(一般纳税人),开具增值税普通发票,取得销售额 351 000 元,取得买方开具的商业汇票。

(6) 采用送货上门方式销售抗艾滋病药品给某门诊部(小规模纳税人),开具增值税普通发票,取得销售额 100 000 元,货物已经发出,款项通过银行存款收讫。合同约定运费由销售方承担,取得承运部门开具的增值税专用发票,注明的运费 3 000 元,增值税额 90 元,运费用现金付讫。

2019 年 9 月企业上述业务会计处理如下:

(1) 购进抗艾滋病药品原材料:

| 借:在途物资 | 452 000 |
| 贷:应付票据 | 452 000 |

(2) 收购药材:

| 借:原材料 | 800 000 |
| 贷:库存现金 | 800 000 |

(3) 购进小轿车:

| 借:固定资产 | 56 500 |
| 贷:银行存款 | 56 500 |

(4) 购进包装材料:

| 借:原材料 | 5 000 |
| 贷:应付账款 | 5 000 |

(5) 销售药品给药店:

| 借:应收票据 | 351 00 |
| 贷:主营业务收入 | 351 000 |

结转成本的会计分录略。

（6）销售药品给门诊部：

借：银行存款 100 000

　　贷：主营业务收入 100 000

借：销售费用 3 090

　　贷：库存现金 3 090

结转成本的会计分录略。

2.9.1.4　即征即退项目的会计处理

享受增值税即征即退优惠的纳税人，应先按税法规定全额缴纳增值税，然后再申请定额或一定比率退还，它是在增值税正常缴纳之后的退库，并不影响增值税计算应纳税额和增值税专用发票抵扣链条的完整性。销售货物或应税劳务时，可按规定开具增值税专用发票，正常计算销项税额，购买方也可以按规定抵扣。因此，享受增值税即征即退优惠的纳税人购进业务、销售业务和缴纳税款的会计处理与不享受税收优惠的纳税人的会计处理方式完全一致，即：购进业务取得合法扣税凭证时，按不含税价记入成本费用账户，可以抵扣的增值税额记入"应交税费——应交增值税（进项税额）"账户；销售业务发生时，按含税价款记入"银行存款""应收账款"等账户借方，贷记"主营业务收入"和"应交税费——应交增值税（销项税额）"等账户；月末，企业应将"应交税费——应交增值税"账户计算的本期应纳增值税额转入"应交税费——未交增值税"账户，借记"应交税费——应交增值税（转出未交增值税）"账户，贷记"应交税费——未交增值税"账户。享受增值税即征即退优惠的纳税人与不享受税收优惠的纳税人的会计处理不同的是：享受增值税即征即退优惠的纳税人缴纳完税款后，按规定可以收到退回的增值税额，借记"银行存款"等账户，贷记"营业外收入"账户。

【例题 2-84】　天马软件企业（一般纳税人）2019 年 8 月份留抵税额 6 000 元，9 月份发生下列经济业务：

（1）销售自产软件产品，开具增值税专用发票注明的价款为 690 000 元，增值税额 89 700 元，款项通过银行存款收讫。

（2）购进办公用品取得增值税专用发票注明的价款为 220 000 元，增值税额 28 600 元，开具转账支票。

（3）委托广告代理公司发布广告，取得增值税专用发票注明的价款为 130 000 元，增值税额 7 800 元，款项未付。

（4）复印材料一宗，取得增值税普通发票注明的价款为 400 元，增值税额 52 元，款项用现金付讫。

假设天马软件企业 9 月取得的专用发票均在当月认证。

解析：天马软件企业 2019 年 9 月应纳税额计算如下：

销项税额＝690 000×13％＝89 700(元)

进项税额＝28 600＋7 800＋6 000＝42 400(元)

应纳增值税＝89 700－42 400＝47 300(元)

应纳税额占销售额比例：47 300÷690 000×100％＝6.86％

实际税负超过3％,所以应退增值税：47 300－690 000×3％＝26 600(元)

9月份上述业务会计处理如下：

(1) 销售软件产品：

借：银行存款		779 700
贷：主营业务收入		690 000
应交税费——应交增值税(销项税额)		89 700

(2) 购进办公用品：

借：管理费用		220 000
应交税费——应交增值税(进项税额)		28 600
贷：银行存款		248 600

(3) 购进广告服务：

借：销售费用		130 000
应交税费——应交增值税(进项税额)		7 800
贷：应付账款		137 800

(4) 购进复印服务：

借：管理费用		452
贷：库存现金		452

(5) 收到退还的增值税：

借：银行存款		26 600
贷：营业外收入		26 600

2.9.2　税收优惠常见涉税问题

 采用简易计税方法的纳税人能抵减防伪税控技术维护费吗？

答：可以。根据《财政部　国家税务总局关于增值税税控系统专用设备和技术维护费抵减增值税税额有关政策的通知》(财税〔2012〕15号)规定,自2011年12月1日起,增值税纳税人购买增值税税控系统专用设备支付的费用以及缴纳的技术维护费(以下称二项费用)可在增值税应纳税额中全额抵减。财税〔2012〕15号没有限定享受税收优惠的纳税人范围,自然是所有的使用防伪税控系统的纳税人都可以享受,包括采用简易计税方法的一般纳税人和小规模纳税人。采用简易计税方法的纳税人,不得抵扣进项税额,但可以抵减税控系统专用设备支付的费用以及缴纳的技术维护费。

 一般纳税人购买税控系统专用设备取得的增值税专用发票上注明的增值税额可以抵扣进项吗?

答:不可以抵扣。根据《财政部 国家税务总局关于增值税税控系统专用设备和技术维护费用抵减增值税税额有关政策的通知》(财税〔2012〕15 号)规定,增值税纳税人 2011 年 12 月 1 日以后初次购买增值税税控系统专用设备(包括分开票机)支付的费用,可凭购买增值税税控系统专用设备取得的增值税专用发票,在增值税应纳税额中全额抵减(抵减额为价税合计额),不足抵减的可结转下期继续抵减。增值税一般纳税人初次购买增值税税控系统专用设备支付的费用在增值税应纳税额中全额抵减的,其增值税专用发票不作为增值税抵扣凭证,其进项税额不得从销项税额中抵扣。

 纳税人购买的认证发票用的扫描仪属于税控设备吗?

答:税控设备不包括扫描仪,扫描仪购置款不得抵减应纳税额。根据《财政部 国家税务总局关于增值税税控系统专用设备和技术维护费用抵减增值税税额有关政策的通知》(财税〔2012〕15 号)文件规定,增值税防伪税控系统的专用设备包括金税卡、IC 卡、读卡器或金税盘和报税盘;货物运输业增值税专用发票税控系统专用设备包括税控盘和报税盘;机动车销售统一发票税控系统和公路、内河货物运输业发票税控系统专用设备包括税控盘和传输盘。增值税发票管理新系统推行后税控系统专用设备包括金税盘和税控盘。

 福利企业 2019 年 9 月份新聘用了 1 个残疾人,当月就给其支付了工资和缴纳了社会保险费,在计算 9 月份应退增值税额时,"实际安置残疾人员人数"是否包括新录入的残疾人呢?

答:不包括新录入的残疾人。根据《国家税务总局关于发布〈促进残疾人就业增值税优惠政策管理办法〉的公告》(国家税务总局公告 2016 年第 33 号)规定,纳税人新安置的残疾人从签订劳动合同并缴纳社会保险的次月起计算,其他职工从录用的次月起计算;安置的残疾人和其他职工减少的,从减少当月计算。

 粮食加工企业加工粮食的副产品,比如米糠是否免征增值税?

答:可以。根据《财政部 国家税务总局关于印发〈农业产品征税范围注释〉的通知》(财税字〔1995〕52 号)规定,其他植物是指除上述列举植物以外的其他各种人工种植和野生的植物,如树苗、花卉、植物种子、植物叶子、草、麦秸、豆类、薯类、藻类植物等。干花、干草、薯干、干制的藻类植物,农业产品的下脚料等,也属于本货物的征税范围。因此,粮食加工生产出的米糠,属于农业产品下脚料,如果销售时作为单一大宗饲料,可以申报为免税收入;如果用于非饲料用途,应按照9%税率缴纳增值税。

6 **经营农作物种子零售业务的种子站可以享受免税优惠吗?**

答: 可以。《财政部 国家税务总局关于农业生产资料征免增值税政策的通知》(财税〔2001〕113号)规定,批发和零售的种子、种苗、农药、农机免征增值税。该规定给予农业生产资料批发、零售环节免税优惠。也就是自产的种子、种苗销售可以免征增值税,因为其属于农业生产者销售自产的农产品,销售外购的种子、种苗也可以免征增值税。

7 **水果批发环节可以免征增值税吗?**

答: 不可以。根据《财政部 国家税务总局关于免征蔬菜流通环节增值税有关问题的通知》(财税〔2011〕137号)规定,对从事蔬菜批发、零售的纳税人销售的蔬菜免征增值税。蔬菜是指可作副食的草本、木本植物,包括各种蔬菜、菌类植物和少数可作副食的木本植物。蔬菜的主要品种参照《蔬菜主要品种目录》执行。没有文件规定水果批发、零售环节可以免征增值税。

8 **企业是从事蔬菜干制品零售,其可以享受蔬菜免征增值税优惠政策吗?**

答: 可以享受免征增值税政策。根据《财政部 国家税务总局关于免征蔬菜流通环节增值税有关问题的通知》(财税〔2011〕137号)规定,对从事蔬菜批发、零售的纳税人销售的蔬菜免征增值税。经挑选、清洗、切分、晾晒、包装、脱水、冷藏、冷冻等工序加工的蔬菜,属于本通知所述蔬菜的范围。上述对蔬菜的加工工艺包括晾晒,因此,批发、零售蔬菜干制品可以享受免税优惠。

9 **企业零售鱼肉、兔肉等可以享受免征增值税的税收优惠?**

答: 不可以。根据《财政部 国家税务总局关于免征部分鲜活肉蛋产品流通环节增值税政策的通知》(财税〔2012〕75号)规定,免征增值税的鲜活肉产品,是指猪、牛、羊、鸡、鸭、鹅及其整块或者分割的鲜肉、冷藏或者冷冻肉,内脏、头、尾、骨、蹄、翅、爪等组织。免征增值税的鲜活蛋产品,是指鸡蛋、鸭蛋、鹅蛋,包括鲜蛋、冷藏蛋以及对其进行破壳分离的蛋液、蛋黄和蛋壳。企业销售鱼肉、兔肉不在上述列举的享受免税优惠的鲜活肉、蛋范围内,不能享受财税〔2012〕75号文件中规定的免征增值税优惠政策。

10 **软件企业2019年1月至4月已经按月退税,由于5月份购进不动产进入抵扣,拉低了年度税负,低于3%,纳税人需要补缴当年已经退回的税款吗?**

答: 不需要,软件企业退税政策并无按年度清算的政策规定。

11 **软件企业销售外购的软件产品可以享受优惠政策吗?**

答: 不可以。根据《财政部 国家税务总局关于软件产品增值税政策的通知》(财税

〔2011〕100号）规定,增值税一般纳税人销售其自行开发生产的软件产品,按规定的税率征收增值税后,对其增值税实际税负超过3％的部分实行即征即退政策。本条款对享受优惠政策的软件产品限定为自行开发生产的,因此,销售外购的软件不得享受优惠政策。

12 对享受即征即退政策自行开发的软件产品有限定吗？

答：根据《财政部 国家税务总局关于软件产品增值税政策的通知》（财税〔2011〕100号）规定,满足下列条件的软件产品,经主管税务机关审核批准,可以享受本通知规定的增值税政策：

① 取得省级软件产业主管部门认可的软件检测机构出具的检测证明材料。

② 取得软件产业主管部门颁发的《软件产品登记证书》或著作权行政管理部门颁发的《计算机软件著作权登记证书》。

13 软件企业可如何计算即征即退税额？

答：根据《财政部 国家税务总局关于软件产品增值税政策的通知》（财税〔2011〕100号）规定,软件产品增值税即征即退税额的计算方法：

即征即退税额＝当期软件产品增值税应纳税额－当期软件产品销售额×3％。

当期软件产品增值税应纳税额＝当期软件产品销项税额－当期软件产品可抵扣进项税额。

当期软件产品销项税额＝当期软件产品销售额×13％。

14 生产黏土实心砖的企业可以享受税收优惠吗？

答：生产黏土实心砖的企业既不可以按照简易办法征收增值税,也不可以享受即征即退税收优惠。根据《财政部 国家税务总局关于资源综合利用及其他产品增值税政策的通知》（财税〔2008〕156号）规定,对增值税一般纳税人生产的黏土实心砖、瓦,一律按适用税率征收增值税,不得采取简易办法征收增值税。黏土实心砖不在《财政部 国家税务总局关于印发〈资源综合利用产品和劳务增值税优惠目录〉的通知》（财税〔2015〕78号）文件所列的可以享受即征即退优惠的资源综合利用产品和提供资源综合利用劳务目录内,不可以享受即征即退优惠。

15 作垃圾处理的企业收取的垃圾处理收入可以免征增值税吗？

答：根据《财政部 国家税务总局关于印发〈资源综合利用产品和劳务增值税优惠目录〉的通知》（财税〔2015〕78号）规定,垃圾处理是指运用填埋、焚烧、综合处理和回收利用等形式,对垃圾进行减量化、资源化和无害化处理处置的业务；垃圾处理、污泥处理处置劳务享受即征即退70％的税收优惠。

16 已经认定为一般纳税人的个体工商户,出租住房可以按 1.5％计算缴纳增值税吗?

答:根据《财政部 国家税务总局关于全面推开营业税改征增值税试点的通知》(财税〔2016〕36 号)规定,个人出租住房,应按照 5％的征收率减按 1.5％计算应纳税额。

《增值税暂行条例》第一条规定,在中华人民共和国境内销售货物或者加工、修理修配劳务,销售服务、无形资产、不动产以及进口货物的单位和个人,为增值税的纳税人。《增值税暂行条例实施细则》第九条第二款规定,条例第一条所称个人,是指个体工商户和其他个人。从条例和细则的规定可以看出:个体工商户属于个人。增值税的纳税人按照组织形式可以分为单位和个人,按照经营规模可以分为一般纳税人和小规模纳税人。财税〔2016〕36 号文件没有限定享受减按 1.5％征收率的个人不能是一般纳税人,因此,个体工商户中的一般纳税人出租住房,可以减按 1.5％计算应纳税额。

17 月销售额不超过 10 万元的一般纳税人和小规模纳税人,都可以享受小微企业免税优惠吗?

答:按照《国家税务总局关于小规模纳税人免征增值税政策有关征管问题的公告》(国家税务总局公告 2019 年第 4 号)规定,小规模纳税人发生增值税应税销售行为,合计月销售额未超过 10 万元(以 1 个季度为 1 个纳税期的,季度销售额未超过 30 万元)的,免征增值税。按照上述文件规定,享受增值税小微企业免税优惠的必须是增值税小规模纳税人,增值税一般纳税人不能享受小微企业优惠政策。

18 处于辅导期一般纳税人管理的新办商贸企业,月销售额不足 10 万元可以免征增值税吗?

答:小微企业免征增值税优惠政策只针对小规模纳税人,不适用一般纳税人,实行辅导期管理的一般纳税人也是一般纳税人,不适用小微企业优惠政策。

2.9.3 税收优惠涉税风险点

1 纳税人兼营免税、减税项目,没有分别核算免税、减税项目的销售额。

《增值税暂行条例》和《财政部 国家税务总局关于全面推开营业税改征增值税试点的通知》(财税〔2016〕36 号)都作出原则性规定:纳税人兼营免税、减税项目的,应当分别核算免税、减税项目的销售额;未分别核算销售额的,不得免税、减税。单项税收优惠文件中,也有很多重述了这一基本原则,如《财政部 国家税务总局关于免征蔬菜流通环节增值税有关问题的通知》(财税〔2011〕137 号)强调,纳税人既销售蔬菜又销售其他增值税应税货物的,应分别核算蔬菜和其他增值税应税货物的销售额;未分别核算的,不得享受蔬菜增值税免税政策。根据此原则,纳税人既销售蔬菜,又销售水产品,如果能将销售蔬菜和水产品的销售额分别核算,则可以享受免征增值税的政策;反之,不可以享受。

❷ 纳税人享受减免税后,对符合政策规定条件的材料没有留存备查。

《国家税务总局关于发布〈税收减免管理办法〉的公告》(国家税务总局公告 2015 年第 43 号)规定,纳税人享受核准类或备案类减免税的,对符合政策规定条件的材料有留存备查的义务。纳税人在税务机关后续管理中不能提供相关印证材料的,不得继续享受税收减免,追缴已享受的减免税款,并依照税收征管法的有关规定处理。

税务机关在纳税人首次减免税备案或者变更减免税备案后,应及时开展后续管理工作,对纳税人减免税政策适用的准确性进行审核。对政策适用错误的告知纳税人变更备案,对不应当享受减免税的,追缴已享受的减免税款,并依照税收征管法的有关规定处理。

❸ 从事资源综合利用项目的纳税人被环保部门、税务部门处以 1 万元以上罚款。

根据《财政部 国家税务总局关于印发〈资源综合利用产品和劳务增值税优惠目录〉的通知》(财税〔2015〕78 号)规定,已享受本通知规定的增值税即征即退政策的纳税人,因违反税收、环境保护的法律法规受到处罚(警告或单次 1 万元以下罚款除外)的,自处罚决定下达的次月起 36 个月内,不得享受本通知规定的增值税即征即退政策。

【案例解析】

天马污水处理厂经当地环境部门批准从事城镇污水处理业务,处理后的污水能够达到国家一级标准的 B 标准,每月均能从环保部门取得处理后污水达标的证明材料。2017 年 3 月 8 日环保部门开展"春雷督查活动",活动中因天马污水处理厂未达到国家一级标准的 A 标准,处以 3.6 万元罚款。天马污水处理厂未向税务机关报告受到环保部门处罚事宜,并继续向税务机关申请每月退税。2017 年 9 月,环保部门向税务机关传递 2017 年行政处罚数据信息,税务机关经比对后发现,天马污水处理厂隐瞒了被环保部门处罚的信息,2017 年 4 月至 2017 年 8 月多申请退税 16 万元。税务机关通知天马污水处理厂,补缴多退回的税款。

解析: 根据《财政部 国家税务总局关于印发〈资源综合利用产品和劳务增值税优惠目录〉的通知》(财税〔2015〕78 号)规定,污水处理劳务,享受增值税即征即退优惠政策的退税比例为 70%。由于天马污水处理厂 2017 年 3 月被环保部门处以 1 万元以上的罚款,从 2017 年 4 月起 36 个月内不得享受税收优惠。天马污水处理厂应退回 2017 年 4 月至 2017 年 8 月退税 16 万元,并且 2017 年 9 月至 2020 年 3 月期间也不得再申请退税。

❹ 纳税人的纳税信用等级为 C 级或 D 级。

自 2015 年起,税务机关逐渐引导纳税人关注自己的纳税信用等级,纳税信用等级高的纳税人在发票领用及税收服务方面可以得到特殊的照顾,尤其是可以享受更多的税收优惠政策。如：享受资源综合利用产品和劳务即征即退政策的条件之一是"纳税信用等级不属于税务机关评定的 C 级或 D 级"；享受安置残疾人就业即征即退政策的条件之一是"纳税信用等级为税务机关评定的 A 级或 B 级的"；享受增值税留抵税额退税政策的条件之一也是纳税信用等级为 A 级或 B 级。

增值税视频第二段

第3章 一般纳税人会计处理示例、常见涉税问题及风险提示

3.1 制造业一般纳税人会计处理示例

【例题 3-1】 天马制药厂为增值税一般纳税人,共有员工 1 000 名,10% 为管理人员,90% 为一线生产人员。2019 年 9 月份发生以下经济业务:

(1) 购进原材料一批,取得增值税专用发票注明的价款为 500 000 元,增值税额 65 000 元,材料已验收入库,开具银行承兑汇票,用现金支付运输费用,取得增值税专用发票注明运费 2 000 元,增值税额 180 元。

(2) 外购建筑材料用于福利设施修建,取得增值税专用发票注明价款 800 000 元,税款 104 000 元,材料已入库,款项尚未支付。

(3) 购进小轿车一辆,取得机动车销售统一发票注明的价款为 100 000 元,增值税额 13 000 元,开具银行转账支票,用银行存款支付车辆购置税 10 000 元,用现金支付牌照费 300 元,小轿车拨发给经理使用。

(4) 从小规模纳税人购进办公用品,取得普通发票上注明的含税价款为 6 000 元,以现金支付购货款。

(5) 从农业生产者手中收购中药材 400 吨,收购凭证上注明,每吨收购价为 2 000 元,收购价款合计 800 000 元,款项通过现金支付。假设该批苗木 50% 在当月领用,用于生产应税药品。

(6) 报关进口一台生产设备,关税完税价格为 1 000 000 元,关税税率为 15%,取得海关填开的进口增值税专用缴款书,款项通过银行付讫。

(7) 外购写字楼,不含税销售额 5 000 000 元,增值税专用发票注明税额 450 000 元,款项通过银行转账付讫。

(8) 销售应税药品给小规模纳税人,增值税普通发票注明销售额 600 000 元,增值税额 78 000 元,同时收取优质费 565 元,开具收款收据,货物已经发出,款项通过银行付讫。

(9) 采用折扣方式销售应税药品给特约经销商,在同一张增值税专用发票上注明销

售额为 70 000 000 元,折扣额为 7 000 000 元,增值税额合计栏为 8 190 000 元,货物已经发生,款项尚未收到;合同约定运费由销售方承担,取得承运部门开具的增值税专用发票注明的运费 3 000 元,增值税额 90 元,以现金付讫运费。

(10) 销售已使用过的一台设备,开出普通发票注明的价税合计金额为 216 300 元,设备账面原值 200 000 元(2008 年购入,当时未抵扣进项税额),设备已经发出,取得买方开具的商业汇票。

(11) 将自产的感冒药 5 000 盒用于发放职工福利,账面成本价 40 000 元,不含税售价 200 000 元。

(12) 由于管理不善被盗药品一批,账面成本为 48 000 元,其中耗用适用 13% 税率的原料 2 000 元,其他为人工成本。

要求:根据上述资料,做出天马制药厂 2019 年 9 月份各项业务的会计处理(本月取得的相关发票均在本月认证并抵扣)。[注:本月纳税申报表填写见 6.2 制造企业申报表填写示例]

(1) 购进原材料:

借:原材料	502 000
应交税费——应交增值税(进项税额)	65 180
贷:应付票据	565 000
库存现金	2 180

(2) 外购用于福利设施的建筑材料进项税额不得抵扣,会计处理为:

借:工程物资	800 000
应交税费——应交增值税(进项税额)	104 000
贷:应付账款	904 000

同时:

借:工程物资	104 000
贷:应交税费——应交增值税(进项税额转出)	104 000

(3) 购进小轿车:

借:固定资产	110 300
应交税费——应交增值税(进项税额)	13 000
贷:银行存款	123 000
库存现金	300

(4) 从小规模纳税人购进办公用品:

借:管理费用	6 000
贷:库存现金	6 000

（5）从农民手中收购药材：

① 从农民手中收购药材生产适用 13% 税率的药品，农产品扣除率应为 10%，购进时暂按 9% 抵扣，另外 1% 在药材领用时加计扣除：

借：原材料 728 000
　应交税费——应交增值税（进项税额） 72 000
　贷：库存现金 800 000

② 生产领用药材时：

借：生产成本 364 000
　贷：原材料 364 000

③ 月末计算本月可加计扣除的农产品进项税额＝当期生产领用农产品已按 9% 税率（扣除率）抵扣税额÷9%×（10%－9%）＝（72 000÷2）÷9%×（10%－9%）＝4 000（元），会计处理为：

借：应交税费——应交增值税（进项税额） 4 000
　贷：生产成本 4 000

（6）进口生产设备应纳进口关税＝1 000 000×15%＝150 000（元）

进口生产设备应纳进口增值税＝组成计税价格×税率＝（关税完税价格＋关税）×税率＝（1 000 000＋150 000）×13%＝149 500（元），会计处理为：

借：固定资产 1 150 000
　应交税费——应交增值税（进项税额） 149 500
　贷：银行存款 1 299 500

（7）外购写字楼会计处理为：

借：固定资产 5 000 000
　应交税费——应交增值税（进项税额） 450 000
　贷：银行存款 5 450 000

（8）销售产品给小规模纳税人收取的优质费应作为价外费用缴纳增值税，价外费用应纳销项税额＝565÷（1＋13%）×13%＝65（元），会计处理为：

借：银行存款 678 565
　贷：主营业务收入 600 000
　　其他业务收入 500
　　应交税费——应交增值税（销项税额） 78 065

结转成本的会计分录略。

（9）折扣方式销售货物给经销商，折扣额与销售额在同一张发票上分别注明的，可以按折扣后的销售额征收增值税,销项税额=(70 000 000−7 000 000)×13%=8 190 000(元),会计处理为:

借:应收账款 71 190 000
 贷:主营业务收入 63 000 000
  应交税费——应交增值税(销项税额) 8 190 000
借:销售费用 3 000
 应交税费——应交增值税(进项税额) 90
 贷:库存现金 3 090

结转成本的会计分录略。

(10) 销售已使用过的 2008 年 12 月 31 日前购进的固定资产,按 3% 的征收率减按 2% 征收。应纳税额=216 300÷(1+3%)×3%=6 300(元),减征增值税额=216 300÷(1+3%)×(3%−2%)=2 100(元),会计处理为:

借:应收票据 216 300
 贷:固定资产清理 210 000
  应交税费——简易计税 6 300
借:应交税费——简易计税 2 100
 贷:营业外收入 2 100

结转固定资产净值及将处置固定资产净损益结转至资产处置损益的会计分录略。

(11) 将自产药品发放福利应视同销售,按同类药品售价计提增值税销项税额=200 000×13%=26 000(元),会计处理为:

借:管理费用 22 600
 生产成本 203 400
 贷:应付职工薪酬——非货币福利 226 000
借:应付职工薪酬——非货币福利 226 000
 贷:主营业务收入 200 000
  应交税费——应交增值税(销项税额) 26 000
借:主营业务成本 40 000
 贷:库存商品 40 000

(12) 由于管理不善被盗的药品属于非正常损失的产成品,其耗用的外购原料进项税额不得抵扣,应转出进项税额=2 000×13%=260(元),会计处理为:

借:待处理财产损溢 48 260
 贷:库存商品 48 000
  应交税费——应交增值税(进项税额转出) 260

损失经企业权力部门批准后：

借：管理费用 48 260

　　贷：待处理财产损溢 48 260

3.2 房地产开发业一般纳税人会计处理示例、常见涉税问题及风险提示

房地产开发企业销售新项目开发产品必须采用一般计税方法。在一般计税方法下，一个完整的房地产项目可以区分为开发期间和销售期间。

在开发期间，纳税人需要购置设计服务、规划服务、建筑服务、建材等，产生大量进项税额，此时并未销售开发产品，虽然可能有预售的开发产品，但此时产权未转移，纳税义务尚未发生，纳税人没有销项税额，形成进项税额留抵。需要特别说明的是，房地产开发企业采取预收款方式销售所开发产品，在收到预收款时按照 3% 的预征率预缴增值税，待产权发生转移时，再清算应纳税款，并扣除已预缴的增值税款。开发期间，进项税额不能抵减应预缴的增值税，纳税人一方面有进项税额留抵，一方面有预缴税额。

销售期间，纳税人的房地产项目完工并办理产权转移，此时，增值税纳税义务发生了，预收款和补收的房款形成纳税人的预收款方式销售开发产品的销售额，再加上现销房的销售额后，扣除当期销售房地产项目对应的土地价款和拆迁补偿费形成当期销售额，据以计算当期销项税额。需要特别说明的是，土地价款并非一次扣除，而是随着销售额的确认进度分期扣除，当期销售几套房子就可以扣除几套房子对应的土地价款。销项税额扣除当期进项税额后形成本期应纳增值税额，应纳增值税额减去预缴增值税额后，就是本期应补（退）税额。

3.2.1 房地产开发业一般纳税人会计处理示例

【例题 3-2】 天马房地产公司（一般纳税人）2019 年 3 月从政府受让一宗土地，开工建设金马家园小区。2019 年 5 月开发支出超过 25%，企业办理了《商品房预售许可证》，并开盘预售商品房。已知，天马房地产公司 2019 年 4 月期末留抵进项税额为 180 000 元，2019 年 5 月发生下列业务：

（1）2019 年 3 月从政府受让土地直接支付土地价款为 10 900 000 元，取得土地管理部门开具的财政票据。

（2）购进建筑材料一批，取得增值税专用发票注明的价款为 500 000 元，增值税 65 000 元，取得铁路运输部门开具的增值税专用发票，注明的运费 2 000 元，增值税 180 元，材料已到，当月工程全部领用，款项尚未支付。

(3) 从小规模纳税人购进水暖器材一批，取得普通发票，注明金额 5 000 元，款项以现金支付。

(4) 以现金支付高速公路通行费，取得通行费电子普通发票 20 张，注明金额合计为 2 000 元，税额合计 60 元。

(5) 向广告公司支付广告代理费，取得增值税专用发票注明的价款为 100 000 元，增值税 6 000 元，开具银行承兑汇票。

(6) 以银行转账方式向房地产代销公司支付销售佣金，取得增值税专用发票，注明金额 1 000 000 元，增值税额 60 000 元。

(7) 接受外县 A 建筑公司提供建筑工程施工服务（采用一般计税方法），按照工程承包合同的约定结算已完工工程款项，支付工程款 13 080 000 元，取得增值税专用发票注明金额 12 000 000 元，增值税额 1 080 000 元，开具银行承兑汇票。

(8) 购进花生油 400 桶用于职工食堂，取得增值税专用发票注明的价款为 56 000 元，增值税 5 040 元，款项尚未支付。

(9) 为金泰家园小区提供物业管理服务，取得不含税收入 500 000 元，开具增值税普通发票，注明增值税额 30 000 元，款项以现金收讫。

(10) 天马房地产公司预售住房 20 套，总建筑面积为 2 400 平方米，共取得含税预收款 4 000 000 元。

(11) 由于管理不善被盗当月购入的建筑材料一批，账面成本为 20 000 元，材料适用增值税税率为 13%。

要求：根据上述资料，做出天马房地产公司 2019 年 5 月份各项业务的会计处理（本月取得的相关发票均在本月认证并抵扣）。［注：本月纳税申报表填写见 6.3 房地产开发业申报表填写示例］

(1) 取得土地使用权时：

借：开发成本——土地征用及拆迁补偿费　　　　　　　　　10 900 000

　　贷：银行存款等　　　　　　　　　　　　　　　　　　　　10 900 000

(2) 购进建材：

① 购进建材时：

借：原材料　　　　　　　　　　　　　　　　　　　　　　502 000

　　应交税费——应交增值税（进项税额）　　　　　　　　　65 180

　　贷：应付账款　　　　　　　　　　　　　　　　　　　　567 180

② 领用材料时：

借：开发成本——建筑安装工程费　　　　　　　　　　　　502 000

　　贷：原材料　　　　　　　　　　　　　　　　　　　　　502 000

(3) 从小规模纳税人购进水暖器材：

借：原材料 5 000

　　贷：库存现金 5 000

（4）取得高速公路通行费发票：

借：管理费用 2 000

　　应交税费——应交增值税（进项税额） 60

　　贷：库存现金 2 060

（5）支付广告代理费时：

借：销售费用 100 000

　　应交税费——应交增值税（进项税额） 6 000

　　贷：应付票据 106 000

（6）支付销售佣金：

借：销售费用 1 000 000

　　应交税费——应交增值税（进项税额） 60 000

　　贷：银行存款 1 060 000

（7）支付工程款时：

借：开发成本——建筑安装工程费 12 000 000

　　应交税费——应交增值税（进项税额） 1 080 000

　　贷：应付票据 13 080 000

（8）购进职工食堂用花生油，进项税额不得抵扣：

借：应付职工薪酬——职工福利 56 000

　　应交税费——应交增值税（进项税额） 5 040

　　贷：应付账款 61 040

借：应付职工薪酬 5 040

　　贷：应交税费——应交增值税（进项税额转出） 5 040

（9）提供物业管理服务：

借：库存现金 530 000

　　贷：其他业务收入 500 000

　　　　应交税费——应交增值税（销项税额） 30 000

（10）收取预收款时：

借：银行存款等 4 0000 000

　　贷：预收账款 4 000 000

预收款应预交增值税＝预收款÷(1＋9％)×3％＝4 000 000÷(1＋9％)×3％＝110 091.74(元),会计处理为:

借:应交税费——预交增值税　　　　　　　　　　　　　　　110 091.74

　　贷:银行存款　　　　　　　　　　　　　　　　　　　　　110 091.74

(11) 管理不善丢失建材时:

借:待处理财产损溢　　　　　　　　　　　　　　　　　　　　 22 600

　　贷:原材料　　　　　　　　　　　　　　　　　　　　　　 20 000

　　　　应交税费——应交增值税(进项税额转出)　　　　　　　 2 600

【例题 3-3】 天马房地产公司(一般纳税人)2019 年 3 月取得一宗土地,开工建设金马家园小区,从政府受让该宗土地直接支付土地价款为 10 900 000 元。2019 年 5 月开发支出超过 25％,企业办理了《商品房预售许可证》,并开盘预售商品房;2019 年 9 月项目竣工验收合格,并履行相关备案手续,经实际测绘确定可供销售建筑面积为 100 000 平方米。2019 年 9 月开始结算预售开发产品的尾款并办理产权转移手续,同时也对外销售现房。已知,天马房地产公司 2019 年 8 月期末留抵进项税额为 8 100 000 元,预收款已预缴的增值税 4 200 000 元,2019 年 9 月发生下列业务:

(1) 与工程监理方结算工程监理费,取得增值税专用发票注明的价款为 300 000 元,增值税 18 000 元,款项以银行存款支付。

(2) 支付银行贷款利息,取得增值税普通发票注明的价款为 50 000 元,增值税 3 000 元,已知该笔贷款全部用于开发金马家园房地产项目。

(3) 将 2019 年 5 月至 9 月已预售的开发产品 300 套(建筑面积 30 000 平方米),收齐含税尾款 2 180 000 元(已收取预收款 152 600 000 元),并办理产权转移手续,尾款以银行存款收讫并开具普通发票;

(4) 销售现房 20 套,建筑面积为 2 400 平方米,共取得含税销售款 13 080 000 元。

要求:根据上述资料,做出天马房地产公司 2019 年 9 月份各项业务的会计处理(本月取得的相关发票均在本月认证并抵扣)。[注:本月纳税申报表填写见 6.3 房地产开发业申报表填写示例]

(1) 支付工程监理费时:

借:开发间接费　　　　　　　　　　　　　　　　　　　　　 300 000

　　应交税费——应交增值税(进项税额)　　　　　　　　　　 18 000

　　贷:银行存款　　　　　　　　　　　　　　　　　　　　　318 000

(2) 支付贷款利息:

借:开发间接费　　　　　　　　　　　　　　　　　　　　　　53 000

　　贷:银行存款　　　　　　　　　　　　　　　　　　　　　 53 000

（3）预收款方式销售房地产办理产权转移：

（a）房地产产权转移时：

借：预收账款 152 600 000
　　银行存款 2 180 000
　　贷：主营业务收入 142 000 000
　　　　应交税费——应交增值税（销项税额） 12 780 000

结转成本略。

（b）预收款共预交增值税＝152 600 000÷（1＋9%）×3%＝4 200 000（元），已预缴增值税抵减应纳税额：

借：应交税费——未交增值税 4 200 000
　　贷：应交税费——预交增值税 4 200 000

（4）确认现销房屋收入：

借：银行存款 13 080 000
　　贷：主营业务收入 12 000 000
　　　　应交税费——应交增值税（销项税额） 1 080 000

结转成本分录略。

（5）预售房9月办理产权转移手续的建筑面积30 000平方米，9月现销售房的建筑面积2 400平方米，已销开发产品的土地价款抵减销项税额＝10 900 000×（30 000＋2 400）÷100 000×9%÷（1＋9%）＝291 600（元）。

借：应交税费——应交增值税（销项税额抵减） 291 600
　　贷：主营业务成本 291 600

（6）当期应纳增值税的计算过程如下：

期初留抵进项税额为8 100 000元，当期进项税额为18 000元，进项税额合计8 118 000元；当期销项税额为13 860 000（12 780 000＋1 080 000）元，土地价款抵减销项税额为291 600元，销项税额合计13 568 400元；预收款已预缴税款4 200 000元。

应纳税额＝当期销项税额－当期进项税额＝13 568 400－8 118 000＝5 450 400（元）
本期应补退税款＝应纳税额－已预缴税额＝5 450 400－4 200 000＝1 250 400（元）

账务处理如下：

① 结转未交增值税：

借：应交税费——应交增值税（转出未交增值税） 5 450 400
　　贷：应交税费——未交增值税 5 450 400

注：第（3）笔业务中已结转当期可以抵减的预收款预缴增值税，账务处理如下：

```
借：应交税费——未交增值税                                    4 200 000
    贷：应交税费——预交增值税                                4 200 000
```

② 缴纳本期应补(退)增值税：

```
借：应交税费——未交增值税                                    1 250 400
    贷：银行存款                                            1 250 400
```

3.2.2　房地产企业常见涉税问题

1　房地产开发企业收取订房者的订金、定金、认筹款等属于预收款吗？需要预缴增值税吗？

答：《国家税务总局关于发布〈房地产开发企业销售自行开发的房地产项目增值税征收管理暂行办法〉的公告》(国家税务总局公告2016年第18号)规定，一般纳税人采取预收款方式销售自行开发的房地产项目，应在收到预收款时按照3%的预征率预缴增值税。纳税人在销售房地产项目时，预收款才需要预缴增值税。实务中判定订金、定金、诚意金是否应该作为预收款预缴增值税，不应拘泥于企业收取该款项的名义，关键应该看该款项收取的时候销售房地产的销售行为是否达成。也就是说，收取款项时，销售哪套房屋已经确定，已收款项不可退还，且销售口头或书面合同已经达成，则收取的款项应界定为预收款，应预缴增值税；收取款项时，还不知道销售的是哪套房屋，业主只是取得选房资格，此时销售对象尚未确定，销售行为没有形成，收取的款项不是预收款，不需要预缴增值税。例如，天马房地产开发企业(一般纳税人)于2017年1月拍得一宗土地开始开发一个楼盘，并同时对外公告购房者需要交纳3万元的认筹款方可获得选房资格，交纳的认筹款在购房者选购住房后折抵房款，不选购住房的购房者认筹款全额退还。天马房地产企业收取认筹款时，并不确定购房者购买的是哪套房屋，因此天马房地产企业收取的认筹款不是预收款，不需要预缴增值税。

特别提醒

预收款是房地产企业在产权转移前实际取得的售房款，既包括分期取得的预收款(如首付、按揭和尾款)，也包括全款取得的预收款。在产权转移后，房地产开发企业有权利收取房款，此时预收款转化为销售额。

2　房地产公司销售不动产的纳税义务何时发生？

答：实务中，很多税务人员非常关注销售房地产的纳税义务发生时间，因为纳税义务发生后，房地产开发企业应确认销售额，计算应纳税额，扣减预收款时预缴税款后补缴增值税额。那么，销售房地产的纳税义务到底何时发生了呢？《营业税改征增值税试点实施办法》（财税〔2016〕36号）第四十五条规定，增值税纳税义务、扣缴义务发生时间为：纳税人发生应税行为并收讫销售款项或者取得索取销售款项凭据的当天；先开具发票的，为开具发票的当天。

纳税人发生应税行为是纳税义务发生的前提。房地产公司发生的应税行为是销售不动产，即将不动产的权属转让给买受人，权属转让时已收讫的销售款项在权属转移当天发生纳税义务；权属转让时尚未收讫的销售款项，无书面合同约定收款日期的，权属转移当天纳税义务也发生了，有书面合同约定收款日期的，以书面合同约定的收款日期的当天作为纳税义务发生的时间。但权属具体在哪一天转移了呢？《商品房买卖合同》约定的交房日期、实际交房日期，还是办理房产证时？作者认为：交房是实质上产权转移的当天，办证是法律形式上产权转移的当天，增值税上认定产权转移的当天应该执行"孰早原则"，无论实质上还是法律形式上产权转移了，增值税上都予以认可，增值税纳税义务均会发生。实务中，房地产公司一般先交房后办证，甚至有时办证延后很长时间，因此，通常情况下，是以房地产企业交房的时间作为纳税义务发生时间。但是，交房又是哪个时点，合同约定的交房日期还是实际交房日期？答案肯定是实际交房日期，但为了方便管理，我们可以参照合同约定的交房日期，但纳税人能够证明其违反合同的约定延迟交房的，应以实际交付的日期作为纳税义务发生时间。

对于房地产开发企业而言，达成房地产销售合同（或预售合同）和交房是两个非常重要的时点，达成房地产销售合同时点是划分预收款的分界点，在达成房地产销售合同前收取的诚意金、认筹金和订金等，不属于预收款，不需要预缴增值税；达成房地产销售合同（或预售合同）后收取的款项或诚意金抵顶的款项，属于预收款，需要预缴增值税。交房时点是划分纳税义务发生的分界点，交房前所收取的款项是预收款，按3%的预征率预缴增值税即可；交房后所有的款项将转变为销售额，需要按照5%的征收率或9%的税率，计算应纳税额或销项税额。

3　**房地产开发企业将开发产品转为自用，是否需要视同销售缴纳增值税？**

答： 房地产开发企业将开发产品转为自用时，不开具发票，且不办理产权登记的，不属于销售不动产，不需要缴纳增值税。否则，应按规定缴纳增值税。

4　**房地产开发企业代收的办证等费用是否属于价外费用？**

答： 按照《营业税改征增值税试点实施办法》（财税〔2016〕36号）第三十七条规定，销售额是指纳税人发生应税行为取得的全部价款和价外费用，财政部和国家税务总局另有规定的除外。价外费用，是指价外收取的各种性质的收费，但不包括以下项目：（一）代为收取并符合本办法第十条规定的政府性基金或者行政事业性收费。(二)以委托方名义开具发票代委托方收取的款项。房地产开发企业为不动产买受人办理"两证"时代收转付的款项,如果是以不动产买受人名义取得票据,代收的办证款不属于价外费用的范围。

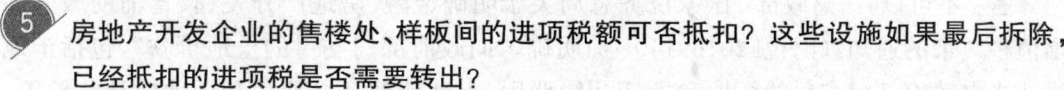

5 **房地产开发企业的售楼处、样板间的进项税额可否抵扣? 这些设施如果最后拆除,已经抵扣的进项税是否需要转出?**

答: 增值税抵扣范围采用反向列举的方式,没有被列入不得抵扣进项税额范围的购进业务,取得扣税凭证后可以按规定抵扣进项税额。增值税制度中没有规定售楼处、样板间的进项税额不得抵扣,因此,其进项税额可以抵扣。如果售楼处、样板间最终拆除,表明售楼部、样板间已经使用完毕,其不属于非正常损失的不动产,不需要作进项税额转出处理。

6 **房地产开发企业对于开工日期在 4 月 30 日之前的同一《建筑工程施工许可证》下的不同房产,如开发项目中既有普通住房,又有别墅,可以分别选择简易计税方法和一般计税方法吗?**

答: 不可以。房地产开发实行项目管理,同一《建筑工程施工许可证》下的房地产项目是一个项目,一个项目只能选择适用一种计税方法。

7 **房地产企业支付的土地价款,未取得政府部门开具的土地价款票据,能否从当期的销售额中扣除?**

答: 不可以。根据《财政部 国家税务总局关于全面推开营业税改征增值税试点的通知》(财税〔2016〕36 号)规定,扣除的政府性基金、行政事业性收费或者向政府支付的土地价款,以省级以上(含省级)财政部门监(印)制的财政票据为合法有效凭证。

8 **房地产开发企业的总公司拿地分公司进行开发并销售的房地产项目,分公司可以扣除总公司支付的土地价款吗?**

答: 不可以。房地产开发企业的总公司与分公司是两个不同的增值税纳税人,虽然总分公司可能实行统一核算,但是增值税上它们是两个独立的纳税主体。《财政部 国家税务总局关于明确金融、房地产开发、教育辅助服务等增值税政策的通知》(财税〔2016〕140 号)明确,房地产开发企业(包括多个房地产开发企业组成的联合体)受让土地向政府部门支付土地价款后,设立项目公司对该受让土地进行开发,同时符合下列条件的,可由项目公司按规定扣除房地产开发企业向政府部门支付的土地价款。(一)房地产开发企业、项目公司、政府部门三方签订变更协议或补充合同,将土地受让人变更为项目公司;(二)政府部门出让土地的用途、规划等条件不变的情况下,签署变更协议或补充合同时,土地价款总额不变;(三)项目公司的全部股权由受让土地的房地产开发企业持有。也就是说,总公司必须把土地变更到分公司名下,分公司才能扣除土地价款。

9 房地产开发企业缴纳的市政配套费,可否计入土地价款,从销售额中扣除?

答:不可以。《财政部 国家税务总局关于明确金融、房地产开发、教育辅助服务等增值税政策的通知》(财税〔2016〕140 号)明确,"向政府部门支付的土地价款",包括土地受让人向政府部门支付的征地和拆迁补偿费用、土地前期开发费用和土地出让收益等。140 号文件未将市政配套费列入土地价款的范畴。实际上,市政配套费是在建设环节需要缴纳的一项费用,不可以列入拿地环节的土地价款。

10 请问房地产开发企业在取得土地时向个人支付的拆迁补偿费用能否在计算销售额时扣除?

答:向个人支付符合条件的拆迁补偿费用可以扣除。《财政部 国家税务总局关于明确金融房地产开发教育辅助服务等增值税政策的通知》(财税〔2016〕140 号)第七条规定,房地产开发企业中的一般纳税人销售其开发的房地产项目(选择简易计税方法的房地产老项目除外),在取得土地时向其他单位或个人支付的拆迁补偿费用也允许在计算销售额时扣除。纳税人按上述规定扣除拆迁补偿费用时,应提供拆迁协议、拆迁双方支付和取得拆迁补偿费用凭证等能够证明拆迁补偿费用真实性的材料。

11 房地产开发企业(一般纳税人),在计算"当期允许扣除的土地价款"时,"当期销售房地产项目建筑面积""房地产项目可供销售建筑面积"两个项目包括地下车位的面积吗?

答:不包括。《国家税务总局关于土地价款扣除时间等增值税征管问题的公告》(国家税务总局公告 2016 年第 86 号)规定,"当期销售房地产项目建筑面积""房地产项目可供销售建筑面积",是指计容积率地上建筑面积,不包括地下车位建筑面积。

12 适用一般计税方法的房地产开发项目扣除的土地出让金部分是否需要差额开票?

答:适用一般计税方法的房地产项目开具增值税发票时,应按取得的全部价款和价外费用全额开具增值税发票,不需要体现差额扣除的土地出让金。

3.2.3 房地产企业涉税风险点

1 房地产开发企业收取预收款不预缴增值税。

房地产开发企业采用预收款方式销售房地产项目,收到预收款时可以按"602 销售自行开发的房地产项目预收款"开具增值税普通发票。有的业主不需要办理购房贷款,不需要索取增值税普通发票,房地产开发企业便不给业主开具普通发票,并不将收取的预收款预缴增值税。

② 房地产开发企业交房后迟迟不为业主办理房产证，并不确认已销房产的销售额。

房地产开发企业向业主交房时，发生了有偿转让不动产所有权的行为，即销售不动产的应税行为，已经收讫的销售额增值税纳税义务已经发生。对于采用简易计税方法的房地产项目，预收款收取时已经按照 3% 的预征率预缴了增值税，纳税义务发生时，应该按照 5% 的征收率缴纳增值税，扣减预缴税款后，应补缴 2% 的增值税；对于采用一般计税方法的房地产项目，预收款收取时也按照 3% 的预征率预缴了增值税，纳税义务发生时，应该按照 9% 的税率计算增值税销项税额，扣减土地价款和拆迁补偿费可抵减的销项税额后，减去进项税额计算当期应纳增值税额，应纳税额减去预缴税款后，差额是本期应补缴的增值税额。

③ 房地产开发企业销售地下室（储藏室）或地下车库（车位），不开具发票，不申报或延迟申报纳税。

很多地方房地产行政主管部门不为地下室（储藏室）或地下车库办理房产证，利用地下人防设施建成的车位，产权属于国家，也不可能办理房产证。对于不能办理房产证的地下室（储藏室）或地下车库，很多业主不索取发票，房地产企业只为业主开具收据，以便隐匿销售额，不申报缴纳增值税，或推迟确认销售额，推迟缴纳增值税。实际上，税务机关可以采取走访业主，要求房地产企业出具未销售的地下室、地下车库的钥匙，追踪企业隐匿地下室、地下车库销售额的账户等方式，掌握企业销售地下室（储藏室）或地下车库不申报纳税的证据，将企业的行为认定为偷税，要求企业补缴税款、滞纳金和罚款。

④ 房地产企业对于不能选择简易计税方法的房地产项目采用简易计税方法。

按照目前营改增政策规定，一般纳税人房地产企业销售自行开发的房地产项目，只有一项可以选择简易计税方法，那就是销售 2016 年 4 月 30 日前开工的房地产老项目。有的房地产企业采用先上车后补票的模式，营改增前未办理《建筑工程施工许可证》但已实际开工，营改增后补办《建筑工程施工许可证》时，许可证上注明的开工日期为 2016 年 5 月 1 日以后，但企业仍然向税务机关备案选择简易计税方法，并按简易计税方法申报纳税。事实上，该房地产项目不符合房地产老项目条件，不可以选择简易计税方法。《营业税改征增值税试点实施办法》（财税〔2016〕36 号）界定的房地产老项目是指：①《建筑工程施工许可证》注明的合同开工日期在 2016 年 4 月 30 日前的房地产项目。②《建筑工程施工许可证》未注明合同开工日期或者未取得《建筑工程施工许可证》但建筑工程承包合同注明的开工日期在 2016 年 4 月 30 日前的建筑工程项目。该房地产项目《建筑工程施工许可证》注明的合同开工日期在 2016 年 5 月 1 日后，属于房地产新项目。

⑤ 房地产企业取得建安企业开具的建筑服务发票未在备注栏注明建筑服务发生地县（市、区）名称及项目名称。

《国家税务总局关于全面推开营业税改征增值税试点有关税收征收管理事项的公告》（国家税务总局公告 2016 年第 23 号）规定，提供建筑服务，纳税人自行开具或者税务机关代开增值税发票时，应在发票的备注栏注明建筑服务发生地县（市、区）名称及项目名称。房地产开发企业接受建筑企业的建筑服务，取得的建筑服务发票未按照规定在备注栏注明建筑服务发生地县（市、区）名称及项目名称，将会面临下列风险：

（1）不得抵扣增值税进项税额。《增值税暂行条例》及《营业税改征增值税试点实施办法》均明确，纳税人取得的增值税扣税凭证不符合法律、行政法规或者国家税务总局有关规定的，其进项税额不得从销项税额中抵扣。也就是说，建筑安装服务的增值税专用发票，未在发票的备注栏注明建筑服务发生地县（市、区）名称及项目名称，属于未按规定开具专用发票，自然是不符合规定的发票，进项税额不得从销项税额中抵扣。

（2）不得在企业所得税前作为成本费用扣除。《国家税务总局关于加强企业所得税管理的意见》（国税发〔2008〕88 号）规定：不符合规定的发票不得作为税前扣除凭据。建筑服务的增值税专用发票，在发票的备注栏未注明建筑服务发生地县（市、区）名称及项目名称，是不符合规定的发票，不得作为税前扣除凭据。

（3）不得计入土地增值税扣除项目金额。《国家税务总局关于营改增后土地增值税若干征管规定的公告》（国家税务总局公告 2016 年第 70 号）规定，营改增后，土地增值税纳税人接受建筑安装服务取得的增值税发票，应按照《国家税务总局关于全面推开营业税改征增值税试点有关税收征收管理事项的公告》（国家税务总局公告 2016 年第 23 号）规定，在发票的备注栏注明建筑服务发生地县（市、区）名称及项目名称，否则不得计入土地增值税扣除项目金额。

⑥ 拆一还一的住房没有按照销售处理。

房地产开发企业在旧城改造或棚户区改造等项目中，有时按照约定需要建设回迁房用于安置被拆迁户。该项业务实质上是房地产开发企业用自己开发的商品房抵顶了应支付给被拆迁户的拆迁补偿款，安置被拆迁户的回迁住房对房地产开发企业而言是有经济利益流入的，应界定为"销售住房"。实际上，回迁房按"销售住房"处理，对房地产开发企业是有利的。从增值税上看，回迁房一方面按销售处理，售房款应计入当期销售额，另一方面土地价款和拆迁补偿款可以从销售额中抵减，总体上看增值税税负没有增加；从企业所得税上看，回迁房一方面按视同销售处理，售房款应计入当期收入，另一方面拆迁补偿款可以计入开发成本，从总体上看企业所得税税负不但没有增加反而可能降低，因为广告费和业务招待费扣除限额的基数变大了；从土地增值税上看，回迁房一方面按销售处理，售房款应计入当期销售收入，另一方面拆迁补偿款可以计入"房地产开发成本"进入扣除项目金额，而房地产开发企业可以享受按"取得土地使用权所支付的金额"与

"房地产开发成本"金额之和的 20% 加计扣除,在计算加计扣除时,基数变大导致加计扣除额变大,扣除项目金额变大,可以减少土地增值税额。

3.3 建筑业一般纳税人会计处理示例、常见涉税问题及风险提示

3.3.1 建筑业一般纳税人会计处理示例

建造合同,通常是为建造房屋、道路、桥梁、水坝等建筑物,以及船舶、飞机、大型机械设备等而订立的合同。由于建造合同工期持续时间较长,在资产负债表日,建造合同的结果能够可靠地估计的,会计上根据完工百分比法确认合同收入和合同费用。而税收上考虑到纳税必要资金原则,增值税的纳税义务发生时间确定为发生应税行为并收讫销售款项或取得索取销售款项凭据的当天。如果建造合同的完工进度与工程款结算进度不一致时,会计确认收入的进度与增值税纳税义务的确认进度产生差异。

【例题 3-4】 天马建筑公司是增值税一般纳税人,2019 年 9 月有两个在建施工项目(均发生在外地市),其中甲项目为 2019 年 7 月承揽的清包工房屋装修工程,天马建筑公司选择简易计税方法并向税务机关备案;天马建筑公司将甲项目外墙工程分包给富华建筑公司。乙项目为 2019 年 6 月承揽的外地市房地产开发企业的商品房施工服务,采用包工包料方式,合同总造价 100 000 000 元(不含税),总成本 80 000 000 元(不含税),天马建筑公司采用一般计税方法计算缴纳乙项目增值税。2019 年 9 月天马建筑公司发生以下业务:

(1)邀请境外设计公司为乙项目进行景观设计,购进设计服务合同约定含税价款 106 000 元,9 月 2 日设计方案通过验收,用银行存款支付设计费用并代扣境外公司增值税。9 月 10 日将代扣增值税缴纳入库,取得税收完税凭证。

(2)购进乙项目所需原材料一批,取得增值税专用发票注明的价款为 500 000 元,增值税 65 000 元,取得铁路运输部门开具的增值税专用发票,注明的运费 2 000 元,增值税 180 元,材料已验收入库,材料款项尚未支付,运输费用以现金付讫。企业当月未将该两张增值税专用发票认证。

(3)购进乙项目用商品混凝土,取得增值税专用发票,注明金额 5 000 000 元,增值税额 150 000 元,款项以银行存款付讫,增值税专用发票在当月认证。

(4)购进挖掘设备一台,甲乙两项目共用,价款 300 000 元,增值税专用发票注明税额 39 000 元。取得税务机关代开的运费增值税专用发票,注明的销售额为 2 000 元,税额为 60 元,设备款向销售方开具银行承兑汇票,运输费用以银行存款付讫,增值税专用发票尚未认证。

（5）购进花生油 400 桶用于发放一线生产人员福利，取得增值税专用发票注明的价款为 56 000 元，增值税 5 040 元，款项未付，专用发票已于当月认证。

（6）从小规模纳税人购进生产车间用劳保用品一批，取得普通发票，注明金额 5 000 元，款项未付。

（7）购进管理部门用小轿车一台，取得机动车销售统一发票注明的价款为 400 000 元，增值税 52 000 元，款项已经支付，小轿车拨发给经理使用，机动车销售统一发票已于当月认证。

（8）9 月 15 日购入办公楼一座，取得的增值税专用发票上注明价款 30 000 000 元，增值税 2 700 000 元，款项已用银行存款支付，增值税专用发票当月认证并申报抵扣。

（9）取得高速公路通行费电子普通发票，金额合计 10 000 元，增值税额合计 300 元，电子发票在当月勾选确认。

（10）9 月 20 日甲项目完工并验收合格，与建设方结算含税工程款 1 030 000 元，向建设方开具增值税普通发票，款项已经收讫。因为预计甲项目不会跨年度，天马建筑公司一直未确认工程收入。9 月 21 日与富华建筑公司结算甲项目外墙工程款 206 000 元，用银行存款支付；9 月 22 日取得富华建筑公司开具的普通发票注明金额 206 000 元。9 月 25 日，天马建筑公司按规定向建筑服务发生地税务机关预缴增值税。

（11）9 月 18 日天马建筑公司乙项目完工进度达到 20%，按合同约定可以与甲方结算已完工程的工程款，已完工工程得到甲方确认，天马建筑公司向房地产开发企业开具增值税专用发票注明金额 20 000 000 元，增值税额 1 800 000 元，工程款项尚未收到。已知乙项目合同总造价 100 000 000 元（不含税），总成本 80 000 000 元（不含税），天马建筑公司按完工进度确认乙项目的收入和成本。9 月 23 日，天马建筑企业也与乙项目分包商结算已完工工程款项 218 000 元，取得增值税专用发票注明金额 200 000 元，增值税额 18 000 元，专用发票当月认证，款项尚未支付。天马建筑企业按规定在项目所在地预缴增值税 396 000 元。

（12）为 A 公司提供工程设计取得不含税收入 500 000 元，开具增值税专用发票，收到银行承兑汇票。

（13）销售乙项目工地剩余下脚料、废品取得不含税收入 900 000 元，开具增值税专用发票，款项以银行存款收讫。

（14）为 B 建筑公司提供工程机械租赁服务取得不含税收入 100 000 元，开具增值税普通发票，款项尚未收到。

要求：根据上述资料，做出天马建筑公司 2019 年 9 月份各项业务的会计处理。[注：本月纳税申报表填写见 6.4 建筑企业申报表填写示例]

（1）购进境外设计服务：

① 购入设计服务：

应代扣境外公司增值税＝106 000÷（1＋6%）×6%＝6 000（元），会计处理为：

借：工程施工——合同成本（乙项目） 100 000

　　应交税费——应交增值税（进项税额） 6 000

　　贷：银行存款 100 000

　　　　应交税费——代扣代交增值税 6 000

② 缴纳代扣代缴增值税：

借：应交税费——代扣代交增值税 6 000

　　贷：银行存款 6 000

（2）购入乙项目用原材料：

借：原材料 502 000

　　应交税费——待认证进项税额 65 180

　　贷：应付账款 565 000

　　　　库存现金 2 180

（3）购进乙项目用商品混凝土：

借：工程施工——合同成本（乙项目） 5 000 000

　　应交税费——应交增值税（进项税额） 150 000

　　贷：银行存款 5 150 000

（4）购进挖掘设备：

借：固定资产 302 000

　　应交税费——待认证进项税额 39 060

　　贷：银行存款 2 060

　　　　应付票据 339 000

（5）购进花生油发放福利：

借：制造费用 56 000

　　应交税费——应交增值税（进项税额） 5 040

　　贷：应付账款 61 040

同时：

借：制造费用 5 040

　　贷：应交税费——应交增值税（进项税额转出） 5 040

（6）购进劳保用品：

借：制造费用 5 000

　　贷：应付账款 5 000

(7) 购进小轿车:

借:固定资产　　　　　　　　　　　　　　　　　　　400 000

　　应交税费——应交增值税(进项税额)　　　　　　　52 000

　　贷:银行存款　　　　　　　　　　　　　　　　　　452 000

(8) 购入办公楼:

借:固定资产　　　　　　　　　　　　　　　　　　　30 000 000

　　应交税费——应交增值税(进项税额)　　　　　　　2 700 000

　　贷:银行存款　　　　　　　　　　　　　　　　　　32 700 000

(9) 购进高速公路通行费服务:

借:管理费用　　　　　　　　　　　　　　　　　　　10 000

　　应交税费——应交增值税(进项税额)　　　　　　　300

　　贷:库存现金　　　　　　　　　　　　　　　　　　10 300

(10) 结算甲项目工程款:

① 收到工程款:

借:银行存款　　　　　　　　　　　　　　　　　　　1 030 000

　　贷:主营业务收入　　　　　　　　　　　　　　　　1 000 000

　　　　应交税费——简易计税　　　　　　　　　　　　30 000

② 9月21日支付分包商工程款:

借:主营业务成本　　　　　　　　　　　　　　　　　206 000

　　贷:银行存款　　　　　　　　　　　　　　　　　　206 000

③ 9月22日取得分包商普通发票,将分包款从销售额中扣除:

借:应交税费——简易计税　　　　　　　　　　　　　6 000

　　贷:主营业务成本　　　　　　　　　　　　　　　　6 000

④ 向建筑服务发生地税务机关预缴增值税=(1 030 000-206 000)÷(1+3%)×
3%=24 000(元),会计处理为:

借:应交税费——简易计税　　　　　　　　　　　　　24 000

　　贷:银行存款　　　　　　　　　　　　　　　　　　24 000

(11) 结算乙项目工程款:

① 结算当月应收的含税工程款:100 000 000×20%×(1+9%)=21 800 000(元)。

借:应收账款　　　　　　　　　　　　　　　　　　　21 800 000

　　贷:工程结算　　　　　　　　　　　　　　　　　　20 000 000

　　　　应交税费——应交增值税(销项税额)　　　　　1 800 000

② 确认当月工程收入＝100 000 000×20％＝20 000 000(元)。

确认当月工程成本＝80 000 000×20％＝16 000 000(元)。

借：主营业务成本 16 000 000

工程施工——合同毛利 4 000 000

贷：主营业务收入 20 000 000

③ 与分包商结算工程款,收到分包商增值税专用发票时：

借：工程施工——合同成本(乙项目) 200 000

应交税费——应交增值税(进项税额) 18 000

贷：应付账款 218 000

④ 在项目所在地预缴增值税＝(全部价款和价外费用－分包款)÷(1＋9％)×2％＝
(21 800 000－218 000)÷(1＋9％)×2％＝396 000(元),会计处理为：

借：应交税费——预交增值税 396 000

贷：银行存款 396 000

(12) 为 A 公司提供工程设计服务：

借：应收票据 530 000

贷：其他业务收入 500 000

应交税费——应交增值税(销项税额) 30 000

(13) 销售下脚料：

借：银行存款 1 017 000

贷：其他业务收入 900 000

应交税费——应交增值税(销项税额) 117 000

(14) 提供工程机械租赁服务：

借：应收账款 113 000

贷：其他业务收入 100 000

应交税费——应交增值税(销项税额) 13 000

3.3.2　建筑企业常见涉税问题

1 纳税人提供建筑服务,被工程发包方从应支付的工程款中扣押的质押金、保证金,
未开具发票的,纳税义务发生时间应如何确定?

答： 根据《国家税务总局关于在境外提供建筑服务等有关问题的公告》(国家税务总
局公告 2016 年第 69 号)规定,纳税人提供建筑服务,被工程发包方从应支付的工程款中

扣押的质押金、保证金，未开具发票的，以纳税人实际收到质押金、保证金的当天为纳税义务发生时间。

 2 跨地级市提供建筑服务预缴增值税时是按照合同全款预缴还是按照此次收款（或开票）金额预缴？

答：按照《国家税务总局关于发布〈纳税人跨县（市、区）提供建筑服务增值税征收管理暂行办法〉的公告》（国家税务总局公告 2016 年第 17 号）规定，纳税人跨县（市、区）提供建筑服务预缴税款时间，按照财税〔2016〕36 号文件规定的纳税义务发生时间和纳税期限执行。

按照《关于全面推开营业税改征增值税试点的通知》（财税〔2016〕36 号）增值税纳税义务、扣缴义务发生时间为：（一）纳税人发生应税行为并收讫销售款项或者取得索取销售款项凭据的当天；先开具发票的，为开具发票的当天。收讫销售款项，是指纳税人销售服务、无形资产、不动产过程中或者完成后收到款项。取得索取销售款项凭据的当天，是指书面合同确定的付款日期；未签订书面合同或者书面合同未确定付款日期的，为服务、无形资产转让完成的当天或者不动产权属变更的当天。（二）纳税人提供租赁服务采取预收款方式的，其纳税义务发生时间为收到预收款的当天……

因此，纳税人应按照本次收讫销售额或合同约定应收销售额预缴增值税。

 3 跨地级市提供建筑服务按什么流程预缴增值税？

答：第一步，对于异地的老项目，如果决定选用简易计税方法，需要在机构所在地税务机关进行简易计税方法备案，只有在备案之后才能按照简易计税项目的公式计算预缴税款，有些地区在预缴时要求出具备案证明文件。

第二步，在机构所在地税务机关办理《跨区域涉税事项报告表》，并于首次在建筑服务地办理涉税事宜时，向建筑服务发生地税务机关进行报验，只有报验之后当地税务机关才可以受理纳税人的预缴申请。

第三步，发生纳税义务时，持下列资料到当地税务机关预缴增值税，并取得完税凭证：

（1）《增值税预缴税款表》。

（2）与发包方签订的建筑合同原件及复印件（总包合同）。

（3）与分包方签订的分包合同原件及复印件（分包合同）。

（4）从分包方取得的发票原件及复印件（营业税发票或增值税发票，增值税发票备注栏必须按规定填写项目名称和项目所在县、市、区）。

第四步，按当地税务机关规定，预缴城建税、教育费附加、地方教育费附加及其他行政性基金，并取得完税凭证。

第五步，预缴后项目部应及时将预缴税款和应纳税额计算对应的税务资料、预缴完税凭证复印件、预缴税款台账等传递给公司，以备公司纳税申报使用。

4 建筑项目实行总分包的，总包方和分包方分别如何开具发票？

答：分包方就所承包项目向总包方开票，总包方向建筑工程发包方全额开具增值税发票，票面不体现差额扣除分包款。例如总包方收到 100 万元工程款，向分包方支付 20 万元工程款，总包方应向购买方按照 100 万元全额开具发票，如果开具的是增值税专用发票，工程发包方可以全额抵扣进项税额。特别说明，只要总包方采用简易计税方法，就可以扣除分包款，分包方采用的是一般计税方法还是简易计税方法，分包方给总包方开具的是增值税专用发票还是普通发票，均不影响总包方扣除分包款。

5 建筑业甲供工程做了简易征收备案，同时将项目内的设计服务和监理服务分包出去，取得的设计服务和监理服务的分包发票可以在申报时扣除吗？

答：不可以。根据《财政部　国家税务总局关于全面推开营业税改征增值税试点的通知》（财税〔2016〕36 号），试点纳税人提供建筑服务适用简易计税方法的，以取得的全部价款和价外费用扣除支付的分包款后的余额为销售额。既然条款强调的是提供建筑服务并分包，仅能扣除建筑服务分包款，设计服务、监理服务不属于建筑服务，不能作为分包项目。

特别说明：设计服务、监理服务不属于可以选择简易征收的应税项目，应与适用简易征收的建筑服务分别核算。

6 建筑服务的分包方将分包的工程部分再向下分包，分包方采用简易计税方法时，可以扣除下包的分包款吗？

答：可以。根据《财政部　国家税务总局关于全面推开营业税改征增值税试点的通知》（财税〔2016〕36 号），试点纳税人提供建筑服务适用简易计税方法的，以取得的全部价款和价外费用扣除支付的分包款后的余额为销售额。增值税制度只要求"提供建筑服务适用简易计税方法的"，并未限制第几分包，不管第几分包，只要下包依照规定开出了建筑服务增值税发票，采用简易征收方法时，均可以从取得价款和价外费用中扣除支付的分包款，按 3% 的征收率计算缴纳增值税。

《建筑法》第二十八条规定，禁止承包单位将其承包的全部建筑工程转包给他人，禁止承包单位将其承包的全部建筑工程肢解以后以分包的名义分别转包给他人。禁止分包单位将其承包的工程再分包。因此，在营业税实施期间，有些地方税务机关明确，建筑服务业第二分包不能再拿下包工程款抵扣营业额。作者认为：建筑企业违反《建筑法》的规定转包或再次分包的，应由建筑行政主管部门认定和处理，税务机关不应越权管理。

7 建筑业分包款如何计算扣减和抵扣进项税额？

答：采用简易计税方法的建筑项目，在项目所在地预缴增值税时，分包款可以扣减销售额,回机构所在地申报纳税时,分包款仍然可以扣减销售额。纳税人申报时,应填写附列资料(三),进行差额扣除,实际缴纳的税额为(全部价款和价外费用－分包款)÷(1＋3%)×3%。采用一般计税方法的建筑项目,在项目所在地预缴增值税时,分包款可以扣减销售额,回机构所在地申报纳税,分包款不可以冲减销售额,但是可以按规定抵扣进项税额。

8 建筑企业 6 月份跨区提供建筑服务,税款在 7 月预缴成功,7 月申报期内能否抵减该部分预缴税款?

答:可以。

9 对于建筑企业跨地级市提供建筑服务已经预缴的增值税在抵减时是否要区分项目? 是否只能在建筑服务应纳税额中抵减,可以抵减企业全部业务的应纳税额吗?

答:按照《国家税务总局关于发布〈纳税人跨县(市、区)提供建筑服务增值税征收管理暂行办法〉的公告》(国家税务总局公告 2016 年第 17 号)规定,纳税人跨县(市、区)提供建筑服务,向建筑服务发生地主管税务机关预缴的增值税税款,可以在当期增值税应纳税额中抵减,抵减不完的,结转下期继续抵减。按照上述文件规定,对于建筑企业跨区提供建筑服务已经预缴的增值税在抵减时不需要区分项目。另外,根据纳税申报表主表的勾稽关系,已预缴的税额可以在当期全部项目的"应纳税额合计"中抵减。

10 建筑企业总机构中标并签订施工合同,可以交给分公司或项目部施工并开具发票吗?

答:可以。增值税制度下,总机构和分支机构应作为两个独立的增值税纳税人,分别核算和申报纳税。但是,建筑行业受资质的要求,经常由总机构中标后签订施工合同,交给分支机构施工。这种情形下,总机构签的合同、分支机构提供建筑服务并开具发票和收款,合同流、服务流、发票流、款流四流不一致,可能影响发包方抵扣进项税额。为此,《国家税务总局关于进一步明确营改增有关征管问题的公告》(国家税务总局公告 2017 年第 11 号)规定,建筑企业与发包方签订建筑合同后,以内部授权或者三方协议等方式,授权集团内其他纳税人(以下称"第三方")为发包方提供建筑服务,并由第三方直接与发包方结算工程款的,由第三方缴纳增值税并向发包方开具增值税发票,与发包方签订建筑合同的建筑企业不缴纳增值税。发包方可凭实际提供建筑服务的纳税人开具的增值税专用发票抵扣进项税额。

在这种模式下,总机构只是签订合同,提供建筑服务、收款、开票、采购建材等都直接以分支机构名义进行,如果采用一般计税方法,销项税额和进项税额都发生在分支机构。

11 建筑企业一般都会同时从事多个建筑项目,对于不同的项目,可以有的项目选择简易计税方法,有的项目选择一般计税方法吗?

答:可以。建筑业按项目管理是基本原则,遵循这一原则,建筑企业是否适用简易计税方法,是以建筑项目为对象,而不是以整个纳税主体为对象,建筑企业中的增值税一般纳税人,可以就不同的项目,分别选择适用一般计税方法或简易计税方法。举例来说,一个建筑企业有 A、B 两个项目,A 项目适用简易计税方法并不影响 B 项目选择一般计税方法。

12 **营改增后,总包方和分包方必须采用一致的计税方法吗?**

答:不必,总包方和分包方应分别根据不同条件和税负情况选择适用不同的计税方法。也就是说,总包方选择简易计税方法的,分包方可以根据规定情况自行选择适用简易计税方法和一般计税方法;反之亦然。

13 **拆除建筑物能否适用简易计税方法?**

答:拆迁企业提供的拆除建筑物或者构筑物服务属于其他建筑服务业务,一般纳税人提供的拆除建筑物或者构筑物服务符合老项目或清包工条件的,可以选择简易计税方法。

14 **建筑企业选择简易计税方法备案时,应在项目所在地备案还是在机构所在地备案?**

答:机构所在地。

15 **一般纳税人提供建筑服务适用简易计税方法,如何备案?**

答:纳税人可以登录网上办税服务厅,通过选择"增值税税收优惠备案——增值税简易征收备案",按照自己适用的简易计税政策选择相应的备案项目,也可以到办税服务厅备案。

16 **建筑企业有很多不同的老项目,都选择适用简易办法计税,是否需要分别备案?**

答:不需要分别备案。一般纳税人提供建筑服务适用简易办法征收,在 36 个月内,只需备案一次即可。

17 **建筑企业简易计税 36 个月只需备案一次。企业就某清包工项目进行了简易计税备案,那么是否企业 36 个月内新增清包工项目均应按照简易计税办法缴纳增值税?**

答:不是的。建筑企业选择简易计税备案,36 个月内只需备案一次即可。在此期间,建筑企业可以根据不同项目选择简易计税方法或者一般计税方法。其中一个项目选择简易计税方法,不影响其他项目选择一般计税办法,因为建筑企业实行项目管理是基本原则。

18 **小规模纳税人的施工企业跨地市提供建筑服务,月销售额不超过 10 万元,在预缴地是否需要预缴增值税?**

答:不需要。《国家税务总局关于小规模纳税人免征增值税政策有关征管问题的公告》(国家税务总局公告 2019 年第 4 号)规定,按照现行规定应当预缴增值税税款的小规模纳税人,凡在预缴地实现的月销售额未超过 10 万元的,当期无需预缴税款。但是,小规模纳税人中的单位和个体工商户销售不动产,应按其纳税期、小微企业免税标准以及其他现行政策规定确定是否预缴增值税。也就是说,应当预缴增值税的小规模施工企业,凡在预缴地实现的月销售额未超过 10 万元的,无论该小规模纳税人当期回机构所在地纳税申报时是否可以享受小微企业免税优惠,在预缴地均不需要预缴增值税;反之,在预缴地实现的月销售额超过 10 万元的,即使纳税人当季可以享受小微企业免税优惠,在预缴地也需要预缴增值税。

3.3.3　建筑企业涉税风险点

❶ 购进建材用于简易计税方法建筑项目,未索取增值税专用发票。

很多企业认为,建筑业简易计税项目耗用的购进材料,即使取得专用发票也不能抵扣进项税额,所以没有必要取得专票。但是,计划用于简易计税项目的材料,项目结束后未使用完,可能会用到一般计税方法的新项目,如购买时没有取得专票,则不能抵扣进项税额;另外,处置结余的工程物资取得的收入,应按照货物的适用税率计算缴纳增值税,进项税额可以抵扣,前提是取得扣税凭证。

❷ 建筑企业收取预收款时,未按规定预缴增值税。

《财政部　税务总局关于建筑服务等营改增试点政策的通知》(财税〔2017〕58 号)规定,纳税人提供建筑服务取得预收款,应在收到预收款时,以取得的预收款扣除支付的分包款后的余额,按照 3%(简易计税方法适用)或 2%(一般计税方法适用)的预征率预缴增值税。

⌣⌢ 特别提醒

建安企业收取预收款(或工程备料款)时,没有给发包方开具发票,而是开具各种各样外购或自印的收款收据,或直接写一张白条收据,或以借款的名义开借款借据,并将预收款以各种往来款的名义入账,不计算预缴增值税,这些做法是不符合规定的。

❸ 抵债的建筑服务不确认销售额,不缴纳增值税。

发包方往往会与建安企业商定,发包方以其土地、房屋或其他相关物资抵顶工程款。如地方政府作为发包方时,可能与建安企业商定,划拨一块土地抵算其应支付给建安企业的工程款;房地产开发企业作为发包方时,可能以开发的部分房产抵算其应支付给建安企业的工程款。此时,建安企业提供的建筑服务也是有偿的,取得的对价是土地使用权或不动产所有权,也应按规定缴纳增值税。

④ 出借建筑资质，接受其他建安企业或个人挂靠。

一些规模较小的建安企业为了借用大型建安企业资质，以项目部为名挂靠在大型建安企业名下，这些小的建安企业原本就是独立法人，其与总公司的关系往往仅是一纸挂靠合同，名曰项目部，实际上与总公司仅是松散型的管理关系，仅是一个项目一挂靠一本账一结算，年末如何报送会计报表及如何办理纳税申报往往都是根据双方商定的结果；还有的包工头带领几十个人的施工队伍，为了承揽工程，挂靠在大的建安企业名下，这些施工队伍不办理登记，利用被挂靠的建安企业的名义经营。在这些情形下，被挂靠的建安企业存在较大的税收风险。《营业税改征增值税试点实施办法》(财税〔2016〕36 号)第二条规定，单位以承包、承租、挂靠方式经营的，承包人、承租人、挂靠人(以下统称承包人)以发包人、出租人、被挂靠人(以下统称发包人)名义对外经营并由发包人承担相关法律责任的，以该发包人为纳税人。否则，以承包人为纳税人。

特别提醒

借出资质的被挂靠建安企业会成为增值税、企业所得税、城建税、印花税等税种的纳税义务人，承担申报缴纳税款的义务。特别是，增值税(采用一般计税方法时)和企业所得税(实行查账征收时)，被挂靠人不仅要准确核算销售收入，还需要系统、完整、准确核算成本费用，以便抵扣增值税进项税额和扣除企业所得税成本费用。

⑤ 建筑企业为"甲供材"项目提供建筑服务，按甲供材料款和工程款之和向甲方开具增值税发票。

营业税制度下，"甲供材"实行溢额征税方式，甲方提供的建材需要计入乙方营业额，计算缴纳营业税，所以很多地方税务机关要求建筑企业开具建筑业发票时，金额要包括甲方提供材料价值，如项目合同总价 1 000 万元，其中甲方提供材料价值 600 万元，建筑企业给甲方开 1 000 万元的营业税施工发票，材料供应商给建筑企业开具 600 万元材料发票。营改增后，建筑企业如果继续延用营改增前模式，建筑企业给业甲方开具 1 000 万元(9%)的增值税施工发票，材料供应商给建筑企业开具 600 万元(13%)材料发票，表面上看建筑企业 600 万元的材料款部分出现了低征(9%)高扣(13%)，少纳增值税了。实际上，建筑企业面临着"虚开发票"的风险，因为建筑企业开具的发票上注明的金额与实际交易金额不符，建筑企业根本未与建材供应商发生实际业务，但却取得了建材供应商开具的增值税专用发票。

⑥ 建筑企业采购材料时，销售方将发票开具给建筑企业，却由建筑公司设在各地的项目部支付货款。

建筑企业集团在异地经营的项目设立项目部(分支机构)，并以项目部的名义在当地银行开设账户。建筑项目需要采购材料时，材料发票开具给建筑企业，但为了避免总公司资金流动压力过大,材料款由各项目部支付。此种情况下,购进的建筑材料发票流、货物流与资金流三流不一致,存在进项税额不能抵扣的风险。《国家税务总局关于加强增值税征收管理若干问题的通知》(国税发〔1995〕192 号)规定,纳税人购进货物或应税劳务,支付运输费用,所支付款项的单位,必须与开具抵扣凭证的销货单位、提供劳务的单位一致,才能够申报抵扣进项税额,否则不予抵扣。

增值税视频第三段

第**4**章 小规模纳税人增值税的会计处理及示例

4.1 小规模纳税人账户设置

小规模纳税人只需在"应交税费"账户下设置"应交增值税""转让金融商品应交增值税""代扣代交增值税"三个明细账户。"应交增值税"明细账户,采用三栏式账页,不需要设置专栏;"转让金融商品应交增值税"明细账户是新规定增设的明细账户,专门核算转让金融商品正差形成的增值税应纳税额、负差形成的可抵减增值税额和金融商品转让项目缴纳增值税以及年末可抵减增值税额的冲销情况;"代扣代交增值税"明细账户,核算纳税人购进在境内未设经营机构的境外单位或个人在境内发生的应税行为代扣代缴的增值税。

4.2 小规模纳税人的会计处理

4.2.1 小规模纳税人购进业务的会计处理

小规模纳税人发生应税行为适用简易计税方法计税,按照销售额和征收率计算应纳税额,并不得抵扣进项税额。增值税小规模纳税人没有进项抵扣的概念,所以不需要取得增值税专用发票和进行认证工作。

4.2.1.1 购进货物

由于小规模纳税人实行简易办法计算缴纳增值税,其购入货物或接受应税劳务、服务所支付的增值税额应直接计入有关货物及劳务的成本,按支付的价税合计额,借记"材料采购""原材料""制造费用""管理费用""销售费用""其他业务成本"等账户,贷记"银行存款"等账户。

【例题 4-1】 天马广告公司为小规模纳税人,2019 年 9 月份购入彩色纸张一批,取得普通发票一张,金额为 4 000 元。

借:原材料   4 000
  贷:银行存款   4 000

4.2.1.2　境外购进货物

一、税务处理思路

纳税人从境外购进货物在报关进口时应当缴纳进口增值税,小规模纳税人不能抵扣进项税额,从海关取得的海关进口增值税专用缴款书上注明的增值税额不得抵扣。

二、会计处理思路

购买方取得进口货物支付的款项包括三个部分,一是支付给境外供货方的价款,二是支付给运输和保险企业的运输保险费用,三是支付给海关的进口增值税额、关税等。小规模纳税人应当将这三个部分均记入进口货物成本。

三、例题

【例题 4-2】 天马企业(小规模纳税人)2019 年 9 月从国外进口设备一台,关税完税价格为 280 000 元,缴纳关税为 20 000,缴纳进口增值税为 39 000 元,取得完税凭证,进口税款用银行存款支付,货款尚未支付。

借:固定资产   339 000
  贷:银行存款   59 000
    应付账款   280 000

4.2.1.3　境外购进服务或无形资产

一、先看看税收政策

销售服务和无形资产(自然资源使用权除外)是否发生在境内,执行“看人”原则,销售方或购买方在境内均属于在境内发生应税行为;服务和无形资产(自然资源使用权除外),销售方在境内的,自行申报纳税;销售方在境外但购买方在境内,属于发生在境内的销售服务或无形资产,应当缴纳增值税,纳税人是境外销售方,但境内购买方应作为扣缴义务人,作为小规模纳税人的购买方在履行扣缴义务后取得税务机关开具的完税凭证,也不能抵扣进项税额。

二、会计处理思路

我国境内企业从境外单位或个人购进服务或无形资产,增值税实行代扣代缴方式,境内购买方应将不含税价款支付给境外销售方,将增值税额代缴到主管税务机关。境内购买方应将含税价款记入相关成本费用账户,将支付给境外销售方不含税价款记入“银行存款”“应付账款”等账户贷方,将代扣的增值税记入“应交税费——代扣代交增值税”账户贷方。

三、例题

【例题 4-3】　境外公司为天马企业(小规模纳税人)提供咨询服务,合同价款 106 万元,且该境外公司没有在境内设立经营机构,咨询费以银行存款支付。

(1) 购入时:

借:管理费用　　　　　　　　　　　　　　　　　　　　　　　1 060 000

　贷:银行存款　　　　　　　　　　　　　　　　　　　　　　1 000 000

　　　应交税费——代扣代交增值税　　　　　　　　　　　　　　60 000

(2) 实际缴纳代扣代缴增值税时:

借:应交税费——代扣代交增值税　　　　　　　　　　　　　　60 000

　贷:银行存款　　　　　　　　　　　　　　　　　　　　　　　60 000

4.2.1.4　购进不动产

小规模纳税人购进项目(包括存货和固定资产、不动产)均不得抵扣进项税额。购进不动产,按照增值税发票上注明的价税合计价,借记"固定资产""在建工程"等账户,按照价税合计价,贷记"应付账款""银行存款"等账户。

【例题 4-4】　天马企业(小规模纳税人)2019 年 9 月购入厂房一座,取得的增值税普通发票,注明的价款为 3 000 万元,增值税额为 270 万元,款项已用银行存款支付。

借:固定资产　　　　　　　　　　　　　　　　　　　　　　32 700 000

　贷:银行存款　　　　　　　　　　　　　　　　　　　　　　32 700 000

4.2.2　小规模纳税人销售业务的会计处理

一、先看看税收政策

小规模纳税人发生应税行为适用简易计税方法计税,按照销售额和征收率计算应纳税额,并不得抵扣进项税额。应纳税额计算公式:

$$应纳税额 = 销售额 \times 征收率$$

二、会计处理思路

小规模纳税人销售货物或提供应税劳务,应按实现的含税销售收入,借记"银行存款""应收账款"等账户,按实现的不含税销售收入,贷记"主营业务收入""其他业务收入"等账户,按规定收取的增值税额,贷记"应交税费——应交增值税"账户。发生的销货退回,作相反的会计分录。

三、例题

【例题 4-5】　天马广告公司为小规模纳税人,2019 年 9 月份取得广告收入,并开具普通发票一张,金额为 103 万元。

借：银行存款   1 030 000

   贷：主营业务收入   1 000 000

        应交税费——应交增值税   30 000

4.2.3 小规模纳税人缴纳增值税的会计处理

4.2.3.1 小规模纳税人需要预缴的项目

小规模纳税人需要预缴增值税的项目包括转让不动产、提供异地不动产经营租赁服务、异地提供建筑服务。小规模纳税人发生上述三项行为，需要在不动产所在地或项目所在地将应纳增值税额全额预缴。小规模纳税人转让不动产、提供不动产经营租赁服务、提供建筑服务确认收入并计提该项目应纳增值税额时，借"银行存款""应收账款"等账户，贷记"主营业务收入"和"应交税费——应交增值税"账户。在不动产所在地或建筑项目所在地预缴增值税时，借记"应交税费——应交增值税"账户，贷记"银行存款"账户。

【例题 4-6】 天马建筑公司是增值税一般小规模纳税人，2019 年 4 月在外地市承揽一项建设工程。2019 年 9 月该项目完工并验收合格，与建设方结算工程款 103 万元，向建设方开具增值税普通发票，注明含税金额为 103 万元，款项已经收讫。月末，天马建筑公司按规定向建筑服务发生地税务机关预缴增值税。

（1）收到工程款时：

借：银行存款   1 030 000

   贷：主营业务收入   1 000 000

        应交税费——应交增值税   30 000

（2）向建筑服务发生地税务机关预缴增值税＝1 030 000÷(1＋3%)×3%＝30 000(元)。

借：应交税费——应交增值税   30 000

   贷：银行存款   30 000

（3）向主管税务机关申报纳税时，应纳税额为 30 000 元，预缴税额也为 30 000 元，不需要补缴增值税。

4.2.3.2 小规模纳税人不需要预缴的项目

小规模纳税人销售业务实现时，在确认收入的同时，已经将应纳增值税额记入"应交税费——应交增值税"账户贷方；按规定的纳税期限上缴税款时，借记"应交税费——应交增值税"账户，贷记"银行存款"等账户。

【例题 4-7】 天马广告公司为小规模纳税人，2019 年 10 月 13 日缴纳第三季度应纳的增值税额 9 万元。

借：应交税费——应交增值税   90 000

   贷：银行存款   90 000

4.2.4 增值税小微企业的会计处理

一、先看看税收政策

为进一步扶持小微企业发展,经国务院批准,对增值税小规模纳税人中月销售额未达到 2 万元的企业或非企业性单位,免征增值税。2018 年 12 月 31 日前,对月销售额 2 万元(含本数)至 3 万元的增值税小规模纳税人,免征增值税。自 2019 年 1 月 1 日起至 2021 年 12 月 31 日前,对月销售额不超过 10 万元的增值税小规模纳税人,免征增值税。

以 1 个季度为纳税期限的增值税小规模纳税人,季度销售额不超过 30 万元的,免征增值税。按季纳税申报的增值税小规模纳税人,实际经营期不足一个季度的,以实际经营月份计算当期可享受小微企业免征增值税政策的销售额。

增值税小规模纳税人月销售额不超过 10 万元(按季纳税 30 万元)的,当期因代开增值税专用发票(含货物运输业增值税专用发票)已经缴纳的税款,在专用发票全部联次追回或者按规定开具红字专用发票后,可以向主管税务机关申请退还。

二、会计处理思路

小微企业销售业务实现时照样应按照规定计提应交增值税额,月末根据当月实际销售额是否超过 10 万元,确定是否可以享受小微企业免税优惠。小微企业在销售实现确认销售收入时,应当按照税法的规定计算应交增值税,并确认"应交税费——应交增值税",在月末或季末确定当月(季)销售额符合免征增值税条件时,将当期"应交税费——应交增值税"转入"营业外收入"账户贷方。

三、例题

【例题 4-8】 天马咨询公司(小规模纳税人)2019 年 9 月取得含税收入 25 000 元,符合小微企业免征增值税政策。

(1)销售收入实现时:

借:银行存款   25 000.00

  贷:主营业务收入   24 271.84

    应交税费——应交增值税   728.16

(2)月末确认企业可以享受小微企业免税优惠时:

借:应交税费——应交增值税   728.16

  贷:营业外收入   728.16

4.2.5 小规模纳税人增值税税控系统专用设备和技术维护费用抵减增值税税额的会计处理

一、先看看税收政策

纳税人初次购买增值税税控系统专用设备费用和技术维护费可以抵减增值税应纳

税额,小规模纳税人如果需要购置税控专用设备,也可以享受这项优惠政策。

二、会计处理思路

小规模纳税人购入增值税税控系统专用设备和支付的技术维护费也可以抵减应纳增值税额。企业购入税控专用设备,按实际支付的金额,借记"固定资产"账户,贷记"银行存款"等账户。按规定抵减的增值税应纳税额,借记"应交税费——应交增值税"账户,贷记"递延收益"账户。按期计提折旧,借记"管理费用"等账户,贷记"累计折旧"账户;同时,借记"递延收益"账户,贷记"管理费用"等账户。

企业发生技术维护费,按实际支付或应付的金额,借记"管理费用"等账户,贷记"银行存款"等账户。按规定抵减的增值税应纳税额,借记"应交税费——应交增值税"账户,贷记"管理费用"等账户。

三、例题

【例题 4-9】 2019 年 9 月,天马驾训公司(小规模纳税人)首次购入增值税税控系统专用设备,支付价款 200 元,同时支付当年增值税税控系统专用设备技术维护费 280 元。当月两项合计抵减增值税应纳税额 480 元。

(1)首次购入增值税税控系统专用设备:

借:固定资产——税控设备　　　　　　　　　　　　　　　　200
　　贷:银行存款　　　　　　　　　　　　　　　　　　　　　　200

抵减当月增值税应纳税额:

借:应交税费——应交增值税　　　　　　　　　　　　　　　200
　　贷:递延收益　　　　　　　　　　　　　　　　　　　　　　200

(2)由于税控设备价值较小,企业一次性提取折旧:

借:管理费用　　　　　　　　　　　　　　　　　　　　　　200
　　贷:累计折旧　　　　　　　　　　　　　　　　　　　　　　200
借:递延收益　　　　　　　　　　　　　　　　　　　　　　200
　　贷:管理费用　　　　　　　　　　　　　　　　　　　　　　200

(3)发生防伪税控系统专用设备技术维护费:

借:管理费用　　　　　　　　　　　　　　　　　　　　　　280
　　贷:银行存款　　　　　　　　　　　　　　　　　　　　　　280

抵减当月增值税应纳税额:

借:应交税费——应交增值税　　　　　　　　　　　　　　　280
　　贷:管理费用　　　　　　　　　　　　　　　　　　　　　　280

4.3 小规模纳税人常见涉税问题

① 月销售额不超过 **10** 万元的小微企业免征增值税,这里的销售额是指不含税销售额还是含税销售额?

答:《增值税暂行条例》第六条规定,销售额为纳税人发生应税行为收取的全部价款和价外费用,但是不包括收取的销项税额。原则上讲,没有特别说明的情况下,增值税的销售额指不含税销售额。因此,10 万元是不含税销售额,换算为含税销售额为 10.3 万元(非不动产销售或出租业务)或 10.5 万元(销售或出租不动产)。

② 小规模纳税人月销售额不足 **10** 万元免税,如果超过 **10** 万元是全额征税还是仅对超过部分征税?

答:《国家税务总局关于小规模纳税人免征增值税政策有关征管问题的公告》(国家税务总局公告 2019 年第 4 号)规定,小规模纳税人发生增值税应税销售行为,合计月销售额未超过 10 万元(以 1 个季度为 1 个纳税期的,季度销售额未超过 30 万元)的,免征增值税。因此,小规模纳税人月销售额超过 10 万元(季度 30 万元)的,不可以享受税收优惠,应按全额征税。

③ 兼营销售货物与营改增应税行为的纳税人应如何适用小微企业免税优惠?

答:《国家税务总局关于小微企业免征增值税有关问题的公告》(国家税务总局公告 2017 年第 52 号)规定,增值税小规模纳税人应分别核算销售货物或者加工、修理修配劳务的销售额和销售服务、无形资产的销售额。增值税小规模纳税人销售货物,提供加工、修理修配劳务月销售额不超过 3 万元(按季纳税 9 万元),销售服务、无形资产月销售额不超过 3 万元(按季纳税 9 万元)的,自 2018 年 1 月 1 日起至 2020 年 12 月 31 日,可分别享受小微企业暂免征收增值税优惠政策。该规定已被《国家税务总局关于小规模纳税人免征增值税政策有关征管问题的公告》(国家税务总局公告 2019 年第 4 号)文件废止,并且 4 号公告规定,小规模纳税人发生增值税应税销售行为,合计月销售额未超过 10 万元(以 1 个季度为 1 个纳税期的,季度销售额未超过 30 万元)的,免征增值税。小规模纳税人发生增值税应税销售行为,合计月销售额超过 10 万元,但扣除本期发生的销售不动产的销售额后未超过 10 万元的,其销售货物、劳务、服务、无形资产取得的销售额免征增值税。由此可见,兼营销售货物与营改增应税行为的纳税人不能再将货物的销售额与营改增应税行为的销售额分别核算,分别与起征点相比,确定能否适用免税优惠,而应当将销售货物与营改增应税行为销售额合并后与起征点相比,确定能否适用免税优惠。例如,天马酒店客房洗漱用品批发部(小规模纳税人),同时兼营酒店客房洗漱用品批发业务和酒店客房床上用品的清洗业务,如果其提供洗漱用品批发取得的销售收入和提供床上用品清洗服务取得的服务收入合计数不超过 10 万元的,可享受小微企业免征增值税的优惠政策;超过 10 万元的,不可以享受小微企业免税优惠。

④ 适用差额征税政策的纳税人,按差额前的销售额还是差额后的销售额确定可否享受小微企业税收优惠?

答:《国家税务总局关于小规模纳税人免征增值税政策有关征管问题的公告》(国家税务总局公告 2019 年第 4 号)规定,适用增值税差额征税政策的小规模纳税人,以差额后的销售额确定是否可以享受本公告规定的免征增值税政策。因此,适用差额征税政策的纳税人,只要差额后的销售额不超过 10 万元(季 30 万元),就可以享受小微企业免税优惠。

⑤ 小规模纳税人既有自开普通发票销售业务,也有代开专用发票销售业务,代开专用发票的销售业务已经按规定预缴增值税,在判定可否享受小微企业免税优惠时,代开专用发票的销售额是否计入月(季)销售额?

答:应该计入。《营业税改征增值税试点实施办法》(财税〔2016〕36 号)规定,销售额,是指纳税人发生应税行为取得的全部价款和价外费用,财政部和国家税务总局另有规定的除外。纳税人发生销售货物、劳务、服务、无形资产等应税行为,无论是否开具发票,无论开具何种发票,发生销售业务,就应计入销售额。

⑥ 小规模纳税人销售自己使用过的固定资产,在判定可否享受小微企业免税优惠时,固定资产销售额是否应计入货物和劳务销售额?

答:应该计入。固定资产也属于有形动产,是货物的范畴,包含固定资产在内的货物和劳务月销售额不超过 10 万元(季销售额不超过 30 万元),可以享受小微企业免税优惠,此时销售自己使用过的固定资产也享受免税优惠,而不是按照 3% 的征收率减按 2% 征收,因此,销售自己使用过的固定资产的销售额不能填列在《增值税纳税申报表》第 7 栏"销售使用过的固定资产不含税销售额"中,而应填列在第 10 栏"小微企业免税销售额"中。如果小规模纳税人包含固定资产在内的货物和劳务月销售额超过 10 万元(季 30 万元),不能享受小微企业免税优惠,但可以享受销售自己使用过的固定资产按照 3% 的征收率减按 2% 征收的优惠,销售自己使用过的固定资产的销售额填列在《增值税纳税申报表》第 7 栏"销售使用过的固定资产不含税销售额"中,固定资产以外的其他货物和劳务销售额填列在《增值税纳税申报表》第 1 栏"应征增值税不含税销售额(3% 征收率)"中。

⑦ 小规模纳税人兼营免税项目(如销售免税饲料产品)和应税项目,在判定可否享受小微企业免税优惠时,用免税项目与应税项目的销售额之和与 10 万元(季 30 万元)比较,还是仅用应税项目的销售额比较?

答:用免税项目与应税项目的销售额之和与 10 万元(季 30 万元)比较,判定可否享受小微企业免税优惠。如果免税项目与应税项目的销售额之和不超过 10 万元（季 30 万元），小规模纳税人可以享受小微企业免税优惠，全额免征增值税；如果免税项目与应税项目的销售额之和大于 10 万元（季 30 万元），不得享受小微企业免税优惠，只能享受免税项目优惠。如小规模纳税人 2019 年第三季度取得 40 万元销售额，其中 30 万元为免税饲料销售额，10 万元为应税货物销售额。由于纳税人取得的销售额 40 万元大于 30 万元，不能享受小微企业税收优惠，而其中 30 万元为免税货物的销售额，可以享受免税优惠，企业应按 10 万元计算缴纳增值税。

⑧ 小规模纳税人销售不动产季度销售额未超过 30 万元，可否享受免税优惠？

答：可以享受免税优惠。《国家税务总局关于小规模纳税人免征增值税政策有关征管问题的公告》（国家税务总局公告 2019 年第 4 号）规定，小规模纳税人发生增值税应税销售行为，合计月销售额未超过 10 万元（以 1 个季度为 1 个纳税期的，季度销售额未超过 30 万元）的，免征增值税。小规模纳税人发生增值税应税销售行为，合计月销售额超过 10 万元，但扣除本期发生的销售不动产的销售额后未超过 10 万元的，其销售货物、劳务、服务、无形资产取得的销售额免征增值税。企业销售不动产也属于发生增值税应税销售行为，销售不动产销售额不超过 30 万元可以享受小微企业免税优惠。

⑨ 小规模纳税人经营的范围包括设计服务、销售货物、销售不动产。第三季度销售货物及服务销售额未超过 30 万元，但是销售不动产销售额超过 30 万元，销售货物及服务可否享受免税优惠？

答：可以。根据《国家税务总局关于小规模纳税人免征增值税政策有关征管问题的公告》（国家税务总局公告 2019 年第 4 号）规定，小规模纳税人发生增值税应税销售行为，合计月销售额未超过 10 万元（以 1 个季度为 1 个纳税期的，季度销售额未超过 30 万元）的，免征增值税。小规模纳税人发生增值税应税销售行为，合计月销售额超过 10 万元，但扣除本期发生的销售不动产的销售额后未超过 10 万元的，其销售货物、劳务、服务、无形资产取得的销售额免征增值税。也就是说，在判定小规模纳税人可否享受小微企业免税优惠时，不考虑不动产销售额。

⑩ 小规模纳税人（按季度申报）2019 年 7 月提供服务的销售额为 15 万元，但第三季度的销售额不超过 30 万元，7 月份可否享受小微企业免税优惠？

答：根据《国家税务总局关于小规模纳税人免征增值税政策有关征管问题的公告》（国家税务总局公告 2019 年第 4 号）规定，按固定期限纳税的小规模纳税人可以选择以 1 个月或 1 个季度为纳税期限，一经选择，一个会计年度内不得变更。对于按月申报的小规模纳税人，应将其月销售额与 10 万元比较，以判定其可否享受免税优惠；对于按季申报的小规模纳税人，应将其季销售额与 30 万元比较，以判定其可否享受免税优惠，各月销售额无需单独考量。该小规模纳税人虽然 2019 年 7 月销售超过 10 万元，但是季度销售额没有超过 30 万元,可以全部享受免税优惠。

11 未达起征点的个体定期定额户部分销售业务发生时,向税务机关申请代开增值税专用发票,某季度税务机关核定的定额与代开发票销售额之和超过 30 万元,可否享受小微企业免税优惠?

答:对于未达起征点的个体工商户,税务机关一般向其发售定额发票,纳税人已向税务机关领购的发票视同纳税人已经开具。如果税务机关发售定额发票的金额与纳税人申请税务机关代开增值税专用发票的金额之和超过 30 万元,纳税人不能享受小微企业免税优惠,应就全部销售额申报缴纳增值税。

12 增值税小规模纳税人当季销售额超过 30 万元,次季度不超过 30 万元,次季度还能享受免税优惠吗?

答:可以。增值税小规模纳税人符合条件暂免征收增值税是按月(季)计算的。当月销售额超过 10 万元全额缴纳增值税,并不影响次月的免税。同样的,以 1 个季度为纳税期限的增值税小规模纳税人,当季度销售额超过 30 万元的全额缴纳增值税,不影响下一季度的免税。

13 其他个人出租商铺,一次性收取 6 个月的租金 40 万元,能否享受免税优惠?

答:可以。根据《国家税务总局关于小规模纳税人免征增值税政策有关征管问题的公告》(国家税务总局公告 2019 年第 4 号)规定,《中华人民共和国增值税暂行条例实施细则》第九条所称的其他个人,采取一次性收取租金形式出租不动产取得的租金收入,可在对应的租赁期内平均分摊,分摊后的月租金收入未超过 10 万元的,免征增值税。

14 小规模纳税人出租不动产一次性收取的租金,分摊到月后,月租金不超过 10 万元,就可以享受小微企业免税优惠吗?

答:不是的。《国家税务总局关于小规模纳税人免征增值税政策有关征管问题的公告》(国家税务总局公告 2019 年第 4 号)规定,《中华人民共和国增值税暂行条例实施细则》第九条所称的其他个人,采取一次性收取租金形式出租不动产取得的租金收入,可在对应的租赁期内平均分摊,分摊后的月租金收入未超过 10 万元的,免征增值税。也就是说,预收或一次性收取的租金可以按对应的租赁期均匀分摊,按分摊后的月租金收入是否超过 10 万元确定是否可以享受小微企业免税优惠的,只适用于其他个人,而不是所有的小规模纳税人。

15 小规模纳税人代开专用发票时已缴纳了税款,若当月销售额不超过 10 万元,请问已缴的税额能否申请退还?

答:根据《国家税务总局关于小规模纳税人免征增值税政策有关征管问题的公告》(国家税务总局公告 2019 年第 4 号)规定,小规模纳税人月销售额未超过 10 万元的,当期因开具增值税专用发票已经缴纳的税款,在增值税专用发票全部联次追回或者按规定开具红字专用发票后,可以向主管税务机关申请退还。

因此,小规模纳税人当期代开专用发票时已缴纳的税款,若当期销售额不超过 10 万元,在专用发票全部联次追回或者按规定开具红字专用发票后,可以向主管税务机关申请退还;专用发票全部联次无法追回,也不能按规定开具红字专用发票的,不可以向主管税务机关申请退还已征税款。

16 享受小微企业免征增值税优惠是否需要备案?

答:小微企业免征增值税不需要进行申请或办理备案手续。纳税人符合免税条件的,在纳税申报时,按规定进行免税申报,即可享受优惠政策。

17 小规模纳税人代开专用发票,如果发生开票有误、销货退回或销售折让等情形的,如何处理?

答:税务机关代开专用发票时填写有误的,应及时在防伪税控代开票系统中作废,重新开具。代开专用发票后发生退货的,税务机关应按照增值税一般纳税人作废或开具红字专用发票的有关规定进行处理。对需要重新开票的,税务机关应同时进行新开票税额与原开票税额的清算,多退少补;对无需重新开票的,按有关规定退还增值税纳税人已缴的税款或抵顶下期正常申报税款。

18 小规模纳税人购进固定资产取得的增值税专用发票,登记为一般纳税人后能否抵扣?

答:根据《国家税务总局关于纳税人认定或登记为一般纳税人前进项税额抵扣问题的公告》(国家税务总局公告 2015 年第 59 号)规定,纳税人自办理税务登记至认定或登记为一般纳税人期间,未取得生产经营收入,未按照销售额和征收率简易计算应纳税额申报缴纳增值税的,其在此期间取得的增值税扣税凭证,可以在认定或登记为一般纳税人后抵扣进项税额。对于已经取得生产经营收入的小规模纳税人,在登记为一般纳税人前发生的购进业务,即使取得增值税专用发票,增值税专用发票也在认证期限内,也不得申请抵扣进项税额,只有一般纳税人资格生效后,发生的购进业务才能抵扣进项税额。

19 小规模纳税人能否申请不按季申报?

答:可以。《国家税务总局关于合理简并纳税人申报缴税次数的公告》(国家税务总局公告 2016 年第 6 号)规定,增值税小规模纳税人缴纳增值税、消费税、文化事业建设费,以及随增值税、消费税附征的城市维护建设税、教育费附加等税费,原则上实行按季申报。纳税人要求不实行按季申报的,由主管税务机关根据其应纳税额大小核定纳税期限。《国家税务总局关于小规模纳税人免征增值税政策有关征管问题的公告》(国家税务总局公告 2019 年第 4 号)规定,按固定期限纳税的小规模纳税人可以选择以 1 个月或 1 个季度为纳税期限,一经选择,一个会计年度内不得变更。

20 小规模纳税人提供劳务派遣服务选用差额 5% 征收率缴纳增值税,是否需要备案?

答: 需要备案,备案后税务机关才能够为纳税人在增值税发票管理新系统中设置差额征税开票功能。

4.4 小规模纳税人涉税风险点

1 月销售额超过 10 万元时,月末将已开具的部分发票作废,将有效发票开具金额控制在 10 万元以内。

有的小规模纳税人销售业务发生且购买方索取发票时,在增值税发票管理新系统中开具发票交付购买方,月末发现当月开具发票的销售额已经超过 10 万元,为了能够享受小微企业免税优惠,月末将当月开具的部分发票作废,将开具发票的销售额控制在 10 万元以内。有的纳税人还在沾沾自喜,以为这种方式既让购买方拿到了发票,自己还不用交税,殊不知税务机关已经对作废发票数据加强监控分析,尤其是销售额在免税临界点附近的纳税人的作废发票数据,有的税务机关已将其设置成一个预警指标。实际上,纳税人的该行为违反了《发票管理办法》,属于未按规定开具发票。税务机关只需要核实新系统内作废的发票是否全部联次收回并留存备查,就能轻而易举发现该违法行为。税务机关发现纳税人的该行为后,增值税肯定是要补的,罚款、滞纳金也是免不了的。

2 临时发生出租不动产业务,按照 3% 的征收率申报纳税。

小规模纳税人有两档征收率(5% 和 3%)和两档优惠征收率(2% 和 1.5%)。适用 5% 征收率的项目是正向列举的,目前主要有销售不动产、出租不动产和选择差额征收增值税的劳务派遣服务,其他业务适用的征收率为 3%。两档优惠征收率分别为:小规模纳税人(其他个人除外)销售自己使用过的固定资产减按 2% 征税,个人(包括个体工商户)出租住房减按 1.5% 征税。小规模纳税人要根据自身经营的业务确定不同业务的征收率,千万不要以为征收率都是 3%,尤其是临时发生出租不动产业务时,应将不动产租金分别核算,并填写在《增值税纳税申报表》第 4 栏"应征增值税不含税销售额(5% 征收率)"中。

4.5 小规模纳税人会计处理示例

【例题 4-10】 天马旅游公司系小规模纳税人,2019 年 7 月至 9 月发生如下业务:

（1）取得旅游服务 1 510 300 元，以银行存款收讫，开具增值税普通发票；发生游客门票、住宿餐饮、交通费支出共计 900 000 元，取得普通发票。

（2）利用自有大客车提供运输服务取得含税收入 500 000 元，以银行存款收讫，请税务机关代开增值税专用发票。

（3）出租临街门面房，合同约定年含税租金收入 300 000 元，开具增值税普通发票，款项尚未收到。

（4）购进矿泉水 120 箱，款项尚未支付，取得增值税专用发票注明销售额为 2 400 元。

（5）因管理不善损失矿泉水一批，账面成本为 900 元。

（6）支付税控专用设备技术维护费，以现金支付 280 元，取得增值税专用发票。

（7）上月已签订旅游合同并已收取旅游费的项目，因天气原因取消，退回游客 10 300 元，开具红字普通发票。

要求：根据上述业务，做出天马旅游公司 2019 年第三季度账务处理。[注：本季度纳税申报表填写见 7.2 小规模纳税人纳税申报表填写示例]

（1）提供旅游服务：

① 取得收入：

借：银行存款	1 510 300.00
贷：主营业务收入	1 466 310.68
应交税费——应交增值税	43 989.32

② 发生游客门票、住宿餐饮、交通费等支出：

借：主营业务成本	900 000
贷：银行存款	900 000

③ 按差额征税规定，门票、住宿餐饮、交通费支出可抵减销售额，冲减应纳增值税额：

$$可抵减增值税额 = 900\ 000 \div (1 + 3\%) \times 3\% = 26\ 213.59（元）$$

借：应交税费——应交增值税	26 213.59
贷：主营业务成本	26 213.59

（2）提供运输服务：

借：银行存款	500 000.00
贷：其他业务收入	485 436.89
应交税费——应交增值税	14 563.11

（3）收租不动产：

借：应收账款	300 000.00
贷：主营业务收入	285 714.29
应交税费——应交增值税	14 285.71

（4）购进矿泉水：

借：库存商品　　　　　　　　　　　　　　　　　　　　2 400
　　贷：应付账款　　　　　　　　　　　　　　　　　　　　　2 400

（5）丢失矿泉水：

借：待处理财产损溢　　　　　　　　　　　　　　　　　　900
　　贷：库存商品　　　　　　　　　　　　　　　　　　　　　900

借：管理费用　　　　　　　　　　　　　　　　　　　　　900
　　贷：待处理财产损溢　　　　　　　　　　　　　　　　　　900

（6）支付税控专用设备技术维护费：

借：管理费用　　　　　　　　　　　　　　　　　　　　　280
　　贷：库存现金　　　　　　　　　　　　　　　　　　　　　280

借：应交税费——应交增值税　　　　　　　　　　　　　　280
　　贷：管理费用　　　　　　　　　　　　　　　　　　　　　280

（7）退回旅客旅游费：

借：主营业务收入　　　　　　　　　　　　　　　　　　10 000
　　应交税费——应交增值税　　　　　　　　　　　　　　300
　　贷：银行存款　　　　　　　　　　　　　　　　　　　　10 300

该小规模纳税人该季度应纳增值税：

（1）旅游服务：

销售额＝(1 510 300－10 300－900 000)÷(1＋3%)＝582 524.27(元)

应纳税额＝(1 510 300－10 300－900 000)÷(1＋3%)×3%＝17 475.73(元)

（2）运输服务：

销售额＝500 000÷(1＋3%)＝485 436.89(元)

应纳税额＝500 000÷(1＋3%)×3%＝14 563.11(元)

（3）3%征收率销售额合计：

销售额合计＝582 524.27＋485 436.89＝1 067 961.16(元)

（4）不动产租赁服务：

销售额＝300 000÷(1＋5%)＝285 714.29(元)

应纳税额＝300 000÷(1＋5%)×5%＝14 285.71(元)

（5）合计：

本期应纳税额＝适用 3‰征收率应纳税额＋适用 5‰征收率应纳税额
　　　　　　＝17 475.73＋14 563.11＋14 285.71＝46 324.55(元)
应纳税额合计＝本期应纳税额－应纳税额减征额＝46 324.55－280
　　　　　　＝46 044.55(元)

增值税视频第四段

第 5 章

营改增差额征税的会计处理

自 2012 年 1 月 1 日起营业税改增值税试点在我国正式拉开序幕,到 2016 年 5 月 1 日营改增试点已经全面推行到位,营业税作为一个单独的税种彻底退出了税收的历史舞台。为实现营改增消除重复征税的作用,保证营改增试点纳税人增值税负担只减不增,试点实施办法借鉴营业税的差额征税政策设置了若干增值税差额征税项目。

5.1 差额征税项目的范围、扣除凭证及分类

一、差额征税项目范围

按照营改增政策,可以从全部价款和价外费用中扣除某些项目金额,按照差额销售额征税的项目有十五项,分别是:

(1) 试点纳税人中的一般纳税人提供客运场站服务,以其取得的全部价款和价外费用,扣除支付给承运方运费后的余额为销售额。

(2) 房地产开发企业中采用一般计税方法销售其开发的房地产项目,以取得的全部价款和价外费用,扣除受让土地时向政府部门支付的土地价款(包括土地受让人向政府部门支付的征地和拆迁补偿费用、土地前期开发费用和土地出让收益等)和在取得土地时向其他单位或个人支付的拆迁补偿费用后的余额为销售额。

支付的土地价款,是指向政府、土地管理部门或受政府委托收取土地价款的单位直接支付并取得省级以上(含省级)财政部门监(印)制的财政票据的土地价款。纳税人扣除拆迁补偿费用时,应提供拆迁协议、拆迁双方支付和取得拆迁补偿费用凭证等能够证明拆迁补偿费用真实性的材料。

(3) 试点纳税人提供建筑服务适用简易计税方法的,以取得的全部价款和价外费用扣除支付的分包款后的余额为销售额。

(4) 一般纳税人销售其 2016 年 4 月 30 日前取得(不含自建)的不动产,可以选择适用简易计税方法,以取得的全部价款和价外费用减去该项不动产购置原价或者取得不动产时的作价后的余额为销售额,按照 5% 的征收率计算应纳税额。

(5) 纳税人转让 2016 年 4 月 30 日前取得的土地使用权,可以选择适用简易计税方

法,以取得的全部价款和价外费用减去取得该土地使用权的原价后的余额为销售额,按照 5% 的征收率计算缴纳增值税。

(6) 提供物业管理服务的纳税人,向服务接受方收取的自来水水费,以扣除其对外支付的自来水水费后的余额为销售额,按照简易计税方法依 3% 的征收率计算缴纳增值税。

(7) 金融商品转让,按照卖出价扣除买入价后的余额为销售额。

转让金融商品出现的正负差,按盈亏相抵后的余额为销售额。若相抵后出现负差,可结转下一纳税期与下期转让金融商品销售额相抵,但年末时仍出现负差的,不得转入下一个会计年度。金融商品的买入价,可以选择按照加权平均法或者移动加权平均法进行核算,选择后 36 个月内不得变更。

金融商品转让,不得开具增值税专用发票。

(8) 试点纳税人提供旅游服务,可以选择以取得的全部价款和价外费用,扣除向旅游服务购买方收取并支付给其他单位或者个人的住宿费、餐饮费、交通费、签证费、门票费和支付给其他接团旅游企业的旅游费用后的余额为销售额。

选择上述办法计算销售额的试点纳税人,向旅游服务购买方收取并支付的上述费用,不得开具增值税专用发票,可以开具普通发票。

(9) 一般纳税人提供劳务派遣服务,可以按照《财政部 国家税务总局关于全面推开营业税改征增值税试点的通知》(财税〔2016〕36 号)的有关规定,以取得的全部价款和价外费用为销售额,按照一般计税方法计算缴纳增值税;也可以选择差额纳税,以取得的全部价款和价外费用,扣除代用工单位支付给劳务派遣员工的工资、福利和为其办理社会保险及住房公积金后的余额为销售额,按照简易计税方法依 5% 的征收率计算缴纳增值税。

小规模纳税人提供劳务派遣服务,可以按照《财政部 国家税务总局关于全面推开营业税改征增值税试点的通知》(财税〔2016〕36 号)的有关规定,以取得的全部价款和价外费用为销售额,按照简易计税方法依 3% 的征收率计算缴纳增值税;也可以选择差额纳税,以取得的全部价款和价外费用,扣除代用工单位支付给劳务派遣员工的工资、福利和为其办理社会保险及住房公积金后的余额为销售额,按照简易计税方法依 5% 的征收率计算缴纳增值税。

选择差额纳税的纳税人,向用工单位收取用于支付给劳务派遣员工工资、福利和为其办理社会保险及住房公积金的费用,不得开具增值税专用发票,可以开具普通发票。

纳税人提供安全保护服务,比照劳务派遣服务政策执行。

(10) 融资租赁和融资性售后回租业务。

① 经人民银行、银监会或者商务部批准或备案从事融资租赁业务的试点纳税人,提供融资租赁服务,以取得的全部价款和价外费用,扣除支付的借款利息(包括外汇借款和人民币借款利息)、发行债券利息和车辆购置税后的余额为销售额。

② 经人民银行、银监会或者商务部批准或备案从事融资租赁业务的试点纳税人,提供融资性售后回租服务,以取得的全部价款和价外费用(不含本金),扣除对外支付的借款利息(包括外汇借款和人民币借款利息)、发行债券利息后的余额作为销售额。

③ 试点纳税人根据 2016 年 4 月 30 日前签订的有形动产融资性售后回租合同,在合同到期前提供的有形动产融资性售后回租服务,可继续按照有形动产融资租赁服务缴纳增值税。

继续按照有形动产融资租赁服务缴纳增值税的试点纳税人,经人民银行、银监会或者商务部批准或备案从事融资租赁业务的,根据 2016 年 4 月 30 日前签订的有形动产融资性售后回租合同,在合同到期前提供的有形动产融资性售后回租服务,可以选择以下方法之一计算销售额:

其一,以向承租方收取的全部价款和价外费用,扣除向承租方收取的价款本金,以及对外支付的借款利息(包括外汇借款和人民币借款利息)、发行债券利息后的余额为销售额。

纳税人提供有形动产融资性售后回租服务,计算当期销售额时可以扣除的价款本金,为书面合同约定的当期应当收取的本金。无书面合同或者书面合同没有约定的,为当期实际收取的本金。

试点纳税人提供有形动产融资性售后回租服务,向承租方收取的有形动产价款本金,不得开具增值税专用发票,可以开具普通发票。

其二,以向承租方收取的全部价款和价外费用,扣除支付的借款利息(包括外汇借款和人民币借款利息)、发行债券利息后的余额为销售额。

④ 经商务部授权的省级商务主管部门和国家经济技术开发区批准或备案的从事融资租赁业务的试点纳税人,2016 年 5 月 1 日后实收资本达到 1.7 亿元的,从达到标准的当月起按照上述①②③规定执行;2016 年 5 月 1 日后实收资本未达到 1.7 亿元但注册资本达到 1.7 亿元的,在 2016 年 7 月 31 日前仍可按照上述①②③规定执行,2016 年 8 月 1 日后开展的融资租赁业务和融资性售后回租业务不得按照上述①②③规定执行。

(11) 经纪代理服务,以取得的全部价款和价外费用,扣除向委托方收取并代为支付的政府性基金或者行政事业性收费后的余额为销售额。向委托方收取的政府性基金或者行政事业性收费,不得开具增值税专用发票。

(12) 境外单位通过教育部考试中心及其直属单位在境内开展考试,教育部考试中心及其直属单位应以取得的考试费收入扣除支付给境外单位考试费后的余额为销售额,按提供"教育辅助服务"缴纳增值税;就代为收取并支付给境外单位的考试费统一扣缴增值税。教育部考试中心及其直属单位代为收取并支付给境外单位的考试费,不得开具增值税专用发票,可以开具增值税普通发票。

(13) 纳税人提供签证代理服务,以取得的全部价款和价外费用,扣除向服务接受方收取并代为支付给外交部和外国驻华使(领)馆的签证费、认证费后的余额为销售额。向服务接受方收取并代为支付的签证费、认证费,不得开具增值税专用发票,可以开具增值税普通发票。

（14）自2018年1月1日起，航空运输销售代理企业提供境外航段机票代理服务，以取得的全部价款和价外费用，扣除向客户收取并支付给其他单位或者个人的境外航段机票结算款和相关费用后的余额为销售额。其中，支付给境内单位或者个人的款项，以发票或行程单为合法有效凭证；支付给境外单位或者个人的款项，以签收单据为合法有效凭证，税务机关对签收单据有疑义的，可以要求其提供境外公证机构的确认证明。

航空运输销售代理企业，是指根据《航空运输销售代理资质认可办法》取得中国航空运输协会颁发的"航空运输销售代理业务资质认可证书"，接受中国航空运输企业或通航中国的外国航空运输企业委托，依照双方签订的委托销售代理合同提供代理服务的企业。

（15）航空运输销售代理企业提供境内机票代理服务，以取得的全部价款和价外费用，扣除向客户收取并支付给航空运输企业或其他航空运输销售代理企业的境内机票净结算款和相关费用后的余额为销售额。航空运输销售代理企业就取得的全部价款和价外费用，向购买方开具行程单，或开具增值税普通发票。

特别提醒

上述十五个差额征税项目有的对征税方法有限定，其他的对纳税人身份和征税方法无限定。对征税方法有限定的有：客运场站服务和房地产开发企业销售其开发的房地产项目，必须采用一般计税方法时方可差额征税；提供建筑服务、销售2016年4月30日前取得（不含自建）的不动产和土地使用权、劳务派遣服务、提供物业管理服务纳税人收取的自来水费，必须采用简易计税方法时方可差额征税。其他项目对征税方法无限定，如金融商品转让、旅游服务、经纪代理服务等，一般纳税人和小规模纳税人均可差额征税。

二、纳税人不以向购买方收取的全部款项作为销售额的项目

（1）航空运输企业的销售额，不包括代收的机场建设费和代售其他航空运输企业客票而代收转付的价款。

（2）纳税人提供人力资源外包服务，按照经纪代理服务缴纳增值税，其销售额不包括受客户单位委托代为向客户单位员工发放的工资和代理缴纳的社会保险、住房公积金。向委托方收取并代为发放的工资和代理缴纳的社会保险、住房公积金，不得开具增值税专用发票，可以开具普通发票。

一般纳税人提供人力资源外包服务，可以选择适用简易计税方法，按照5%的征收率计算缴纳增值税。

（3）纳税人代理进口按规定免征进口增值税的货物，其销售额不包括向委托方收取并代为支付的货款。向委托方收取并代为支付的款项，不得开具增值税专用发票，可以开具增值税普通发票。

 **特别提醒**

纳税人不以向购买方收取的全部款项作为销售额的项目与差额征税项目不同,前者销售额并不是向购买方收取的全部款项,不需要扣除凭证,而且无论一般纳税人还是小规模纳税人均可适用;而后者必须取得和保存扣除凭证。

三、差额征税项目的扣除凭证

试点纳税人取得按照规定可以从全部价款和价外费用中扣除的价款,应当取得符合法律、行政法规和国家税务总局规定的有效凭证。否则,不得扣除。

上述凭证是指:

(1) 支付给境内单位或者个人的款项,以发票为合法有效凭证,如建筑服务扣除的分包款、客运场站服务扣除的运输费用。

(2) 支付给境外单位或者个人的款项,以该单位或者个人的签收单据为合法有效凭证,税务机关对签收单据有疑义的,可以要求其提供境外公证机构的确认证明。

(3) 缴纳的税款,以完税凭证为合法有效凭证,如融资租赁扣除的车辆购置税。

(4) 扣除的政府性基金、行政事业性收费或者向政府支付的土地价款,以省级以上(含省级)财政部门监(印)制的财政票据为合法有效凭证,如房地产企业扣除的土地价款、经纪代理服务扣除的政府性基金和行政事业性收费。

(5) 纳税人提供旅游服务,将火车票、飞机票等交通费发票原件交付给旅游服务购买方而无法收回的,以交通费发票复印件作为差额扣除凭证。

(6) 纳税人转让不动产,按照有关规定差额缴纳增值税的,如因丢失等原因无法提供取得不动产时的发票,可向税务机关提供其他能证明契税计税金额的完税凭证、法院判决书或仲裁裁决书等资料,进行差额扣除。

(7) 支付的拆迁补偿费用,是在取得土地时向其他单位或个人支付的拆迁补偿费用。纳税人扣除拆迁补偿费用时,应提供拆迁协议、拆迁双方支付和取得拆迁补偿费用凭证等能够证明拆迁补偿费用真实性的材料。

(8) 国家税务总局规定的其他凭证。

纳税人取得的上述凭证属于增值税扣税凭证的,其进项税额不得从销项税额中抵扣。

四、差额征税项目分类

十五个差额征税项目,按照增值税发票的开具方式可以分为三类:一是不得开具增值税专用发票的项目;二是扣除项目金额不得开具增值税专用发票的项目;三是可以全额开具增值税专用发票的项目。具体分类情况如下:

(1) 不得开具增值税专用发票的项目有:金融商品转让、一般纳税人提供客运场站服务和航空运输销售代理企业提供境内、境外机票代理服务等四个项目。

（2）扣除项目金额不得开具增值税专用发票的项目有：经纪代理服务、签证代理服务、旅游服务、劳务派遣服务、教育部考试中心及其直属单位开展的境外单位组织的考试、销售 2016 年 4 月 30 日前取得的土地使用权或非自建的不动产等六个项目。

（3）可以全额开具增值税专用发票的项目有：选择简易计税方法提供建筑服务、房地产开发企业选择一般计税方法销售自行开发的房地产项目、提供物业管理服务的纳税人转售自来水、融资租赁等四个项目。

5.2 差额征税项目的会计处理

上述三类差额征税项目，金融商品转让的会计处理方式比较特殊，其他差额征税项目的会计处理方式相似。

5.2.1 金融商品转让的会计处理

5.2.1.1 一般纳税人金融商品转让的会计处理

一、先看看税收政策

金融商品转让，按照卖出价扣除买入价后的余额为销售额。转让金融商品出现的正负差，按盈亏相抵后的余额为销售额。若相抵后出现负差，可结转下一纳税期与下期转让金融商品的正差相抵，但年末仍出现负差的，不得转入下一个会计年度。

二、会计处理思路

由于金融商品转让卖出价减买入价的负差不得抵减其他应税项目的销售额，只能向以后期间结转，用以后期间金融商品转让卖出价减买入价的正差抵减。为了防止金融商品转让的负差用其他应税项目的销售额抵减，财会〔2016〕22 号在"应交税费"下增设"转让金融商品应交增值税"明细账户，专门核算转让金融商品正差形成的增值税应纳税额、负差形成的可抵减增值税额、实际缴纳增值税额以及年末可抵减增值税额的冲销情况。

新规定下，金融商品买入和卖出时的账务处理与营业税制度下相同，暂时不考虑增值税因素，此时"投资收益"账户反映的是含税价差（盈利在贷方，亏损在借方）。月末应汇总计算当月所有金融商品转让业务的含税价差，计算出转让金融商品业务对应的增值税额，即如果汇总后是正差（盈利），则根据正差计算出当期应纳增值税额；如果汇总后是负差（亏损），则根据负差计算出可在以后期间抵减的增值税额。根据计算出的应纳增值税额或可抵减的增值税额，调整"投资收益"账户金额，将其从含税价差调整为不含税价差，同时记入"转让金融商品应交增值税"明细账户的贷方或借方。也就是说，金融商品实际转让月末，如汇总后产生正差（盈利），应冲减"投资收益"账户贷方已确认的含税盈利，按应纳税额借记"投资收益"账户，贷记"转让金融商品应交增值税"明细账户；如汇总后产生负差(亏损),应冲减"投资收益"借方已确认的含税亏损,按可结转以后期间抵扣的增值税额,借记"转让金融商品应交增值税"明细账户,贷记"投资收益"账户。交纳增值税时,应借记"转让金融商品应交增值税"明细账户,贷记"银行存款"账户。由于转让金融商品负差不得结转下一年度抵减,年末,"转让金融商品应交增值税"明细账户如有借方余额,反映年末转让金融商品未得到抵减的负差对应的增值税额,不得结转以后年度抵减,应予冲销,借记"投资收益"账户,贷记"转让金融商品应交增值税"明细账户。

三、例题

【例题 5-1】 天马卫浴公司(一般纳税人)2019 年 8 月 7 日以含税价 8.48 元/股购入中国建筑 3 万股股票。2019 年 9 月 10 日以 7.95 元/股售出 1 万股,2019 年 10 月 6 日以 9.54 元/股售出 1 万股,2019 年 11 月 28 日以 7.42 元/股售出 1 万股。除该股票外,公司没有购买其他金融商品。假设不考虑相关费用及该股票公允价值变动损益。

(1) 2019 年 8 月购入股票:

借:交易性金融资产(8.48×30 000)   254 400

  贷:银行存款   254 400

(2) 2019 年 9 月 10 日转让股票 1 万股:

借:银行存款(7.95×10 000)   79 500

   投资收益   5 300

  贷:交易性金融资产(8.48×10 000)   84 800

月末将产生的转让损失相关的增值税结转下月抵扣 $=(79\,500-84\,800)\div1.06\times6\%=-300$(元)

借:应交税费——转让金融商品应交增值税   300

  贷:投资收益   300

(3) 2019 年 10 月 6 日转让股票 1 万股:

借:银行存款(9.54×10 000)   95 400

  贷:交易性金融资产(8.48×10 000)   84 800

    投资收益   10 600

月末将产生的转让收益计提增值税 $=(95\,400-84\,800)\div1.06\times6\%=600$(元)

借:投资收益   600

  贷:应交税费——转让金融商品应交增值税   600

"转让金融商品应交增值税"明细账户 9 月末借方余额为 300 元,10 月贷方发生额为 600 元,因此,10 月末贷方余额为 300 元。次月缴纳增值税时:

借：应交税费——转让金融商品应交增值税   300

  贷：银行存款   300

（4）2019 年 11 月 28 日转让股票 1 万股：

借：银行存款(7.42×10 000)   74 200

   投资收益   10 600

  贷：交易性金融资产(8.48×10 000)   84 800

月末将产生的转让损失相关的 增值税结转下月抵扣 $=(74\ 200-84\ 800)\div1.06\times6\%=-600(元)$

借：应交税费——转让金融商品应交增值税   600

  贷：投资收益   600

11 月末"转让金融商品应交增值税"明细账户借方余额为 600 元。

（5）年末，将"应交税费——转让金融商品应交增值税"账户借方余额转销：

借：投资收益   600

  贷：应交税费——转让金融商品应交增值税   600

5.2.1.2 小规模纳税人金融商品转让的会计处理

小规模纳税人也在"应交税费"下设置"转让金融商品应交增值税"明细账户，专门核算转让金融商品正差形成的增值税应纳税额、负差形成的可抵减增值税额、实际缴纳增值税额以及年末可抵减增值税额的冲销情况。小规模纳税人金融商品转让的会计处理与一般纳税人金融商品转让的处理原理相同，不同的是应纳增值税额的计算方式不同，小规模纳税人根据销售额和征收率计算应纳增值税额。

【例题 5-2】 天马卫浴公司(小规模纳税人)2019 年 8 月 7 日以含税价 8.24 元/股购入中国建筑 3 万股股票。2019 年 9 月 10 日以 7.725 元/股售出 1 万股，2019 年 10 月 6 日以 9.27 元/股售出 1 万股，2019 年 11 月 28 日以 7.21 元/股售出 1 万股。除该股票外，公司没有购买其他金融商品。假设不考虑相关费用及该股票公允价值变动损益。

（1）2019 年 8 月购入股票：

借：交易性金融资产(8.24×30 000)   247 200

  贷：银行存款   247 200

（2）2019 年 9 月 10 日转让股票 1 万股：

借：银行存款(7.725×10 000)   77 250

   投资收益   5 150

  贷：交易性金融资产(8.24×10 000)   82 400

月末将产生的转让损失相关的增值税结转下月抵扣 $=(77\ 250-82\ 400)\div1.03\times$

3%＝－150(元)

借：应交税费——转让金融商品应交增值税 150

　　贷：投资收益 150

（3）2019 年 10 月 6 日转让股票 1 万股：

借：银行存款(9.27×10 000) 92 700

　　贷：交易性金融资产(8.24×10 000) 82 400

　　　　投资收益 10 300

月末将产生的转让收益计提增值税＝(92 700－82 400)÷1.03×3%＝300(元)

借：投资收益 300

　　贷：应交税费——转让金融商品应交增值税 300

"转让金融商品应交增值税"明细账户 9 月末借方余额为 150 元，10 月贷方发生额为 300 元，因此，10 月末贷方余额为 150 元。次月交纳增值税时：

借：应交税费——转让金融商品应交增值税 150

　　贷：银行存款 150

（4）2019 年 11 月 28 日转让股票 1 万股：

借：银行存款(7.21×10 000) 72 100

　　投资收益 10 300

　　贷：交易性金融资产(8.24×10 000) 82 400

月末将产生的转让损失相关的
增值税结转下月抵扣 ＝(72 100－82 400)÷1.03×3%＝－300(元)

借：应交税费——转让金融商品应交增值税 300

　　贷：投资收益 300

11 月末"转让金融商品应交增值税"明细账户借方余额为 300 元。

（5）年末，将"应交税费——转让金融商品应交增值税"账户借方余额转销：

借：投资收益 300

　　贷：应交税费——转让金融商品应交增值税 300

5.2.2　其他差额征税项目的会计处理

上述三类差额征税项目，除金融商品转让外，其他项目会计处理原理相同。虽然增值税制度规定差额征税项目是从全部价款和价外费用中扣除某些特定购进项目金额后计算销售额，但实质上，纳税人购进这些特定购进项目时所支付的全部款项中，有部分是可以回收的,回收途径是通过冲抵销售额从而减少增值税应纳税额。把购进这些特定购进项目所支付的全部款项记入其成本,很显然会使其成本费用虚增,因此,在利用这些特定购进项目的凭证冲抵销售额时,要冲减虚增的成本费用。

5.2.2.1 一般纳税人其他差额征税项目的会计处理

购进业务发生时按含税价记入成本费用等账户,待取得合法的扣除凭证时计算可抵减的销项税额或增值税额,将成本费用调整为不含税金额,借记"应交增值税——销项税额抵减"账户(一般纳税人一般计税方法)、"应交税费——简易计税"账户(一般纳税人简易计税方法),贷记成本费用账户;销售业务发生时,按实际收取的全部价款换算为不含税价确认收入,税额确认为销项税额或应纳税额。

【例题 5-3】 天马房地产企业(一般纳税人)2019 年 6 月新开发一楼盘,从政府取得土地价款为 1 090 万元,取得政府土地管理部门开具的财政票据。2019 年 12 月楼盘通过竣工验收,并全部售出,取得含税房款 3 270 万元。

(1)取得土地时:

借:开发成本——土地征用及拆迁补偿费　　　　　　　　　　　　10 900 000
　　贷:银行存款　　　　　　　　　　　　　　　　　　　　　　　10 900 000

(2)销售开发产品时:

借:银行存款　　　　　　　　　　　　　　　　　　　　　　　　32 700 000
　　贷:主营业务收入　　　　　　　　　　　　　　　　　　　　　30 000 000
　　　　应交税费——应交增值税(销项税额)　　　　　　　　　　 2 700 000

结转成本及计提城建税、教育附加、印花税会计分录略。

(3)销售开发产品时,按销售额扣减土地价款对应增值税时:

借:应交税费——应交增值税(销项税额抵减)　　　　　　　　　　 900 000
　　贷:主营业务成本　　　　　　　　　　　　　　　　　　　　　　900 000

解析:房地产开发企业采用一般计税方法销售自行开发的房地产项目可以扣除土地价款和拆迁补偿费,该差额征税项目属于前述的第三类,即可全额开具增值税专用发票项目。可全额开具增值税发票的四项目,发票上注明的不含税金额和税额勾稽关系成立,即不含税金额乘以税率或征收率等于税额。销售实现时,纳税人按发票上注明的不含税金额确认收入,按发票上注明的增值税额确认应纳税额或销项税额。差额扣除政策通过购进业务体现:发生购进业务时,按含税的购进金额直接计入成本费用,此时成本费用为含税金额,在取得合规增值税扣除凭证且购进业务的金额允许从销售额中扣减时,将可以扣减的金额对应的增值税额冲减成本费用,将成本费用调整为不含税金额。

【例题 5-4】 天马旅行社(一般纳税人)2019 年 9 月组织甲企业 20 名优秀员工赴云南旅游,收取含税旅游费 424 000 元。在组织游客旅游过程中发生住宿费、餐饮费、交通费、门票费等支出 318 000 元,以现金支付并取得发票。旅游结束后旅游企业根据旅游报单收讫甲企业银行存款 424 000 元,并开具增值税专用发票,注明金额 418 000 元,税额 6 000 元。旅游公司的账务处理如下:

（1）支付旅游过程中的住宿费、餐饮费等:

借:主营业务成本	318 000
贷:库存现金	318 000

（2）根据取得的住宿费、餐饮费等发票抵减销项税额,并调整成本:

应抵减的销项税额＝318 000÷(1＋6%)×6%＝18 000(元)

借:应交税费——应交增值税(销项税额抵减)	18 000
贷:主营业务成本	18 000

（3）开具增值税专用发票,确认旅游费收入:

旅游服务收入＝424 000÷(1＋6%)＝400 000(元)

销项税额＝424 000÷(1＋6%)×6%＝24 000(元)

借:银行存款	424 000
贷:主营业务收入	400 000
应交税费——应交增值税(销项税额)	24 000

解析: 提供旅游服务可以扣除住宿费、餐饮费、交通费、门票费等,该差额征税项目属于前述的第二类,即扣除项目金额不得开具增值税专用发票的项目。对于扣除项目金额不得开具增值税专用的项目,增值税发票管理新系统专门开发了差额开票功能,开票人只需输入含税销售额和含税扣除项目金额,系统会自动将扣除后含税差额销售额还原为扣除后不含税差额销售额并计算出对应的增值税额,形成发票上税额栏数据,并按含税销售额减去增值税额倒挤出发票上金额栏数据。这样差额开票功能开出的增值税专用发票上,不含税金额栏数据与税额栏数据没有勾稽关系。税额栏数据＝(含税销售额－含税扣除项目金额)÷(1＋税率或征收率)×税率或征收率;金额栏数据＝价税合计栏数据－税额栏数据。如上例:发票的价税合计栏注明 424 000 元,税额栏注明 6 000 元,金额栏注明 418 000 元。纳税人确认收入时,会计上确认的收入为 400 000 元、销项税额为 24 000 元,通过增值税发票管理新系统差额开票功能开具增值税专用发票上注明金额为 418 000 元、税额栏为 6 000 元,纳税人会计账务处理数据与增值税专用发票注明的数据不符。但该种会计处理方式的优点是:能够准备的核算和反映旅游服务的不含税收入和成本。

5.2.2.2 小规模纳税人其他差额征税项目的会计处理

小规模纳税人提供应税服务,按规定可以差额征税从销售额中扣除相关购进项目金额的,购进业务发生时按含税价记入成本费用等账户,待取得合法的扣除凭证时计算可抵减的增值税额,将成本费用调整为不含税金额,借记"应交增值税——应交增值税"账户,贷记成本费用账户;销售业务与一般销售业务的会计处理相同,按实际收取的全部价款换算为不含税价确认收入,同时确认应纳增值税额。

【例题 5-5】 天马建筑企业(小规模纳税人)向房地产开发项目总承包人承包了楼房防水工程,含税工程款为 824 000 元。天马建筑企业又将 309 000 元的工程分包给富鑫建筑公司。2019 年 9 月,天马建筑企业和富鑫建筑公司的工程全部完工,天马建筑企业向税务机关申请代开增值税专用发票,收取工程款 824 000 元,当月收到富鑫建筑公司开来的增值税普通发票,注明的含税销售额为 309 000 元,工程款项已付。

(1)收到总承包工程款 824 000 元时:

借:银行存款 824 000
　　贷:主营业务收入 800 000
　　　　应交税费——应交增值税 24 000

(2)支付富鑫建筑公司分包工程款时:

借:主营业务成本 309 000
　　贷:银行存款 309 000

(3)收到富鑫建筑公司开来的增值税发票时:

借:应交税费——应交增值税 9 000
　　贷:主营业务成本 9 000

5.3 差额征税常见涉税问题

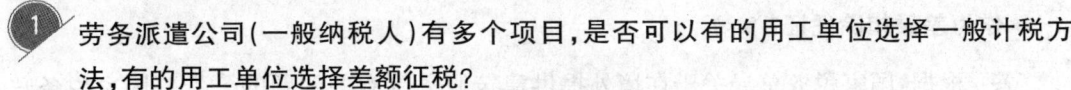

1 劳务派遣公司(一般纳税人)有多个项目,是否可以有的用工单位选择一般计税方法,有的用工单位选择差额征税?

答:不可以。理论上讲,纳税人提供劳务派遣服务是一项经营业务,该业务只能选择一种计税方法,不能就不同用工单位选择不同计税方法缴纳增值税。对于这个问题,目前国家税务总局没有统一明确,很多地方税务机关明确了适用本地区的规定,但各地的规定并不一致,因此,当地的具体做法需要咨询当地税务机关。

2 劳务派遣一般纳税人选择差额纳税,如何计算销售额,如何开具增值税专用发票?

答:根据《财政部　国家税务总局关于进一步明确全面推开营改增试点有关劳务派遣服务、收费公路通行费抵扣等政策的通知》(财税〔2016〕47 号)规定,一般纳税人选择差额纳税的,其销售额是纳税人取得的全部价款和价外费用,扣除代为支付的员工工资、福利、社会保险费及住房公积金后的余额。这个余额实质上就是劳务派遣公司取得的服务费和管理费。对这部分余额,允许按照5%的征收率简易征收,余额可以开具增值税专用发票,扣除额不得开具增值税专用发票。开具专用发票时,可使用增值税发票管理新系统的差额开票功能,例如向用工单位收取全部价款为1 000元,支付给劳务派遣员工工资及福利等共计700元,开票时选择差额开票功能,录入含税价1 000元、扣除额为700元,系统自动计算税额为 $(1\ 000-700)\times\dfrac{5\%}{1+5\%}=14.29(元)$。

③ **劳务派遣公司,享受差额征税,准予扣除的代发工资部分是实发数还是应发数?**

    答:准予差额扣除的代发工资部分是应发工资。

④ **人力资源外包服务计算销售额时是否能扣除支付的工资、福利费?**

    答:人力资源外包服务计算销售额时工资可以扣除,但不能扣除支付的福利费。根据《财政部 国家税务总局关于进一步明确全面推开营改增试点有关劳务派遣服务、收费公路通行费抵扣等政策的通知》(财税〔2016〕47号)规定,纳税人提供人力资源外包服务,按照经纪代理服务缴纳增值税,其销售额不包括受客户单位委托代为向客户单位员工发放的工资和代理缴纳的社会保险、住房公积金。向委托方收取并代为发放的工资和代理缴纳的社会保险、住房公积金,不得开具增值税专用发票,可以开具普通发票。

⑤ **劳务派遣和人力资源外包服务如选择差额征税,其扣除的人员工资和社保费用以何种凭证作为扣除凭证?**

    答:纳税人提供劳务派遣服务和人力资源外包服务选择差额征税的,以实际支付工资单据、社会保险缴费记录等作为差额扣除凭证。

⑥ **纳税人提供旅游服务,交通费发票原件交付给旅游服务购买方而无法收回,以什么作为差额扣除凭证?**

    答:根据《国家税务总局关于在境外提供建筑服务等有关问题的公告》(国家税务总局公告2016年第69号)规定,纳税人提供旅游服务,将火车票、飞机票等交通费发票原件交付给旅游服务购买方而无法收回的,以交通费发票复印件作为差额扣除凭证。

⑦ **差额征税项目中,可以全额开具增值税专用发票的项目,如何开具发票?**

    答:差额征税但可以全额开具增值税专用发票的项目,纳税人自行开具或者由税务机关代开增值税专用发票时,可以按照全部价款和价外费用,以适用税率或征收率开具专用发票,如建筑企业提供建筑服务采用简易计税方法的,工程总承包收入100万元,分包出去的工程款40万元,建筑企业可以按照100万元全额开具增值税专用发票,下游企业可以抵扣进项税额为 $100\times\dfrac{3\%}{1+3\%}=2.91(元)$。建筑企业在填写增值税纳税申报表时,填写附表,进行差额扣除,实际缴纳的税额为$(100-40)\times\dfrac{3\%}{1+3\%}=1.75$(元)。

⑧ 差额征税项目中,税法明文规定差额扣减部分不得开具增值税专用发票的,如何开具发票?

答: 全额征税差额开具增值税专用发票的差额征税项目,可以按下列三种方式开具发票:

(1) 开具一张增值税专用发票和一张增值税普通发票。

开具两张发票,不使用"差额开票"功能,销售额扣减扣除项目后的余额,开具增值税专用发票,扣除项目金额开具增值税普通发票。

(2) 使用"差额开票功能"开具一张增值税专用发票。

使用"差额开票功能"开具增值税专用发票,只需输入含税销售额和含税扣除项目金额,系统会自动计算增值税额,并自动将差额部分显示在备注栏中,同时税率栏显示"＊＊＊"。

(3) 开具增值税普通发票。

所有金额全额开具增值税普通发票。

⑨ 企业销售其购买的房屋,但购房发票丢失,还可以差额计算增值税吗?

答: 根据《国家税务总局关于纳税人转让不动产缴纳增值税差额扣除有关问题的公告》(国家税务总局公告 2016 年第 73 号)第一条规定,纳税人转让不动产,按照有关规定差额缴纳增值税的,如因丢失等原因无法提供取得不动产时的发票,可向税务机关提供其他能证明契税计税金额的完税凭证等资料,进行差额扣除。

第二条规定,纳税人以契税计税金额进行差额扣除的,按照下列公式计算增值税应纳税额:

(1) 2016 年 4 月 30 日及以前缴纳契税的。增值税应纳税额＝[全部交易价格(含增值税)－契税计税金额(含营业税)]÷(1+5%)×5%。

(2) 2016 年 5 月 1 日及以后缴纳契税的。增值税应纳税额＝[全部交易价格(含增值税)÷(1+5%)－契税计税金额(不含增值税)]×5%。

因此,购房发票丢失,只要能够提供契税完税凭证仍然可以差额计算缴纳增值税。

5.4 差额征税涉税风险点

① 未按规定取得和保管差额扣除项目的扣除凭证。

《营业税改增值税试点实施办法》(财税〔2016〕36 号)规定,试点纳税人取得按照规定可以从全部价款和价外费用中扣除的价款,应当取得符合法律、行政法规和国家税务总局规定的有效凭证。否则,不得扣除。纳税人发生差额征税项目,如果未取得有效扣除凭证,或者取得的扣除凭证未按规定留存备查,不得扣减扣除项目金额,如一般纳税人客运场站,在向客运公司支付运输费用时没有索取运输发票,其将因为无法提供差额扣除凭证,不能抵扣运输费用。

❷ 差额征税项目未正确开具增值税专用发票。

差额征税项目有的可以按从购买方收取的全部价款和价外费用全额开具增值税专用发票,有的扣除项目金额不得开具增值税专用发票。纳税人不了解开具发票的规定,不该全额开具增值税专用发票的项目全额开具了增值税专用发票,或者可以全额开具增值税专用发票的项目却使用了差额开票功能开具了差额增值税专用发票,不但会影响购买方抵扣进项税额,还会被税务机关定性为"未按规定开具发票",可以处以 1 万元以下的罚款。

❸ 未掌握差额征税项目范围,可以差额征税的项目没有扣减扣除项目金额,多申报缴纳税款。

差额征税项目销售额的扣减需要纳税人在纳税申报时自行扣减并填写附列资料三《服务、不动产和无形资产扣除项目明细表》,纳税人没有将差额征税项目扣减销售额,在票表比对时不会被发现,税务机关不检查纳税人的账簿资料也很难发现,导致纳税人多缴税款了。

第6章

一般纳税人纳税申报表填列

一般纳税人的增值税申报表包括一张主表和六张附表，纳税人应先填写六张附表，主表的大部分数据是由附表数据生成或由月初数据生成。六张附表中有四张是一级附表，其为主表提供数据；两张是二级附表，其为一级附表提供数据。四张一级附表分别为附列资料一《本期销售情况明细表》、附列资料二《本期进项税额明细表》、附列资料四《税额抵减情况表》《增值税减免税明细表》；两张二级附表分别为附列资料三《服务、不动产和无形资产扣除项目明细表》、附列资料五《不动产分期抵扣计算表》。

6.1 申报表结构及重要行次填写提示

6.1.1 主表

本表由三部分组成，销售额、税款计算和税款缴纳（见表6-1）。销售额部分分别列示了适用四种不同政策的销售额，分别是一般计税方法销售额、简易计税方法销售额、免抵退税销售额、免税销售额，其中后两种不会产生增值税销项税额或应纳税额，因此在税款计算部分需要分两条线分别展示前两种销售额形成应纳税额的过程。

一、各列填写说明

（1）"即征即退项目"列：填写纳税人按规定享受增值税即征即退政策的货物、劳务和服务、不动产、无形资产的征（退）税数据。

（2）"一般项目"列：填写除享受增值税即征即退政策以外的货物、劳务和服务、不动产、无形资产的征（免）税数据。

二、各行填写说明

（1）第1栏"（一）按适用税率计税销售额"：填写纳税人本期按一般计税方法计算缴纳增值税的销售额，包含：在财务上不作销售但按税法规定应缴纳增值税的视同销售和价外费用的销售额；外贸企业作价销售进料加工复出口货物的销售额；税务、财政、审计部门检查后按一般计税方法计算调整的销售额。

表 6-1

增值税纳税申报表

（一般纳税人适用）

根据国家税收法律法规及增值税相关规定制定本表。纳税人不论有无销售额，均应按税务机关核定的纳税期限填写本表，并向当地税务机关申报。

税款所属时间：自　年　月　日至　年　月　日　　填表日期：年　月　日　　　金额单位：元至角分

纳税人识别号					
纳税人名称	（公章）	法定代表人姓名	注册地址	生产经营地址	
开户银行及账号		登记注册类型		电话号码	所属行业：

项　目	栏次	一般项目		即征即退项目	
		本月数	本年累计	本月数	本年累计
（一）按适用税率计税销售额	1				
其中：应税货物销售额	2				
应税劳务销售额	3				
纳税检查调整的销售额	4				
（二）按简易办法计税销售额	5				
其中：纳税检查调整的销售额	6				
（三）免、抵、退办法出口销售额	7			—	—
（四）免税销售额	8			—	—
其中：免税货物销售额	9			—	—
免税劳务销售额	10			—	—
销项税额	11				
进项税额	12				
上期留抵税额	13			—	—

（续表）

项 目		栏次	一般项目		即征即退项目	
			本月数	本年累计	本月数	本年累计
税款计算	进项税额转出	14				
	免、抵、退应退税额	15		—	—	—
	按适用税率计算的纳税检查应补缴税额	16		—	—	—
	应抵扣税额合计	17＝12＋13－14－15＋16		—		—
	实际抵扣税额	18（如17＜11，则为17，否则为11）				
	应纳税额	19＝11－18				
	期末留抵税额	20＝17－18			—	
	简易计税办法计算的应纳税额	21				—
	按简易计税办法计算的纳税检查应补缴税额	22				
	应纳税额减征额	23				
	应纳税额合计	24＝19＋21－23				
税款缴纳	期初未缴税额（多缴为负数）	25				
	实收出口开具专用缴款书退税额	26		—	—	—
	本期已缴税额	27＝28＋29＋30＋31				
	①分次预缴税额	28		—		—
	②出口开具专用缴款书预缴税额	29		—		—
	③本期缴纳上期应纳税额	30				
	④本期缴纳欠缴税额	31				
	期末未缴税额（多缴为负数）	32＝24＋25＋26－27				

（续表）

项 目	栏次	一般项目		即征即退项目	
		本月数	本年累计	本月数	本年累计
税款计算 — 其中:欠缴税额(≥0)	33=25+26-27		—	—	—
本期应补(退)税额	34=24-28-29		—	—	—
即征即退实际退税额	35	—	—	—	—
期初未缴查补税额	36			—	—
本期入库查补税额	37			—	—
期末未缴查补税额	38=16+22+36-37			—	—

授权声明

如果你已委托代理人申报，请填写下列资料：

为委托（地址）_____的代理人_____，现授权_____为本纳税人的代理申报人，任何与本申报表有关的往来文件，都可寄予此人。

授权人签字：

申报人声明

本纳税申报表是根据国家税收法律法规及相关规定填报的，我确定它是真实的、可靠的、完整的。

声明人签字：

主管税务机关：　　　　　接收人：　　　　　接收日期：

营业税改征增值税的纳税人,服务、不动产和无形资产有扣除项目的,本栏应填写扣除之前的不含税销售额。

本栏"一般项目"列"本月数"=《附列资料(一)》第9列第1至5行之和－第9列第6、7行之和;本栏"即征即退项目"列"本月数"=《附列资料(一)》第9列第6、7行之和。

(2)第2栏"其中:应税货物销售额":填写纳税人本期按适用税率计算增值税的应税货物的销售额。包含在财务上不作销售但按税法规定应缴纳增值税的视同销售货物和价外费用销售额,以及外贸企业作价销售进料加工复出口货物的销售额。

(3)第3栏"应税劳务销售额":填写纳税人本期按适用税率计算增值税的应税劳务的销售额。

(4)第4栏"纳税检查调整的销售额":填写纳税人因税务、财政、审计部门检查,并按一般计税方法在本期计算调整的销售额。但享受增值税即征即退政策的货物、劳务和服务、不动产、无形资产,经纳税检查属于偷税的,不填入"即征即退项目"列,而应填入"一般项目"列。

营业税改征增值税的纳税人,服务、不动产和无形资产有扣除项目的,本栏应填写扣除之前的不含税销售额。

本栏"一般项目"列"本月数"=《附列资料(一)》第7列第1至5行之和。

(5)第5栏"按简易办法计税销售额":填写纳税人本期按简易计税方法计算增值税的销售额。包含纳税检查调整按简易计税方法计算增值税的销售额。

营业税改征增值税的纳税人,服务、不动产和无形资产有扣除项目的,本栏应填写扣除之前的不含税销售额;服务、不动产和无形资产按规定汇总计算缴纳增值税的分支机构,其当期按预征率计算缴纳增值税的销售额也填入本栏。

本栏"一般项目"列"本月数"≥《附列资料(一)》第9列第8至13b行之和－第9列第14、15行之和;本栏"即征即退项目"列"本月数"≥《附列资料(一)》第9列第14、15行之和。

(6)第6栏"其中:纳税检查调整的销售额":填写纳税人因税务、财政、审计部门检查,并按简易计税方法在本期计算调整的销售额。但享受增值税即征即退政策的货物、劳务和服务、不动产、无形资产,经纳税检查属于偷税的,不填入"即征即退项目"列,而应填入"一般项目"列。

营业税改征增值税的纳税人,服务、不动产和无形资产有扣除项目的,本栏应填写扣除之前的不含税销售额。

(7)第7栏"免、抵、退办法出口销售额":填写纳税人本期适用免、抵、退税办法的出口货物、劳务和服务、无形资产的销售额。

营业税改征增值税的纳税人,服务、无形资产有扣除项目的,本栏应填写扣除之前的销售额。

本栏"一般项目"列"本月数"=《附列资料(一)》第9列第16、17行之和。

（8）第8栏"免税销售额"：填写纳税人本期按照税法规定免征增值税的销售额和适用零税率的销售额，但零税率的销售额中不包括适用免、抵、退税办法的销售额。

营业税改征增值税的纳税人，服务、不动产和无形资产有扣除项目的，本栏应填写扣除之前的免税销售额。

本栏"一般项目"列"本月数"＝《附列资料（一）》第9列第18、19行之和。

（9）第9栏"其中：免税货物销售额"：填写纳税人本期按照税法规定免征增值税的货物销售额及适用零税率的货物销售额，但零税率的销售额中不包括适用免、抵、退税办法出口货物的销售额。

（10）第10栏"免税劳务销售额"：填写纳税人本期按照税法规定免征增值税的劳务销售额及适用零税率的劳务销售额，但零税率的销售额中不包括适用免、抵、退税办法的劳务的销售额。

（11）第11栏"销项税额"：填写纳税人本期按一般计税方法计税的货物、劳务和服务、不动产、无形资产的销项税额。

营业税改征增值税的纳税人，服务、不动产和无形资产有扣除项目的，本栏应填写扣除之后的销项税额。

本栏"一般项目"列"本月数"＝《附列资料（一）》（第10列第1、3行之和－第10列第6行）＋（第14列第2、4、5行之和－第14列第7行）。

本栏"即征即退项目"列"本月数"＝《附列资料（一）》第10列第6行＋第14列第7行。

（12）第12栏"进项税额"：填写纳税人本期申报抵扣的进项税额。

本栏"一般项目"列"本月数"＋"即征即退项目"列"本月数"＝《附列资料（二）》第12栏"税额"。

（13）第14栏"进项税额转出"：填写纳税人已经抵扣，但按税法规定本期应转出的进项税额。

本栏"一般项目"列"本月数"＋"即征即退项目"列"本月数"＝《附列资料（二）》第13栏"税额"。

（14）第15栏"免、抵、退应退税额"：反映税务机关退税部门按照出口货物、劳务和服务、无形资产免、抵、退办法审批的增值税应退税额。

（15）第16栏"按适用税率计算的纳税检查应补缴税额"：填写税务、财政、审计部门检查，按一般计税方法计算的纳税检查应补缴的增值税税额。

本栏"一般项目"列"本月数"≤《附列资料（一）》第8列第1至第5行之和＋《附列资料（二）》第19栏。

（16）第19栏"应纳税额"：反映纳税人本期按一般计税方法计算并应缴纳的增值税额。

① 适用加计抵减政策的纳税人，按以下公式填写。

本栏"一般项目"列"本月数"＝第11栏"销项税额""一般项目"列"本月数"－第18栏"实际抵扣税额""一般项目"列"本月数"－"实际抵减额"；

本栏"即征即退项目"列"本月数"＝第 11 栏"销项税额""即征即退项目"列"本月数"－第 18 栏"实际抵扣税额""即征即退项目"列"本月数"－"实际抵减额"。

适用加计抵减政策的纳税人是指，按照规定计提加计抵减额，并可从本期适用一般计税方法计算的应纳税额中抵减的纳税人（下同）。"实际抵减额"是指按照规定可从本期适用一般计税方法计算的应纳税额中抵减的加计抵减额，分别对应《附列资料（四）》第 6 行"一般项目加计抵减额计算"、第 7 行"即征即退项目加计抵减额计算"的"本期实际抵减额"列。

② 其他纳税人按表中所列公式填写。

（17）第 21 栏"简易计税办法计算的应纳税额"：反映纳税人本期按简易计税方法计算并应缴纳的增值税额，但不包括按简易计税方法计算的纳税检查应补缴税额。按以下公式计算填写：

本栏"一般项目"列"本月数"＝《附列资料（一）》（第 10 列第 8、9a、10、11 行之和－第 10 列第 14 行）＋（第 14 列第 9b、12、13a、13b 行之和－第 14 列第 15 行）

本栏"即征即退项目"列"本月数"＝《附列资料（一）》第 10 列第 14 行＋第 14 列第 15 行。

营业税改征增值税的纳税人，服务、不动产和无形资产按规定汇总计算缴纳增值税的分支机构，应将预征增值税额填入本栏。预征增值税额＝应预征增值税的销售额×预征率。

（18）第 23 栏"应纳税额减征额"：填写纳税人本期按照税法规定减征的增值税应纳税额。包含按照规定可在增值税应纳税额中全额抵减的增值税税控系统专用设备费用以及技术维护费。

当本期减征额小于或等于第 19 栏"应纳税额"与第 21 栏"简易计税办法计算的应纳税额"之和时，按本期减征额实际填写；当本期减征额大于第 19 栏"应纳税额"与第 21 栏"简易计税办法计算的应纳税额"之和时，按本期第 19 栏与第 21 栏之和填写。本期减征额不足抵减部分结转下期继续抵减。

（19）第 27 栏"本期已缴税额"：反映纳税人本期实际缴纳的增值税额，但不包括本期入库的查补税款。按表中所列公式计算填写。

（20）第 28 栏"①分次预缴税额"：填写纳税人本期已缴纳的准予在本期增值税应纳税额中抵减的税额。

营业税改征增值税的纳税人，分以下几种情况填写：

其一，服务、不动产和无形资产按规定汇总计算缴纳增值税的总机构，其可以从本期增值税应纳税额中抵减的分支机构已缴纳的税款，按当期实际可抵减数填入本栏，不足抵减部分结转下期继续抵减。

其二，销售建筑服务并按规定预缴增值税的纳税人，其可以从本期增值税应纳税额中抵减的已缴纳的税款，按当期实际可抵减数填入本栏，不足抵减部分结转下期继续抵减。

其三,销售不动产并按规定预缴增值税的纳税人,其可以从本期增值税应纳税额中抵减的已缴纳的税款,按当期实际可抵减数填入本栏,不足抵减部分结转下期继续抵减。

其四,出租不动产并按规定预缴增值税的纳税人,其可以从本期增值税应纳税额中抵减的已缴纳的税款,按当期实际可抵减数填入本栏,不足抵减部分结转下期继续抵减。

(21)第31栏"④本期缴纳欠缴税额":反映纳税人本期实际缴纳和留抵税额抵减的增值税欠税额,但不包括缴纳入库的查补增值税额。

(22)第32栏"期末未缴税额(多缴为负数)":"本月数"反映纳税人本期期末应缴未缴的增值税额,但不包括纳税检查应缴未缴的税额。按表中所列公式计算填写。"本年累计"与"本月数"相同。

(23)第35栏"即征即退实际退税额":反映纳税人本期因符合增值税即征即退政策规定,而实际收到的税务机关退回的增值税额。

6.1.2 本期销售情况明细表

本表的行次按照纳税人适用一般计税方法、简易计税方法、免抵退税和免税四种不同政策为分类标准,分别详细列示各种政策下不同税率(征收率)的销售额和销项税额(应纳税额),"即征即退项目"是"全部征税项目"的其中数(见表6-2)。本表的列次按照纳税人开具发票的情况,分别列示不含税价和税额,最终合计出当月价税合计销售额。对于差额征税项目,从价税合计销售额中扣减当期可扣除项目金额后,最终计算出扣除差额后的销项税额(应纳税额)。本表与主表的销售额部分和销项税额、简易计税方法应纳税额有勾稽关系。

一、关键列次填写说明

(1)营业税改征增值税的纳税人,服务、不动产和无形资产有扣除项目的,第1至11列应填写扣除之前的征(免)税销售额、销项(应纳)税额和价税合计额。

(2)第12列"服务、不动产和无形资产扣除项目本期实际扣除金额":营业税改征增值税的纳税人,服务、不动产和无形资产有扣除项目的,按《附列资料(三)》第5列对应各行次数据填写,其中本列第5栏等于《附列资料(三)》第5列第3行与第4行之和;服务、不动产和无形资产无扣除项目的,本列填写"0"。其他纳税人不填写。

营业税改征增值税的纳税人,服务、不动产和无形资产按规定汇总计算缴纳增值税的分支机构,当期服务、不动产和无形资产有扣除项目的,填入本列第13行。

(3)第13列"扣除后""含税(免税)销售额":营业税改征增值税的纳税人,服务、不动产和无形资产有扣除项目的,本列各行次=第11列对应各行次-第12列对应各行次。其他纳税人不填写。

(4)第14列"扣除后""销项(应纳)税额":营业税改征增值税的纳税人,服务、不动产

表 6-2

纳税人名称：（公章）

增值税纳税申报表附列资料（一）

（本期销售情况明细）

税款所属时间：　　年　月　日至　　年　月　日

金额单位：元至角分

项目及栏次		开具增值税专用发票		开具其他发票		未开具发票		纳税检查调整		合计			服务、不动产和无形资产扣除项目本期实际扣除金额	扣除后	
		销售额	销项（应纳）税额	销售额	销项（应纳）税额	销售额	销项（应纳）税额	销售额	销项（应纳）税额	销售额	销项（应纳）税额	价税合计		含税（免税）销售额	销项（应纳）税额
		1	2	3	4	5	6	7	8	9＝1+3+5+7	10＝2+4+6+8	11＝9+10	12	13＝11－12	14＝13÷(100%＋税率或征收率)×税率或征收率
一、一般计税方法计税 全部征税项目	13%税率的货物及加工修理修配劳务 1													—	—
	13%税率的服务、不动产和无形资产 2													—	—
	9%税率的货物及加工修理修配劳务 3													—	—
	9%税率的服务、不动产和无形资产 4														
	6%税率 5														
其中：即征即退项目	即征即退货物及加工修理修配劳务 6	—	—	—	—	—	—	—	—	—	—	—	—	—	—
	即征即退服务、不动产和无形资产 7	—	—	—	—	—	—	—	—	—	—	—	—	—	—

（续表）

项目及栏次		开具增值税专用发票		开具其他发票		未开具发票		纳税检查调整		合计			服务、不动产和无形资产扣除项目本期实际扣除金额	扣除后	
		销售额	销项（应纳）税额	销售额	销项（应纳）税额	销售额	销项（应纳）税额	销售额	销项（应纳）税额	销售额	销项（应纳）税额	价税合计		含税（免税）销售额	销项（应纳）税额
		1	2	3	4	5	6	7	8	$9=1+3+5+7$	$10=2+4+6+8$	$11=9+10$	12	$13=11-12$	$14=13\div(100\%+$税率或征收率$)\times$税率或征收率
二、简易计税方法计税　全部征税项目	6%征收率	8														
	5%征收率的货物及加工修理修配劳务	9a												—	—	—
	5%征收率的服务、不动产和无形资产	9b														
	4%征收率	10												—	—	—
	3%征收率的货物及加工修理修配劳务	11												—	—	—
	3%征收率的服务、不动产和无形资产	12														
	预征率　%	13a												—	—	—
	预征率　%	13b												—	—	—
	预征率　%	13c												—	—	—
其中：即征即退项目	即征即退货物及加工修理修配劳务	14	—	—	—	—	—	—	—	—				—	—	—
	即征即退服务、不动产和无形资产	15	—	—	—	—	—	—	—	—						

（续表）

项目及栏次		开具增值税专用发票		开具其他发票		未开具发票		纳税检查调整		合计			服务、不动产和无形资产扣除项目本期实际扣除金额	扣除后	
		销售额	销项（应纳）税额	销售额	销项（应纳）税额	销售额	销项（应纳）税额	销售额	销项（应纳）税额	销售额	销项（应纳）税额	价税合计		含税（免税）销售额	销项（应纳）税额
		1	2	3	4	5	6	7	8	9=1+3+5+7	10=2+4+6+8	11=9+10	12	13=11-12	14=13÷(100%+税率或征收率)×税率或征收率
三、免抵退税	货物及加工修理修配劳务	16	—	—	—	—	—	—	—	—	—	—	—	—	—	—
	服务、不动产和无形资产	17	—	—	—	—	—	—	—	—	—	—	—	—	—	—
四、免税	货物及加工修理修配劳务	18	—	—	—	—	—	—	—	—	—	—	—	—	—	—
	服务、不动产和无形资产	19	—	—	—	—	—	—	—	—	—	—	—	—	—	—

和无形资产有扣除项目的,按以下要求填写本列,其他纳税人不填写。

① 服务、不动产和无形资产按照一般计税方法计税:

$$本列各行次＝第13列÷(100\%＋对应行次税率)×对应行次税率$$

本列第7行"按一般计税方法计税的即征即退服务、不动产和无形资产"不按本列的说明填写。

第2行、第4b行14列公式为:若本行第12列为0,则该行次第14列等于第10列。若本行第12列不为0,则仍按照第14列所列公式计算。计算后的结果与纳税人实际计提销项税额有差异的,按实际填写。

② 服务、不动产和无形资产按照简易计税方法计税:

$$本列各行次＝第13列÷(100\%＋对应行次征收率)×对应行次征收率$$

本列第13行"预征率 ％"不按本列的说明填写。

③ 服务、不动产和无形资产实行免抵退税或免税的,本列不填写。

二、关键行次填写说明

(1) 第1至第5行"一、一般计税方法计税""全部征税项目"各行:按不同税率和项目分别填写按一般计税方法计算增值税的全部征税项目。有即征即退征税项目的纳税人,本部分数据中既包括即征即退征税项目,又包括不享受即征即退政策的一般征税项目。

(2) 第8至第12行"二、简易计税方法计税""全部征税项目"各行:按不同征收率和项目分别填写按简易计税方法计算增值税的全部征税项目。有即征即退征税项目的纳税人,本部分数据中既包括即征即退项目,也包括不享受即征即退政策的一般征税项目。

(3) 第13a至第13c行"二、简易计税方法计税""预征率 ％":反映营业税改征增值税的纳税人,服务、不动产和无形资产按规定汇总计算缴纳增值税的分支机构,预征增值税销售额、预征增值税应纳税额。其中,第13a行"预征率 ％"适用于所有实行汇总计算缴纳增值税的分支机构试点纳税人;第13b、13c行"预征率 ％"适用于部分实行汇总计算缴纳增值税的铁路运输试点纳税人。

① 第13a至第13c行第1至第6列按照销售额和销项税额的实际发生数填写。

② 第13a至第13c行第14列,纳税人按"应预征缴纳的增值税＝应预征增值税销售额×预征率"公式计算后据实填写。

(4) 第18行"四、免税""货物及加工修理修配劳务":反映按照税法规定免征增值税的货物及劳务和适用零税率的出口货物及劳务,但零税率的销售额中不包括适用免、抵、退税办法的出口货物及劳务。

(5) 第19行"四、免税""服务、不动产和无形资产":反映按照税法规定免征增值税的服务、不动产、无形资产和适用零税率的服务、不动产、无形资产,但零税率的销售额中不包括适用免、抵、退税办法的服务、不动产和无形资产。

6.1.3 本期进项税额明细表

本表为主表第 12 栏"进项税额"和第 14 栏"进项税额转出"提供数据。本表分为四部分(见表 6-3),第一部分是"申报抵扣的进项税额",反映可以在本期抵扣的六种扣税凭证上注明或计算的进项税额以及外贸企业出口转内销经税务机关核实的进项税额,本部分着重关注第 9 栏"本期用于构建不动产的扣税凭证"和第 10 栏"本期用于抵扣的旅客运输服务扣税凭证"分别列示本期构建不动产和购进旅客运输服务的进项税额,这两个栏次只是为了统计税收优惠政策效应,不参与第 12 栏"当期申报抵扣进项税额合计"的计算,因为纳税人构建不动产和购进旅客运输服务的扣税凭证已经包含在第 1 栏"认证相符的增值税专用发票"和第 4 栏"其他扣税凭证"中;第二部分是"进项税额转出额",将已经计入第一部分"申报抵扣的进项税额"的不得抵扣的进项税额转出,主要是用于简易计税方法项目、免税项目和集体福利及个人消费三个不得抵扣的用途,免抵退货物因征退税率之差形成的不得抵扣的进项税额和进货退回应转出的进项等;第三部分是"待抵扣进项税额",反映纳税人取得的扣税凭证已经认证或申请稽核比对,但按照税法规定暂不予在当期抵扣的进项税额,主要体现实行辅导期管理的增值税一般纳税人已经认证相符或申请稽核比对,暂时未收到《稽核结果通知书》的扣税凭证上注明的进项税额;第四部分是"其他",反映本期认证相符的增值税专用发票和代扣代缴税款总体情况,方便与认证子系统的数据比对。

表 6-3   增值税纳税申报表附列资料(二)

(本期进项税额明细)

税款所属时间: 年   月   日至   年   月   日

纳税人名称:(公章)   金额单位:元至角分

一、申报抵扣的进项税额				
项 目	栏次	份数	金额	税额
(一)认证相符的增值税专用发票	1=2+3			
其中:本期认证相符且本期申报抵扣	2			
前期认证相符且本期申报抵扣	3			
(二)其他扣税凭证	4=5+6+7+8a+8b			
其中:海关进口增值税专用缴款书	5			
农产品收购发票或者销售发票	6			
代扣代缴税收缴款凭证	7		—	
加计扣除农产品进项税额	8a	—	—	
其他	8b			
(三)本期用于购建不动产的扣税凭证	9			

（续表）

项　目	栏次	份数	金额	税额
（四）本期用于抵扣的旅客运输服务扣税凭证	10	—	—	
（五）外贸企业进项税额抵扣证明	11	—	—	
当期申报抵扣进项税额合计	12＝1＋4＋11			

二、进项税额转出额

项　目	栏次	税额
本期进项税额转出额	13＝14 至 23 之和	
其中：免税项目用	14	
集体福利、个人消费	15	
非正常损失	16	
简易计税方法征税项目用	17	
免抵退税办法不得抵扣的进项税额	18	
纳税检查调减进项税额	19	
红字专用发票信息表注明的进项税额	20	
上期留抵税额抵减欠税	21	
上期留抵税额退税	22	
其他应作进项税额转出的情形	23	

三、待抵扣进项税额

项　目	栏次	份数	金额	税额
（一）认证相符的增值税专用发票	24	—	—	—
期初已认证相符但未申报抵扣	25			
本期认证相符且本期未申报抵扣	26			
期末已认证相符但未申报抵扣	27			
其中：按照税法规定不允许抵扣	28			
（二）其他扣税凭证	29＝30 至 33 之和			
其中：海关进口增值税专用缴款书	30			
农产品收购发票或者销售发票	31			
代扣代缴税收缴款凭证	32		—	
其他	33			
	34			

四、其他

项　目	栏次	份数	金额	税额
本期认证相符的增值税专用发票	35			
代扣代缴税额	36	—	—	

一、申报抵扣的进项税额各栏填写说明

第 1 至第 12 栏"一、申报抵扣的进项税额"：分别反映纳税人按税法规定符合抵扣条件，在本期申报抵扣的进项税额。

（1）第 1 栏"（一）认证相符的增值税专用发票"：反映纳税人取得的认证相符本期申报抵扣的增值税专用发票情况。该栏应等于第 2 栏"本期认证相符且本期申报抵扣"与第 3 栏"前期认证相符且本期申报抵扣"数据之和。

购进农产品从小规模批发、零售商取得的税务机关代开的增值税专用发票不填入本栏中，但购进农产品未分别核算用于生产销售 13% 税率货物和其他货物服务的农产品进项税额情况除外。

（2）第 2 栏"其中：本期认证相符且本期申报抵扣"：反映本期认证相符且本期申报抵扣的增值税专用发票的情况。本栏是第 1 栏的其中数，本栏只填写本期认证相符且本期申报抵扣的部分。

购进农产品从小规模批发、零售商取得的税务机关代开的增值税专用发票不填入本栏中，但购进农产品未分别核算用于生产销售 13% 税率货物和其他货物服务的农产品进项税额情况除外。

适用取消增值税发票认证规定的纳税人，当期申报抵扣的增值税发票数据，也填报在本栏中。

（3）第 3 栏"前期认证相符且本期申报抵扣"：反映前期认证相符且本期申报抵扣的增值税专用发票的情况。

辅导期纳税人依据税务机关告知的稽核比对结果通知书及明细清单注明的稽核相符的增值税专用发票填写本栏。本栏是第 1 栏的其中数，只填写前期认证相符且本期申报抵扣的部分。

（4）第 5 栏"海关进口增值税专用缴款书"：反映本期申报抵扣的海关进口增值税专用缴款书的情况。按规定执行海关进口增值税专用缴款书先比对后抵扣的，纳税人需依据税务机关告知的稽核比对结果通知书及明细清单注明的稽核相符的海关进口增值税专用缴款书填写本栏。

（5）第 6 栏"农产品收购发票或者销售发票"：反映本期申报抵扣的农产品收购发票和农产品销售普通发票从小规模纳税人处购进农产品取得的增值税专用发票的情况。

执行农产品增值税进项税额核定扣除办法的，填写当期允许抵扣的农产品增值税进项税额，不填写"份数""金额"。纳税人本期从小规模纳税人处购进农产品时取得税务机关代开的增值税专用发票也填入本栏。

"税额"栏＝农产品销售发票或者收购发票上注明的农产品买价×9%＋增值税专用发票上注明的金额×9%。

上述公式中的"增值税专用发票"是指纳税人从小规模纳税人处购进农产品时取得的专用发票。

（6）第 8a 栏"加计扣除农产品进项税额"：用来单独体现未纳入农产品增值税进项税

额核定扣除试点范围的纳税人,将购进的农产品用于生产销售或委托受托加工 13％税率货物时,加计扣除的农产品进项税额。该栏不填写"份数""金额"。

未纳入农产品增值税进项税额核定扣除试点范围的纳税人,在购进农业生产者自产农产品或者从小规模纳税人处购进农产品的当期,凭取得(开具)的农产品销售发票、收购发票和增值税专用发票按照 9％扣除率计算当期可抵扣的进项税额,填入本表第 6 栏"农产品收购发票或者销售发票"栏。如纳税人购买的农产品(包括购买时取得增值税专用发票、海关进口增值税专用缴款书、农产品收购发票或者销售发票等情形)用于生产销售或委托加工 13％税率货物,于生产领用当期按 10％扣除率与 9％之间的差额计算当期可加计扣除的农产品进项税额,填入本栏。

加计扣除农产品进项税额＝当期生产领用农产品已按 9％税率(扣除率)抵扣税额÷9％×(10％－9％)。

(7) 第 8b 栏"其他":反映按规定本期可以申报抵扣的其他扣税凭证情况。

纳税人按照规定不得抵扣且未抵扣进项税额的固定资产、无形资产、不动产,发生用途改变,用于允许抵扣进项税额的应税项目,可在用途改变的次月将按公式计算出的可以抵扣的进项税额,填入"税额"栏。

(8) 第 9 栏"(三)本期用于购建不动产的扣税凭证":反映按规定本期用于购建不动产的扣税凭证上注明的金额和税额。

购建不动产是指纳税人 2016 年 5 月 1 日后取得并在会计制度上按固定资产核算的不动产或者 2016 年 5 月 1 日后取得的不动产在建工程。取得不动产,包括以直接购买、接受捐赠、接受投资入股、自建以及抵债等各种形式取得不动产,不包括房地产开发企业自行开发的房地产项目。

本栏次包括第 1 栏中本期用于购建不动产的增值税专用发票和第 4 栏中本期用于购建不动产的其他扣税凭证。

本栏"金额""税额"≥0。

(9) 第 10 栏"(四)本期用于抵扣的旅客运输服务扣税凭证":反映按规定本期购进旅客运输服务,所取得的扣税凭证上注明或按规定计算的金额和税额。

本栏次包括第 1 栏中按规定本期允许抵扣的购进旅客运输服务取得的增值税专用发票和第 4 栏中按规定本期允许抵扣的购进旅客运输服务取得的其他扣税凭证。

本栏"金额""税额"≥0。

第 9 栏"(三)本期用于购建不动产的扣税凭证"＋第 10 栏"(四)本期用于抵扣的旅客运输服务扣税凭证"税额≤第 1 栏"认证相符的增值税专用发票"＋第 4 栏"其他扣税凭证"税额。

(10) 第 11 栏"(五)外贸企业进项税额抵扣证明":填写本期申报抵扣的税务机关出口退税部门开具的《出口货物转内销证明》列明允许抵扣的进项税额。

二、进项税额转出额各栏填写说明

第 13 至第 23 栏各栏:分别反映纳税人已经抵扣但按规定应在本期转出的进项税额明细情况。

（1）第 17 栏"简易计税方法征税项目用"：反映用于按简易计税方法征税项目，按规定应在本期转出的进项税额。

营业税改征增值税的纳税人，服务、不动产和无形资产按规定汇总计算缴纳增值税的分支机构，当期应由总机构汇总的进项税额也填入本栏。

（2）第 18 栏"免抵退税办法不得抵扣的进项税额"：反映按照免、抵、退税办法的规定，由于征税税率与退税税率存在税率差，在本期应转出的进项税额。

（3）第 20 栏"红字专用发票信息表注明的进项税额"：填写主管税务机关开具的《开具红字增值税专用发票信息表》注明的在本期应转出的进项税额。

三、待抵扣进项税额各栏填写说明

第 24 至第 34 栏"三、待抵扣进项税额"各栏：分别反映纳税人已经取得，但按税法规定不符合抵扣条件，暂不予在本期申报抵扣的进项税额情况及按税法规定不允许抵扣的进项税额情况。

（1）第 25 栏"期初已认证相符但未申报抵扣"：反映前期认证相符，但按照税法规定暂不予抵扣及不允许抵扣，结存至本期的增值税专用发票情况。辅导期纳税人填写认证相符但未收到稽核比对结果的增值税专用发票期初情况。

（2）第 26 栏"本期认证相符且本期未申报抵扣"：反映本期认证相符，但按税法规定暂不予抵扣及不允许抵扣，而未申报抵扣的增值税专用发票情况。辅导期纳税人填写本期认证相符但未收到稽核比对结果的增值税专用发票情况。

（3）第 27 栏"期末已认证相符但未申报抵扣"：反映截至本期期末，按照税法规定仍暂不予抵扣及不允许抵扣且已认证相符的增值税专用发票情况。辅导期纳税人填写截至本期期末已认证相符但未收到稽核比对结果的增值税专用发票期末情况。

（4）第 28 栏"其中：按照税法规定不允许抵扣"：反映截至本期期末已认证相符但未申报抵扣的增值税专用发票中，按照税法规定不允许抵扣的增值税专用发票情况。

（5）第 29 栏"（二）其他扣税凭证"：反映截至本期期末仍未申报抵扣的除增值税专用发票之外的其他扣税凭证情况。具体包括：海关进口增值税专用缴款书、农产品收购发票或者销售发票、代扣代缴税收完税凭证和其他符合政策规定的抵扣凭证。

四、其他各栏填写说明

（1）第 35 栏"本期认证相符的增值税专用发票"：反映本期认证相符的增值税专用发票的情况。

（2）第 36 栏"代扣代缴税额"：填写纳税人根据《中华人民共和国增值税暂行条例》第十八条扣缴的应税劳务增值税额与根据营业税改征增值税有关政策规定扣缴的服务、不动产和无形资产增值税额之和。

6.1.4　服务、不动产和无形资产扣除项目明细表

本表旨在详细列示差额征税项目可以在当期抵减的扣除项目金额的计算过程（见表

6-4),为附列资料一《本期销售情况明细表》第12列提供数据,其行次按照不同的税率和征收率以及免抵退和免税项目分别列示,这标志着适用不同税率和征收率的差额征税项目扣除项目金额不能混淆,也不能合并到一起抵扣。

本表由服务、不动产和无形资产有扣除项目的营业税改征增值税纳税人填写。其他纳税人不填写。

表 6-4
增值税纳税申报表附列资料(三)
(服务、不动产和无形资产扣除项目明细)
税款所属时间: 年 月 日至 年 月 日

纳税人名称:(公章)　　　　　　　　　　　　　　　　　　　　金额单位:元至角分

项目及栏次		本期服务、不动产和无形资产价税合计额(免税销售额)	服务、不动产和无形资产扣除项目				
			期初余额	本期发生额	本期应扣除金额	本期实际扣除金额	期末余额
		1	2	3	4=2+3	5(5≤1且5≤4)	6=4-5
13%税率的项目	1						
9%税率的项目	2						
6%税率的项目(不含金融商品转让)	3						
6%税率的金融商品转让项目	4						
5%征收率的项目	5						
3%征收率的项目	6						
免抵退税的项目	7						
免税的项目	8						

关键列次填写说明:

(1) 第1列"本期服务、不动产和无形资产价税合计额(免税销售额)":营业税改征增值税的服务、不动产和无形资产属于征税项目的,填写扣除之前的本期服务、不动产和无形资产价税合计额;营业税改征增值税的服务、不动产和无形资产属于免抵退税或免税项目的,填写扣除之前的本期服务、不动产和无形资产免税销售额。本列各行次等于《附列资料(一)》第11列对应行次,其中本列第3行和第4行之和等于《附列资料(一)》第11列第5栏。

营业税改征增值税的纳税人,服务、不动产和无形资产按规定汇总计算缴纳增值税的分支机构,本列各行次之和等于《附列资料(一)》第 11 列第 13a、13b 行之和。

(2) 第 2 列"服务、不动产和无形资产扣除项目""期初余额":填写服务、不动产和无形资产扣除项目上期期末结存的金额,试点实施之日的税款所属期填写"0"。本列各行次等于上期《附列资料(三)》第 6 列对应行次。

本列第 4 行"6%税率的金融商品转让项目""期初余额"年初首期填报时应填"0"。

(3) 第 4 列"服务、不动产和无形资产扣除项目""本期应扣除金额":填写服务、不动产和无形资产扣除项目本期应扣除的金额。

本列各行次＝第 2 列对应各行次＋第 3 列对应各行次

6.1.5 税额抵减情况表

本表由发生增值税税控系统专用设备购置费和技术维护费、汇总计算缴纳增值税的总机构、销售建筑服务、销售不动产、出租不动产并按规定预缴增值税纳税人填写。未发生上述业务的纳税人不填写本表。本表为主表第 28 栏"①分次预缴税款"提供数据(见表 6-5)。

表 6-5　　　　　　　　　增值税纳税申报表附列资料(四)
(税额抵减情况表)

税款所属时间：　　年　　月　　日至　　年　　月　　日

纳税人名称:(公章)　　　　　　　　　　　　　　　　　　金额单位:元至角分

一、税额抵减情况					
序号	抵减项目	期初余额	本期发生额	本期应抵减税额	本期实际抵减税额	期末余额
		1	2	3=1+2	4≤3	5=3-4
1	增值税税控系统专用设备费及技术维护费					
2	分支机构预征缴纳税款					
3	建筑服务预征缴纳税款					
4	销售不动产预征缴纳税款					
5	出租不动产预征缴纳税款					
二、加计抵减情况					
序号	加计抵减项目	期初余额	本期发生额	本期调减额	本期可抵减额	本期实际抵减额	期末余额
		1	2	3	4=1+2-3	5	6=4-5
6	一般项目加计抵减额计算						
7	即征即退项目加计抵减额计算						
8	合计						

关键行次填写说明：

（一）税额抵减情况

（1）第1行由发生增值税税控系统专用设备费用和技术维护费的纳税人填写，反映纳税人增值税税控系统专用设备费用和技术维护费按规定抵减增值税应纳税额的情况。

（2）第2行由营业税改征增值税纳税人，服务、不动产和无形资产按规定汇总计算缴纳增值税的总机构填写，反映其分支机构预征缴纳税款抵减总机构应纳增值税税额的情况。

（3）第3行由销售建筑服务并按规定预缴增值税的纳税人填写，反映其销售建筑服务预征缴纳税款抵减应纳增值税税额的情况。

（4）第4行由销售不动产并按规定预缴增值税的纳税人填写，反映其销售不动产预征缴纳税款抵减应纳增值税税额的情况。

（5）第5行由出租不动产并按规定预缴增值税的纳税人填写，反映其出租不动产预征缴纳税款抵减应纳增值税税额的情况。

（二）加计抵减情况

本表第6至8行仅限适用加计抵减政策的纳税人填写，反映其加计抵减情况。其他纳税人不需填写。第8行"合计"等于第6行、第7行之和。各列说明如下：

（1）第1列"期初余额"：填写上期期末结余的加计抵减额。

（2）第2列"本期发生额"：填写按照规定本期计提的加计抵减额。

（3）第3列"本期调减额"：填写按照规定本期应调减的加计抵减额。

（4）第4列"本期可抵减额"：按表中所列公式填写。

（5）第5列"本期实际抵减额"：反映按照规定本期实际加计抵减额，按以下要求填写。

若第4列≥0，且第4列＜主表第11栏－主表第18栏，则第5列＝第4列；

若第4列≥主表第11栏－主表第18栏，则第5列＝主表第11栏－主表第18栏；

若第4列＜0，则第5列等于0。

计算本列"一般项目加计抵减额计算"行和"即征即退项目加计抵减额计算"行时，公式中主表各栏次数据分别取主表"一般项目""本月数"列、"即征即退项目""本月数"列对应数据。

（6）第6列"期末余额"：填写本期结余的加计抵减额，按表中所列公式填写。

6.1.6　增值税减免税申报明细表

本表由享受税收法律、法规及国家有关税收规定的减征（包含税额式减征、税率式减征）和免征增值税优惠的增值税一般纳税人和小规模纳税人填写。本表为主表第8栏"免税销售额"和第23栏"应纳税额减征额"提供数据。如表6-6所示。

表 6-6　　　　　　　　　　**增值税减免税申报明细表**

税款所属时间:自　年　月　日至　年　月　日

纳税人名称(公章):　　　　　　　　　　　　　　　　　　金额单位:元至角分

一、减税项目						
减税性质 代码及名称	栏次	期初余额	本期发生额	本期应 抵减税额	本期实际 抵减税额	期末余额
		1	2	3＝1＋2	4≤3	5＝3－4
合计	1					
	2					
	3					
	4					
	5					
	6					
二、免税项目						
免税性质代 码及名称	栏次	免征增值税 项目销售额	免税销售额扣 除项目本期实 际扣除金额	扣除后免 税销售额	免税销售额 对应的进项 税额	免税额
		1	2	3＝1－2	4	5
合　计	7					
出口免税	8		—	—	—	—
其中:跨境服务	9		—	—	—	—
	10					
	11					
	12					
	13					
	14					
	15					
	16					

一、减税项目关键栏次填写说明

(1)"一、减税项目"由本期按照税收法律、法规及国家有关税收规定享受减征(包含税额式减征、税率式减征)增值税优惠的纳税人填写。

（2）第4列"本期实际抵减税额"：填写本期实际抵减增值税应纳税额的金额。本列各行≤第3列对应各行。

一般纳税人填写时，第1行"合计"本列数＝主表第23行"一般项目"列"本月数"。

二、免税项目关键栏次填写说明

（1）"二、免税项目"由本期按照税收法律、法规及国家有关税收规定免征增值税的纳税人填写。

（2）"出口免税"填写纳税人本期按照税法规定出口免征增值税的销售额，但不包括适用免、抵、退税办法出口的销售额。小规模纳税人不填写本栏。

（3）第1列"免征增值税项目销售额"：填写纳税人免税项目的销售额。免税销售额按照有关规定允许从取得的全部价款和价外费用中扣除价款的，应填写扣除之前的销售额。

一般纳税人填写时，本列"合计"等于主表第8行"一般项目"列"本月数"。

（4）第2列"免税销售额扣除项目本期实际扣除金额"：免税销售额按照有关规定允许从取得的全部价款和价外费用中扣除价款的，据实填写扣除金额；无扣除项目的，本列填写"0"。

（5）第4列"免税销售额对应的进项税额"：本期用于增值税免税项目的进项税额。

① 纳税人兼营应税和免税项目的，按当期免税销售额对应的进项税额填写；

② 纳税人本期销售收入全部为免税项目，且当期取得合法扣税凭证的，按当期取得的合法扣税凭证注明或计算的进项税额填写；

③ 当期未取得合法扣税凭证的，纳税人可根据实际情况自行计算免税项目对应的进项税额；无法计算的，本栏次填写"0"。

（6）第5列"免税额"：本列各行数应大于或等于0。

第5列"免税额"≤第3列"扣除后免税销售额"×适用税率－第4列"免税销售额对应的进项税额"。

6.2 制造业申报表填列示例

【例题6-1】 天马制药厂为增值税一般纳税人，共有员工1 000名，10％为管理人员，90％为一线生产人员。2019年9月份发生以下经济业务：

（1）购进原材料一批，取得增值税专用发票注明的价款为500 000元，增值税额65 000元，材料已验收入库，开具银行承兑汇票，用现金支付运输费用，取得增值税专用发票注明运费2 000元，增值税额180元。

（2）外购建筑材料用于福利设施修建，取得增值税专用发票注明价款800 000元，税款104 000元，材料已入库，款项尚未支付。

（3）购进小轿车一辆，取得机动车销售统一发票注明的价款为100 000元，增值税额

13 000 元,开具银行转账支票,用银行存款支付车辆购置税 10 000 元,用现金支付牌照费 300 元,小轿车拨发给经理使用。

(4) 从小规模纳税人购进办公用品,取得普通发票上注明的含税价款为 6 000 元,以现金支付购货款。

(5) 从农业生产者手中收购中药材 400 吨,收购凭证上注明,每吨收购价为 2 000 元,收购价款合计 800 000 元,款项通过现金支付。假设该批苗木 50% 在当月领用,用于生产应税药品。

(6) 报关进口一台生产设备,关税完税价格为 1 000 000 元,关税税率为 15%,取得海关填开的进口增值税专用缴款书,款项通过银行付讫。

(7) 外购写字楼,不含税销售额 5 000 000 元,增值税专用发票注明税额 450 000 元,款项通过银行转账付讫。

(8) 销售应税药品给小规模纳税人,增值税普通发票注明销售额 600 000 元,增值税额 78 000 元,同时收取优质费 565 元,开具收款收据,货物已经发出,款项通过银行付讫。

(9) 采用折扣方式销售应税药品给特约经销商,在同一张增值税专用发票上注明销售额为 70 000 000 元,折扣额为 7 000 000 元,增值税额合计栏为 8 190 000 元,货物已经发生,款项尚未收到;合同约定运费由销售方承担,取得承运部门开具的增值税专用发票注明的运费 3 000 元,增值税额 90 元,以现金付讫运费。

(10) 销售已使用过的一台设备,开出普通发票注明的价税合计金额为 216 300 元,设备账面原值 200 000 元(2008 年购入,当时未抵扣进项税额),设备已经发出,取得买方开具的商业汇票。

(11) 将自产的感冒药 5 000 盒用于发放职工福利,账面成本价 40 000 元,不含税售价 200 000 元。

(12) 由于管理不善被盗药品一批,账面成本为 48 000 元,其中耗用适用 13% 税率的原料 2 000 元,其他为人工成本。

要求:根据上述资料,填列天马制药厂 2019 年 9 月份增值税纳税申报表(本月取得的相关发票均在本月认证并抵扣)。[注:本月各项业务账务处理及具体数额计算过程见 3.1 制造业一般纳税人会计处理示例。]

一、申报表关键数据计算

(1) 增值税专用发票抵扣:购进原材料 65 000 元、购进福利设施建材 104 000 元、购进小轿车 13 000 元、购进运输服务 180 元、购进写字楼 450 000 元、购进运输服务 90 元,合计 632 270 元。

(2) 海关进口增值税专用缴款书抵扣:生产设备 149 500 元。

(3) 农产品收购发票抵扣:72 000 元。

(4) 农产品加计扣除:4 000 元。

（5）当期扣税凭证进项税额＝632 270＋149 500＋72 000＋4 000＝857 770（元）。

（6）进项税额转出：购进福利设施建材 104 000 元，非正常损失药品 2 000×13％，合计＝104 000＋2 000×13％＝104 260（元）。

（7）应抵扣税额合计＝进项税额－进项税额转出＝857 770－104 260＝753 510（元）。

（8）一般计税方法销售额合计：

① 销售给小规模纳税人销售额：600 000＋565÷（1＋13％）＝600 500（元）。

② 折扣销售销售额：70 000 000－7 000 000＝63 000 000（元）。

③ 自产药品视同销售销售额：200 000 元。

一般计税方法销售额合计＝600 500＋63 000 000＋200 000＝63 800 500（元）。

（9）销项税额：一般计税方法销项税额＝63 800 500×13％＝8 294 065（元）。

（10）一般计税方法的应纳税额＝销项税额－进项税额＝8 294 065－（857 770－104 260）＝7 540 555（元）。

（11）简易征收方法：

简易征收的销售额＝216 300÷（1＋3％）＝210 000（元）

简易征收应纳税额：216 300÷（1＋3％）×3％＝6 300（元）。

（12）应纳税额减征额：216 300÷（1＋3％）×（3％－2％）＝2 100（元）。

（13）应纳税额合计：7 540 555＋6 300－2 100＝7 544 755（元）。

二、纳税申报表填写示例（见表 6-7 至表 6-10）

表 6-7　　　　　　　　　　　　**增值税纳税申报表**
（一般纳税人适用）

根据国家税收法律法规及增值税相关规定制定本表。纳税人不论有无销售额，均应按税务机关核定的纳税期限填写本表，并向当地税务机关申报。

税款所属时间：自 2019 年 9 月 1 日至 2019 年 9 月 30 日

填表日期：2019 年 10 月 13 日　　　　　　　　　　　　金额单位：元至角分

纳税人识别号				所属行业：制造业	
纳税人名称	天马制药厂（公章）	法定代表人姓名	注册地址		生产经营地址
开户银行及账号		登记注册类型		电话号码	
销售额	（一）按适用税率计税销售额	1	63 800 500		
	其中：应税货物销售额	2	63 800 500		
	应税劳务销售额	3			
	纳税检查调整的销售额	4			

（续表）

项 目	栏次	一般项目		即征即退项目	
		本月数	本年累计	本月数	本年累计
（二）按简易办法计税销售额	5	210 000			
其中：纳税检查调整的销售额	6				
（三）免、抵、退办法出口销售额	7			—	—
（四）免税销售额	8			—	—
其中：免税货物销售额	9			—	—
免税劳务销售额	10			—	—
税款计算 销项税额	11	8 294 065			
进项税额	12	857 770			
上期留抵税额	13				—
进项税额转出	14	104 260			
免、抵、退应退税额	15			—	—
按适用税率计算的纳税检查应补缴税额	16			—	—
应抵扣税额合计	17＝12＋13－14－15＋16	753 510	—	—	—
实际抵扣税额	18（如 17＜11，则为 17，否则为 11）	753 510			
应纳税额	19＝11－18	7 540 555			
期末留抵税额	20＝17－18				—
简易计税办法计算的应纳税额	21	6 300			
按简易计税办法计算的纳税检查应补缴税额	22			—	—
应纳税额减征额	23	2 100			
应纳税额合计	24＝19＋21－23	7 544 755			

（续表）

项　目	栏次	一般项目		即征即退项目	
		本月数	本年累计	本月数	本年累计
税款缴纳 期初未缴税额（多缴为负数）	25				
实收出口开具专用缴款书退税额	26			—	—
本期已缴税额	27＝28＋29＋30＋31				
① 分次预缴税额	28			—	—
② 出口开具专用缴款书预缴税额	29			—	—
③ 本期缴纳上期应纳税额	30				
④ 本期缴纳欠缴税额	31				
期末未缴税额（多缴为负数）	32＝24＋25＋26－27	7 544 755			
其中：欠缴税额（≥0）	33＝25＋26－27			—	—
本期应补（退）税额	34＝24－28－29	7 544 755			
即征即退实际退税额	35			—	—
期初未缴查补税额	36			—	—
本期入库查补税额	37			—	—
期末未缴查补税额	38＝16＋22＋36－37			—	—
授权声明	如果你已委托代理人申报，请填写下列资料： 为代理一切税务事宜，现授权 （地址） 为本纳税人的代理申报人，任何与本申报表有关的往来文件，都可寄予此人。 授权人签字：	申报人声明	本纳税申报表是根据国家税收法律法规及相关规定填报的，我确定它是真实的、可靠的、完整的。 声明人签字：		

主管税务机关：　　　　　　接收人：　　　　　　　接收日期：

表6-8　增值税纳税申报表附列资料（一）

（本期销售情况明细）

纳税人名称：(公章)　天马制药厂　　税款所属时间：2019年9月1日至2019年9月30日　　金额单位：元至角分

项目及栏次		开具增值税专用发票 销售额	销项（应纳）税额	开具其他发票 销售额	销项（应纳）税额	未开具发票 销售额	销项（应纳）税额	纳税检查调整 销售额	销项（应纳）税额	合计 销售额	销项（应纳）税额	价税合计	服务、不动产和无形资产扣除项目本期实际扣除金额	扣除后 含税（免税）销售额	销项（应纳）税额
		1	2	3	4	5	6	7	8	9=1+3+5+7	10=2+4+6+8	11=9+10	12	13=11−12	14=13÷(100%+税率或征收率)×税率或征收率
一、一般计税方法计税 全部征税项目	1	13%税率的货物及加工修理修配劳务	63 000 000	8 190 000	600 000	78 000	200 500	26 065			63 800 500	8 294 065	—	—	—	—
	2	13%税率的服务、不动产和无形资产														
	3	10%税率的货物及加工修理修配劳务														
	4	10%税率的服务、不动产和无形资产														
	5	6%税率	—		—											
其中：即征即退项目	6	即征即退货物及加工修理修配劳务	—		—		—		—		—		—		—	—
	7	即征即退服务、不动产和无形资产	—		—		—		—		—		—		—	—

（续表）

项目及栏次		开具增值税专用发票 销售额 1	开具增值税专用发票 销项（应纳）税额 2	开具其他发票 销售额 3	开具其他发票 销项（应纳）税额 4	未开具发票 销售额 5	未开具发票 销项（应纳）税额 6	纳税检查调整 销售额 7	纳税检查调整 销项（应纳）税额 8	合计 销售额 9=1+3+5+7	合计 销项（应纳）税额 10=2+4+6+8	价税合计 11=9+10	服务、不动产和无形资产本期实际扣除金额 12	扣除后 含税（免税）销售额 13=11-12	扣除后 销项（应纳）税额 14=13÷(100%+税率或征收率)×税率或征收率
二、简易计税方法计税	全部征税项目	6%征收率	8														
		5%征收率的货物及加工修理修配劳务	9a											—	—	—	—
		5%征收率的服务、不动产和无形资产	9b														
		4%征收率	10											—	—	—	—
		3%征收率的货物及加工修理修配劳务	11			210 000	6 300					210 000	6 300				
		3%征收率的服务、不动产和无形资产	12			—	—			—	—			—	—	—	—
		预征率 %	13a							—	—						
		预征率 %	13b							—	—				—	—	
		预征率 %	13c			—	—			—	—			—	—		
	其中：即征即退项目	即征即退货物及加工修理修配劳务	14	—	—	—							—	—	—	—
		即征即退服务、不动产和无形资产	15	—	—	—			—	—				—	—	—	—

（续表）

项目及栏次		开具增值税专用发票		开具其他发票		未开具发票		纳税检查调整		合计			服务、不动产和无形资产扣除项目本期实际扣除金额	扣除后	
		销售额	销项（应纳）税额	销售额	销项（应纳）税额	销售额	销项（应纳）税额	销售额	销项（应纳）税额	销售额	销项（应纳）税额	价税合计		含税（免税）销售额	销项应纳税额
		1	2	3	4	5	6	7	8	$9=1+3+5+7$	$10=2+4+6+8$	$11=9+10$	12	$13=11-12$	$14=13\div(100\%+征收率或税率)\times税率或征收率$
三、免抵退税	货物及加工修理修配劳务 16	—	—	—	—	—	—	—	—	—	—	—	—	—	—
	服务、不动产和无形资产 17	—	—	—	—	—	—	—	—	—	—	—	—	—	—
四、免税	货物及加工修理修配劳务 18	—	—	—	—	—	—	—	—	—	—	—	—	—	—
	服务、不动产和无形资产 19	—	—	—	—	—	—	—	—	—	—	—	—	—	—

表 6-9 增值税纳税申报表附列资料(二)

(本期进项税额明细)

税款所属时间:2019 年 9 月 1 日至 2019 年 9 月 30 日

纳税人名称:(公章) 天马制药厂　　　　　　　　　　　　　　金额单位:元至角分

一、申报抵扣的进项税额				
项　目	栏次	份数	金额	税额
(一)认证相符的增值税专用发票	1=2+3	6	6 405 000	632 270
其中:本期认证相符且本期申报抵扣	2	6	6 405 000	632 270
前期认证相符且本期申报抵扣	3			
(二)其他扣税凭证	4=5+6+7+8a+8b			
其中:海关进口增值税专用缴款书	5	1	1 150 000	149 500
农产品收购发票或者销售发票	6	1	800 000	72 000
代扣代缴税收缴款凭证	7		—	
加计扣除农产品进项税额	8a	—	—	4 000
其他	8b			
(三)本期用于购建不动产的扣税凭证	9			450 000
(四)本期用于抵扣的旅客运输服务扣税凭证	10	—	—	
(五)外贸企业进项税额抵扣证明	11	—	—	
当期申报抵扣进项税额合计	12=1+4+11			857 770
二、进项税额转出额				
项　目	栏次		税额	
本期进项税额转出额	13=14 至 23 之和		104 260	
其中:免税项目用	14			
集体福利、个人消费	15		104 000	
非正常损失	16		260	
简易计税方法征税项目用	17			
免抵退税办法不得抵扣的进项税额	18			

（续表）

项 目	栏次	税额
纳税检查调减进项税额	19	
红字专用发票信息表注明的进项税额	20	
上期留抵税额抵减欠税	21	
上期留抵税额退税	22	
其他应作进项税额转出的情形	23	

三、待抵扣进项税额

项 目	栏次	份数	金额	税额
（一）认证相符的增值税专用发票	24	—		—
期初已认证相符但未申报抵扣	25			
本期认证相符且本期未申报抵扣	26			
期末已认证相符但未申报抵扣	27			
其中:按照税法规定不允许抵扣	28			
（二）其他扣税凭证	29＝30 至 33 之和			
其中:海关进口增值税专用缴款书	30			
农产品收购发票或者销售发票	31			
代扣代缴税收缴款凭证	32			—
其他	33			
	34			

四、其他

项 目	栏次	份数	金额	税额
本期认证相符的增值税专用发票	35	6	6 405 000	632 270
代扣代缴税额	36	—	—	

表 6-10　　　　　　　　　　**增值税减免税申报明细表**

税款所属时间:自 2019 年 9 月 1 日至 2019 年 9 月 30 日

纳税人名称(公章):天马制药厂　　　　　　　　　　　　　　金额单位:元至角分

一、减税项目						
减税性质 代码及名称	栏次	期初余额	本期发生额	本期应 抵减税额	本期实际 抵减税额	期末余额
		1	2	3＝1＋2	4≤3	5＝3－4
合　计	1					
01129902 已使 用固定资产减 征增值税	2	0	2 100	2 100	2 100	0
	3					
	4					
	5					
	6					
二、免税项目						
免税性质代 码及名称	栏次	免征增值税 项目销售额	免税销售额扣 除项目本期实 际扣除金额	扣除后免 税销售额	免税销售额 对应的进项 税额	免税额
		1	2	3＝1－2	4	5
合　计	7					
出口免税	8		—	—	—	—
其中:跨境服务	9		—	—	—	—
	10					
	11					
	12					
	13					
	14					
	15					
	16					

6.3　房地产开发业申报表填列示例

【例题 6-2】　天马房地产公司(一般纳税人)2019 年 3 月从政府受让一宗土地,开工建设金马家园小区。2019 年 5 月开发支出超过 25%，企业办理了《商品房预售许可证》，并开盘预售商品房。已知，天马房地产公司 2019 年 4 月期末留抵进项税额为 180 000 元，2019 年 5 月发生下列业务：

（1）2019 年 3 月从政府受让土地直接支付土地价款为 10 900 000 元，取得土地管理部门开具的财政票据。

（2）购进建筑材料一批，取得增值税专用发票注明的价款为 500 000 元，增值税 65 000 元，取得铁路运输部门开具的增值税专用发票，注明的运费 2 000 元，增值税 180 元，材料已到，当月工程全部领用，款项尚未支付。

（3）从小规模纳税人购进水暖器材一批，取得普通发票，注明金额 5 000 元，款项以现金支付。

（4）以现金支付高速公路通行费，取得通行费电子普通发票 20 张，注明金额合计为 2 000 元，税额合计 60 元。

（5）向广告公司支付广告代理费，取得增值税专用发票注明的价款为 100 000 元，增值税 6 000 元，开具银行承兑汇票。

（6）以银行转账方式向房地产代销公司支付销售佣金，取得增值税专用发票，注明金额 1 000 000 元，增值税额 60 000 元。

（7）接受外县 A 建筑公司提供建筑工程施工服务（采用一般计税方法），按照工程承包合同的约定结算已完工工程款项，支付工程款 13 080 000 元，取得增值税专用发票注明金额 12 000 000 元，增值税额 1 080 000 元，开具银行承兑汇票。

（8）购进花生油 400 桶用于职工食堂，取得增值税专用发票注明的价款为 56 000 元，增值税 5 040 元，款项尚未支付。

（9）为金泰家园小区提供物业管理服务，取得不含税收入 500 000 元，开具增值税普通发票，注明增值税额 30 000 元，款项以现金收讫。

（10）天马房地产公司预售住房 20 套，总建筑面积为 2 400 平方米，共取得含税预收款 4 000 000 元。

（11）由于管理不善被盗当月购入的建筑材料一批，账面成本为 20 000 元，材料适用增值税税率为 13%。

要求：根据上述资料，填制天马房地产公司 2019 年 5 月份纳税申报表（本月取得的相关发票均在本月认证并抵扣）。[注：本月各项业务账务处理及具体数额计算过程见 3.2.1 房地产开发业一般纳税人会计处理示例。]

一、预收款预缴增值税

$$预收款应预交增值税 = 预收款 \div (1 + 9\%) \times 3\%$$
$$= 4\,000\,000 \div (1 + 9\%) \times 3\%$$
$$= 110\,091.74（元）$$

增值税预缴税款表如表 6-11 所示。

表 6-11　　　　　　　　　　　**增值税预缴税款表**

税款所属时间:2019 年 5 月 1 日至 2019 年 5 月 31 日

纳税人识别号:□□□□□□□□□□□□□□□□□□□□

是否适用一般计税方法　　　　　　　　　　　　　　　　是√　否□

纳税人名称: (公章)	天马房地产公司			金额单位: 元(列至角分)	
项 目 编 号			项目名称	金马家园	
项 目 地 址					
建筑服务	1				
销售不动产	2	4 000 000		3%	110 091.74
出租不动产	3				
	4				
	5				
合　计	6	4 000 000		3%	110 091.74
授权声明	如果你已委托代理人填报,请填写下列资料: 为代理一切税务事宜,现授权 (地址) 为本次纳税人的代理填报人,任何与本表有关的往来文件,都可寄予此人。 　　　　　　　　　　授权人签字:			填表人申明	以上内容是真实的、可靠的、完整的。 纳税人签字:

二、纳税申报表关键数据计算

(1)增值税专用发票抵扣:购进原材料 65 000 元、购进花生油 5 040 元、购进运输服务 180 元、购进建筑服务 1 080 000 元、购进广告代理服务 6 000 元、购进代销服务 60 000 元,合计 1 216 220 元。

(2)高速公路通行费发票抵扣:60 元。

(3)进项税额合计＝1 216 220＋60＝1 216 280(元)。

(4)进项税额转出:购进福利用花生油 5 040 元,非正常损失建材 20 000×13%,合计＝5 040＋20 000×13%＝7 640(元)。

(5)应抵扣税额合计＝当期进项税额＋进项税额留抵－进项税额转出＝1 216 280＋180 000－7 640＝1 388 640(元)。

(6)一般计税方法销售额:提供物业管理服务销售额 500 000 元。

(7)一般计税方法销项税额＝500 000×6%＝30 000(元)。

(8)一般计税方法的应纳税额＝销项税额－进项税额＝30 000－1 388 640＝－1 358 640(元)。

三、纳税申报表填写示例（见表 6-12 至表 6-15）

表 6-12

根据国家税收法律法规及增值税相关规定制定本表。纳税人不论有无销售额,均应按税务机关核定的纳税期限填写本表,并向当地税务机关申报。

税款所属时间:自 2019 年 5 月 1 日至 2019 年 5 月 31 日　　填表日期:2019 年 6 月 13 日　　金额单位:元至角分

增值税纳税申报表
（一般纳税人适用）

纳税人识别号					所属行业:房地产业
纳税人名称	天马房地产公司（公章）		注册地址		生产经营地址
开户银行及账号		法定代表人姓名	登记注册类型	电 话 号 码	

	项　目	栏次	一般项目		即征即退项目	
			本月数	本年累计	本月数	本年累计
销售额	（一）按适用税率计税销售额	1	500 000			
	其中:应税货物销售额	2				
	应税劳务销售额	3				
	纳税检查调整的销售额	4				
	（二）按简易办法计税销售额	5				
	其中:纳税检查调整的销售额	6				
	（三）免、抵、退办法出口销售额	7		—		—
	（四）免税销售额	8		—		—
	其中:免税货物销售额	9		—		—
	免税劳务销售额	10		—		—
税款计算	销项税额	11	30 000			
	进项税额	12	1 216 280			
	上期留抵税额	13	180 000			—

（续表）

项　目		栏次	一般项目		即征即退项目	
			本月数	本年累计	本月数	本年累计
税款计算	进项税额转出	14	7 640			
	免、抵、退应退税额	15		—	—	
	按适用税率计算的纳税检查应补缴税额	16		—		
	应抵扣税额合计	17＝12＋13＋14－15＋16	1 388 640	—	—	
	实际抵扣税额	18（如17＜11，则为17，否则为11）	30 000			—
	应纳税额	19＝11－18	0			
	期末留抵税额	20＝17－18	1 358 640			—
	简易计税办法计算的应纳税额	21				
	按简易计税办法计算的纳税检查应补缴税额	22				
	应纳税额减征额	23				
	应纳税额合计	24＝19＋21－23	0			
税款缴纳	期初未缴税额（多缴为负数）	25				
	实收出口开具专用缴款书退税额	26				
	本期已缴税额	27＝28＋29＋30＋31				
	①分次预缴税额	28		—		—
	②出口开具专用缴款书预缴税额	29		—		—
	③本期缴纳上期应纳税额	30		—		—
	④本期缴纳欠缴税额	31				
	期末未缴税额（多缴为负数）	32＝24＋25＋26－27				

（续表）

项目		栏次	一般项目		即征即退项目	
			本月数	本年累计	本月数	本年累计
税款缴纳	其中:欠缴税额(≥0)	33=25+26−27		—	—	—
	本期应补(退)税额	34=24−28−29	0	—	—	—
	即征即退实际退税额	35		—	—	—
	期初未缴查补税额	36		—	—	—
	本期入库查补税额	37			—	—
	期末未缴查补税额	38=16+22+36−37				

授权声明

如果你已委托代理人申报,请填写下列资料:
为代理一切税务事宜,现授权 （地址） 为本纳税人的代理申报人,任何与本申报表有关的往来文件,都可寄予此人。

授权人签字:

申报人声明

本纳税申报表是根据国家税收法律法规及相关规定填报的,我确定它是真实的、可靠的、完整的。

声明人签字:

主管税务机关: 接收人: 接收日期:

表 6-13

增值税纳税申报表附列资料(一)
(本期销售情况明细)

税款所属时间:2019 年 5 月 1 日至 2019 年 5 月 31 日

纳税人名称:(公章) 天马房地产公司　　　　　　　　　　金额单位:元至角分

项目及栏次		开具增值税专用发票		开具其他发票		未开具发票		纳税检查调整		合计			服务、不动产和无形资产扣除项目本期实际扣除金额	扣除后	
		销售额	销项(应纳)税额	销售额	销项(应纳)税额	销售额	销项(应纳)税额	销售额	销项(应纳)税额	销售额	销项(应纳)税额	价税合计		含税(免税)销售额	销项(应纳)税额
		1	2	3	4	5	6	7	8	9=1+3+5+7	10=2+4+6+8	11=9+10	12	13=11−12	14=13÷(100%+税率或征收率)×税率或征收率
一般计税方法计税　全部征税项目	13%税率的货物及加工修理修配劳务　1														
	13%税率的服务、不动产和无形资产　2														
	10%税率的货物及加工修理修配劳务　3														
	10%税率的服务、不动产和无形资产　4														
	6%税率　5	—	—	500 000	30 000					500 000	30 000	530 000	0	530 000	30 000
其中:即征即退项目	即征即退货物及加工修理修配劳务　6	—	—	—	—	—	—	—	—	—	—	—	—	—	—
	即征即退服务、不动产和无形资产　7	—	—	—	—	—	—	—	—	—	—	—	—	—	—

（续表）

项目及栏次		开具增值税专用发票 销售额	开具增值税专用发票 销项（应纳）税额	开具其他发票 销售额	开具其他发票 销项（应纳）税额	未开具发票 销售额	未开具发票 销项（应纳）税额	纳税检查调整 销售额	纳税检查调整 销项（应纳）税额	合计 销售额	合计 销项（应纳）税额	合计 价税合计	服务、不动产和无形资产扣除项目本期实际扣除金额	扣除后 含税（免税）销售额	扣除后 销项（应纳）税额
		1	2	3	4	5	6	7	8	9＝1+3+5+7	10＝2+4+6+8	11＝9+10	12	13＝11−12	14＝13÷（100%+税率或征收率）×税率或征收率
二、简易计税方法计税 全部征税项目	6%征收率							8	8						
	5%征收率的货物及加工修理修配劳务 9a							—	—				—	—	—
	5%征收率的服务、不动产和无形资产 9b							—	—						—
	4%征收率 10							—	—				—	—	—
	3%征收率的货物及加工修理修配劳务 11							—	—				—	—	—
	3%征收率的服务、不动产和无形资产 12							—	—						—
	预征率　% 13a							—	—				—	—	—
	预征率　% 13b							—	—				—	—	—
	预征率　% 13c							—	—				—	—	—
其中：即征即退项目	即征即退货物及加工修理修配劳务 14	—	—					—	—				—	—	—
	即征即退服务、不动产和无形资产 15	—	—	—	—	—	—	—	—				—	—	—

（续表）

项目及栏次		开具增值税专用发票		开具其他发票		未开具发票		纳税检查调整		合计			服务、不动产和无形资产扣除项目本期实际扣除金额	扣除后	
		销售额	销项（应纳）税额	销售额	销项（应纳）税额	销售额	销项（应纳）税额	销售额	销项（应纳）税额	销售额	销项（应纳）税额	价税合计		含税（免税）销售额	销项（应纳）税额
		1	2	3	4	5	6	7	8	9=1+3+5+7	10=2+4+6+8	11=9+10	12	13=11−12	14=13÷(100%+税率或征收率)×税率或征收率
三、免抵退税	货物及加工修理修配劳务 16	—	—	—	—	—	—	—	—	—	—	—	—	—	—
	服务、不动产和无形资产 17	—	—	—	—	—	—	—	—	—	—	—	—	—	—
四、免税	货物及加工修理修配劳务 18	—	—	—	—	—	—	—	—	—	—	—	—	—	—
	服务、不动产和无形资产 19	—	—	—	—	—	—	—	—	—	—	—	—	—	—

表 6-14 　　　　　　　　　　　**增值税纳税申报表附列资料(二)**

(本期进项税额明细)

税款所属时间:2019 年 5 月 1 日至 2019 年 5 月 31 日

纳税人名称:(公章)天马房地产公司　　　　　　　　　　　　　金额单位:元至角分

一、申报抵扣的进项税额				
项　目	栏次	份数	金额	税额
(一)认证相符的增值税专用发票	1=2+3	6	13 660 000	1 216 220
其中:本期认证相符且本期申报抵扣	2	6	13 660 000	1 216 220
前期认证相符且本期申报抵扣	3			
(二)其他扣税凭证	4=5+6+7+8a+8b			
其中:海关进口增值税专用缴款书	5			
农产品收购发票或者销售发票	6			
代扣代缴税收缴款凭证	7			—
加计扣除农产品进项税额	8a	—	—	
其他	8b			60
(三)本期用于购建不动产的扣税凭证	9			
(四)本期用于抵扣的旅客运输服务扣税凭证	10	—	—	
(五)外贸企业进项税额抵扣证明	11	—	—	
当期申报抵扣进项税额合计	12=1+4+11			1 216 280
二、进项税额转出额				
项　目	栏次	税额		
本期进项税额转出额	13=14 至 23 之和	7 640		
其中:免税项目用	14			
集体福利、个人消费	15	5 040		
非正常损失	16	2 600		
简易计税方法征税项目用	17			
免抵退税办法不得抵扣的进项税额	18			
纳税检查调减进项税额	19			
红字专用发票信息表注明的进项税额	20			
上期留抵税额抵减欠税	21			
上期留抵税额退税	22			
其他应作进项税额转出的情形	23			
三、待抵扣进项税额				
项　目	栏次	份数	金额	税额
(一)认证相符的增值税专用发票	24	—	—	—
期初已认证相符但未申报抵扣	25			
本期认证相符且本期未申报抵扣	26			

（续表）

项　目	栏次	份数	金额	税额
期末已认证相符但未申报抵扣	27			
其中:按照税法规定不允许抵扣	28			
（二）其他扣税凭证	29＝30至33之和			
其中:海关进口增值税专用缴款书	30			
农产品收购发票或者销售发票	31			
代扣代缴税收缴款凭证	32		—	
其他	33			
	34			

四、其他

项　目	栏次	份数	金额	税额
本期认证相符的增值税专用发票	35	6	13 660 000	1 216 220
代扣代缴税额	36		—	—

表 6-15　　　　　　　　　　增值税纳税申报表附列资料(四)

（税额抵减情况表）

税款所属时间:2019 年 5 月 1 日至 2019 年 5 月 31 日

纳税人名称:(公章)　天马房地产公司　　　　　　　　　　　　　金额单位:元至角分

序号	抵减项目	一、税额抵减情况				
		期初余额	本期发生额	本期应抵减税额	本期实际抵减税额	期末余额
		1	2	3＝1+2	4≤3	5＝3－4
1	增值税税控系统专用设备费及技术维护费					
2	分支机构预征缴纳税款					
3	建筑服务预征缴纳税款					
4	销售不动产预征缴纳税款	0	110 091.74	110 091.74	0	110 091.74
5	出租不动产预征缴纳税款					
序号	加计抵减项目	二、加计抵减情况				
		期初余额	本期发生额	本期调减额	本期可抵减额	本期实际抵减额	期末余额
		1	2	3	4＝1+2－3	5	6＝4－5
6	一般项目加计抵减额计算						
7	即征即退项目加计抵减额计算						
8	合计						

【**例题 6-3**】　天马房地产公司(一般纳税人)2019 年 3 月取得一宗土地,开工建设金马家园小区,从政府受让该宗土地直接支付土地价款为 10 900 000 元。2019 年 5 月开发

支出超过 25%，企业办理了《商品房预售许可证》，并开盘预售商品房；2019 年 9 月项目竣工验收合格，并履行相关备案手续，经实际测绘确定可供销售建筑面积为 100 000 平方米。2019 年 9 月开始结算预售开发产品的尾款并办理产权转移手续，同时也对外销售现房。已知，天马房地产公司 2019 年 8 月期末留抵进项税额为 8 100 000 元，预收款已预缴的增值税 4 200 000 元，2019 年 9 月发生下列业务：

（1）与工程监理方结算工程监理费，取得增值税专用发票注明的价款为 300 000 元，增值税 18 000 元，款项以银行存款支付。

（2）支付银行贷款利息，取得增值税普通发票注明的价款为 50 000 元，增值税 3 000 元，已知该笔贷款全部用于开发金马家园房地产项目。

（3）将 2019 年 5 月至 9 月已预售的开发产品 300 套（建筑面积 30 000 平方米），收齐含税尾款 2 180 000 元（已收取预收款 152 600 000 元），并办理产权转移手续，尾款以银行存款收讫并开具普通发票。

（4）销售现房 20 套，建筑面积为 2 400 平方米，共取得含税销售款 13 080 000 元。

要求：根据上述资料，填制天马房地产公司 2019 年 9 月份纳税申报表（本月取得的相关发票均在本月认证并抵扣）。[注：本月各项业务账务处理及具体数额计算过程见 3.2.1 房地产开发业一般纳税人会计处理示例。]

一、申报表关键数据计算

（1）进项税额：

适用 6% 税率的进项税额：购进工程监理服务 18 000 元。

（2）应抵扣税额合计＝期初留抵进项税额＋当期进项税额＝8 100 000＋18 000＝8 118 000（元）。

（3）销售额：

预售房销售额＝（152 600 000＋2 180 000）÷（1＋9%）＝142 000 000（元）

现销房销售额＝13 080 000÷（1＋9%）＝12 000 000（元）

含税销售额合计＝（152 600 000＋2 180 000）＋13 080 000＝167 860 000（元）

销售额合计＝142 000 000＋12 000 000＝154 000 000（元）

（4）销项税额：

① 已销开发产品可抵减的土地价款＝10 900 000×（30 000＋2 400）÷100 000＝3 531 600（元）。

② 差额销售额（含税）＝167 860 000－3 531 600＝164 328 400（元）。

③ 销项税额＝164 328 400×9%÷（1＋9%）＝13 568 400（元）。

（5）应纳税额＝当期销项税额－当期进项税额＝13 568 400－8 118 000
＝5 450 400（元）。

（6）本期应补（退）税款＝应纳税额－已预缴税额＝5 450 400－4 200 000
＝1 250 400（元）。

二、申报表填写示例(见表6-16至表6-20)

表6-16

根据国家税收法律法规及增值税相关规定制定本表。纳税人不论有无销售额,均应按税务机关核定的纳税期限填写本表,并向当地税务机关申报。

税款所属时间:自2019年9月1日至2019年9月30日　　填表日期:2019年10月13日　　金额单位:元至角分

增值税纳税申报表
(一般纳税人适用)

纳税人识别号					
纳税人名称	天马房地产公司(公章)		所属行业:房地产业		
开户银行及账号	法定代表人姓名	登记注册类型	注册地址	电话号码	生产经营地址

项　目	栏次	一般项目		即征即退项目	
		本月数	本年累计	本月数	本年累计
销售额 （一）按适用税率计税销售额	1	154 000 000			
其中:应税货物销售额	2				
应税劳务销售额	3				
纳税检查调整的销售额	4				
（二）按简易办法计税销售额	5				
其中:纳税检查调整的销售额	6				
（三）免、抵、退办法出口销售额	7	—	—	—	—
（四）免税销售额	8			—	—
其中:免税货物销售额	9	—	—	—	—
免税劳务销售额	10	—	—	—	—
税款计算 销项税额	11	13 568 400			
进项税额	12	18 000			
上期留抵税额	13	8 100 000		—	

（续表）

项　　目	栏次	一般项目 本月数	一般项目 本年累计	即征即退项目 本月数	即征即退项目 本年累计
进项税额转出	14				
免、抵、退应退税额	15		—	—	—
按适用税率计算的纳税检查应补缴税额	16		—	—	—
应抵扣税额合计	17＝12＋13－14－15＋16	8 118 000			
实际抵扣税额	18（如17＜11,则为17,否则为11）	8 118 000			
应纳税额	19＝11－18	5 450 000			
期末留抵税额	20＝17－18				
简易计税办法计算的应纳税额	21				
按简易计税办法计算的纳税检查应补缴税额	22				—
应纳税额减征额	23				
应纳税额合计	24＝19＋21－23	5 450 000			
期初未缴税额（多缴为负数）	25				
实收出口开具专用缴款书退税额	26				
本期已缴税额	27＝28＋29＋30＋31				
①分次预缴税额	28	4 200 000		—	—
②出口具专用缴款书预缴税额	29			—	—
③本期缴纳上期应纳税额	30				
④本期缴纳欠缴税额	31				
期末未缴税额（多缴为负数）	32＝24＋25＋26－27				

税款计算（税款计算）

税款缴纳（税款缴纳）

（续表）

项　目		栏次	一般项目		即征即退项目	
			本月数	本年累计	本月数	本年累计
税款缴纳	其中:欠缴税额(≥0)	33=25+26-27			—	—
	本期应补(退)税额	34=24-28-29	1 250 400		—	—
	即征即退实际退税额	35			—	—
	期初未缴查补税额	36			—	—
	本期入库查补税额	37			—	—
	期末未缴查补税额	38=16+22+36-37			—	—

授权声明　如果你已委托代理人申报,请填写下列资料:
　　为代理一切税务事宜,现授权　　　　　　　(地址)　　　　　为本纳税人的代理申报人,任何与本申报表有关的往来文件,都可寄予此人。

授权人签字:

申报人声明　本纳税申报表是根据国家税收法律法规及相关规定填报的,我确定它是真实的、可靠的、完整的。

声明人签字:

主管税务机关:

接收人:

接收日期:

表 6-17

增值税纳税申报表附列资料（一）
（本期销售情况明细）

税款所属时间：2019 年 9 月 1 日至 2019 年 9 月 30 日

纳税人名称：（公章） 天马房地产公司　　　　　　　　　　　金额单位：元至角分

项目及栏次		开具增值税专用发票		开具其他发票		未开具发票		纳税检查调整		合计			服务、不动产和无形资产扣除项目本期实际扣除金额	扣除后	
		销售额	销项（应纳）税额	销售额	销项（应纳）税额	销售额	销项（应纳）税额	销售额	销项（应纳）税额	销售额	销项（应纳）税额	价税合计		含税（免税）销售额	销项（应纳）税额
		1	2	3	4	5	6	7	8	$9=1+3+5+7$	$10=2+4+6+8$	$11=9+10$	12	$13=11-12$	$14=13÷(100\%+$税率或征收率$)×$税率或征收率
一、一般计税方法计税	全部征税项目	13%税率的货物及加工修理修配劳务	1												—	—
		13%税率的服务、不动产和无形资产	2												—	—
		10%税率的货物及加工修理修配劳务	3												—	—
		10%税率的服务、不动产和无形资产	4			154 000 000	13 860 000					154 000 000	13 860 000	167 860 000	3 531 600	164 328 400	13 568 400
		6%税率	5												—	—
	其中：即征即退项目	即征即退货物及加工修理修配劳务	6	—	—	—	—	—	—	—	—	—	—	—	—	—	—
		即征即退服务、不动产和无形资产	7	—	—	—	—	—	—	—	—	—	—	—	—	—	—

（续表）

项目及栏次	栏次	开具增值税专用发票 销售额	开具增值税专用发票 销项（应纳）税额	开具其他发票 销售额	开具其他发票 销项（应纳）税额	未开具发票 销售额	未开具发票 销项（应纳）税额	纳税检查调整 销售额	纳税检查调整 销项（应纳）税额	合计 销售额	合计 销项（应纳）税额	合计 价税合计	服务、不动产和无形资产扣除项目本期实际扣除金额	扣除后 含税（免税）销售额	扣除后 销项（应纳）税额
		1	2	3	4	5	6	7	8	9=1+3+5+7	10=2+4+6+8	11=9+10	12	13=11-12	14=13÷(100%+税率或征收率)×税率或征收率
全部征税项目　6%征收率	8											—		—	—
5%征收率的货物及加工修理修配劳务	9a											—		—	—
5%征收率的服务、不动产和无形资产	9b											—		—	—
4%征收率	10														
3%征收率的货物及加工修理修配劳务	11											—		—	—
3%征收率的服务、不动产和无形资产	12														
预征率　%	13a											—		—	—
预征率　%	13b											—		—	—
预征率　%	13c														
其中：即征即退项目　即征即退货物及加工修理修配劳务	14	—	—	—	—	—	—	—	—			—		—	—
即征即退服务、不动产和无形资产	15	—	—	—	—	—	—	—	—						

二、简易计税方法计税

（续表）

项目及栏次		开具增值税专用发票		开具其他发票		未开具发票		纳税检查调整		合计			服务、不动产和无形资产扣除项目本期实际扣除金额	扣除后	
		销售额	销项（应纳）税额	销售额	销项（应纳）税额	销售额	销项（应纳）税额	销售额	销项（应纳）税额	销售额	销项（应纳）税额	价税合计		含税（免税）销售额	销项（应）纳税额
		1	2	3	4	5	6	7	8	9=1+3+5+7	10=2+4+6+8	11=9+10	12	13=11-12	14=13÷（100%+税率或征收率）×税率或征收率
三 免抵退税	货物及加工修理修配劳务	16	—	—	—	—	—	—	—	—	—	—	—	—	—
	服务、不动产和无形资产	17	—	—	—	—	—	—	—	—	—	—	—	—	—
四 免税	货物及加工修理修配劳务	18	—	—	—	—	—	—	—	—	—	—	—	—	—
	服务、不动产和无形资产	19	—	—	—	—	—	—	—	—	—	—	—	—	—

表6-18   增值税纳税申报表附列资料(二)
(本期进项税额明细)

税款所属时间:2019 年 9 月 1 日至 2019 年 9 月 30 日

纳税人名称:(公章) 天马房地产公司   金额单位:元至角分

一、申报抵扣的进项税额				
项　目	栏次	份数	金额	税额
(一)认证相符的增值税专用发票	1=2+3	1	300 000	18 000
其中:本期认证相符且本期申报抵扣	2	1	300 000	18 000
前期认证相符且本期申报抵扣	3			
(二)其他扣税凭证	4=5+6+7+8a+8b			
其中:海关进口增值税专用缴款书	5			
农产品收购发票或者销售发票	6			
代扣代缴税收缴款凭证	7	—		
加计扣除农产品进项税额	8a	—	—	
其他	8b			
(三)本期用于购建不动产的扣税凭证	9			
(四)本期用于抵扣的旅客运输服务扣税凭证	10	—	—	
(五)外贸企业进项税额抵扣证明	11	—	—	
当期申报抵扣进项税额合计	12=1+4+11			18 000
二、进项税额转出额				
项　目	栏次		税额	
本期进项税额转出额	13=14 至 23 之和			
其中:免税项目用	14			
集体福利、个人消费	15			
非正常损失	16			
简易计税方法征税项目用	17			
免抵退税办法不得抵扣的进项税额	18			

（续表）

项　目	栏次	税额
纳税检查调减进项税额	19	
红字专用发票信息表注明的进项税额	20	
上期留抵税额抵减欠税	21	
上期留抵税额退税	22	
其他应作进项税额转出的情形	23	

三、待抵扣进项税额

项　目	栏次	份数	金额	税额
（一）认证相符的增值税专用发票	24	—		—
期初已认证相符但未申报抵扣	25			
本期认证相符且本期未申报抵扣	26			
期末已认证相符但未申报抵扣	27			
其中:按照税法规定不允许抵扣	28			
（二）其他扣税凭证	29＝30至33之和			
其中:海关进口增值税专用缴款书	30			
农产品收购发票或者销售发票	31			
代扣代缴税收缴款凭证	32		—	
其他	33			
	34			

四、其他

项　目	栏次	份数	金额	税额
本期认证相符的增值税专用发票	35	1	300 000	18 000
代扣代缴税额	36	—	—	

表 6-19 增值税纳税申报表附列资料(三)

(服务、不动产和无形资产扣除项目明细)

税款所属时间:2019 年 9 月 1 日至 2019 年 9 月 30 日

纳税人名称:(公章) 天马房地产公司 金额单位:元至角分

项目及栏次		本期服务、不动产和无形资产价税合计额(免税销售额)	服务、不动产和无形资产扣除项目				
			期初余额	本期发生额	本期应扣除金额	本期实际扣除金额	期末余额
		1	2	3	4=2+3	5(5≤1且5≤4)	6=4−5
13%税率的项目	1						
9%税率的项目	2	167 860 000	0	3 531 600	3 531 600	3 531 600	0
6%税率的项目(不含金融商品转让)	3						
6%税率的金融商品转让项目	4						
5%征收率的项目	5						
3%征收率的项目	6						
免抵退税的项目	7						
免税的项目	8						

表 6-20 增值税纳税申报表附列资料(四)

(税额抵减情况表)

税款所属时间:2019 年 9 月 1 日至 2019 年 9 月 30 日

纳税人名称:(公章) 天马房地产公司 金额单位:元至角分

		一、税额抵减情况				
序号	抵减项目	期初余额	本期发生额	本期应抵减税额	本期实际抵减税额	期末余额
		1	2	3=1+2	4≤3	5=3−4
1	增值税税控系统专用设备费及技术维护费					
2	分支机构预征缴纳税款					
3	建筑服务预征缴纳税款					
4	销售不动产预征缴纳税款	4 200 000	0	4 200 000	4 200 000	0
5	出租不动产预征缴纳税款					

（续表）

二、加计抵减情况						
序号	加计抵减项目	期初余额	本期发生额	本期调减额	本期可抵减额	本期实际抵减额	期末余额
		1	2	3	4=1+2-3	5	6=4-5
6	一般项目加计抵减额计算						
7	即征即退项目加计抵减额计算						
8	合计						

6.4 建筑业申报表填列示例

【例题 6-4】 天马建筑公司是增值税一般纳税人，2019 年 9 月有两个在建施工项目（均发生在外地市），其中甲项目为 2019 年 7 月承揽的清包工房屋装修工程，天马建筑公司选择简易计税方法并向税务机关备案；天马建筑公司将甲项目外墙工程分包给富华建筑公司。乙项目为 2019 年 6 月承揽的外地市房地产开发企业的商品房施工服务，采用包工包料方式，合同总造价 100 000 000 元（不含税），总成本 80 000 000 元（不含税），天马建筑公司采用一般计税方法计算缴纳乙项目增值税。2019 年 9 月天马建筑公司发生以下业务：

（1）邀请境外设计公司为乙项目进行景观设计，购进设计服务合同约定含税价款 106 000 元，9 月 2 日设计方案通过验收，用银行存款支付设计费用并代扣境外公司增值税。9 月 10 日将代扣增值税缴纳入库，取得税收完税凭证。

（2）购进乙项目所需原材料一批，取得增值税专用发票注明的价款为 500 000 元，增值税 65 000 元，取得铁路运输部门开具的增值税专用发票，注明的运费 2 000 元，增值税 180 元，材料已验收入库，材料款项尚未支付，运输费用以现金付讫。企业当月未将该两张增值税专用发票认证。

（3）购进乙项目用商品混凝土，取得增值税专用发票，注明金额 5 000 000 元，增值税额 150 000 元，款项以银行存款付讫，增值税专用发票在当月认证。

（4）购进挖掘设备一台，甲乙两项目共用，价款 300 000 元，增值税专用发票注明税额 39 000 元。取得税务机关代开的运费增值税专用发票，注明的销售额为 2 000 元，税额为 60 元，设备款向销售方开具银行承兑汇票，运输费用以银行存款付讫，增值税专用发票尚未认证。

（5）购进花生油 400 桶用于发放一线生产人员福利，取得增值税专用发票注明的价款 56 000 元，增值税 5 040 元，款项未付，专用发票已于当月认证。

（6）从小规模纳税人购进生产车间用劳保用品一批，取得普通发票，注明金额 5 000

元,款项未付。

(7) 购进管理部门用小轿车一台,取得机动车销售统一发票注明的价款为 400 000 元,增值税 52 000 元,款项已经支付,小轿车拨发给经理使用,机动车销售统一发票已于当月认证。

(8) 9 月 15 日购入办公楼一座,取得的增值税专用发票上注明价款 30 000 000 元,增值税 2 700 000 元,款项已用银行存款支付,增值税专用发票当月认证并申报抵扣。

(9) 取得高速公路通行费电子普通发票,金额合计 10 000 元,增值税额合计 300 元,电子发票在当月勾选确认。

(10) 9 月 20 日甲项目完工并验收合格,与建设方结算含税工程款 1 030 000 元,向建设方开具增值税普通发票,款项已经收讫。因为预计甲项目不会跨年度,天马建筑公司一直未确认工程收入。9 月 21 日与富华建筑公司结算甲项目外墙工程款 206 000 元,用银行存款支付;9 月 22 日取得富华建筑公司开具的普通发票注明金额 206 000 元。9 月 25 日,天马建筑公司按规定向建筑服务发生地税务机关预缴增值税。

(11) 9 月 18 日天马建筑公司乙项目完工进度达到 20%,按合同约定可以与甲方结算已完工程的工程款,已完工工程得到甲方确认,天马建筑公司向房地产开发企业开具增值税专用发票注明金额 20 000 000 元,增值税额 1 800 000 元,工程款项尚未收到。已知乙项目合同总造价 100 000 000 元(不含税),总成本 80 000 000 元(不含税),天马建筑公司按完工进度确认乙项目的收入和成本。9 月 23 日,天马建筑企业也与乙项目分包商结算已完工工程款项 218 000 元,取得增值税专用发票注明金额 200 000 元,增值税额 18 000 元,专用发票当月认证,款项尚未支付。天马建筑企业按规定在项目所在地预缴增值税 396 000 元。

(12) 为 A 公司提供工程设计取得不含税收入 500 000 元,开具增值税专用发票,收到银行承兑汇票。

(13) 销售乙项目工地剩余下脚料、废品取得不含税收入 900 000 元,开具增值税专用发票,款项以银行存款收讫。

(14) 为 B 建筑公司提供工程机械租赁服务取得不含税收入 100 000 元,开具增值税普通发票,款项尚未收到。

要求:根据上述资料,填写天马建筑公司 2019 年 9 月份增值税纳税申报表。[注:本月各项业务账务处理及具体数额计算过程见 3.3.1 建筑业一般纳税人会计处理示例]

一、预缴申报表关键数据计算

(1) 甲项目应预缴税额=(1 030 000−206 000)÷(1+3%)×3%=824 000÷(1+3%)×3%=24 000(元)。

(2) 乙项目应预缴税额=(21 800 000−218 000)÷(1+9%)×2%=21 582 000÷(1+9%)×2%=396 000(元)。

二、甲、乙两项目预缴申报表填写示例(见表 6-21 和表 6-22)

表 6-21   增值税预缴税款表（一）

税款所属时间：2019 年 9 月 1 日至 2019 年 9 月 30 日

纳税人识别号：□□□□□□□□□□□□□□□   是否适用一般计税方法   是□ 否√

纳税人名称（公章）		天马建筑公司			金额单位:元(列至角分)	
项目编号				项目名称	甲项目	
项目地址						
预征项目和栏次			销售额	扣除金额	预征率	预征税额
			1	2	3	4
建筑服务		1	1 030 000	206 000	3%	24 000
销售不动产		2				
预征项目和栏次			销售额	扣除金额	预征率	预征税额
			1	2	3	4
出租不动产		3				
		4				
		5				
合计		6	1 030 000	206 000	3%	24 000

授权声明	如果你已委托代理人填报,请填写下列资料: 为代理一切税务事宜,现授权 （地址） 为本次纳税人的代理填报人,任何与本表有关的往来文件,都可寄予此人。 授权人签字:	填表人申明	以上内容是真实的、可靠的、完整的。 纳税人签字:

表 6-22   增值税预缴税款表（二）

税款所属时间：2019 年 9 月 1 日至 2019 年 9 月 30 日

纳税人识别号：□□□□□□□□□□□□□□□   是否适用一般计税方法   是√ 否□

纳税人名称（公章）		天马建筑公司			金额单位:元(列至角分)	
项目编号				项目名称	乙项目	
项目地址						
预征项目和栏次			销售额	扣除金额	预征率	预征税额
			1	2	3	4
建筑服务		1	21 800 000	218 000	2%	396 000
销售不动产		2				
出租不动产		3				

（续表）

预征项目和栏次		销售额	扣除金额	预征率	预征税额
		1	2	3	4
4					
5					
合计	6	21 800 000	218 000	2%	396 000

授权声明	如果你已委托代理人填报，请填写下列资料： 　为代理一切税务事宜，现授权 （地址）　　　　　　　　为本次纳税人的代理填报人，任何与本表有关的往来文件，都可寄予此人。 授权人签字：	填表人申明	以上内容是真实的、可靠的、完整的。 纳税人签字：

三、纳税申报表关键数据计算

（1）增值税专用发票抵扣：购进商品混凝土金额 5 000 000 元、税额 150 000 元，购进花生油金额 56 000 元、税额 5 040 元、购进小轿车金额 400 000 元、税额 52 000 元、购入办公楼金额 30 000 000 元、税额 2 700 000 元、购进分包商建筑服务金额 200 000 元、税额 18 000 元、高速公路通行费电子普通发票金额 10 000 元、税额 300 元。金额合计 5 000 000＋56 000＋400 000＋30 000 000＋200 000＋10 000＝35 666 000（元）；税额合计 150 000＋5 040＋52 000＋2 700 000＋18 000＋300＝2 925 340（元）。

（2）代扣代缴税收完税凭证：购进设计服务代扣税额 6 000 元。

（3）进项税额合计＝2 925 340＋6 000＝2 931 340（元）。

（4）进项税额转出：购进花生油 5 040 元。

（5）应抵扣税额合计＝进项税额－进项税额转出＝2 931 340－5 040＝2 926 300（元）。

（6）一般计税方法销售额合计：

① 销售建筑服务销售额 20 000 000 元。

② 提供工程设计销售额 500 000 元。

③ 销售剩余下脚料、废品销售额 900 000 元。

④ 机械租赁服务销售额 100 000 元。

一般计税方法销售额合计＝20 000 000＋500 000＋900 000＋100 000＝21 500 000（元）。

（7）销项税额：一般计税方法销项税额＝20 000 000×9%＋500 000×6%＋900 000×13%＋100 000×13%＝1 960 000（元）。

（8）一般计税方法的应纳税额＝销项税额－进项税额＝1 960 000－2 926 300＝－966 300（元）。

（9）简易征收方法：

简易征收的销售额＝1 030 000÷（1＋3%）＝1 000 000（元）。

简易征收应纳税额：（1 030 000－206 000）÷（1＋3%）×3%＝24 000（元）。

（10）应纳税额合计：24 000 元。

（11）本期应补（退）税额＝24 000－24 000＝0（元）。

已预缴税额需要结转以后期限抵减额＝396 000＋24 000－24 000＝396 000（元）。

四、纳税申报表填写示例（见表 6-23 至表 6-27）

表 6-23　　　　　　　　**增值税纳税申报表**

（一般纳税人适用）

根据国家税收法律法规及增值税相关规定制定本表。纳税人不论有无销售额，均应按税务机关核定的纳税期限填写本表，并向当地税务机关申报。

税款所属时间：自 2019 年 9 月 1 日至 2019 年 9 月 30 日

填表日期：2019 年 10 月 13 日　　　　　　　　　　　　　　　金额单位：元至角分

纳税人识别号									所属行业：建筑业	
纳税人名称		天马建筑公司（公章）		法定代表人姓名			注册地址		生产经营地址	
开户银行及账号				登记注册类型			电话号码			

项　目		栏次	一般项目		即征即退项目	
			本月数	本年累计	本月数	本年累计
销售额	（一）按适用税率计税销售额	1	21 500 000			
	其中：应税货物销售额	2	900 000			
	应税劳务销售额	3				
	纳税检查调整的销售额	4				
	（二）按简易办法计税销售额	5	1 000 000			
	其中：纳税检查调整的销售额	6				
	（三）免、抵、退办法出口销售额	7			—	—
	（四）免税销售额	8			—	—
	其中：免税货物销售额	9			—	—
	免税劳务销售额	10			—	—
税款计算	销项税额	11	1 960 000			
	进项税额	12	2 931 340			
	上期留抵税额	13				
	进项税额转出	14	5 040			
	免、抵、退应退税额	15				
	按适用税率计算的纳税检查应补缴税额	16				
	应抵扣税额合计	17＝12＋13－14－15＋16	2 926 300	—		—
	实际抵扣税额	18（如 17＜11，则为 17，否则为 11）	1 960 000			

(续表)

项　目	栏次	一般项目		即征即退项目	
		本月数	本年累计	本月数	本年累计
税款计算　应纳税额	19＝11－18	0			
期末留抵税额	20＝17－18	966 300	—		
简易计税办法计算的应纳税额	21	24 000			
按简易计税办法计算的纳税检查应补缴税额	22			—	—
应纳税额减征额	23				
应纳税额合计	24＝19＋21－23	24 000			
税款缴纳　期初未缴税额(多缴为负数)	25				
实收出口开具专用缴款书退税额	26			—	—
本期已缴税额	27＝28＋29＋30＋31	24 000			
① 分次预缴税额	28	24 000	—	—	—
② 出口开具专用缴款书预缴税额	29		—	—	—
③ 本期缴纳上期应纳税额	30				
④ 本期缴纳欠缴税额	31				
期末未缴税额(多缴为负数)	32＝24＋25＋26－27				
其中:欠缴税额(≥0)	33＝25＋26－27		—		—
本期应补(退)税额	34＝24－28－29	0	—		—
即征即退实际退税额	35	—	—		
期初未缴查补税额	36			—	—
本期入库查补税额	37			—	—
期末未缴查补税额	38＝16＋22＋36－37				
授权声明	如果你已委托代理人申报,请填写下列资料: 　为代理一切税务事宜,现授权 (地址) 为本纳税人的代理申报人,任何与本申报表有关的往来文件,都可寄予此人。 授权人签字:		申报人声明	本纳税申报表是根据国家税收法律法规及相关规定填报的,我确定它是真实的、可靠的、完整的。 声明人签字:	

主管税务机关:　　　　　　　接收人:　　　　　　　接收日期:

表6-24

增值税纳税申报表附列资料(一)
(本期销售情况明细)

税款所属时间:2019年9月1日至2019年9月30日

纳税人名称:(公章) 天马建筑公司　　　　　　　　　　　金额单位:元至角分

项目及栏次		开具增值税专用发票		开具其他发票		未开具发票		纳税检查调整		合计		价税合计	服务、不动产和无形资产扣除项目本期实际扣除金额	扣除后	
		销售额	销项(应纳)税额	销售额	销项(应纳)税额	销售额	销项(应纳)税额	销售额	销项(应纳)税额	销售额	销项(应纳)税额			含税(免税)销售额	销项(应纳)税额
		1	2	3	4	5	6	7	8	9=1+3+5+7	10=2+4+6+8	11=9+10	12	13=11-12	14=13÷(100%+税率或征收率)×税率或征收率
一般计税方法计税 — 全部征税项目 — 13%税率的货物及加工修理修配劳务	1	900 000	117 000							900 000	117 000	—	—	—	—
13%税率的服务、不动产和无形资产	2	100 000	13 000							100 000	13 000	113 000	0	113 000	13 000
9%税率的货物及加工修理修配劳务	3											—	—	—	—
9%税率的服务、不动产	4	20 000 000	1 800 000							20 000 000	1 800 000	21 800 000	0	21 800 000	1 800 000
6%税率	5	500 000	30 000							500 000	30 000	530 000	0	530 000	30 000
其中:即征即退项目 — 即征即退货物及加工修理修配劳务	6	—										—	—	—	—
即征即退服务、不动产和无形资产	7	—										—	—	—	—

（续表）

项目及栏次	栏次	开具增值税专用发票 销售额	开具增值税专用发票 销项（应纳）税额	开具其他发票 销售额	开具其他发票 销项（应纳）税额	未开具发票 销售额	未开具发票 销项（应纳）税额	纳税检查调整 销售额	纳税检查调整 销项（应纳）税额	合计 销售额	合计 销项（应纳）税额	价税合计	服务、不动产和无形资产扣除项目本期实际扣除金额	扣除后 含税（免税）销售额	扣除后 销项（应纳）税额
		1	2	3	4	5	6	7	8	9=1+3+5+7	10=2+4+6+8	11=9+10	12	13=11-12	14=13÷(100%+税率或征收率)×税率或征收率
6%征收率	8											—	—	—	—
5%征收率的货物及加工修理修配劳务	9a											—	—	—	—
5%征收率的服务、不动产和无形资产	9b														
4%征收率	10														
3%征收率的货物及加工修理修配劳务	11														
3%征收率的服务、不动产和无形资产	12			1 000 000	30 000					1 000 000	30 000	1 030 000	206 000	824 000	24 000
预征率　%	13a											—	—	—	—
预征率　%	13b											—	—	—	—
预征率　%	13c											—	—	—	—
即征即退货物及加工修理修配劳务	14	—	—									—	—	—	—
即征即退服务、不动产和无形资产	15	—	—									—	—	—	—

全部征税项目

二、简易计税方法计税

其中：即征即退项目

（续表）

项目及栏次		栏次	开具增值税专用发票		开具其他发票		未开具发票		纳税检查调整		合计		价税合计	服务、不动产和无形资产扣除项目本期实际扣除金额	扣除后	
			销售额	销项（应纳）税额	销售额	销项（应纳）税额	销售额	销项（应纳）税额	销售额	销项（应纳）税额	销售额	销项（应纳）税额	价税合计		含税（免税）销售额	销项（应纳）税额
			1	2	3	4	5	6	7	8	9=1+3+5+7	10=2+4+6+8	11=9+10	12	13=11-12	14=13÷（100%+税率或征收率）×税率或征收率
三 免抵退税	货物及加工修理修配劳务	16		—		—		—	—	—		—	—	—		—
	服务、不动产和无形资产	17	—	—		—		—	—	—		—	—			—
四 免税	货物及加工修理修配劳务	18		—		—		—	—	—		—	—	—		—
	服务、不动产和无形资产	19	—	—		—		—	—	—		—	—			—

表 6-25 　　　　　　　增值税纳税申报表附列资料(二)
(本期进项税额明细)

税款所属时间:2019 年 9 月 1 日至 2019 年 9 月 30 日

纳税人名称:(公章)天马建筑公司　　　　　　　　　　　　　　金额单位:元至角分

一、申报抵扣的进项税额				
项　　目	栏次	份数	金额	税额
(一)认证相符的增值税专用发票	1=2+3	5	35 666 000	2 925 340
其中:本期认证相符且本期申报抵扣	2	5	35 666 000	2 925 340
前期认证相符且本期申报抵扣	3			
(二)其他扣税凭证	4=5+6+7+8a+8b			
其中:海关进口增值税专用缴款书	5			
农产品收购发票或者销售发票	6			
代扣代缴税收缴款凭证	7	1	—	6 000
加计扣除农产品进项税额	8a	—	—	
其他	8b			
(三)本期用于购建不动产的扣税凭证	9	1	30 000 000	2 700 000
(四)本期用于抵扣的旅客运输服务扣税凭证	10	—	—	
(五)外贸企业进项税额抵扣证明	11	—		—
当期申报抵扣进项税额合计	12=1+4-9+10+11			2 931 340

二、进项税额转出额		
项　　目	栏次	税额
本期进项税额转出额	13=14 至 23 之和	5 040
其中:免税项目用	14	
集体福利、个人消费	15	5 040
非正常损失	16	
简易计税方法征税项目用	17	
免抵退税办法不得抵扣的进项税额	18	
纳税检查调减进项税额	19	
红字专用发票信息表注明的进项税额	20	
上期留抵税额抵减欠税	21	
上期留抵税额退税	22	

（续表）

项　目	栏次	税额
其他应作进项税额转出的情形	23	

三、待抵扣进项税额

项　目	栏次	份数	金额	税额
（一）认证相符的增值税专用发票	24	—	—	—
期初已认证相符但未申报抵扣	25			
本期认证相符且本期未申报抵扣	26			
期末已认证相符但未申报抵扣	27			
其中:按照税法规定不允许抵扣	28			
（二）其他扣税凭证	29＝30 至 33 之和			
其中:海关进口增值税专用缴款书	30			
农产品收购发票或者销售发票	31			
代扣代缴税收缴款凭证	32	—		
其他	33			
	34			

四、其他

项　目	栏次	份数	金额	税额
本期认证相符的增值税专用发票	35	5	35 666 000	2 925 340
代扣代缴税额	36	—	—	6 000

表 6-26　　　　　　　　　**增值税纳税申报表附列资料（三）**

（服务、不动产和无形资产扣除项目明细）

税款所属时间:2019 年 9 月 1 日至 2019 年 9 月 30 日

纳税人名称:(公章)　天马建筑公司　　　　　　　　　　　金额单位:元至角分

项目及栏次		本期服务、不动产和无形资产价税合计额（免税销售额）	服务、不动产和无形资产扣除项目				
			期初余额	本期发生额	本期应扣除金额	本期实际扣除金额	期末余额
		1	2	3	4＝2＋3	5(5≤1 且 5≤4)	6＝4－5
13％税率的项目	1						
9％税率的项目	2						
6％税率的项目（不含金融商品转让）	3						

（续表）

项目及栏次		本期服务、不动产和无形资产价税合计额（免税销售额）	服务、不动产和无形资产扣除项目				
			期初余额	本期发生额	本期应扣除金额	本期实际扣除金额	期末余额
		1	2	3	4＝2＋3	5(5≤1且5≤4)	6＝4－5
6％税率的金融商品转让项目	4						
5％征收率的项目	5						
3％征收率的项目	6	1 030 000	0	206 000	206 000	206 000	0
免抵退税的项目	7						
免税的项目	8						

表 6-27　　　　　　　　　　**增值税纳税申报表附列资料（四）**

（税额抵减情况表）

税款所属时间：2019 年 9 月 1 日至 2019 年 9 月 30 日

纳税人名称：（公章）　天马建筑公司　　　　　　　　　　　金额单位：元至角分

		一、税额抵减情况				
序号	抵减项目	期初余额	本期发生额	本期应抵减税额	本期实际抵减税额	期末余额
		1	2	3＝1＋2	4≤3	5＝3－4
1	增值税税控系统专用设备费及技术维护费					
2	分支机构预征缴纳税款					
3	建筑服务预征缴纳税款	0	420 000	420 000	24 000	396 000
4	销售不动产预征缴纳税款					
5	出租不动产预征缴纳税款					
		二、加计抵减情况				
序号	加计抵减项目	期初余额	本期发生额	本期调减额	本期可抵减额	本期实际抵减额	期末余额
		1	2	3	4＝1＋2－3	5	6＝4－5
6	一般项目加计抵减额计算						
7	即征即退项目加计抵减额计算						
8	合计						

6.5 一般纳税人申报表填写常见问题

1 一般纳税人跨地级市提供建筑企业，在劳务发生地预缴增值税时，应该如何填写申报表？

答：预缴时应该填写《增值税预缴税款表》：例如，总工程款 200 万元，分包款 30 万元，适用简易计税方法。总工程款 200 万元填写在第 1 行"建筑服务"第 1 列"销售额"栏次中；分包款 30 万元填写在第 1 行"建筑服务"第 2 列"扣除金额"栏次中；第 1 行"建筑服务"第 3 列"预征率"填写 3%，第 1 行"建筑服务"第 4 列"预征税额"为（200 万－30 万）÷（1＋3%）×3%。

报表中的其他项目"税款所属时间""纳税人识别号""是否适用一般计税方法""纳税人名称""项目编号""项目地址"按照实际情况填写即可。

2 建筑安装、销售不动产、出租不动产等业务需要在项目所在地预缴税款，回机构所在地申报时可扣除已在项目所在地预缴的税款，应该如何填写申报表？

答：应该填写《附列资料（四）（税额抵减情况表）》和主表。

《附列资料（四）（税额抵减情况表）》：需要将建筑服务、销售不动产、出租不动产已预缴的税款分别填写在第 3 行"建筑服务预征缴纳税款"、第 4 行"销售不动产预征缴纳税款"、第 5 行"出租不动产预征缴纳税款"中。

主表：上述已预缴税款体现在第 28 行"分次预缴税款"中，根据报表逻辑关系计算，不会形成重复交税。

3 一般纳税人企业取得可以享受免税政策的技术转让收入 50 万元，应该如何填写申报表？

答：应该填写《附列资料表（一）（本期销售情况明细）》与主表和《增值税减免税申报明细表》。

《附列资料表（一）（本期销售情况明细）》：需要将"技术转让收入额"50 万元填写在第 19 行"服务、不动产和无形资产"第 3 列"开具其他发票——销售额"栏次；

主表：需要将"技术转让收入额"50 万填写在第 8 行"（四）免税销售额"栏次。

《增值减免税申报明细表》："免税性质代码及名称"栏次选择"0001021203 技术转让、技术开发免征增值税优惠"，将 50 万元填写在第 1 列"免征增值税项目销售额"。

4 一般纳税人企业销售一台使用过的设备，购入时按规定进项不得抵扣，销售时选择简易计税方法，按照 3% 征收率减按 2% 征收增值税，应该如何填写申报表？

答：应该填写《附列资料表(一)(本期销售情况明细)》、主表和《增值税减免税申报明细表》。

《附列资料表(一)(本期销售情况明细)》：需要将销售额填写在第 11 行"全部征税项目——3％征收率的货物及加工修理修配劳务"第 3 列"开具其他发票——销售额"栏次；按 3％征收的税额填写在第 11 行"全部征税项目——3％征收率的货物及加工修理修配劳务"第 4 列"开具其他发票——销项(应纳)税额"栏次。

主表：需要将销售额填写在第 5 行"(二)按简易办法计税销售额"中，按 3％征收的税额填写在第 21 行"简易计税办法计算的应纳税额"中，将第 5 行销售额乘以 1％的数额填写在第 23 行"应纳税额减征额"中。

《增值税减免税申报明细表》："减税性质代码及名称"栏次选择"0001129902 已使用固定资产减征增值税"；将减征额填写在第 2 列"本期发生额"和第 4 列"本期实际抵减税额"中。

⑤ 辅导期一般纳税人当月认证的增值税专用发票但未收到比对结果通知书，次月申报期申报本期数据时应该如何填写申报表？收到比对结果通知书时应该如何填写申报表？

答：(1)本属期申报时应该填写《附列资料(二)(本期进项税额明细)》：将金额和可以抵扣的进项税额分别填写在第 26 行"本期认证相符且本期未申报抵扣"、第 27 行"期末已认证相符但未申报抵扣"和第 35 行"本期认证相符的增值税专用发票"的对应栏次中。

(2) 取得比对结果可以抵扣时，应该填写《附列资料(二)(本期进项税额明细)》、主表。

《附列资料(二)(本期进项税额明细)》：将前期已认证，本期取得比对结果可以抵扣的进项发票的金额和进项税额分别填写在第 25 行"期初已认证相辅但未申报抵扣"对应的栏次中，系统会将此部分金额与进项税额生成填写于本表第 3 行"前期认证相辅且本期申报抵扣"对应的栏次中。

主表：第 12 行"进项税额"应该包含此部分附列资料(二)中已正确填写的进项税额。

⑥ 《附列资料(三)服务、不动产和无形资产扣除项目明细表》6％征收率为什么分两行来填写？

答：因为"金融商品转让"的负差，政策上规定不可以跨年结转，与其他 6％的项目有区别，所以其他 6％的项目扣除情况填写在第 3 行"6％税率的项目(不含金融商品转让)"中，金融商品转让扣除情况单独填写在附列资料(三)第 4 行"6％税率的金融商品转让项目"中。

⑦ 一般纳税人企业购买税控设备支付服务费 280 元，当期的应纳税额为 200 元，应如何填写申报表？

答：应该填写《附列资料表(四)(税额抵减情况表)》、主表和《增值税减免税申报明细表》。

《附列资料(四)(税额抵减情况表)》：需要将当期发生的服务费280元填写在第1行"增值税税控系统专用设备费及技术维护费"第2列"本期发生额"中，将200元本期需要使用抵税的金额填写在第4列"本期实际抵减税额"中，本期未使用的80元应该体现在第5列"期末余额"中。

主表：需要将本期需要使用抵税的金额200元填写在第23栏"应纳税额减征额"中。注意：本期需要使用的抵税金额[即主表第23栏和《附列资料(四)(税额抵减情况表)》第4例]应小于或等于主表的第19栏"应纳税额"与第21栏"简易征收办法计算的应纳税额"之和，大于部分本期不能用以抵减，应结转后期继续使用。

《增值税减免税申报明细表》："减税性质代码及名称"栏次选择"01129914购置增值税税控系统专用设备抵减增值税"；将本期发生的服务费280元全额填写在第2列"本期发生额"中、将本期需要使用抵减的200元填写在第4列"本期实际抵减税额"中。

 8 一般纳税人购入一处商业用房，取得1张专用发票上注明金额为**20 000 000**元，税额为**1 800 000**元，应该如何填写申报表？

答：应该填写《附列资料(二)(本期进项税额明细)》和主表。

《附列资料(二)(本期进项税额明细)》：需要将金额20 000 000元和可抵扣进项税额1 800 000元分别填写在第1栏"(一)认证相符的增值税专用发票"和第9栏"(三)本期用于购建不动产的扣税凭证"的金额和税额中。

主表：第12行"进项税额"中包括不动产当期可以抵扣的进项税额1 800 000元。

第7章

小规模纳税人纳税申报表填列

7.1 小规模纳税人申报表结构及重要行次填写提示

小规模纳税人增值税纳税申报表由一张主表和两张附表组成。

7.1.1 主表

小规模纳税人增值税纳税申报表"货物及劳务"与"服务、不动产和无形资产"各项目应分别填写。如表7-1所示。

表7-1

增值税纳税申报表

（小规模纳税人适用）

纳税人识别号：□□□□□□□□□□□□□□□□□□□□

纳税人名称（公章）：　　　　　　　　　　　　　　　　　　金额单位:元至角分

税款所属期：　　年　月　日至　　年　月　日　　填表日期：　　年　　月　　日

	项目	栏次	本期数		本年累计	
			货物及劳务	服务、不动产和无形资产	货物及劳务	服务、不动产和无形资产
一、计税依据	（一）应征增值税不含税销售额（3%征收率）	1				
	税务机关代开的增值税专用发票不含税销售额	2				
	税控器具开具的普通发票不含税销售额	3				
	（二）应征增值税不含税销售额（5%征收率）	4	—		—	
	税务机关代开的增值税专用发票不含税销售额	5	—		—	

（续表）

项目		栏次	本期数		本年累计	
			货物及劳务	服务、不动产和无形资产	货物及劳务	服务、不动产和无形资产
一、计税依据	税控器具开具的普通发票不含税销售额	6	—		—	
	（三）销售使用过的固定资产不含税销售额	7(7≥8)		—		—
	其中:税控器具开具的普通发票不含税销售额	8		—		—
	（四）免税销售额	9＝10＋11＋12				
	其中:小微企业免税销售额	10				
	未达起征点销售额	11				
	其他免税销售额	12				
	（五）出口免税销售额	13(13≥14)				
	其中:税控器具开具的普通发票销售额	14				
二、税款计算	本期应纳税额	15				
	本期应纳税额减征额	16				
	本期免税额	17				
	其中:小微企业免税额	18				
	未达起征点免税额	19				
	应纳税额合计	20＝15－16				
	本期预缴税额	21			—	—
	本期应补（退）税额	22＝20－21			—	—

纳税人或代理人声明:	如纳税人填报,由纳税人填写以下各栏:	
本纳税申报表是根据国家税收法律法规及相关规定填报的,我确定它是真实的、可靠的、完整的。	办税人员:	财务负责人:
	法定代表人:	联系电话:
	如委托代理人填报,由代理人填写以下各栏:	
	代理人名称(公章):	经办人:
	联系电话:	

主管税务机关: 接收人: 接收日期:

关键栏次填写说明：

（1）第1栏"应征增值税不含税销售额（3％征收率）"：填写本期销售货物及劳务、发生应税行为适用3％征收率的不含税销售额，不包括应税行为适用5％征收率的不含税销售额、销售使用过的固定资产和销售旧货的不含税销售额、免税销售额、出口免税销售额、查补销售额。

纳税人发生适用3％征收率的应税行为且有扣除项目的，本栏填写扣除后的不含税销售额，与当期《增值税纳税申报表（小规模纳税人适用）附列资料》第8栏数据一致。

（2）第4栏"应征增值税不含税销售额（5％征收率）"：填写本期发生应税行为适用5％征收率的不含税销售额。

纳税人发生适用5％征收率应税行为且有扣除项目的，本栏填写扣除后的不含税销售额，与当期《增值税纳税申报表（小规模纳税人适用）附列资料》第16栏数据一致。

（3）第7栏"销售使用过的固定资产不含税销售额"：填写销售自己使用过的固定资产（不含不动产，下同）和销售旧货的不含税销售额，销售额＝含税销售额÷（1＋3％）。

（4）第9栏"免税销售额"：填写销售免征增值税的货物及劳务、应税行为的销售额，不包括出口免税销售额。

应税行为有扣除项目的纳税人，填写扣除之前的销售额。

（5）第10栏"小微企业免税销售额"：填写符合小微企业免征增值税政策的免税销售额，不包括符合其他增值税免税政策的销售额。个体工商户和其他个人不填写本栏次。

（6）第11栏"未达起征点销售额"：填写个体工商户和其他个人未达起征点（含支持小微企业免征增值税政策）的免税销售额，不包括符合其他增值税免税政策的销售额。本栏次由个体工商户和其他个人填写。

（7）第12栏"其他免税销售额"：填写销售免征增值税的货物及劳务、应税行为的销售额，不包括符合小微企业免征增值税和未达起征点政策的免税销售额。

（8）第13栏"出口免税销售额"：填写出口免征增值税货物及劳务、出口免征增值税应税行为的销售额。

应税行为有扣除项目的纳税人，填写扣除之前的销售额。

（9）第16栏"本期应纳税额减征额"：填写纳税人本期按照税法规定减征的增值税应纳税额。包含可在增值税应纳税额中全额抵减的增值税税控系统专用设备费用以及技术维护费，可在增值税应纳税额中抵免的购置税控收款机的增值税税额。

当本期减征额小于或等于第15栏"本期应纳税额"时，按本期减征额实际填写；当本期减征额大于第15栏"本期应纳税额"时，按本期第15栏填写，本期减征额不足抵减部分结转下期继续抵减。

（10）第17栏"本期免税额"：填写纳税人本期增值税免税额，免税额根据第9栏"免税销售额"和征收率计算。

（11）第18栏"小微企业免税额"：填写符合小微企业免征增值税政策的增值税免税额，免税额根据第10栏"小微企业免税销售额"和征收率计算。

（12）第 19 栏"未达起征点免税额"：填写个体工商户和其他个人未达起征点（含支持小微企业免征增值税政策）的增值税免税额，免税额根据第 11 栏"未达起征点销售额"和征收率计算。

（13）第 21 栏"本期预缴税额"：填写纳税人本期预缴的增值税额，但不包括查补缴纳的增值税额。

7.1.2　增值税纳税申报表附列资料

本附列资料主要提供差额征收项目本期可抵减的扣除项目金额及留待以后期间抵减的扣除项目金额，由销售服务有扣除项目的纳税人填写，各栏次均不包含免征增值税项目的金额。如表 7-2 所示。

表 7-2　　　　　　增值税纳税申报表（小规模纳税人适用）附列资料

税款所属期：　　　年　　月　　日至　　年　　月　　日　　填表日期：　　　年　　月　　日

纳税人名称（公章）：　　　　　　　　　　　　　　　　　　　金额单位：元至角分

应税行为（3%征收率）扣除额计算			
期初余额	本期发生额	本期扣除额	期末余额
1	2	3（3≤1+2之和，且3≤5）	4＝1+2−3
应税行为（3%征收率）计税销售额计算			
全部含税收入（适用3%征收率）	本期扣除额	含税销售额	不含税销售额
5	6＝3	7＝5−6	8＝7÷1.03
应税行为（5%征收率）扣除额计算			
期初余额	本期发生额	本期扣除额	期末余额
9	10	11（11≤9+10之和，且11≤13）	12＝9+10−11
应税行为（5%征收率）计税销售额计算			
全部含税收入（适用5%征收率）	本期扣除额	含税销售额	不含税销售额
13	14＝11	15＝13−14	16＝15÷1.05

关键梯次填写说明：

（1）第 3 栏"本期扣除额"：填写适用 3% 征收率的应税行为扣除项目本期实际扣除的金额。

第 3 栏"本期扣除额"≤第 1 栏"期初余额"＋第 2 栏"本期发生额"之和，且第 3 栏"本期扣除额"≤第 5 栏"全部含税收入（适用 3% 征收率）"。

（2）第 6 栏"本期扣除额"：填写本附列资料第 3 栏"本期扣除额"的数据。

第6栏"本期扣除额"＝第3栏"本期扣除额"。

（3）第7栏"含税销售额"：填写适用3％征收率的应税行为的含税销售额。

第7栏"含税销售额"＝第5栏"全部含税收入（适用3％征收率）"－第6栏"本期扣除额"。

（4）第8栏"不含税销售额"：填写适用3％征收率的应税行为的不含税销售额。

第8栏"不含税销售额"＝第7栏"含税销售额"÷1.03，与《增值税纳税申报表（小规模纳税人适用）》第1栏"应征增值税不含税销售额（3％征收率）""本期数""服务、不动产和无形资产"栏数据一致。

（5）第11栏"本期扣除额"：填写适用5％征收率的应税行为扣除项目本期实际扣除的金额。

第11栏"本期扣除额"≤第9栏"期初余额"＋第10栏"本期发生额"之和，且第11栏"本期扣除额"≤第13栏"全部含税收入（适用5％征收率）"。

（6）第14栏"本期扣除额"：填写本附列资料第11栏"本期扣除额"的数据。

第14栏"本期扣除额"＝第11栏"本期扣除额"。

（7）第15栏"含税销售额"：填写适用5％征收率的应税行为的含税销售额。

第15栏"含税销售额"＝第13栏"全部含税收入（适用5％征收率）"－第14栏"本期扣除额"。

（8）第16栏"不含税销售额"：填写适用5％征收率的应税行为的不含税销售额。

第16栏"不含税销售额"＝第15栏"含税销售额"÷1.05，与《增值税纳税申报表（小规模纳税人适用）》第4栏"应征增值税不含税销售额（5％征收率）""本期数""服务、不动产和无形资产"栏数据一致。

7.1.3　增值税减免税申报明细表

本表由享受税收法律、法规及国家有关税收规定的减征（包含税额式减征、税率式减征）和免征增值税优惠的增值税一般纳税人和小规模纳税人填写。如表7-3所示。

表7-3　　　　　　　　　　增值税减免税申报明细表

税款所属时间：自　　年　　月　　日至　　年　　月　　日

纳税人名称（公章）：　　　　　　　　　　　　　　　　金额单位：元至角分

一、减税项目					
减税性质代码及名称	栏次	期初余额	本期发生额	本期应抵减税额	本期实际抵减税额	期末余额
		1	2	3＝1＋2	4≤3	5＝3－4
合计	1					
	2					
	3					
	4					

（续表）

减税性质 代码及名称	栏次	期初余额	本期发生额	本期应抵减税额	本期实际抵减税额	期末余额
		1	2	3＝1＋2	4≤3	5＝3－4
	5					
	6					
二、免税项目						

免税性质 代码及名称	栏次	免征增 值税项目 销售额	免税销售额 扣除项目 本期实际扣 除金额	扣除后免 税销售额	免税销售额 对应的进项税额	免税额
		1	2	3＝1－2	4	5
合　计	7					
出口免税	8		—	—	—	—
其中:跨境服务	9		—	—	—	—
	10					
	11					
	12					
	13					
	14					
	15					
	16					

一、减税项目关键栏次填写说明

（1）"一、减税项目"由本期按照税收法律、法规及国家有关税收规定享受减征（包含税额式减征、税率式减征）增值税优惠的纳税人填写。

（2）第4列"本期实际抵减税额"：填写本期实际抵减增值税应纳税额的金额。本列各行≤第3列对应各行。

小规模纳税人填写时，第1行"合计"本列数＝主表第16行"本期应纳税额减征额""本期数"。

二、免税项目关键栏次填写说明

（1）"二、免税项目"由本期按照税收法律、法规及国家有关税收规定免征增值税的纳税人填写。仅享受小微企业免征增值税政策或未达起征点的小规模纳税人不需填写，即小规模纳税人申报表主表第12栏"其他免税销售额""本期数"无数据时，不需填写本栏。

（2）"出口免税"：小规模纳税人不填写本栏。

（3）第1列"免征增值税项目销售额"：填写纳税人免税项目的销售额。免税销售额按照有关规定允许从取得的全部价款和价外费用中扣除价款的，应填写扣除之前的销售额。

小规模纳税人填写时,本列"合计"等于主表第12行"其他免税销售额""本期数"。

(4) 第2列"免税销售额扣除项目本期实际扣除金额":免税销售额按照有关规定允许从取得的全部价款和价外费用中扣除价款的,据实填写扣除金额;无扣除项目的,本列填写"0"。

(5) 第4列"免税销售额对应的进项税额":小规模纳税人不填写本列。

(6) 第5列"免税额":本列各行数应大于或等于0。

第5列"免税额"=第3列"扣除后免税销售额"×征收率。

7.2 小规模纳税人申报表填写示例

【例题】 天马旅游公司系小规模纳税人,2019年7月至9月发生如下业务:

(1) 取得旅游服务1 510 300元,以银行存款收讫,开具增值税普通发票;发生游客门票、住宿餐饮、交通费支出共计900 000元,取得普通发票。

(2) 利用自有大客车提供运输服务取得含税收入500 000元,以银行存款收讫,请税务机关代开增值税专用发票。

(3) 出租临街门面房,合同约定年含税租金收入300 000元,开具增值税普通发票,款项尚未收到。

(4) 购进矿泉水120箱,款项尚未支付,取得增值税专用发票注明销售额为2 400元。

(5) 因管理不善损失矿泉水一批,账面成本为900元;

(6) 支付税控专用设备技术维护费,以现金支付280元,取得增值税专用发票。

(7) 上月已签订旅游合同并已收取旅游费的项目,因天气原因取消,退回游客10 300元,开具红字普通发票。

该小规模纳税人填写增值税纳税申报表关键数据如下:

(1) 旅游服务:

销售额=(1 510 300−10 300−900 000)÷(1+3%)=582 524.27(元)

应纳税额=(1 510 300−10 300−900 000)÷(1+3%)×3%=17 475.73(元)

(2) 运输服务:

销售额=500 000÷(1+3%)=485 436.89(元)

应纳税额=500 000÷(1+3%)×3%=14 563.11(元)

(3) 3%征收率销售额合计:

销售额合计=582 524.27+485 436.89=1 067 961.16(元)

(4) 不动产租赁服务:

销售额＝300 000÷(1＋5％)＝285 714.29(元)

应纳税额＝300 000÷(1＋5％)×5％＝14 285.71(元)

(5) 合计：

本期应纳税额＝适用 3％征收率应纳税额＋适用 5％征收率应纳税额

＝17 475.73＋14 563.11＋14 285.71＝46 324.55(元)

应纳税额合计＝本期应纳税额－应纳税额减征额

＝46 324.55－280＝46 044.55(元)

申报表填报如表 7-4 至表 7-6 所示。

表 7-4 　　　　　　　　　　　**增值税纳税申报表**

(小规模纳税人适用)

纳税人识别号：□□□□□□□□□□□□□□□□□□□□

纳税人名称(公章)：天马旅游公司　　　　　　　　　　　　　　　金额单位：元至角分

税款所属期：2019 年 7 月 1 日至 2019 年 9 月 30 日　　　　　　　填表日期：2019 年 10 月 13 日

项 目	栏次	本期数		本年累计	
		货物及劳务	服务、不动产和无形资产	货物及劳务	服务、不动产和无形资产
一、计税依据 (一) 应征增值税不含税销售额(3％征收率)	1		1 067 961.16		
税务机关代开的增值税专用发票不含税销售额	2				
税控器具开具的普通发票不含税销售额	3		1 067 961.16		
(二) 应征增值税不含税销售额(5％征收率)	4	—	285 714.29	—	
税务机关代开的增值税专用发票不含税销售额	5	—			
税控器具开具的普通发票不含税销售额	6	—	285 714.29		
(三) 销售使用过的固定资产不含税销售额	7(7≥8)		—		—
其中:税控器具开具的普通发票不含税销售额	8		—		—
(四) 免税销售额	9＝10＋11＋12				
其中:小微企业免税销售额	10				
未达起征点销售额	11				

（续表）

	项　目	栏次	本期数		本年累计	
			货物及劳务	服务、不动产和无形资产	货物及劳务	服务、不动产和无形资产
一、计税依据	其他免税销售额	12				
	（五）出口免税销售额	13(13≥14)				
	其中:税控器具开具的普通发票销售额	14				
二、税款计算	本期应纳税额	15		46 324.55		
	本期应纳税额减征额	16		280		
	本期免税额	17				
	其中:小微企业免税额	18				
	未达起征点免税额	19				
	应纳税额合计	20＝15－16		46 044.55		
	本期预缴税额	21			—	—
	本期应补(退)税额	22＝20－21		46 044.55	—	—

纳税人或代理人声明:	如纳税人填报,由纳税人填写以下各栏:	
本纳税申报表是根据国家税收法律法规及相关规定填报的,我确定它是真实的、可靠的、完整的。	办税人员:	财务负责人:
	法定代表人:	联系电话:
	如委托代理人填报,由代理人填写以下各栏:	
	代理人名称(公章):	经办人:
	联系电话:	

主管税务机关:　　　　　　　接收人:　　　　　　　接收日期:

表 7-5　　　　　　　增值税纳税申报表(小规模纳税人适用)附列资料

税款所属期:2019 年 7 月 1 日 2019 年 9 月 30 日　　　　　　填表日期:2019 年 10 月 13 日

纳税人名称(公章):天马旅游公司　　　　　　　　　　　　金额单位:元至角分

应税行为(3％征收率)扣除额计算			
期初余额	本期发生额	本期扣除额	期末余额
1	2	3(3≤1＋2 之和,且 3≤5)	4＝1＋2－3
0	900 000	900 000	0

（续表）

应税行为（3％征收率）计税销售额计算			
全部含税收入（适用 3％征收率）	本期扣除额	含税销售额	不含税销售额
5	6＝3	7＝5－6	8＝7÷1.03
1 500 000	900 000	600 000	582 524.27

应税行为（5％征收率）扣除额计算			
期初余额	本期发生额	本期扣除额	期末余额
9	10	11（11≤9＋10 之和，且 11≤13）	12＝9＋10－11

应税行为（5％征收率）计税销售额计算			
全部含税收入（适用 5％征收率）	本期扣除额	含税销售额	不含税销售额
13	14＝11	15＝13－14	16＝15÷1.05

表 7-6　　　　　　　　　　　　**增值税减免税申报明细表**

税款所属时间：自 2019 年 7 月 1 日至 2019 年 9 月 30 日

纳税人名称（公章）：天马旅游公司　　　　　　　　　　　　　　金额单位：元至角分

一、减税项目						
减税性质代码及名称	栏次	期初余额	本期发生额	本期应抵减税额	本期实际抵减税额	期末余额
		1	2	3＝1＋2	4≤3	5＝3－4
合计	1					
01129914 技术维护费减征增值税	2	0	280	280	280	0
	3					
	4					
	5					
	6					

（续表）

二、免税项目						
免税性质代码及名称	栏次	免征增值税项目销售额	免税销售额扣除项目本期实际扣除金额	扣除后免税销售额	免税销售额对应的进项税额	免税额
		1	2	3＝1－2	4	5
合　计	7					
出口免税	8	—	—	—	—	—
其中:跨境服务	9	—	—	—	—	—
	10					
	11					
	12					
	13					
	14					
	15					
	16					

7.3 小规模纳税人申报表填写常见问题

1 小微企业如何填写增值税申报表?

答：符合小微企业免征增值税政策的免税销售额,应填入《增值税纳税申报表（小规模纳税人适用）》第 10 栏"小微企业免税销售额"。个体工商户和其他个人不填写本栏次。

符合小微企业免征增值税政策的增值税免税额,应填入《增值税纳税申报表（小规模纳税人适用）》第 18 栏"小微企业免税额"。

2 个体工商户符合小微企业免征增值税政策的免税销售额,应如何填写增值税申报表?

答：应填入《增值税纳税申报表（小规模纳税人适用）》第 11 栏"未达起征点销售额"。

3 小微企业的免税额应如何计算填列?

答：小微企业免税额应根据申报表第 10 栏"小微企业免税销售额"和征收率计算。

享受小微企业税收优惠的企业有代开的增值税专用发票,在填写《增值税纳税申报表》(小规模纳税人适用)第 10 栏"小微企业免税销售额"时是否应扣除代开专票的部分?

答:是的,第 10 栏"小微企业免税销售额"不包括代开增值税专用发票那部分销售额。

 小规模企业有代开增值税专用发票的情形,本季度销售额包括代开部分不超过 30 万元,符合小微企业标准。对于代开的部分,如何填写增值税申报表?

答:代开专票视不同情况分别填列在第 2 栏"税务机关代开的增值税专用发票不含税销售额"和第 1 栏"应征增值税不含税销售额(3%)"或者第 5 栏"税务机关代开的增值税专用发票不含税销售额"和第 4 栏"应征增值税不含税销售额(5%)";小微免税销售额填列在第 10 栏"小微企业免税销售额"以及 18 栏"小微企业免税额";代开专票预缴税额填列在第 21 栏"本期预缴税额"。

例如,某小规模纳税人按季申报,2019 年第三季度取得应税服务收入 8 万元,其中:1 万元向税务机关申请代开增值税专用发票(已预缴增值税额 300 元),7 万元自行开具增值税普通发票。

本季度该纳税人实现销售额 8 万元,不超过 30 万元,可以享受小微企业免税优惠。但已申请税务机关代开的专用发票无法追回全部联次时,已预缴的增值税不予退还,代开增值税专用发票的 1 万元也就不能享受免税优惠了,当季享受小微企业免税的销售额为 7 万元。纳税申报时,1 万元填入申报表第 2 栏"税务机关代开的增值税专用发票不含税销售额"和第 1 栏"应征增值税不含税销售额(3%)";7 万元填列在第 10 栏"小微企业免税销售额"中,并将 7 万元计算的税款 2 100 元填写在 18 栏"小微企业免税额"中。代开专用发票已预缴的税款 300 元填列在第 21 栏"本期预缴税额"中,第 22 栏"本期应补(退)税额"填写 0。

 既享受小微企业免税的优惠又有差额征税应税服务事项,如何填写纳税申报表?

答:《增值税纳税申报表(小规模纳税人适用)附列资料》由发生应税行为且有扣除项目的纳税人填写,各栏次均不包含免征增值税项目的金额。享受小微企业免税优惠的企业,即使有差额征税应税服务事项,不需要填写《增值税纳税申报表(小规模纳税人适用)附列资料》。小微企业按扣除后的销售额填写在第 10 栏"小微企业免税销售额"和第 9 栏"(四)免税销售额"中;将税额填写在第 18 栏"其中:小微企业免税额"和第 17 栏"本期免税额"中。

 小规模纳税人既符合小微企业的优惠又有销售使用过的固定资产减征增值税的优惠,如何填写申报表?

答:非个体工商户符合小微企业免征增值税政策的免税销售额,应填入《增值税纳税申报表(小规模纳税人适用)》第 10 栏"小微企业免税销售额",增值税免税额应填入《增值税纳税申报表(小规模纳税人适用)》第 18 栏"小微企业免税额";个体工商户符合小微企业免征增值税政策的免税销售额应填入《增值税纳税申报表(小规模纳税人适用)》第 11 栏"未达起征点销售额",增值税免税额应填入《增值税纳税申报表(小规模纳税人适用)》第 19 栏"未达起征点免税额"。《增值税纳税申报表(小规模纳税人适用)》第 16 栏"本期应纳税额减征额"不用填写。

8 小规模纳税人在税务机关窗口代开增值税专用发票,跨月发现开具错误,需要开具红字发票,请问开具红字发票后,如何填写申报表?

答:小规模纳税人把上述负数销售额,视不同业务分别填列在《增值税纳税申报表(小规模纳税人适用)》第 2 行或者第 5 行"税务机关代开的增值税专用发票不含税销售额"。因为"税务机关代开的增值税专用发票不含税销售额"栏次不能出现负数,纳税人可以下期继续冲减这期没冲减完的红字数。

9 小规模纳税人销售使用过的固定资产,如何填写申报表?

答:销售使用过的固定资产,减征 1‰,需要填列申报表第 16 栏"本期应纳税额减征额"。同时填写《增值税减免税申报明细表》。

10 《增值税纳税申报表(小规模纳税人适用)》第 16 栏"本期应纳税额减征额"应如何填写?

答:填写纳税人本期按照税法规定减征的增值税应纳税额,包含可在增值税应纳税额中全额抵减的增值税税控系统专用设备费用以及技术维护费,可在增值税应纳税额中抵免的购置税控收款机的增值税税额。

当本期减征额小于或等于第 15 栏"本期应纳税额"时,按本期减征额实际填写;当本期减征额大于第 15 栏"本期应纳税额"时,按本期第 15 栏填写,本期减征额不足抵减部分结转下期继续抵减。

11 小规模纳税人企业购买税控设备抵减应纳税额时,应该如何填写报表?

答:小规模纳税人将抵减金额填入《增值税纳税申报表(适用于小规模纳税人)》第 16 栏"本期应纳税额减征额"。当本期减征额小于或等于第 15 栏"本期应纳税额"时,按本期减征额实际填写;当本期减征额大于第 15 栏"本期应纳税额"时,按本期第 15 栏填写,本期减征额不足抵减部分结转下期继续抵减。

12 企业跨区提供建筑服务已经预缴的增值税款如何填写增值税申报表?

答:小规模纳税人填写《增值税纳税申报表》(小规模纳税人适用)第 21 栏"本期预缴税额"。

13 小规模纳税人第 22 栏"本期应补（退）税额"为负时，提交成功后，下期可直接将负数部分填入第 21 栏"本期预缴税额"栏吗？还是需要单独申请退税？

答：小规模纳税人第 22 栏"本期应补（退）税额"为负时，提交成功后，下期不可以直接将负数部分填入第 21 栏"本期预缴税额"栏。纳税人可以申请退税，也可以在下期纳税申报时，前往税务机关办税服务厅手工抵减。

14 仅享受小微企业免征增值税政策或未达起征点的小规模纳税人是否需要填写《增值税减免税申报明细表》？

答：《增值税减免税申报明细表》由享受增值税减免税优惠政策的增值税一般纳税人和小规模纳税人填写。仅享受月销售额不超过 10 万元（按季纳税 30 万元）免征增值税政策或未达起征点的增值税小规模纳税人不需填报该表。

增值税视频第五段

附录

最新增值税税率、征收率及常用涉税政策表

类别		应税行为	备注	增值税税率	增值税征收率
销售货物		销售或者进口货物（低税率货物除外）	基本税率的货物	13%	3%
		粮食等农产品、食用植物油、食用盐；自来水、暖气、冷气、热水、煤气、石油液化气、天然气、二甲醚、沼气、居民用煤炭制品；图书、报纸、杂志、音像制品、电子出版物；饲料、化肥、农药、农机、农膜	低税率的货物，从 2017 年 7 月 1 日起，税率由 13% 降为 11%，自 2018 年 5 月 1 日起，税率由 11% 降为 10%	9%	3%
		提供加工、修理修配劳务		13%	3%
销售服务	交通运输服务	陆路运输服务	公共交通运输服务可以选择简易计税方法，旅客运输服务不得抵扣进项税额	9%	3%
		水路运输服务			
		航空运输服务			
		管道运输服务	超过 3% 税负即征即退		
	邮政服务	邮政普遍服务		9%	3%
		邮政特殊服务			
		其他邮政服务	邮册等邮品销售、邮政代理		
	电信服务	基础电信服务	主要是语音通话服务	9%	3%
		增值电信服务	短信服务、数据流量、互联网接入、电视转接服务	6%	3%
	建筑服务	工程服务	建筑工程老项目、清包工工程、甲供工程可以选择简易计税方法，采用简易计税方法的建筑服务实行分包的，差额计税，可扣除分包款	9%	3%
		安装服务			
		修缮服务			
		装饰服务			
		其他建筑服务			
	金融服务	贷款服务	进项税额不得抵扣	6%	3%
		直接收费金融服务			
		保险服务	1 年以上返还性人身保险免税		
		金融商品转让	差额计税，可扣除买入价		

（续表）

类别			应税行为	备注	增值税税率	增值税征收率
现代服务		研发和技术服务	研发服务	符合条件的免税	6％	3％
			合同能源管理服务	节能效益分享型合同能源管理服务免税		
			工程勘察勘探服务			
			专业技术服务			
		信息技术服务	软件服务			
			电路设计及测试服务			
			信息系统服务			
			业务流程管理服务			
			信息系统增值服务			
		文化创意服务	设计服务			
			知识产权服务			
			广告服务			
			会议展览服务			
		物流辅助服务	航空服务			
			港口码头服务			
			货运客运场站服务	一般纳税人提供客运场站服务差额计税，可扣给承运方运费		
			打捞救助服务			
			装卸搬运服务	可以选择简易计税方法		
			仓储服务	可以选择简易计税方法		
			收派服务	可以选择简易计税方法		
		租赁服务	有形动产租赁服务	包括经营租赁和融资租赁，试点纳税人2016年4月30日以前取得的有形动产经营租赁可选择简易计税方法；融资租赁超过3％税负即征即退，融资租赁还可以实行差额计税	13％	3％
			不动产租赁服务	包括经营租赁和融资租赁，2016年4月30日以前取得的不动产经营租赁和融资租赁均可选择简易计税方法，融资租赁还可以实行差额计税	9％	5％

（续表）

类别	应税行为		备注	增值税税率	增值税征收率
现代服务	鉴证咨询服务	认证服务		6%	3%
		鉴证服务			
		咨询服务			
	广播影视服务	广播影视节目（作品）制作服务			
		广播影视节目（作品）发行服务			
		广播影视节目（作品）播映服务	可以选择简易计税方法		
	商务辅助服务	企业管理服务			
		经纪代理服务	可差额计税,扣除政府性基金和行政事业性收费		
		人力资源服务	劳务派遣服务可以选择差额计税加简易计税方法,扣除工资、福利及五险一金		
		安全保护服务	比照劳务派遣服务政策执行		
	其他现代服务				
生活服务	文化体育服务	文化服务	可以选择简易计税方法,纪念馆、博物馆、文化馆等第一道门票免税	6%	3%
		体育服务	可以选择简易计税方法		
	教育医疗服务	教育服务	从事学历教育的学校提供的教育服务免税,非学历教育服务、教育辅助服务可以选择简易计税方法		
		医疗服务	医疗机构提供的医疗服务免税		
	旅游娱乐服务	旅游服务	可差额计税,扣除住宿费、餐饮费、交通费、签证费、门票费和支付给其他接团旅游企业的旅游费用		
		娱乐服务	进项税额不得抵扣		
	餐饮住宿服务	餐饮服务	进项税额不得抵扣		
		住宿服务			
	居民日常服务		进项税额不得抵扣,托儿所、养老院、家政服务企业由员工制家政服务员提供家政服务等免税		
	其他生活服务				

（续表）

类别	应税行为		备注	增值税税率	增值税征收率
销售无形资产	技术	专利技术	符合条件的免税		
		非专利技术			
	商标			6%	3%
	著作权				
	商誉				
	自然资源使用权	土地使用权	将土地使用权转让给农业生产者用于农业生产、归还给土地所有者免征增值税	9%	5%
		海域使用权			
		探矿权			
		采矿权			
		取水权			
		其他自然资源使用权			
	其他权益性无形资产	基础设施资产经营权、公共事业特许权、配额、经营权（包括特许经营权、连锁经营权、其他经营权）、经销权、分销权、代理权、会员权、席位权、网络游戏虚拟道具、域名、名称权、肖像权、冠名权、转会费等		6%	3%
销售不动产	建筑物		销售2016年4月30日前取得的不动产，可以选择适用简易计税方法；其中非自建不动产还可以差额计税，可扣除不动产购置原价或者取得不动产时的作价。房地产开发企业采用一般计税方法销售自行开发的房地产项目可差额计税，扣除土地价款和拆迁补偿费用	9%	5%
	构建物		2016年4月30日前取得的可选择简易计税方法，其中非自建不动产可以差额计税		

营改增差额征税项目一览表

差额项目	销售额规定	备注说明
房地产开发企业采用一般计税方法销售其开发的房地产项目	以取得的全部价款和价外费用,扣除受让土地时向政府部门支付的土地价款、拆迁补偿费后的余额为销售额。	全额开票
客运场站服务	以其取得的全部价款和价外费用,扣除支付给承运方运费后的余额为销售额。	必须是一般纳税人
提供建筑服务适用简易计税方法的	以取得的全部价款和价外费用扣除支付的分包款后的余额为销售额。	简易计税加差额征税,全额开票
销售 2016 年 4 月 30 日前取得(不含自建)的不动产	采用简易计税方法的,以取得的全部价款和价外费用扣除该项不动产购置原价或者取得不动产时的作价后的余额为销售额。	简易计税加差额征税
转让 2016 年 4 月 30 日前取得的土地使用权	可以选择适用简易计税方法,以取得的全部价款和价外费用减去取得该土地使用权的原价后的余额为销售额。	简易计税加差额征税
物业管理服务	向服务接受方收取的自来水水费,以扣除其对外支付的自来水水费后的余额为销售额,按照简易计税方法依3%的征收率计算缴纳增值税。	简易计税加差额征税
劳务派遣服务(安全保护服务按此征税)	可以选择适用简易计税方法,以取得的全部价款和价外费用,扣除代用工单位支付给劳务派遣员工的工资、福利和为其办理社会保险及住房公积金后的余额为销售额,按照5%的征收率计算缴纳增值税。	简易计税加差额征税,征收率 5%;差额部分不开专票
人力资源外包	纳税人提供人力资源外包服务,按照经纪代理服务缴纳增值税,其销售额不包括受客户单位委托代为向客户单位员工发放的工资和代理缴纳的社会保险、住房公积金。	差额部分不开专票
金融商品转让	按照卖出价扣除买入价后的余额为销售额。	不开专票;负差不跨年结转
旅游服务	扣除支付给其他单位或者个人的住宿费、餐饮费、交通费、签证费、门票费和支付给其他接团旅游企业的旅游费用后的余额为销售额。	差额部分不开专票
经批准提供融资租赁服务	以取得的全部价款和价外费用,扣除支付的借款利息(包括外汇借款和人民币借款利息)、发行债券利息和车辆购置税后的余额为销售额。	全额开票
经批准提供融资性售后回租业务	以取得的全部价款和价外费用(不含本金),扣除对外支付的借款利息(包括外汇借款和人民币借款利息)、发行债券利息后的余额作为销售额。	本金部分不开专票

（续表）

差额项目	销售额规定	备注说明
经纪代理服务	以取得的全部价款和价外费用,扣除向委托方收取并代为支付的政府性基金或者行政事业性收费后的余额为销售额。	差额部分不开专票
境外单位通过教育部考试中心及其直属单位在境内开展考试	应以取得的考试费收入扣除支付给境外单位考试费后的余额为销售额,按提供"教育辅助服务"缴纳增值税。	差额部分不开专票
签证代理服务	以取得的全部价款和价外费用,扣除向服务接受方收取并代为支付给外交部和外国驻华使(领)馆的签证费、认证费后的余额为销售额。	差额部分不开专票
航空运输服务	航空运输企业的销售额,不包括代收的机场建设费和代售其他航空运输企业客票而代收转付的价款。	
航空运输代理企业提供境外航段机票代理服务	以取得的全部价款和价外费用,扣除向客户收取并支付给其他单位或者个人的境外航段机票结算款和相关费用后的余额为销售额。	
航空运输销售代理企业提供境内机票代理服务	以取得的全部价款和价外费用,扣除向客户收取并支付给航空运输企业或其他航空运输销售代理企业的境内机票净结算款和相关费用后的余额为销售额。	
代理进口按规定免征进口增值税的货物	其销售额不包括向委托方收取并代为支付的货款。	差额部分不开专票

营改增简易计税项目一览表

适用税目	一般纳税人可选择简易计税方法的应税行为	征收率
	提供物业管理服务纳税人收取自来水水费	3％
	公共交通运输服务	3％
	仓储服务、装卸搬运服务、收派服务	
	经认定的动漫企业为开发动漫产品提供的服务	
	电影放映服务	3％
	文化体育服务	
	非学历教育服务	
	教育辅助服务	
	非企业性单位中的一般纳税人提供的研发和技术服务、信息技术服务、鉴证咨询服务，以及销售技术、著作权等无形资产	3％
	资管产品管理人资管产品运营业务	3％
建筑服务	一般纳税人以清包工方式提供的建筑服务	3％
	一般纳税人为甲供工程提供的建筑服务	
	一般纳税人为建筑工程老项目提供的建筑服务	
销售不动产（土地使用权）	一般纳税人销售其 2016 年 4 月 30 日前取得的不动产	5％
	纳税人转让 2016 年 4 月 30 日前取得的土地使用权	
	房地产开发企业中的一般纳税人销售自行开发的房地产老项目	
销售固定资产	一般纳税人销售自己使用过的营改增试点之日前取得的固定资产	3％
租赁有形动产	以纳入营改增试点之日前取得的有形动产为标的物提供的经营租赁服务	3％
	在纳入营改增试点之日前签订的尚未执行完毕的有形动产租赁合同	
租赁不动产	一般纳税人出租其 2016 年 4 月 30 日前取得的不动产	5％
	一般纳税人 2016 年 4 月 30 日前签订的不动产融资租赁合同，或以 2016 年 4 月 30 日前取得的不动产提供的融资租赁服务	5％
	房地产开发企业中的一般纳税人出租自行开发的房地产老项目	5％
	公路经营企业中的一般纳税人收取试点前开工的高速公路的车辆通行费	3％
	一般纳税人收取试点前开工的一级公路、二级公路、桥、闸通行费	5％
人力资源服务	劳务派遣服务	5％
	纳税人提供安全保护服务，比照劳务派遣服务政策执行	5％
	人力资源外包服务	5％

（续表）

适用税目	一般纳税人可选择简易计税方法的应税行为	征收率
农村贷款服务	农村信用社、村镇银行、农村资金互助社、由银行业机构全资发起设立的贷款公司、法人机构在县（县级市、区、旗）及县以下地区的农村合作银行和农村商业银行提供金融服务收入	3%
	对中国农业银行纳入"三农金融事业部"改革试点的各省、自治区、直辖市、计划单列市分行下辖的县域支行和新疆生产建设兵团分行下辖的县域支行（也称县事业部），提供农户贷款、农村企业和农村各类组织贷款（具体贷款业务清单见附件）取得的利息收入－3%	3%
	对中国邮政储蓄银行纳入"三农金融事业部"改革的各省、自治区、直辖市、计划单列市分行下辖的县域支行，提供农户贷款、农村企业和农村各类组织贷款取得的利息收入	3%